項目投資評估與管理

方磊 著

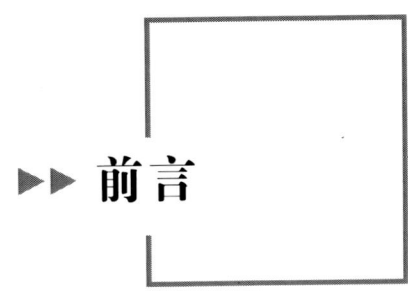
前言

　　本教材以滿足現代經濟發展的需要和科學投資決策的客觀要求為目的，進而研究建設項目技術方案經濟評價原理與方法。結合當前最新的財稅、金融、外匯、投資與管理的法律法規，系統全面地闡述投資項目評估與管理的理論與方法。

　　隨著市場經濟的發展，不斷完善投資的市場化機制和投資運作方式，投資主體和投資渠道的多元化、銀行及信貸機構的商業化的特點正不斷凸顯，外商投資和引進項目也在不斷增加。在這種新形勢下，把握好投資項目，獲取收益的同時規避風險，優化資源配置，有效利用資源，提高投資決策水準和效益，是當前經濟建設的重要方向。而對於金融專業的學生，學習「項目投資評估與管理」，不僅有助於將來以投資者的身分對實物投資資金的回報率和安全性進行事前、事中、事後的審查分析，還可以此作為衡量金融投資的重要手段，對項目前景進行基本預測。為了進一步提高投資決策的科學化水準和投資項目的經濟效果，適應經濟建設發展的需要，我們在大學金融類專業開設投資項目評估課程，讓學生掌握有關的項目評估系統知識，具有重要的現實意義。

　　本教材各章按照投資項目評估的程序與類型進行分類和安排，前後邏輯緊密，以實用性、全面性、通俗性為基礎，突出實踐性的特點。本教材主要從相關政策解讀入手，進而闡述相關概念、理論和方法，最後輔以案例分析，將理論與實踐相結合，每章的最後還附有一定量的練習和能力訓練題，能使學生在知識儲備和能力上得到進一步提升。本教材既做到對項目評估的一般理論和方法進行介紹，又針對不同類型項目進行評估。

本教材結合「項目投資評估與管理」課程的理論教學與工作實踐，精選十二章內容，從理論到實踐，從局部到整體，概述投資項目評估與管理的理論與方法。本教材由方磊、宋星辰、孫志豪、皇甫鑫鑫、李天、王夢如、霍正楊合作編著。具體分工為：李天負責第五章的編寫，王夢如負責第七章的編寫，霍正楊負責第八章的編寫，皇甫鑫鑫負責第十章的編寫，孫志豪負責第十一章的編寫，宋星辰負責第十二章的編寫，其餘由方磊編寫。本書由方磊任主編，王亞飛、吳躍平、張麗任副主編，劉秋月、張洛甜負責全書統稿工作。

　　「項目投資評估與管理」涉及的專業知識內容多、範圍廣，加之作者水準有限，書中的不足之處在所難免，望讀者提出寶貴意見。本教材在編寫過程中參閱了大量的文獻和資料，恕不能一一列舉，在此表示衷心感謝！

編者

目錄

1 / 第一章　導論
　　第一節　項目與項目評估概述 ……………………………………（1）
　　第二節　項目的可行性研究 ………………………………………（9）
　　第三節　投資項目評估學 …………………………………………（16）

27 / 第二章　資金的時間價值
　　第一節　與時間價值有關的基本概念 ……………………………（27）
　　第二節　資金時間價值的含義與計算 ……………………………（32）
　　第三節　基於資金時間價值的投資方案比選 ……………………（39）

43 / 第三章　企業資信評估
　　第一節　政策解讀 …………………………………………………（43）
　　第二節　企業資信評估概述 ………………………………………（48）
　　第三節　企業資信評估指標 ………………………………………（54）
　　第四節　企業資信等級的劃分與評定 ……………………………（60）
　　第五節　案例分析 …………………………………………………（61）

66 / 第四章　項目投資環境評估
　　第一節　項目投資背景分析評估 …………………………………（66）
　　第二節　項目投資環境評估內容 …………………………………（69）

87/ 第五章　投資項目市場分析與建設規模評估

第一節　投資項目市場評估概述 …………………………………………（87）
第二節　投資項目市場預測 ………………………………………………（91）
第三節　投資項目建設規模評估 …………………………………………（93）
第四節　案例分析 …………………………………………………………（97）

101/ 第六章　生產建設條件和技術條件評估

第一節　生產建設條件和技術條件評估概述 …………………………（101）
第二節　項目生產條件評估 ……………………………………………（103）
第三節　項目建設條件評估 ……………………………………………（108）
第四節　項目技術條件評估 ……………………………………………（116）
第五節　案例分析 ………………………………………………………（121）

126/ 第七章　項目的財務數據估算

第一節　項目的總投資估算 ……………………………………………（126）
第二節　項目生產成本與費用的估算 …………………………………（136）
第三節　項目收益與利潤估算 …………………………………………（142）
第四節　項目的籌資與使用方案評估 …………………………………（146）
第五節　案例分析 ………………………………………………………（156）

159/ 第八章　項目的財務評估

第一節　項目財務評估的內容 …………………………………………（159）
第二節　財務效益評估 …………………………………………………（166）
第三節　案例分析 ………………………………………………………（176）

179/ 第九章　項目的融資方案

第一節　政策解讀 ………………………………………………………（179）
第二節　項目融資相關理論 ……………………………………………（186）
第三節　案例分析 ………………………………………………………（196）

201/ 第十章　項目的國民經濟效益及社會與環境影響評估

　　第一節　政策解讀 ………………………………………………（201）
　　第二節　國民經濟效益評估 ……………………………………（210）
　　第三節　項目經濟費用和效益的識別與劃分 …………………（213）
　　第四節　國民經濟評估參數和影子價格 ………………………（215）
　　第五節　國民經濟評估指標 ……………………………………（225）
　　第六節　項目的環境影響評估 …………………………………（227）
　　第七節　案例分析 ………………………………………………（230）

234/ 第十一章　投資項目風險分析

　　第一節　項目投資風險理論 ……………………………………（234）
　　第二節　投資項目盈虧平衡分析 ………………………………（237）
　　第三節　敏感性分析 ……………………………………………（242）
　　第四節　概率分析 ………………………………………………（244）
　　第五節　案例分析 ………………………………………………（248）

254/ 第十二章　項目總評估與後評估

　　第一節　政策解讀 ………………………………………………（254）
　　第二節　項目總評估 ……………………………………………（258）
　　第三節　項目後評估 ……………………………………………（265）
　　第四節　案例分析 ………………………………………………（272）

275/ **參考文獻**

第一章

導論

第一節　項目與項目評估概述

一、項目

(一) 項目的含義及其特徵

1. 項目的含義

項目的一般概念是指在規定的時間和預算範圍內，按照一定的質量要求實現預定目標的一項一次性任務。例如，建造一家工廠、一棟樓房、一座橋樑、一條道路，改建或擴建一個企業，設計製造一套新設備，開展一項科學研究等，都屬於項目的範疇。通俗來講，項目就好像是一顆經過精心選育的種子，我們把它栽植在適宜生長的土壤裡，在陽光雨露滋潤下，種子開始發芽，長出充滿活力的根、莖、葉，經過澆水、施肥和修剪，最後開花結果。種子的生長史告訴我們，要達到開花、結果的目的，種子的選擇是十分重要的，一顆乾癟的種子無論如何也不會生根發芽。但僅有良種還不行，我們還必須選擇適宜生長的土地，必須有陽光和水肥、氣候等保證；否則，仍然不會開花結果。種子的生長史是內在因素與外在因素相互作用的過程，項目的發展也不例外。

從經濟角度看，項目是經濟發展的基本組件，沒選定很好的項目並實施，經濟發展計劃不過是一種願望，國家經濟發展將停滯不前甚至倒退。因此，世界銀行把項目稱作「經濟發展的刀刃」。聯合國稱：「規劃和項目在發展中國家的經濟和發展中的作用不斷增加，它們在發展計劃的形成和實施方面是一個決定性要素。」項目構成國民經濟發展的基石，項目的成敗，直接影響經濟發展計劃的實現和國民生活水準的提高。

2. 投資項目

投資項目是項目的主要存在載體與表現形式，在項目中占非常大的比重。我們可以這樣理解，所謂投資項目，是指同時具有投資屬性與項目屬性的活動與任務，即投

入一定量的貨幣資金以獲取預期效益的全部投資活動與任務。投資項目作為承擔具體投資活動的主體，既符合項目的一般要求，也體現了投資固有的特點。本書中的「項目」若沒有特別說明是指「投資項目」，主要是指偏重於以形成固定資產為主要目標的建設項目，即以建設投資形式投資興建的工程建設項目，也就是必須按照規劃、決策、設計施工、竣工驗收及投產營運等一系列程序，在規定的建設期、投資預算限額及設定的質量標準等目標前提下完成的投資活動與任務。通常一個項目大致可以包括以下內容。

（1）具有對土建工程、設備或者二者均有的資金投入；

（2）具有為工程設計技術方案、監督施工、改善經營和維修等方面提供服務的能力；

（3）擁有一個負責實施各項活動的、高效精干的組織機構，並能協調有關各方的關係；

（4）能夠改善有關的政府政策如價格、稅收、補貼和成本回收等，使項目與所屬部門和整個改建的發展目標保持一致，並提高項目自身的經濟效益；

（5）具備明確的項目目標和具體的實施計劃。

3. 項目的特徵

（1）項目的唯一性。項目的唯一性是指從時間角度與空間範圍來看，項目只出現一次或只有一項，不可能重複出現或被複製。

（2）項目的相對性。項目既然作為組織形式和單次性任務，那麼就不是一個固定的目的物。例如，我們可以將正在建設中的某項道路的任務作為一個項目，而不能說已經建設好的某條道路是一個項目。項目總是相對於確定的主體而存在的，因此說項目具有相對性。

（3）項目的臨時性。項目是一定的管理主體在一定時期裡的組織形式，只在一段有限的、短暫的時間內存在，因此具有臨時性，即在經過一定的生命週期之後，原來構成一個項目的各種要素就不再作為這個項目而存在。例如，建設某建築物的任務可能構成一個項目，隨著建設任務的開始而確立，隨著建設任務的完成而終結。

（4）項目的目標性。項目既然作為一個任務，那麼就有明確的目標。項目的目標就是項目的管理主體在完成項目的任務時所要實現的目的。一般，項目的最終統一目標是效益目標，而我們通常提到的項目的時間（或進度）、成本、質量目標應是服從於效益目標的項目的二級目標。

（5）項目的生命週期性。項目任務的單件性屬性決定了項目有一個起始、實施和終結的過程，且在此過程中各階段的任務、工作之間是按一定的順序進行的，這就構成了項目的生命週期。對於一般項目來說，項目的生命週期可分為三個階段：第一階段是項目起始階段，一般包括項目規劃、策劃，即要明確項目的任務、基本要求、所需投入要素、目標及成本效益分析論證；第二階段是項目實施階段，即具體組織項目的實施，以實現項目的目標；第三階段是項目終結階段，包括項目完成、總結、清理等。

（6）項目的約束性。項目是一件任務或活動，而任何任務都有其限定條件。項目有限定條件，構成了項目的約束性。項目的限定條件一般包括項目的投入要素（人、

財、物)、時間和質量等。項目的約束性為項目任務的實施和完成提供了一個最低的參考標準。

(7) 項目的系統性和整體性。一般地，項目的各種要素之間都存在某種聯繫，我們只有將它們有機地結合起來，才能確保項目目標有效實現，這在客觀上形成了一個系統。同時，項目只有一個最終的統一的目標——效益目標，項目的其他要素及其他目標都應為它服務並滿足它的要求。

(二) 項目分類

根據不同的標準，投資項目可以分為不同的類型。我們可以根據項目的設計能力，將投資項目分為大型項目、中型項目和小型項目；根據項目的產業內容，將投資項目分為工業項目、農業項目、水利項目、交通項目、郵電項目、公用事業項目等；根據項目的投資管理形式，將投資項目分為政府投資項目和企業投資項目等。但作為投資項目評估，我們關注的分類是影響評估內容和側重點的那些分類。這些分類主要有：

1. 根據項目的目標，投資項目分為經營性項目和非經營性項目

經營性項目的目標是通過投資實現所有者權益的市場價值最大化，以投資牟利為行為傾向。絕大多數生產或流通領域的投資項目都屬於這類項目。非經營性項目不以追求利潤為目標，其中既包括本身沒有經營活動、沒有收益的項目，如城市道路、公共綠化建設等，也包括本身有生產經營活動，但產品價格不由市場機制形成的為公眾提供基本生活服務的項目。對於經營性項目，我們要分析項目的盈利能力、償債能力和財務生存能力；對非經營性項目，我們主要分析項目的財務生存能力。

2. 根據項目的產出屬性 (產品或服務)，投資項目分為公共項目和非公共項目

公共項目是指為滿足社會公眾需要，生產或者提供公共物品 (包括服務) 的項目，公共項目的特徵是非排他性或者排他無效率。非公共項目是指除了公共項目以外的其他項目。公共項目的效益常常不能簡單地使用經濟效益衡量，而非公共項目的重要特徵是供應商能夠向那些想消費這種商品的人收費，從而得到利潤，因而經濟效益是重要評估依據。

3. 根據項目與企業原有資產的關係，投資項目分為新建項目和改擴建項目

新建項目就是建設一個與原有資產無關的完全獨立的項目，改擴建項目則是在原有資產基礎上對項目的改造。改擴建項目與新建項目的區別在於，前者是在原有資產基礎上進行建設的，在不同程度上利用了原有企業的資源，以增量帶動了存量，以較小的新增投入取得較大的新增效益，因而其分析的方法多採用增量分析法、有無比較法。

4. 根據項目的融資主體，投資項目分為新設法人項目和既有法人項目

新設法人項目以新組建的項目法人為項目主體進行融資，其特點是：項目投資由新設立法人籌集的資本金和債務資金構成，以新設項目法人承擔融資責任和風險，從項目投產後的財務效益情況考察償債能力。既有法人項目要以現有法人為項目主體進行融資，其特點是：擬建項目不組建新的項目法人，既有法人統一組織融資活動並承擔責任和風險，擬建項目一般是在既有法人資產和信用的基礎上進行的，並形成增量資產；從既有法人的財務整體狀況考察融資後的償債能力。

5. 根據項目的投資主體，投資項目分為政府投資項目、私人投資項目、國內投資項目、「三資」項目

政府投資項目資金來源於財政，私人投資項目資金來源於民間，因而評估的角度和內容都有差異。國內投資項目是指全部由國內投資者興建的項目，其資金來源可以是投資者的自有資金，也可以是投資者在國內外籌集的資金。「三資」項目是外商獨資項目、中外合資經營項目和中外合作經營項目的簡稱，它們的資金來源也是不同的。

根據資金來源的不同，項目的具體資產有所差異。例如，中方在中外合作投資項目中以土地、廠房、勞動力等作為資本，外方則以設備、資金和技術等作為資本，但作為一個完整的投資項目，投資項目評估需要考察的是共同興建起的投資項目的整體效益，以及按契約規定的比例各方所能得到的收益和需要承擔的風險。

二、項目評估

（一）項目評估的含義

項目評估是在可行性研究的基礎上，根據有關政策、法律法規、方法與參數，從項目（或企業）及國家的角度出發，由貸款銀行或有關機構對擬建投資項目的規劃方案進行全面的技術經濟論證和再評價，以判斷項目方案的優劣和可行性。項目評估的結論是投資決策的重要依據。

項目評估作為一門技術經濟學科，起源於西方發達國家，並在世界範圍內得到了廣泛的應用，收到了顯著的效果。

中國項目評估工作是在世界銀行的幫助下開展起來的。1980年，中國恢復在世界銀行的合法席位以後，開始利用世界銀行貸款獲取資金。同時，為了適應中國經濟發展和對外開放的需要，熟悉和吸收國際上經濟管理方面的先進經驗，中國政府與世界銀行經濟發展學院開始合作，在中國培訓經濟管理人員。

1981年，中國投資銀行率先開始開展項目評估工作。1984年，《中國人民建設銀行工業項目評估試行辦法》規定，凡是利用建設銀行信貸資金的貸款項目，未經建設銀行評估，或者未經建設銀行指定的諮詢部門進行評估，建設銀行有權拒絕貸款。由此，進行項目評估成為該類項目申請貸款的必要條件。1985年，國務院決定，重大建設項目的可行性研究報告和大型工程的設計，都要由國家計委委託中國國際工程諮詢公司進行評估，再由國家計委研究決定是否列入建設計劃。1986年以後，項目評估的理論與方法在中國進一步得到推廣和運用，成為中國科學投資決策的重要手段。在中國的項目評估理論和方法的發展過程中，中國政府給予了高度重視，國家計委於1987年首次正式公布了《建設項目經濟評價方法與參數》，並於1990年進行了修訂。此後，中國項目評估的方法越來越成熟，並受到人們的重視，成為實現投資決策科學化、民主化和規範化的重要手段。

（二）項目評估的原則

投資項目評估是一個由多人參與的系統工程，為搞好投資項目評估工作，項目評估人員必須遵循以下原則。

1. 系統性原則

任何一個投資項目，不論是大型和小型，還是外部環境和內部結構，都具有系統

性。這就要求我們在項目評估中必須樹立系統觀念，遵循系統分析的原則，在錯綜複雜的環境因素中，把項目建設的目的、功能、環境、費用、效益等聯繫起來進行綜合分析和判斷，從而保證投資項目方案選擇的科學性。

2. 效益最大化原則

經濟效益是人類從事經濟活動的根本目的，投資項目評估也不例外。我們知道，一個投資項目在建廠規模、工作流程、原材料供應等方面客觀上存在許多方案，為了達到以較小投入獲得較大產出的目的，我們必須堅持效益最大化原則，要採用科學的比選方法，找出最優方案。

3. 指標統一性原則

指標統一性原則是指在投資項目評估中使用的國家參數、效益指標應該統一。如果採用的評估指標不統一，其結果必然不同。因此，在項目評估中，我們必須以國家權威性機關制定的統一參數和指標為標準，並針對不同性質的項目，參考不同行業的參數和指標。

4. 價格合理性原則

投資項目評估必然涉及大量的價格問題。要使評估科學，我們必須採用合理的價格，即採用既符合價值又反應供求關係的價格。目前，中國的價格體系仍然不盡合理，針對這一狀況，對涉外項目的主要投入與產出，我們可採用國際市場價格；對產品主要是在國內市場銷售的項目，我們可參照國際市場價格進行調價，以保證評估工作符合實際。

5. 方法科學性原則

進行項目評估，我們可採用多種方法。這些方法既有傳統的經驗判斷方法，也有現代科學方法。為了保證評估的正確性，我們採用科學的方法，也就是說，評估時採用的方法必須符合客觀實際，並能夠揭示事物內在的規律。目前，投資項目評估中使用的方法，經實踐證明是科學的，但我們還要進一步完善。

6. 立場公正性原則

公正性是指在項目評估中，要尊重客觀實際，不帶主觀隨意性，不受外界干擾，不屈服於任何壓力。投資項目評估本身是一項公正性極強的技術經濟論證過程，不但為各部門、各單位的經濟利益負責，更重要的是為國家、社會的經濟利益負責，沒有公正性，也就失去了科學性和可靠性。

目前，不講社會經濟利益的一些爭投資、爭項目的現象依然存在，行政干預仍在投資項目決策中發揮作用，在這種狀況下，堅持公正性原則就顯得更為重要。

(三) 項目評估的程序

投資項目的評估工作，要根據基本建設前期工作程序進行。中國基本建設前期工作的一般程序是：①項目建議書；②可行性研究和設計任務書；③擴大初步設計；④施工圖設計。為了使項目評估起到參與投資決策的作用，項目評估工作要抓住時機，分別在項目建議書、可行性研究和設計任務書階段進行，要在任務書被批准之前完成。

一般來說，項目建議書相當於國外的機會研究，即對投資效益前景做粗略的預測和分析。①自企業提送項目建議書起，銀行就開始著手項目評估工作，如選擇備選貸款項目，建立備選貸款項目檔案等。②在項目建議書得到批准，並進行可行性研究之

時，銀行就應搞好調查研究工作，廣泛收集與項目有關的文件、數據資料和有關技術經濟基礎參數，為及時、準確編寫項目評估報告做準備。③拿到項目的可行性研究報告後，銀行應對可行性研究報告進行分析和評估。

項目評估一般分以下幾個程序。

（1）組織評估小組。項目評估是在項目可行性研究基礎上，主要依據項目的可行性研究報告進行的。因此，簡單的項目，指定專人負責即可。重點項目或比較複雜的項目，則應組織評估小組，要有各方面專業人員參加，明確分工，並制訂好評估工作計劃。

（2）制訂評估工作計劃。項目評估工作計劃一般應包括：①評估目的，即根據項目的性質、特點，提出需要解決的問題和要達到的目的；②評估方法，即為了達到評估目的，確定通過什麼方法，採用什麼資料，進行哪些調查及所要達到的基本要求；③評估進度，即按照調查、評估和審查分析的內容、範圍，安排項目評估的時間進度。

（3）開展調查研究，收集資料數據。在項目評估工作中，開展調查研究和收集資料數據是一項難度、業務量都比較大的基礎工作。儘管項目評估所需的大部分資料數據在企業報送的可行性研究報告中已經具備，但是，銀行必須站在公正的立場上，一方面要根據項目的可行性研究報告中的資料和數據進行查證，以估計它們的真實性和準確性；另一方面，又必須從自身的角度出發，通過深入的調查研究，廣泛收集、補充必要的文件、資料和有關的技術經濟基礎參數，力求各項數據資料的質和量不影響評估分析的準確性。對於收集所得的資料數據銀行應進行加工整理和匯總歸類，編製出各種調查表、測算表、分析表及簡要的文字說明，以供正式開展審查分析和評估時選用。

（4）進行技術、經濟審查分析和評估。在開展調查研究和收集資料數據的基礎上，銀行根據項目可行性研究報告，按照項目評估的內容和要求，對項目進行技術、經濟審查分析和評估。在審查分析時銀行要注意以下幾點：①要根據所得資料的時間順序、異常數字、突變情況、同業對比等找出疑點和問題。②對發現的疑點和問題進行調查，找出原因，加以證實。③針對原因，研究問題的實質，分清主次，分清內因與外因，判斷問題是否可以克服等。④綜合判斷。首先是尊重已核實的各種資料和客觀事實；其次要從長遠觀點預測各種因素的未來變化和發展趨勢，以及這些變動和趨勢對項目會產生何種影響；最後是考慮各種因素間的相互關係及其變化對項目的影響程度。

（5）編寫評估報告。在完成各項審查分析和評估之後，銀行便可根據審查分析和評估的結果編寫項目評估報告。評估報告要對擬建項目進行多方案比較，確定最優方案，提出貸款項目的評估結論。

（四）項目評估的基本內容

因為項目評估的對象是可行性研究報告，所以評估的內容與可行性研究的內容基本一致。為了使投資決策的依據較為充分，項目評估主要從建設必要性、生產建設條件、財務效益、國民經濟效益和社會效益五個方面對項目進行全面的技術經濟論證。

1. 項目建設必要性評估

項目建設必要性評估是分析項目是否能夠設立的前提條件，只有當前提條件基本具備時，項目的設立才有真實的意義。建設必要性評估涉及以下具體內容：

（1）企業（或項目）概況及其發展目標。對於純粹的新設項目，只需說明推出項目的背景；對於現有企業開發的項目，則需要同時說明企業的概況和提出項目的緣由。這類背景資料包括項目發起者的身分財務狀況，企業的經營現狀、組織機構及其運作模式，目前的技術水準、資信程度，項目的服務目標及其對企業的影響，項目大致的坐落位置、未來所在地的地理條件、基礎設施條件、一般的人文社會條件等。

（2）與項目有關的政府政策、法律法規和規章制度。無論提出什麼樣的項目設想，我們都應注意與政府政策的協調統一。有關的政策包括政府的產業政策、國民經濟發展的中長期規劃和區域經濟發展規劃等，努力使項目的開發目標與政府的經濟發展目標相吻合，這是項目成立的首要前提。此外，瞭解與項目有關的法律法規和規章制度，是明確項目存在的外界條件，任何違反現有法律體系和制度的項目，即使勉強成立也無法長久地存在下去。

（3）項目的市場需求分析和生產規模分析。項目提供的產品（或服務）是否為社會需要，這是項目建設的核心問題。項目的市場分析應在市場調查的基礎上，就項目產品（或服務）供需雙方的現狀進行全面的描述，並在預測市場整體未來發展變化趨勢的基礎上，結合項目自身的競爭能力，確定項目合理的生產規模。

2. 項目生產建設條件評估

項目生產建設條件評估是分析項目的建設施工條件和生產經營條件能否滿足項目實施的需要，一般包括以下內容。

（1）項目可利用資源的供應條件。這裡僅指各類投入物，包括能源、原材料、公用設施和基礎設施等，應說明資源的供應地、可能的供應商、可選擇的供應方式、可持續的供應數量及供應價格、國內外可能的替代品等。

（2）項目的總體設計及生產技術的選擇。在項目廠址選擇的基礎上，企業要說明項目的總體佈局與施工範圍、土建工程內容和工程量；結合國內外技術發展現狀和國內經濟發展水準，企業要選擇適合項目要求的生產工藝和製造設備。

（3）實施項目的組織機構。組織機構的評估是項目實施的制度保障，不同性質的項目，其組織機構形式也不盡相同，企業應結合項目特點選擇適合項目高效運行的組織機構形式。同時企業應說明與所選組織機構相適應的管理模式和管理制度。

3. 項目財務效益評估

項目財務效益評估是從項目（或企業）的角度出發，以現行價格為基礎，根據收集、整理與估算的基礎財務數據，分析比較項目在整個壽命期內的成本和收益，以此判斷項目在財務方面的可行性。項目財務效益評估包括以下內容。

（1）基礎財務數據資料的收集、分析整理和測算。根據相關項目或企業自身的經營歷史，評估要測算項目建設和經營所需的投入及可能獲得的產出，構建各類基本財務分析報表。

（2）基本經濟指標的測算與評估。評估要根據預測的財務報表計算相關經濟指標，就項目的盈利能力、償債能力做出說明。

（3）不確定性分析。為了彌補主、客觀因素造成的預測數據與實際情況的偏差，增強項目的抗風險能力，評估要找到合理的應變措施，對項目面臨的不確定因素進行分析。

4. 項目國民經濟效益評估

項目國民經濟效益評估是從國民經濟全局的角度出發，以影子價格為基礎，分析比較國民經濟為項目建設和經營付出的全部代價和項目為國民經濟做出的全部貢獻，以此判斷項目建設對國民經濟的合理性。

5. 項目社會效益評估

項目社會效益評估多從促進社會進步的角度出發，分析項目為實現國家和地方的各項社會發展目標所做的貢獻和產生的影響，以及項目與社會的相互適應程度。

(五) 項目評估的作用

項目評估在投資管理中的重要地位，是由其本身的科學性決定的。在項目管理全過程中，投資的前期尤為重要，而投資決策是前期管理的關鍵所在，決策中評估又是核心。這是多年來從投資項目管理中總結出來的一條基本規律。

項目評估的作用可歸納為以下幾個方面。

（1）評估是減少或避免投資決策失誤的關鍵。評估是最後的決策環節，工作人員之前做了大量的調查研究，通過調查掌握了大量的數據和資料，並進行週日密的科學分析。企業只有在此基礎上進行決策，才能減少或避免投資失誤。

（2）評估是項目取得貸款的依據。按中國現行規定，未經評估的項目，銀行不能發放貸款。凡是需要貸款的項目，銀行都要進行項目評估。通過評估，銀行可以把握貸款總額、支用時間，並確認風險和貸款回收期。

（3）評估是投資管理向兩頭延伸的需要。開展項目評估是投資管理的重要環節。隨著經濟體制改革的不斷深入，投資銀行對固定資產投資進行管理，將由過去側重於項目實施階段的監督，逐步向兩頭延伸。一頭是向建設前期延伸，參與項目可行性研究和評估，參與投資決策；另一頭是向生產領域延伸，參與貸款企業生產經營和財務管理，協助企業盡快掌握新增生產能力，提高盈利水準，增強企業的償還能力。這樣，風險將大大降低。

（4）評估是抓好重點建設項目的保證。重點項目，是國民經濟建設的中樞。抓好重點規劃項目決策前的評估工作，是重點建設項目成功的關鍵，同時也是投資銀行做好重點建設項目投資管理工作的必要前提。貸款銀行主動參與重點建設項目的建設前期工作，對每個項目都要做好全面深入細緻的評估分析，為重點建設項目的投資決策和經營管理提供科學可靠的資料數據，從而保證重點建設項目能實現較高的經濟效益。

（5）評估是統一宏觀效益和微觀效益的手段。在投資領域裡，投資結構不合理是目前較為突出的問題。結構不合理是微觀效益與宏觀效益發生矛盾的根源。評估工作既要評估企業財務效益，又要評估國民經濟效益，而且兩者均要達到良好的程度，這才合乎項目的要求。例如，企業效益好，國民經濟效益不好，則項目就不能通過，這樣就把微觀和宏觀效益統一起來了。在實際工作中，微觀和宏觀的效益問題是相當複雜的。我們只有採用科學的方法才能克服主觀判斷上的失誤，而評估恰好提供了較為科學的判斷方法。

（6）評估是項目實施科學管理的基礎。進行項目評估，要收集擬建項目所在地的自然的、社會的、經濟的大量資料，要從類似企業及科研設計部門索取建設和生產方面的技術經濟資料，還要從主管部門和各級國家機關那裡獲得大量的技術經濟方面的

方針政策及規劃發展方面的數據資料等。評估人員要對這些原始資料和數據進行加工整理並進行分析研究，形成系統的檔案、資料。這不僅是項目評估的必備工作，也是項目實施管理的依據和基礎。在項目實施過程中，管理人員把實際發生的情況和數據與評估所掌握的資料進行對比分析，及時發現設計施工、項目進度、資本金使用、物資供應等方面的問題，採取措施，糾正偏差，促進項目順利完成。在項目投產後，管理人員還可以將評估時預測的情況和實際發生的情況進行對比分析，找出生產方面存在的問題和差距，以總結經驗，改進工作，提高項目管理水準。

第二節　項目的可行性研究

一、可行性研究的含義

可行性研究是指對擬建項目在政策上和經濟上的可行性進行研究，為項目投資決策提供科學依據，即在國家產業政策允許下，對擬建項目的技術先進性和經濟合理性進行全面分析與論證，以期達到最佳經濟效益的一種科學工作方法，這也是必經的決策程序。目前，世界各國可行性研究的具體做法不完全相同，但均把它作為投資決策的重要程序。這種方法已被普遍認可，發達國家不僅如此，發展中國家也如此。

可行性研究要回答以下幾個方面的問題：①市場上項目建設的必要性；②項目建設條件；③工藝、技術、設備是否先進適用；④經濟上的盈利能力，以及投資見效時間；⑤項目進度安排；⑥項目獲利能力的可靠性及風險性分析。

中國於 20 世紀 70 年代引進可行性研究，並於 20 世紀 80 年代開始實施。1983 年，國家計委頒布了《關於建設項目進行可行性研究試行管理方法》，並在全國試行。在此基礎上，計委和建設部又組織國內專家結合中國國情和改革實際，對《建設項目經濟評價方法與參數》進行了重大修正和補充，1993 年，以計〔1993〕530 號文頒布了第二版，2006 年又以發改投資〔2006〕1325 號文頒布了第三版，極大地提高了中國項目評估方法的科學性、實用性、完整性和可操作性，並使其逐步實現科學化、規範化、程序化、民主化和制度化。

二、可行性研究的內容

可行性研究的內容隨著建設項目行業的不同而有所差別，不同的行業雖然各有側重，但其內容大同小異。根據國家計委頒發的《關於建設項目可行性研究的試行管理辦法》規定，一個工業性投資項目的可行性研究應包括以下幾個方面的內容。

（一）總論

（1）項目提出的背景和歷史情況（企業的改、擴建項目要說明企業的現在概況），以及投資的必要性和經濟意義。

（2）研究工作的依據和範圍，以及項目發展概況及有關審批文件。目標選擇是可行性研究的首要內容，項目的確定必須以符合中國經濟發展需要為前提。

（二）需求預測和擬建項目的規模

（1）國內外市場供需情況的預測。這是確定項目建設規模和產品方案的先決條件和依據。

（2）國內現有工廠生產能力的估計。這部分要考慮現有企業技術改造後可能挖掘的潛力。

（3）銷售預測、價格分析、產品競爭能力及進入國際市場的前景。這部分要求對銷售前景的預測要可靠，調查的數字要準確，對預測和調查結果要進行分析和判斷，明確項目產品的發展前景。

（4）擬建項目的規模、產品方案和發展方向的技術經濟分析。

（三）資源、原材料、燃料及公用設施的情況

（1）經過儲量委員會正式批准的資源儲量、品位、成分及開採、利用條約的評述。

（2）原料、材料、燃料的種類、數量、來源和供應的可能性。原料、材料、燃料供應的可能性、可靠性、經濟性是確定項目技術路線和發揮經濟效益的重要因素。

（3）所需公用設施的數量、供應方式和供應條件。公用設施包括供電、供水、供氣和交通運輸通信等設施，其協作、配套條件是項目建設的基本條件，是非常重要的部分。

（四）建廠條件和廠址方案

（1）建廠地區的地理位置、氣象、水文、地質、地形條件，離原料產地、市場距離遠近及社會經濟狀況等。

（2）交通、運輸及水電氣等的供應狀況和發展趨勢。

（3）廠址面積、徵地範圍、移民的搬遷與安置規劃及其他建設條件選擇方案的論述。

（4）廠址的比較與選擇意見。

（五）設計方案

（1）項目的構成範圍（主要單項工程）、技術來源和生產方法、主要技術工藝和設備選型方案的比較，以及引進技術、設備的來源、國別，設備的國內外分交或與外商合作製造的設想。

（2）全廠布置方案的初步選擇和土建工程量估算。

（3）公用輔助設施和廠內外交通運輸方式的比較和初步選擇。

設計方案的制訂、技術選擇、設備選型、廠內平面布置等都是可行性研究的重要內容，直接影響項目的技術水準、基建投資、經營成本，對項目的綜合技術經濟指標起決定性的作用。

（六）環境保護

環境保護研究指調查環境現狀，預測項目對環境的影響，提出環境保護和「三廢」治理的初步方案，包括下列內容。

（1）分析擬建項目「三廢」（廢氣、廢水、廢渣）的種類、成分、數量及對環境影響的程度。

（2）治理方案的選擇和綜合利用情況。

（3）對環境影響的評價。

（七）企業組織、勞動定員和人員培訓
(1) 全廠生產管理體制、機構設置的論述。
(2) 勞動定員的配備方案。
(3) 人員培訓規劃和費用估算。
（八）實施進度的建議
項目的實施進度直接影響資金週轉和投資效益情況，因此，企業應當採用現代化管理技術——網絡計劃技術，合理組織施工。關於實施進度的內容如下。
(1) 勘察設計、設備製造、工程施工、安裝、試生產所需的時間和進度要求。
(2) 整個工程項目的實施方案和進度的選擇方案。
(3) 論述最佳實施計劃方案的選擇，並用一般圖表和網絡表示。
（九）投資、生產成本的估算和資金籌措
(1) 主體工程和輔助配套工程所需投資的估算（利用外資或引進技術項目包含項目用匯額的計算）。
(2) 生產流動資金的估算（需進口的原材料和零配件的項目包含生產用匯額的計算）。
(3) 生產成本、銷售收入、稅金和利潤的分析和估算。
(4) 資金的來源、籌措方式及貸款償還方式。
（十）企業經濟和國民經濟評價
(1) 企業經濟效益的分析。
(2) 國民經濟效益的分析。
(3) 不確定性分析。
（十一）結論
(1) 運用各種指標數據，從技術、經濟和財務各方面論述擬建項目的可行性。
(2) 存在的問題。
(3) 提出建議。

可行性研究的內容可以分為三個方面：第一是市場研究。這是建設項目能否存在的基礎。如果產品沒有市場，項目也就沒有存在的必要了，而且項目的生產能力、建設規模都是根據市場的供需情況和銷售預測情況確定的。因此市場研究是項目可行性研究的前提和基礎，其主要任務是解決投資項目的必要性問題。第二是技術研究和資金的籌措，包括投入物、廠址、技術、設備、生產組織、資金來源等。這些問題主要是解決投資項目的可行性問題。第三是投資項目的經濟效益研究。這是可行性研究的重點和核心，能有效解決投資項目的合理性問題。綜上所述，可行性研究的主要任務是解決投資項目的必要性、可能性和合理性問題。它為項目如何進行建設提供了必要的手段和科學依據。

三、可行性研究的階段劃分及其主要內容

根據聯合國工業發展組織（UNIDO）編寫的《工業可行性研究手冊》規定，投資前期的可行性研究工作可分為機會研究、初步可行性研究、可行性研究、項目評估與決策四個階段。項目評估是對項目的可行性研究報告所做的再評價工作，故在此有必

要對項目可行性研究做簡單的闡述。

由於基礎資料的佔有程度、研究深度及可靠程度要求不同，可行性研究各階段的工作性質、工作內容、投資成本、估算精度、工作時間與費用各不相同。項目可行性研究的階段劃分及內容深度比較如表 1-1 所示。

表 1-1　項目可行性研究的階段劃分及內容深度比較

工作階段	機會研究	初步可行性研究	可行性研究	評估與決策
工作性質	項目設想	項目初選	項目擬定	項目評估
工作內容	鑑別投資方向，尋找投資機會，提出項目投資建議	對項目做專題輔助研究，廣泛分析，篩選方案，確定項目的初步可行性	對項目進行深入細緻的技術經濟論證，重點分析財務效益和經濟效益，做多方案比較，提出結論性建議，確定項目投資的可行性	綜合分析各種效益，對可行性研究報告進行評估和審核，分析項目可行性研究的可靠性和真實性，對項目做出最終決策
工作成果及費用	提出項目建議，作為編製項目建議書的基礎，為初步選擇投資項目提供依據	編製初步可行性研究報告，確定是否有必要進行下一步的詳細可行性研究，進一步說明建設項目的生命力	編製項目可行性研究報告，作為項目投資決策的基礎和重要依據	提出項目評估報告，為投資決策提供最後的決策依據，決定項目取捨和選擇最佳投資方案
估算精度	±30%	±20%	±10%	±10%
費用占總投資的百分比(%)	0.20～1.00	0.25～1.25	大項目：0.80～1.00　中小項目：1.00～3.00	—
需要時間（月）	1～3	4～6	8～12 或更長	—

表 1-1 中的幾個階段的內容順序由淺入深，工作量由小到大，估算精度由粗到細，因而研究工作所需的時間和費用也逐漸增加。另外，在可行性研究的任何一個階段，只要得出「不可行」的結論，就不需要再繼續進行下一步的研究工作；可行性研究的工作階段和內容也可以根據項目的規模性質、要求和複雜程度進行適當的調整。

（一）機會研究

機會研究是可行性研究的第一個階段，其主要任務是尋找投資機會，為擬建投資項目的投資方向提出輪廓性的建議。它又可以分為一般機會研究和項目機會研究。

一般機會研究是以某個地區、某個行業或部門、某種資源為基礎的投資機會研究。項目機會研究是在一般機會研究基礎上以項目為對象進行的機會研究，項目機會研究將項目設想落實為項目投資建議，以引起投資者的注意和興趣，並引導其做出投資意向。

這一階段的工作內容相對比較粗略，一般根據類似項目的投資額及生產成本估算本項目的投資額與生產成本，初步分析投資效果。如果投資者對該項目感興趣，則可轉入下一步的可行性研究工作；否則，就停止研究工作。

（二）初步可行性研究

對於一般項目，我們僅靠機會研究尚不能進行取捨，還需要進行初步可行性研究，

以進一步判斷其生命力。初步可行性研究是介於機會研究和可行性研究的中間階段，是在機會研究的基礎上進一步厘清擬建項目的規模、廠址、工藝設備、資源、組織機構和建設進度等情況，以判斷是否有可能和有必要進行下一步的可行性研究工作。其研究內容與可行性研究基本相同，只是在深度和廣度上有一定差距。

這一階段的主要工作是：分析投資機會研究的結論；對關鍵性問題進行專題的輔助性研究；論證項目的初步可行性，判定有無必要繼續進行研究；編製初步可行性研究報告。

初步可行性研究對項目投資的估算，一般可採用生產能力指數法、因素法、比例法或類比法等估算方法。估算精度一般控制在±20%，所需時間為4~6個月，所需費用約占投資額的0.25%。

(三) 可行性研究

這一階段的可行性研究亦稱詳細可行性研究，是對項目進行詳細深入的技術經濟論證的階段，是項目決策研究的關鍵環節。其研究內容主要有以下幾個方面（以工業項目為例）：第一，實施要點，簡單說明研究的結論和建議。第二，項目背景和歷史。第三，市場銷量和項目的生產能力，列舉市場預測的數據、估算的成本、價格、銷售收入及利潤等。第四，原材料投入。第五，項目實施的地點或廠址。第六，項目設計，說明生產工藝最優方案的選擇、工廠的總體設計、建築物的布置、建築材料和勞動力的需要量、建築物和工程設施的投資估算。第七，工廠的管理費用。第八，項目人員編製，根據工廠生產能力和工藝過程，得出所需勞動力的構成、數量及工資支出等。第九，項目實施設計，說明項目建設的期限和建設進度。第十，項目的財務情況和國民經濟評價。

(四) 項目評估與決策

項目評估是在可行性研究報告的基礎上進行的，其主要任務是對擬建項目的可行性研究報告提出評價意見，最終決定項目投資的可行程度並選擇合適的投資方案。

四、可行性研究的作用

投資項目可行性研究的主要作用是為項目投資決策提供科學依據，減少決策失誤造成的浪費，提高投資效果。經審批後的可行性研究，可產生以下幾個方面的作用。

(一) 作為投資項目決策和編製可行性研究報告的依據

可行性研究就是項目投資建設的首要環節，項目投資決策者主要根據可行性研究的評價結果，決定一個投資項目是否應該投資和如何投資。因此，它是投資決策和編製可行性研究報告的主要依據，是項目建設的決策性法律文件。

(二) 作為籌集資金和向銀行申請貸款的依據

現代市場經濟條件下，項目作為企業（或其他法人單位）設立的必要條件，需要從各個渠道籌集資金，包括向銀行或其他金融機構申請貸款，而能向債權人或投資者展示項目前景的就是可行性研究工作及可行性研究報告。

(三) 作為與投資項目有關的各部門簽訂協作條件協議、意向書或合同的依據

投資項目實施需要外部條件的支持，如供電、供水、供氣等，可行性研究報告被批准後，投資項目建設單位或其主管部門就可以與有關各方簽訂協作的意向書等。

（四）作為開展初步設計工作的基礎

可行性研究中對產品方案、建設規模、廠址、工藝、設備等的研究結果，可作為工程項目初步設計的依據，初步設計是可行性研究結果的具體化。

（五）作為補充地形、地質工作和補充工業試驗的依據

對於項目設計，可根據可行性研究的要求，進行有關地形、地質資料的補充勘測、勘探工作，對有關技術進行補充工業試驗，以增強技術工藝的成熟性。

（六）作為從國外引進技術、引進設備的依據

可行性研究報告被批准後，企業就可與國外廠商進行談判，選擇理想的合作夥伴，做好從國外引進技術和設備的前期工作。

（七）作為環保部門審查項目對環境的影響的依據

投資項目對環境的影響是可行性研究必備的一個研究項目，項目的建設需要環保部門的審批認可，因而，可行性研究報告成為環保部門審查項目的重要依據之一。

（八）作為安排計劃、開展各項建設前期準備工作的參考

國家各級計劃部門編製固定資產投資計劃時，可行性研究可作為重要依據；投資項目編製實施計劃時，可行性研究報告可作為重要參考；項目開展各種建設前期準備工作時，可行性研究報告可作為參考。

五、項目評估與可行性研究的關係

（一）項目評估與可行性研究的共同點

項目評估與可行性研究都是投資項目前期工作的重要內容，並且兩者在出發點、基本原理等方面具有一致性，因此兩者有很多的相似性。

1. 兩者均處於項目投資週期的前期階段

項目週期分為三個階段，項目評估和項目可行性研究都是處於投資前期的工作，是決策前的技術經濟分析論證工作。它們都是為了實現投資決策的科學化、規範化，減少投資風險和避免投資決策失誤，在投資前期所進行的工作。這些工作的成效關係項目未來實施後的生命力、競爭力。因而它們都是決定項目投資成敗的重要環節。

2. 兩者的出發點一致

項目評估和項目可行性研究都是以企業和國家利益為出發點的，一般來說，市場是它們研究的基點，一切資源的配置都要考慮市場的需求變化，遵守國家的有關方針政策和產業政策規定。因而，它們在國家的宏觀規劃中、在企業（項目）的計劃中，都扮演重要的、類似的作用。

3. 兩者的基本原理一致

無論是項目評估還是項目可行性研究，它們的研究目的是一樣的，都是要提高投資項目的科學決策水準，因而都需要進行深入細緻的調查研究，運用規範化的評價方法和統一的參數、技術標準和定額資料，採用同一衡量尺度和標準，實事求是地對擬建項目進行技術經濟分析論證，力求在資料來源可靠、數據準確的基礎上，對項目未來的資源可能性、技術可行性和經濟合理性進行評判，從而形成科學的決策意見。

項目評估和項目可行性研究的這種相似性，是由兩者之間的密切關係所決定的。兩者的關係主要是一種因果關係，即項目評估是對可行性研究報告的審查與鑒定，也

就是說，項目評估是在可行性研究的基礎上進行的，評估的對象是可行性研究報告。因此，沒有可行性研究就不存在項目評估，項目評估是可行性研究的延伸；而項目評估的實質在於決策，不經過項目評估，可行性研究也不能最後成立。由此可以說，項目評估同可行性研究相比較，項目評估處於更高的階段。

(二) 項目評估與可行性研究的不同點

儘管有著上述的相似關係，項目評估和項目的可行性研究也存在著一些明顯的差異，這些差異主要表現如下。

1. 研究的執行單位不同

為了保證投資項目決策的科學性和獨立性，項目評估和項目的可行性研究分別是由不同的機構執行的。在中國，可行性研究通常是由項目的建設單位主持，由它們委託給具有資質的專業設計或諮詢機構完成這項任務，這些機構的研究工作是對項目業主負責的；而項目評估是由決策機構或者貸款、出資機構組織的一項工作，它們可以自行進行評估，也可以委託給專業的設計和諮詢機構完成此項工作，受託者要對決策機構和出資者負責。

2. 研究的角度不同

可行性研究主要是站在企業主的角度，從企業自身的利益去分析項目存在和運行的意義；而項目評估是決策者和出資者對項目的評估，因此它們的角度是國家的利益、出資者的利益。

3. 研究的側重點不同

可行性研究的側重點是項目建設的必要性、建設條件、技術可行性、財務的合理性等方面，主要是考察項目實施對企業盈利能力的影響程度。項目評估如果是由決策機構進行的，就要關注對國家宏觀佈局和宏觀調控的影響，就會站在國家部門、地區和行業的角度審視項目；如果是由出資者進行的，則會側重分析出資的安全性、項目的還款能力和財務效益。

4. 在項目管理中所起的作用不同

投資項目的前期工作包含項目規劃、機會研究、編製項目建議書、可行性研究、項目評估等不同的階段。可行性研究的環節（項目規劃、機會研究、編製項目建議書、可行性研究等）都是從擬投資項目方案的整體科學性、經濟合理性等方面所做的工作，其作用主要是為確定項目投資的價值提供必要的依據。而項目評估是項目的審批決策和出資者的審查決策工作，其基本工作是對可行性研究報告提出評審意見，以便最終決定是否選擇該項目進行投資，其作用是為決策者提供直接的、最終的決策依據，因而具有決定性。

第三節　投資項目評估學

項目評估學是指在可行性研究的基礎上，根據國家頒布的有關政策法規、方法和參數，對擬建項目進行全面的科學論證和評價分析，進而判斷其可行性的技術經濟學科，即在市場經濟條件下，以經濟資產和資源優化利用為目標，對擬建項目在政策上、經濟上和技術上的可行性進行全面分析研究和論證的一門綜合性的新興科學。其結論是投資科學決策的重要依據。建立和運用科學的項目評估理論方法，是實現投資決策科學化、規範化和程序化，提高經濟效益，有效配置資源的重要途徑。本節從投資入手，從理論上闡明投資項目評估學的形成過程及理論基礎。

一、投資概述

（一）投資及其特徵

投資（investment）有廣義和狹義之分。

廣義的投資是指投資者為某種目的而進行的一次資源投放活動。投資者包括政府、企業和個人等。資源分為無形資源和有形資源兩大類。無形資源主要指知識產權、發明專利、專有技術和商標商譽等。有形資源主要指人、財、物，包括勞動力、資本金、房地產和物資設備。隨著科學技術的進步，無形資產在經濟發展中所起的作用越來越大，將成為知識經濟的主要推動力，但中國的經濟發展目前主要靠有形資源的投入。

狹義的投資是指經濟主體為實現經濟目的而進行的一次資本金的投放活動。經濟主體主要指為實現經濟目的而從事經濟活動的個人和企業，並將成為市場經濟的投資主體，政府機構將逐步撤出經濟活動，專門從事市場經濟賦予它們的本職工作。這也是計劃經濟和市場經濟的分界線。經濟目的是指投入資本金後以期將來能獲取最佳增值。資本金（capital fund）是與國際經濟接軌有關的一個新名詞，把過去資本主義國家投入的資本（capital）和社會主義國家投入的資金（fund）統一起來，統稱為資本金。

目前人們所理解的投資，多為狹義的常規項目的直接投資。因此，理解廣義與狹義的投資要從三個方面進行考察（見表 1-2）。

表 1-2　廣義投資與狹義投資的區別

	廣義投資	狹義投資
主體	政府機構、企業（公司）、私人	企業、私人
目的	政治、經濟及其他多種目的	資本金最大增值
對象	有形資源和無形資源	資本金

投資活動作為國民經濟發展的重要促進因素，對一國的經濟增長在數量和結構兩方面都有顯著的影響。投資數量的增加意味著累積現時國民財富，是保證未來經濟發展的重要動力之一；投資數量的減少將延緩下一個經濟週期的發展速度，使經濟運行陷入低谷。投資不僅在數量上影響經濟形勢，在結構上也會對經濟產生重要的引導作

用，一定時期內投入某個地區或某個行業的資金越多，相應地該地區或行業的發展速度就會加快；資金投入的方向如果不盡合理，一國經濟的發展就會失衡，會誘發一定的社會問題。投資活動之所以會產生這些影響，是因為投資具有以下特徵。

1. 投入資金多

投資是為了實現未來的收益而投入各種生產要素，以形成經營所需要的各類資產，因此對資金的需要量相當大。投資主體應在資金的籌措和運用方面採用科學的管理方法，以控制資金的投入數量、投入速度、投入質量和產出效益。否則，資金運用不當造成的損失將是巨大的。

2. 占用時間長

從資金的投入到最終效益的產出一般要經歷相當長的時間，投資存在明顯的時滯，現時投入資金的活動要持續很長時間，而且投入的資金在一段時期內不能為社會提供有效的產出。為了使投資能夠發揮正常的擴大再生產能力，保證經濟運行的連續性，投資主體需要合理安排每一個時期的投資活動。

3. 實施風險高

由於投資活動持續的時間較長，在其具體實施過程中受到外界諸多因素的影響，始終存在失敗的潛在可能性，未來收益的實現就變得不那麼可靠。投資實施過程中投資主體面臨的主要風險有政策風險、技術風險、財務風險、市場風險及自然風險等，任何一項風險發生，都會對計劃中的投資活動產生一定程度的衝擊，因此投資活動通常要涉及風險的估計、防範和控制。

4. 影響不可逆

投資的過程是組合各種資源形成新的生產能力的過程，主要是資金的物化過程，一旦投入的資金得到了物化，也就被固化在某一場所，具有顯著的固定性和不可分割性。投資產生的效果會對國民經濟產生持續的影響，如果某項投資行為被證明是錯誤的，在短期內我們將難以消除其不良影響。同時，扭轉錯誤的投資行為，也需要付出巨大的代價。從相當長的一段時期來說，投資的影響通常是不可逆的。投資的這一特點要求人們在投資活動中保持謹慎的態度，盡力提高投資的質量。

（二）投資類型

投資可以按其性質、運用形式和投入行為、期限、用途等進行分類。

1. 投資按其性質的不同，可分為固定資產投資、無形資產投資和流動資金

固定資產投資是指固定資產的再生產。固定資產是指在再生產過程中，能在較長時期裡（一年以上或長於一個生產週期）反覆使用，並在其使用過程中保持原有物質形態，其價值逐漸地、部分地轉移到產品中去的勞動資料和其他物質資料，如房屋、建築物、機器設備、運輸設備等。它是國民財產的重要組成部分，是人們從事生產和生活消費的物質基礎和基本條件。成為固定資產一般需要同時具備兩個條件：一是使用期限在一年以上或長於一個生產週期，二是單位價值達到規定的標準。無形資產是指能長期地發揮作用但不具備實物形態的資產，如土地使用權、專利權、非專利技術、商標、商譽等。用於形成和購買無形資產的費用支出就稱為無形資產投資。流動資金是指在生產過程中，墊支在流動資產上的資金；而流動資產是指不斷地改變其物質形態，其價值一次性轉移到產品中的資產，如原材料、燃料、在產品等。

2. 投資按其運用形式和投入行為的不同，可分為直接投資和間接投資

直接投資是指投資者直接將貨幣資金投入投資項目及資產，並擁有被投資對象的經營控制權的投資。它一般可形成新的資本，擴大生產能力和工程效益，並通過其生產活動，直接增加社會的物質財富，提供社會所必需的勞務或服務。直接投資的實質是資金所有者和使用者、資產所有權與經營權的統一。間接投資是指投資者以其貨幣資金購買金融資產即有價證券，以期獲取一定收益的投資。這種投資一般也可稱為證券投資。其實質是資金所有者與使用者、資產所有權與經營權的分離與解體。

3. 投資按其投資期限的長短，可分為長期投資和短期投資

長期投資是指投資者的投資回收期限在一年以上的投資，以及購入的在一年內不能變現或不準備變現的證券等投資。這類投資屬於非流動資產類，其投資的目的主要有累積資金、經營獲利、為將來擴大規模做準備、取得對被投資企業的控制權等。短期投資是指投資者以暫時間餘的資金購買能夠隨時變現、回收的有價證券及不超過一年的其他性質的投資。這類投資屬於流動資產類。

4. 投資按其用途的不同，可分為生產性投資和非生產性投資

生產性投資是指投入生產、建設等領域中的投資，其直接成果是貨幣資金轉化為生產性資產，而生產、建設活動必須同時具備生產性固定資產和流動資產。因此，生產性投資又可細分為固定資產投資和流動資金。非生產性投資是指投入非物質生產領域中的投資，其成果是轉化為非生產性資產，主要用於滿足人們的物質文化生活需要，如投入文化、教育、衛生、體育、政府設施等的投資。

（三）投資的基礎理論

1. 馬克思經濟學關於投資理論的描述

馬克思雖然沒有直接就投資問題進行論述，但他的關於資本累積、資本週轉、擴大再生產、資本有機構成的基礎理論都涉及投資問題。

馬克思在《資本論》中講：我們已經知道，貨幣怎樣轉化為資本，資本怎樣產生剩餘價值，剩餘價值又怎樣產生更多的資本。但是，資本累積以剩餘價值為前提，剩餘價值以資本主義生產為前提，而資本主義生產又以商品生產者握有較大量的資本和勞動為前提。因此，這整個運動好像是在一個惡性循環中兜圈子，要脫出這個循環，就只有假定在資本主義累積之前有一種「原始」累積，這種累積不是資本主義生產方式的結果，而是它的起點。因此，所謂原始累積只不過是生產者和生產資料分離的歷史過程。這個過程之所以表現為「原始」的，是因為它是形成資本與之相適應的生產方式的前史。

有了資本的原始累積，便啟動了資本主義的生產方式，於是便產生了剩餘價值和更多的資本累積。有了資本累積，資本家在利潤的驅動下，按照資本的有機構成的方式，擴大再生產，使資本主義生產方式在不斷追加資本（投資）的前提下擴張。馬克思從這個過程中得出兩點結論：一是「累積是擴大再生產的唯一源泉」「擴大資本（投資）只能靠累進的累積」；二是隨著資本的累積，資本的價值構成將在技術構成的基礎上不斷提高，於是，進行生產所需要的投資起點也隨之提高。也就是說，各個生產者所需要的資本也就越來越多。

2. 西方經濟學家關於投資的論述

古典經濟學家的代表人物亞當・斯密，把經濟增長與經濟發展作為分析的主題，認為增長源於資本累積與資本的配置，他更注意資本累積。19世紀70年代出現了邊際革命後，西方經濟思想出現了重大變化：從古典學派認為經濟增長源於累積力量作用的看法，轉而研究一定時期內資源的靜態配置，以促進經濟增長。此後，西方的經濟學者提出了許多從投資出發的經濟增長模型，如哈羅德和多馬模型、技術進步條件下新古典經濟增長模型、新劍橋經濟增長模型等。總之，西方經濟學家認為，經濟的原動力是投資（資本），投資具有雙重作用，既創造需求也創造生產能力。同時，勞動和技術也要以資本為前提。

3. 發展經濟學家關於投資的理論

發展經濟學是研究發展中國家如何發展的一門科學。發展經濟學家認為，發展中國家經濟發展受到多種因素的影響，不僅有經濟因素，也有非經濟因素，如國家政治、價值觀念、傳統方式、企業家的作用等，但他們一致認為：資本短缺是國民經濟發展的主要障礙因素。與這一論斷相關的理論主要有以下三種。

（1）納克斯的「貧困惡性循環」理論。納克斯認為，發展中國家普遍存在的特徵是經濟發展停滯不前，人均收入水準低，生活貧困。之所以長期貧困，不是因為國內資源不足，是因為國家經濟中存在若干相互作用的「惡性循環系列」。其中最主要的是「貧困惡性循環」，其產生的主要原因是資本缺乏或資本形成不足。該循環在供給上表現為：低收入→低儲蓄能力→低資本形成→低生產率→低產出→低收入。該循環在需求上表現為：低收入→低購買力→投資引誘力不足→低資本形成→低生產率→低產出→低收入。於是，納克斯得出一個著名的命題「一國窮是因為它窮」。

（2）納爾遜的「低水準均衡陷阱」理論。納爾遜認為，發展中國家人口的過速增長是阻礙人均收入迅速提高的「陷阱」，必須進行大規模的資本投資，使投資和產出的增長速度超過人口增長速度，才能衝出「陷阱」，實現人均收入大幅度提高和經濟增長。

（3）利本斯坦的「臨界最小努力」理論。利本斯坦認為，要打破這種困境，就必須在經濟發展的初級階段實行大規模投資，使投資水準或投資率大到足以達到國民收入增長速度超過人口增長速度，人均收入大幅度提高，從而產生一個「臨界最小努力」，以巨大的投資力量「大力推動」經濟走出「低水準均衡陷阱」的泥潭，實現長期、穩定的增長。

二、投資項目評估學的形成與實踐

（一）投資項目評估學的形成

項目評估源於投資學中的投資決策問題。在最初的投資決策活動中，一個富有經驗的投資決策者足以憑經驗解決他所面臨的複雜問題。但是，隨著社會化大生產和工業資本的發展，經濟活動逐漸複雜起來，在這種情況下單憑決策者的經驗已不能滿足投資決策的需要，於是，初級階段的項目評估理論和方法開始產生，那就是以西方福利經濟學理論為基礎，以財務分析為主要手段，對投資項目進行分析決策。財務分析主要是從企業（或項目單位）盈利角度所進行的分析，它對私人投資有極其重要的意

義。但是，資本主義私人經濟的增長也帶來了政府對公用事業投資的增長。對公用事業投資的分析，就不能完全用財務分析的方法。隨著資本主義生產力發展帶來的一系列大的公用投資項目的開發，經濟學家對這些項目的經濟效益評估做了較深入的研究，其結果就形成了不應從項目本身，而應從整個國家經濟系統的角度去評價一個項目的經濟和社會效益的思想。

其後，在 20 世紀五六十年代，一些發達國家，特別是一些國際金融組織在幫助發展中國家建設一些工程項目時，發現用傳統的財務分析的方法已無法正確進行投資項目的決策。這些發展中國家商品市場發育不完善，物資供給短缺，為了保護本國的工農業發展又都實行了經濟保護價格和保護匯率制度，因而各種資源與產出物的價格往往是扭曲的，並不能反應它們的真正價值。因此，用這樣的價格進行分析計算，無法正確確定一個投資項目對這個國家經濟發展的真正貢獻。

正是在上述背景下，項目評估從單純的財務分析向著眼於整個經濟系統的經濟分析發展。20 世紀 60 年代末，具有實用價值的項目經濟評估理論正式誕生。1968 年，英國牛津大學經濟學教授李特爾（Little）和數學教授米爾利斯（Mirrlees）聯合編寫了《發展中國家工業項目分析手冊》一書，系統地提出了進行投資項目評估的理論和方法。1972 年，聯合國工業發展組織出版了《項目評價準則》一書。此書是由倫敦經濟學院的帕薩·達斯古普塔、阿馬泰亞·森和哈佛大學的斯蒂芬·馬格林三人合作撰寫的，是項目評估中的又一本重要著作。1974 年，李特爾和米爾利斯對他們 1968 年出版的《發展中國家工業項目分析手冊》一書做了修訂和補充，改名為《發展中國家項目評價和規劃》。1975 年，世界銀行工作人員林恩·斯誇爾（Lyn Squire）和赫爾曼·G.範德塔克（Herman G. VanberTak）合作出版了《項目經濟分析》一書。這本書推動了項目評估理論的發展。1972 年，世界銀行出版了 J. 普賴斯·吉廷格撰寫的《農業項目經濟分析》，第一次將項目評估的理論和方法引入農業（1982 年又做了修訂）。1980 年，聯合國工業發展組織與阿拉伯工業發展中心聯合編寫出版了《工業項目評價手冊》一書。這本書提出了一套比較適合發展中國家使用的項目評估理論和方法。

以上所提及的這些項目評估的經典性著作，為項目評估的發展做出了重要的貢獻，同時它們也分別代表了不同的理論學派。例如，L-M 法代表了李特爾和米爾利斯的觀點。UNIDO 法稱作「準則」學派（UNIDO 是聯合國工業發展組織的英文縮寫）。L-M 法與 UNIDO 法的主要區別在於經濟評估價格的確定上。L-M 法主張以國際市場價格為基礎確定評估價格，而 UNIDO 法主張以國內市場價格為基礎確定評估價格。所以 L-M 法又叫口岸價格法，UNIDO 法又叫國內市場價格法。《項目經濟分析》一書提出的方法叫 S-V-T 法，其主要觀點與 L-M 法比較接近。它提出的進行社會評估的理論深受經濟學界重視，從而使項目評估從對財務評估、經濟評估擴展到對整個社會效益的評估中。《工業項目評價手冊》的觀點被稱為「手冊法」或「阿拉伯法」。它主張以國內市場價格為基礎，只對明顯不合理的價格進行適當調整後作為評估價格。因而這種方法又叫調整價格法，既方便又易被人們接受。

總之，項目評估科學的形成是沿著從財務評估到經濟評估再到社會評估的思想路線。這三個不同的評估層次具有不同的著眼點、不同的利益主體和不同的廣度和深度。同時，在項目評估科學的發展中形成了四大評估學派，它們的理論主張和操作方法在

具體的項目評估實踐中得到廣泛應用。

（二）投資項目評估學的實踐

大規模的投資項目評估實踐是從 20 世紀 30 年代美國開發治理田納西河流域開始的。美國政府在 1936 年通過了《洪水控制法案》，對項目評估的社會成本效益法做了總結。《洪水控制法案》稱：控制洪水事關全國福利。控制洪水項目的效益應當包括所有個人得到的收益。聯邦政府決定是否實施控制洪水項目的一般準則是：項目的效益必須超過其成本。但是《洪水控制法案》並沒有提出一套完整的項目評估方法。1950 年美國聯邦河谷委員會成本收益分委會發表《對河谷項目進行經濟分析的建議》，試圖總結出一套大家一致同意的比較成本和效益的規則，使項目評估程序標準化。1952 年，美國預算局發表《A-47 號預算週期文件》，正式提出了指導預算局評估預算的各種考慮。在 20 世紀 50 年代甚至 60 年代，該文件一直是項目評估的官方指南。1958 年圍繞著治水問題，美國同時出版了三本重要著作：埃克斯坦的《水利資源的發展》、麥克基恩的《系統分析中的政府效率》及克魯提納和埃克斯坦合編的《項目評估案例研究》。這三本書都試圖把項目評估實踐與福利經濟學理論緊密聯繫起來。20 世紀 60 年代初，在馬斯所作的《哈佛水利資源規劃》中，項目評估實踐和福利經濟學理論之間的聯繫得到了進一步加強。

第二次世界大戰後，世界上出現了一大批新興的發展中國家，發展成為國際社會關注的熱點問題。當時，幾個主要發達資本主義國家出於冷戰及其自身經濟利益的考慮，決定向發展中國家提供一定的經濟援助。這便促使發達資本主義國家的一些經濟學家研究發展中國家的實際問題。面對發展中國家與發達資本主義國家社會經濟生活之間的巨大反差，西方經濟理論，特別是福利經濟學的項目評估理論基礎被項目評估的實踐動搖。另外，由於發達資本主義國家為發展中國家提供的雙邊和多邊資金援助大都採取項目貸款的形式，因而西方項目評估學便隨著項目貸款一起輸入發展中國家，並得到進一步的實踐。同時，根據發展中國家的經濟特點，項目評估理論在福利經濟學的基礎上逐漸引入西方發展經濟學和邊際分析等新的經濟理論。

在項目評估工作的實際推行方面，世界銀行發揮了極大的作用，做了多方面有益的實踐。世界銀行成立於 1945 年，從 1947 年起成為聯合國的專門機構，現有成員約 140 個。世界銀行下設的兩大業務機構是國際金融公司和國際開發協會，前者著重對成員的私人企業提供長期貸款，後者主要對發展中國家提供優惠的長期貸款，具有援助性質，所以十分重視貸款的經濟效益。在成立後的前 20 年中，貸款的 2/3 用於援助電力和運輸等基礎設施項目。它當時認為，發展中國家只要有了充分的基礎設施和逐步實現工業化，就可以帶來經濟的發展和人民生活的改善。但事實是，這樣的做法並沒有增加發展中國家的就業機會，沒有減輕貧困和迅速改變經濟落後的狀況。相反，由於忽視了農業，這些國家的糧食儲備不足，從而被迫大量進口糧食，國際收支逆差不斷增加。通過貸款實踐，世界銀行認識到，農業落後確實是發展中國家急待解決的一大問題。資助發展中國家發展經濟，必須與農業發展緊密結合起來，才能使他們逐步擺脫貧困落後的面貌。因而世界銀行對農業貸款的比重也逐年增長。1960 年農業項目貸款占世界銀行全部貸款總額的 7%，到 1985 年增加到 40% 以上。

世界銀行的貸款主要是項目貸款，只在「特殊情況下」才提供非項目貸款。多年

來，世界銀行在項目的投資管理方面累積了比較豐富的實踐經驗，形成了一套完整而又嚴格的制度、程序和方法。世界銀行進行項目評估的具體方法主要是成本效益分析法。同時，為了確保貸款項目具有盈利能力和償還能力，對每一項目從計劃到實現，要經過六個階段的「項目週期」，即項目的選定、準備、評估、談判、執行和評價總結。世界銀行採用的成本效益分析法，經實踐證明是一套成功的方法，目前世界各國都在使用。為了幫助各國提高項目管理水準，特別是提高項目評估水準，世界銀行在許多國家舉辦了項目評估的培訓學習班。中國恢復了世界銀行的席位以來，也在世界銀行的幫助下培訓了項目管理人員，並在全國範圍內開展了項目評估實踐。

三、投資項目評估學的理論基礎

研究西方投資項目評估學的形成過程和實踐，我們發現即使在第一階段——西方項目評估學的形成時期，就存在著政府的努力方向與學術界的努力方向不一致的問題。這說明用西方福利經濟理論解釋項目評估實踐是不完全的。在項目評估學發展的第二階段——西方項目評估學在發展中國家的廣泛應用和實踐時期，福利經濟理論與項目評估實踐之間的矛盾已經激化一定程度，以致西方經濟學家斷然否定了西方福利經濟學作為項目評估科學理論基礎的合理性。他們試圖提出新的理論取代福利經濟理論在項目評估學中的位置，但是，這方面努力的成果並不令人滿意。這一階段的項目評估學理論帶有很大的拼湊性質，既有西方發展經濟理論的成分，又有效用價值論的成分，當二者均無濟於事時，還求助於經濟專家和發展中國家政治領導人的價值判斷。那麼，項目評估科學的理論基礎究竟是什麼？我們認為，投資項目評估科學應該建立在市場經濟理論、福利經濟理論、勞動價值論和現代投資理論的基礎上。

(一) 市場經濟理論

(1) 從西方項目評估學的形成和實踐看，項目評估科學本身就是建立在市場經濟理論的基礎上，在引入中國後，只是為了適應中國當時計劃經濟體制，才在實踐中被「修正」，具體表現在項目評估中考慮計劃多，考慮市場少。中國實行社會主義市場經濟體制後，有必要從計劃向市場迴歸，使項目評估學建立在市場經濟理論的基礎上。

(2) 市場經濟是一種資源最優配置的經濟運行方式，這與項目國民經濟評估的思想是一致的。因為項目國民經濟評估就是要使國家稀缺資源合理流通，在項目之間實現最優配置。因此，項目評估只有以市場經濟理論為基礎，才能做到這一點。

(3) 西方新古典經濟學派認為，在完全競爭的理想市場上，經濟活動會自發地產生一種高效率，同時只要處理得當這種高效率，就可變成高效益。投資和投資項目決策的唯一動機就是獲得更高的經濟效益，這也正是投資項目評估的最終目的。

(4) 項目評估的核心問題是項目價值的估算問題，而要估算項目價值，項目投入、產出物價格的確定是最關鍵的環節。西方經濟學者應用嚴密的數學方法證明：運用線性規劃計算出來的資源影子價格等值於完全競爭的理想市場上該資源的市場價格。因此，在市場經濟理論指導下，項目評估價格的調整更加逼近於影子價格。

(5) 從中國經濟改革的趨勢看，主要是沿著計劃經濟向市場經濟轉變。因此，在投資項目評估學中以市場經濟為其理論基礎，不僅符合國家的改革走向，而且也符合中國經濟發展的規律。

（二）福利經濟理論

儘管在項目評估科學的形成與實踐過程中福利經濟理論作為項目評估的理論基礎被動搖，甚至被否定。但從福利經濟理論的基本思想看，對投資項目評估具體實踐仍有積極的意義。其理由是：

（1）從投資項目評估方法看，雖然方法較多，但現代成本效益分析方法作為投資項目評估的最主要和最基本的方法，已被人們公認。而現代成本效益法的理論依據正是西方福利經濟理論。

（2）福利經濟理論主要是研究社會經濟利益的分配問題。因此，它與投資項目評估科學中社會效益評估緊密相關。項目社會效益評估就是站在全社會的立場上，分析項目投資建設為社會帶來的福利大小，以及項目的社會效益在各社會成員（項目單位、地方、國家等）之間的分配。項目社會效益的增加意味著社會福利的提高，項目社會效益的減少意味著社會福利的減少。這對投資項目評估具有指導意義。

（3）福利經濟理論的精髓——帕累托最優準則，也是適合投資項目評估的。因為，一個項目的投資建設，除了給國家、社會和項目單位帶來利益外，也可能為社會帶來客觀外在副作用。例如，在某流域的上游實施一個化工項目，會影響下流的農業生態，造成農業減產。因此，帕累托提出的「一些人或一個人好起來，而沒有一些人或一個人壞下去，那麼就意味著社會福利的增加」的法則，對投資項目評估有重要的指導作用。

（4）項目的建設和投資問題，從社會再生產的角度看，也可以說是再分配，而這種分配除了考慮它的財務商業效益、國民經濟效益外，還應考慮它的社會效益。這也正是西方福利經濟理論中「效率與公平重要命題"的基本思想。因此，我們在項目的立項、區位選擇等方面，除了考慮提高項目的經濟效益外，還要考慮扶持落後地區和少數民族地區發展經濟（因為項目建設對一個地區經濟的發展有啓動作用），提高社會效益。

（5）在項目評估實踐中，福利經濟理論被動搖或被否定，其主要原因並非經濟學理論本身有什麼錯誤，而是經濟發展落後、經濟環境閉塞。

（三）勞動價值理論

項目評估的核心問題是項目的價值估算問題，項目評估思想與方法的建立必然以一定的價值理論為其理論前提。價值理論不同，項目評估思想和方法也就不同。

（1）勞動價值論證明了社會折現率完全等值於勞動生產率的增長率。從馬克思勞動價值觀點看，項目評估學研究的首要問題是在社會生產力發展的情況下，價值形成的時滯問題。因為在項目評估中，由於項目往往涉及巨額的固定資產，而且耗費相當長的時間，時滯問題就顯得非常突出，成為項目評估學研究的首要問題。根據馬克思勞動價值論，單位商品的價值量與生產該商品所消耗的社會必要勞動時間成正比，與生產該商品的勞動生產率成反比。價值量決定於勞動量，價值量的減少即勞動量的減少，勞動量的減少即勞動生產率的提高。因此，商品價值量的下降率就等值於社會勞動力的增長率，即社會折現率完全等值於預期的社會勞動生產率的增長率。這就為投資項目評估中確定和使用折現率問題找到了科學的理論依據。

（2）勞動價值論揭示了「貨幣時間價值學說」的神祕面紗。一個具體的建設項目

總是投資支出發生在前，一系列的收入發生在後，如果考慮貨幣的時間價值，現在值的投資支出和將來值的項目收入就不存在可比性，因而也無法進行正確的經濟效益分析。為了得出正確的結論，我們就有必要將不同時間發生的收入和支出放在同一時點上考察，也就是把不同時期的貨幣價值換算成相同時期的貨幣價值。這就是貨幣時間價值學說在項目評估中的意義所在。從馬克思勞動價值論看，貨幣時間價值並不意味著貨幣本身能增值，也並非由於通貨膨脹、現時消費偏好和投資風險的表面因素，而是因為貨幣代表一定量的物化勞動，充當生產資本參與再生產過程，並在生產和流通中與勞動相結合，才產生增值。這裡主要是與勞動結合，是勞動創造了價值。所謂貨幣時間價值，是貨幣隨時間推移在不同的時點上形成的價值差。那麼，這種價值差從何而來呢？這裡問題的焦點在於貨幣概念上的差別。在馬克思勞動價值論中，貨幣是科學意義上的貨幣，即貨幣是價值的表現形式，一定量的貨幣表示一定量的價值；而在貨幣時間價值學說中，貨幣是社會經濟活動統計工具意義上的貨幣，是商品使用價值的數量表示，即一定量的貨幣表示一定量的使用價值。因此，如果把貨幣時間價值所說的「現在的1元錢比將來的1元錢價值大」這句令人費解的話翻譯過來，就是說，現在與將來相比，同等數量的商品所包含的價值量現在要比將來大。顯然，這是社會生產力發展或勞動生產率提高的結果。由此可見，馬克思勞動價值論與貨幣時間價值說並不矛盾，馬克思勞動價值論更能揭示貨幣時間價值的實質。

（3）馬克思勞動價值論中的價值與西方項目評估學中的影子價格具有趨同性。所謂影子價格，有三種解釋：一是把既能反應資源的必要勞動消耗，即價值，又能反應資源的稀缺程度，即供求關係的價格。二是指完全競爭市場上的商品價格。三是指線性規劃對偶問題的最優解，是資源的一種估價值。從上述三種解釋可知，影子價格就是價值。在項目評估中，對於最終消費品而言，影子價格就表現為消費者願付代價，即消費者對最終消費品價值的評估價格；對於資源、生產要素而言，影子價格就表現為生產者的機會成本，即生產者對資源或生產要素價值的評估價格。價值是商品的社會屬性，其內涵體現了商品生產者之間的經濟關係。同樣，影子價格在生產資料等作為最優化的約束條件下，無論它們的具體形式如何千差萬別，只要都用貨幣表示，只要這些生產資料都參與社會週轉，都會表現為一定的生產關係和經濟關係，都可以歸結為單位生產資料可能獲得的邊際價值或收益。

影子價格與商品價值的外延也相差不大。有人認為只有作為商品的勞動產品才具有價值，而任何具有使用價值的物品，任何社會需求的對象，不論是人類勞動產品，還是自然力作用的結果，只要構成社會生產要素，就有影子價格。這樣一來，好像影子價格比價值的外延範圍要大。其實不然，我們說勞動產品有價值，影響勞動生產力的自然力也與價值有關。馬克思在《資本論》第三卷中詳細地研究了自然力與價值的關係，並指出：「自然力不是超額利潤的源泉，而是超額利潤的一種自然基礎。因為它是特別高的勞動生產力的自然基礎。」同時，還要注意一個事實，資源儘管沒有價值，但有使用價值（或稱效用價值）和稀缺價值，隨著時間發展，資源將會凝結更多的人類勞動，資源成為商品，具有價值，參與市場流通。另外，商品貨幣關係有一種波及作用，使一些沒有價值的東西能夠具有價格。這說明資源的價值性是與資源商品化的前提相伴而生。

(四) 現代投資理論

投資項目評估源於投資學中的投資決策問題，因此，投資項目評估的理論基礎應從現代投資理論中尋找。

1. 投資活動的含義和構成要素

從西方投資經濟學角度看，投資是對經濟系統的注入，是形成淨資本或淨生產力的一種經濟行為，是累積資本的潛在功能在現實中的表現。現代投資概念告訴我們，投資活動的實現涉及三個要素，即投資者、資本、投資機會。項目作為投資活動的有機整體，其運行和實現同樣少不了投資者（金融機構、項目單位等）、資本（自有資本、借貸資本等）、投資機會（科技進步的誘發）三要素的共同配合和協調發展。

2. 投資與項目經濟增長目標的關係

從世界各國經濟發展過程來看，資本已成為國民經濟增長和發展的主要源泉，國民經濟的長足發展寄希望於資本存量的不斷增加，也就是投資的增加。西方經濟學家利用嚴密的投資乘數理論和加速原理證明，投資是啓動經濟增長的主要力量，認為投資對國民經濟的有效增長具有內在作用，國民經濟的增長也會促進投資的增長。這一結論說明，在投資項目國民經濟評估中，項目的評估方法、評估價格、評估參數、評估目標、評估指標的制定都應以國民經濟增長為依據。

3. 把握投資體制是項目評估的前提

隨著中國社會主義市場經濟體系的建立和完善，中國投資體制正在發生根本性變化，諸如投資對象、投資機制、投資政策、投資管理、投資規模、投資主體、投資環境、投資渠道等都有大的改觀。因此，項目評估工作要適應國家的投資體制改革，從總體目標上把握，以市場經濟為導向，根據國家總量資金的情況投放資金，配置資源，保持總資金供給與需求的平衡，既不能過分赤字投資，也不能減縮投資從而影響經濟增長，應根據競爭性、基礎性、公益性三類項目配置資金來源，建立投資主體，採取有差別的投資政策、管理制度，形成以國家投資為導向，銀行信貸為支柱，企業投資為基礎，利用外資和橫向吸收資金為補充的多層次、多渠道、全方位的網絡化的投資格局。

4. 投資評估是項目評估的主題

儘管中國投資體制依據市場經濟的要求做了大的改革，但從目前中國具體的投資過程看，我們面臨著兩大難題：一是投資機制問題，即投資主體由單一主體變為多元化後，國家應採用怎樣的投資機制改變目前投資供給不足的現狀，提高投資主體的積極性的問題。二是投資決策問題，即投資主體如何將有限的資金投資於最合理、最經濟的產業、地區和項目上，並使投資項目的建設和營運取得最優的經濟效益。這不僅涉及投資項目的選擇，而且涉及投資項目的監控。投資機制問題屬投資經濟學研究的內容，而投資決策問題是投資項目評估學研究的中心主題。

從以上的論述中，我們不難看出，市場經濟理論、福利經濟理論、勞動價值論和現代投資理論不僅解決了投資項目評估學中的指導思想和評估方法問題，而且奠定了投資項目評估學的理論基礎。因此，在中國社會主義市場經濟體制下，以這四大基礎理論指導投資項目評估工作將具有重要的理論價值和現實意義。

四、投資項目評估學

　　從學科性質來看，投資項目評估學是一門技術經濟學科，既有其獨立的學科理論和方法，又與相關學科有一定的交叉聯繫，涉及可行性研究、會計學、財務學、工程經濟學、技術經濟學、統計學、企業經濟學、市場調查與預測、稅收實務、福利經濟學等多門學科，具有較強的實用性。在學習時，我們必須注重理論聯繫實際，因為項目評估是一門操作性比較強的學科，僅掌握理論和方法是不夠的。為此，本書除了講述基本理論和方法外，結合筆者多年來參與項目評估的教學和實際工作經驗，有選擇地編寫了部分案例，以供教師和學生參考。

复习思考題

1. 如何理解項目的特徵？
2. 項目評估應注意的事項有哪些？它在投資決策中有什麼作用？
3. 什麼是可行性研究與項目評估？試分析兩者的異同點及其作用。
4. 簡評中國可行性研究和項目評估發展狀況、存在的問題及以後的發展方向。
5. 論述投資項目評估學的理論基礎。

第二章

資金的時間價值

在投資項目的評估中，我們需要採用定量、動態的分析方法。所謂的量就是用貨幣單位表示的價值量。動態分析的核心是要考慮時間這個持續的變量，在項目評估中就是應用貨幣時間價值原理比較位於不同時刻的成本與效益，權衡投資項目的淨效益。

第一節　與時間價值有關的基本概念

無論是投資項目的評估，還是企業資金運作管理，都存在一個考察資金使用效果的問題，而資金使用效果就存在一個比較的問題。不同時間點發生的資金出入，我們是不能夠對其簡單相加的，因為資金存在時間價值，本節主要介紹與時間價值有關的一些基本概念。

一、利息與利率

(一) 利息

利息是指占用資金所付的報酬（或放棄使用資金所得的補償）。若將一筆資金（本金）存入銀行，經過一段時間之後，存款用戶可在本金之外得到一筆利息，作為存款的報酬。其計算公式為

$$R = P \cdot i$$

式中：R 為利息，P 為現金，i 為利率。

(二) 利率

利率又稱報酬率，是指一個計息週期內所得的利息與本金之比，即單位本金經過一個計息週期後的增值額，通常用百分數表示。如果用 i 表示利率，則其表達公式為

$$i = \frac{R}{P}$$

1. 名義利率（r）

在以一年為計息基礎時，名義利率是按每一計息週期的利率乘以每年計息期數。

它實際上是按單利法計算的年利率。例如,存款的月利率為4‰,則名義利率為4.8%,即4‰×12=4.8%。名義利率是實際計息時不用的利率,只是在金融活動中或貸款合同文件上出現的利率。

2. 實際利率（i）

實際利率是實際計算利息時使用的利率,如上面的月利率4‰就是實際利率,不過我們這裡所說的實際利率是以年為計算利息的週期而表達的年利率,即按複利法計算換算的年利率。如果計息週期為1年,則名義利率就是實際利率。但計息期不是1年時,名義利率就不是實際利率。

在經濟分析中,由於項目多為長期投資,一般以年為計算複利次數,即每年計息1次,多數情況下,$i=r$。但如果$i\neq r$,則不能用名義利率來評價,必須換算成實際利率進行評價。

3. 名義利率與實際利率的換算

名義利率為r,1年中計息m次,則每次計息的利率為r/m,若本金為P,則年末本利和為

$$F = P\left(1 + \frac{r}{m}\right)^m$$

所以,1年的利息應為:$R = F - P = P\left(1 + \frac{r}{m}\right)^m - P$,則實際利率為

$$i = \frac{R}{P} = \left(1 + \frac{r}{m}\right)^m - 1$$

當$m=1$時,即1年計息1次,此時$i=r$;當$m>1$時,即1年計息若干次,此時$i>r$。

【例2-1】本金為100元,年利率為12%,在不同的計息期的情況下,1年的利息分別為多少？

(1) 計息期1年,即1年只計息1次,其利息為

100 × 0.12 = 12（元）

實際年利率仍是12%。

(2) 計息期為半年,即1年內計息2次,其利息為

$100 \times \left[\left(1 + \frac{0.12}{2}\right)^2 - 1\right] = 100 \times 0.123,6 = 12.36$（元）

實際年利率為12.36%。

(3) 計息期為3個月,即1年內計息4次,其利息為

$100 \times \left[\left(1 + \frac{0.12}{4}\right)^4 - 1\right] = 100 \times 0.125,5 = 12.55$（元）

實際年利率為12.55%。

(4) 計息期為1個月,即1年內計息12次,其利息為

$100 \times \left[\left(1 + \frac{0.12}{12}\right)^{12} - 1\right] = 100 \times 0.126,8 = 12.68$（元）

實際年利率為12.68%。

從以上計算可以看出，1年內，實行分期計算複利的條件下，實際年利率大於名義利率，計息期越多，相差越大。

4. 連續利率

連續利率表達為 i_s，為當計息期趨於無限小或計息次數 m 趨於無限大時的實際利率，即連續不斷進行利息計算的利率。計算式如下：

$$i_s = \lim_{m \to \infty} \left[\left(1 + \frac{r}{m}\right)^m - 1 \right] = e^r - 1$$

其中：$e = 2.718,3$。

【例2-2】若年名義利率為10%，實行連續計息條件下，實際年利率是多少？

解：$i_s = e^r - 1 = 2.718,3^{0.1} - 1 = 10.52\%$

二、現金流量

(一) 現金流量的含義

在投資項目的經濟分析中，將所考察的項目作為一個獨立的經濟系統，現金流量反應項目在建設和生產服務年限內流入和流出系統的現金活動。

項目所有的貨幣支出，叫作現金流出，用「-」表示；項目所有的貨幣收入叫作現金流入，用「+」表示。現金流量就是現金流入與現金流出之和。同一時間點上的現金流入與現金流出之差稱為淨現金流量。對組成項目現金流量的基本要素進行分析與估算，是項目經濟分析的基礎。現金流量預測的準確與否，直接關係投資項目評估是否可靠。

現金流量運算只能在同一時點進行，不同時點上的現金流量不能直接相加和相減，因為時點不同，其時間價值量是不等的。

(二) 投資項目評估中現金流量的基本內容

1. 現金流入

投資項目中的現金流入主要是項目建成後該項目的收入資金，主要包括以下四項：

（1）營業收入。投資項目建設期過後，主要的現金流入就是營業收入，營業收入包括項目銷售產品或提供服務取得的收入。在實際生產銷售的運行中，可能會存在賒欠等應收應付的非現金流狀態，但項目評估為了簡化，就不再考慮這種複雜的情況，而是簡單計算為銷售（服務）量與銷售（服務）價格的乘積。

（2）補貼收入。補貼收入主要是指幾種存在政府補貼的項目的收入。對於適用增值稅的經營性項目，除營業收入外，其可得到的增值稅返還應該作為一項補貼計入現金流入；對於非經營性項目，現金流入的補貼項目應包括可能獲得的各種補貼收入。

（3）固定資產餘值。固定資產的餘值有殘值和折餘價值兩個概念。殘值是投資形成的固定資產在壽命結束後仍然會有的一些殘餘的價值（如鋼鐵製品會因為其屬於金屬而具有價值等）；餘值則是未折舊完的價值。這些殘餘價值應該是固定資產喪失使用價值時才會發生的，每一個固定資產的使用壽命都不一樣，其殘餘價值的回收也是不一樣的，但在投資項目評估時，如果對每個固定資產都進行這樣的精確處理，就不是項目評估，而是項目的企業運作了。此外，項目的固定資產雖然使用壽命不同，但我們在進行項目的設計時一般都假設固定資產能夠實現簡單再生產，而對壽命進行了統

一化處理，即忽略了壽命的不同。因此，我們在進行投資項目評估時，一般都是統一在項目結束時，將所有固定資產殘餘價值一次性回收。不過要注意的是，這種殘餘價值應該是回收的淨值，即扣除處理拆遷費後的淨殘（餘）值。

（4）流動資金。投資項目在運行過程中需要流動資金，流動資金的特點就是在項目建成之後的項目運行過程中資金的循環往復週轉，項目壽命期滿時，流動資金就將退出項目的運行過程，全部還原成貨幣資金。與固定資產殘（餘）值一樣，流動資金也是在項目活動結束時的一筆一次性收入。要注意的是，我們在估計項目的流動資金數額時，是假設項目各個正常生產年份所需要的流動資金是一樣的，與實際經營單位的變化的流動資金數額是不一致的。

2. 現金流出

（1）項目總投資。項目的總投資包括項目的建設投資、固定資產投資方向調節稅、建設期投資貸款利息及流動資金投資。

建設投資包括固定資產投資和無形資產投資等，具體包括工程費用（建築工程費用、設備購置費用、安裝工程費用）、工程建設其他費用和預備費（基本預備費和漲價預備費）。

固定資產投資方向調節稅是為了貫徹國家產業政策，控制投資規模，引導投資方向，調整投資結構，加強重點建設，而對部分投資項目徵收的稅金。

建設期利息是建設期間各類債務支出（銀行貸款利息和債券利息等）。流動資金包括儲備資金、生產資金、成品資金、結算及貨幣資金。

（2）經營成本。在現金流量的衡量中，有一個不同於一般成本的概念，即經營成本。經營成本是指在項目建成投產後的運行過程中實際消耗的成本，與企業一般意義上的成本的不同在於，不包括非現金流量。因此在計算經營成本時，我們可以用產品成本扣除基本折舊、攤銷費、流動資金借款利息等非現金流量得到。為什麼在現金流出中不再考慮折舊等非現金流出呢？因為我們的投資項目評估考察的範圍是投資項目實施的全生命週期，在考慮建設期的現金流出時，已經將投資作為現金流出計算，所以在生產經營階段的成本支出中，就不能再次計算投資形成的固定資產、無形資產、流動資金等產生的折舊、攤銷、借款利息。它們不是經營產生的成本。

（3）銷售稅金及附加。中國經營單位的稅金主要在兩個環節被徵收：流通轉移環節和所得環節。這裡所說的銷售稅金屬於流轉環節的稅金，包括增值稅、資源稅、城鄉建設維護稅等，此外還有雖不是稅，但與稅收類似的費用——教育費附加。需要注意的是，現行增值稅為價外稅，即產品價格中並不包括增值稅，因此，若產品的銷售收入沒有將增值稅計算進去的話，在銷售稅金與附加中也不應計入，否則就會重複計稅。

（4）技術轉讓費。投資項目肯定會發生技術轉讓的費用，但在投資過程中發生的這類費用已經作為投資計入固定資產投資或無形資產投資中，不需再單獨列出。這裡所說的技術轉讓費是指在生產期按年支付的部分。

（5）營業外淨支出。每一個經營性單位或多或少地存在一些營業外的收支，但對於投資項目評估來說，這類收入和支出通常不被考慮，主要原因是其數額一般較小，且不確定的因素較多。對有些營業外收支數額較大的項目，如礦山項目等，可估計列入，

同時考慮營業外收入和營業外支出。若現金流入中沒有計算營業外收入，則可以將營業外收入與營業外支出的差額作為營業外淨支出，列為現金流出。

3. 投資項目評估中的現金流量與會計核算中的現金流量的區別

投資項目評估中的現金流量是以項目為獨立系統（封閉系統），反應項目在建設和生產服務年限內現金流入和流出系統的活動，其計算特點是只計算現金收支，並如實記錄收支發生的時間；而會計核算中的現金流量是在開放環境下的考量，從產品生產、銷售角度對資金收支情況進行記錄與核算。現金流量中無論收與支都包括現金與非現金兩種形態。

（三）現金流量圖

在工程經濟研究和工業項目的經濟評價中，為了便於分析考察不同技術方案的經濟效果，我們需要把發生在項目壽命期內不同時間上的現金流量，利用一個類似坐標圖的形式，常以圖2-1的形式表示，即現金流量圖。現金流量圖表示某一特定經濟系統在一定時間內發生的現金流量情況，是分析和計算各種技術經濟問題的重要方法。

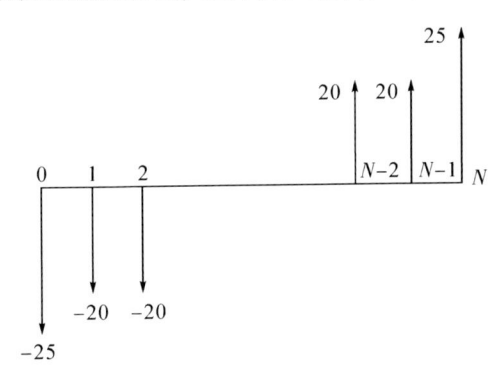

圖2-1　現金流量圖

關於現金流量圖的說明：

（1）圖2-1中水準線是時間標度，自左向右表示時間的延續，每一等分的間隔代表一個時間單位，一般是年，也可是月、日等。水準線上的點，稱為時點，時點通常表示該年的年末，同時也是下一年的年初。零時即為第一年開始之時點。整個水準線可看成我們所要考察系統的有效時間。

（2）水準線的垂直線，表示流入或流出該系統的現金流量。垂直線的長度根據現金流量的大小按比例畫出。箭頭表示現金流動的方向，箭頭向上表示現金流入（現金增加），箭頭向下表示現金流出（現金減少）。

（3）在箭頭的上方（或下方）要標明該現金流量的金額。

三、單利與複利

計算利息的方法有單利法和複利法兩種。

（一）單利計算法

單利計算法的特點是：各年的利息額僅按本金計算，各年的新增利息不加入本金

計算其利息，即不計算利息的利息。這種方法的優點是計算簡便，但缺點也比較明顯，這種計算方法屬於一種靜態分析方法，不太符合資金運動規律，未能反應各期利息的時間價值，因而不能完全反應資金的時間價值。其計算公式如下：

$$F = P(1 + i \cdot n)$$

式中：P 為本金，n 為計息週期（通常為年），F 為本利和，i 為利率（通常為年利率）。

【例2-3】某人以單利方式存入銀行100元，年利率4%，存期5年，則5年後的本利和為：

$$F = 100 \times (1 + 4\% \times 5) = 120 （元）$$

（二）複利計算法

複利計算法的特點是：將上期期末的本利和作為本期的本金，在新的本金基礎上計算本期的利息，即計算利息的利息。這種方法的優點是考慮了資金的增值部分利息或盈利的時間價值，能完全反應資金的時間價值，缺點是計算相對複雜一些。其計算公式為

$$F = P(1 + i)^n$$

【例2-4】某企業向銀行貸款10,000元，貸款期限3年，年利率6%，則3年後應歸還的本利和為

$$F = 10,000 \times (1 + 6\%)^3 = 11,910.16 （元）$$

在投資項目評估中計算資金的時間價值都採用複利法。

第二節　資金時間價值的含義與計算

一、資金時間價值的含義及其意義

貨幣時間價值是西方經濟學的一個概念。它是指同一數量貨幣在不同時點上的不同價值，或指一定量的貨幣的實際價值在不同時期（如若干年內）的差額。它是由時間變化引起的貨幣量的變化。在項目的投資活動中，即使不考慮通貨膨脹的因素，同一貨幣的現值要大於其將來值，即今天的1元的價值大於1年後1元的價值。

充分認識貨幣的時間價值的意義並發揮其積極作用，對提高投資效益極為重要。其現實意義主要表現在以下幾個方面：

（一）有助於加強對價值規律和節約時間規律的認識及運用

馬克思的勞動價值論指明了勞動創造價值這一客觀真理，然而無論是物化勞動的轉移或是新價值的創造，都有一個漸進的過程，都離不開時間因素。特別是隨著商品經濟的發展，生產力水準及生產的社會化程度不斷提高，原始意義上的等價交換越來越多地表現為異時、異地的商品交換方式，自然要涉及時間和時間價值。從節約時間規律看，正如馬克思所說：「一切節約歸根到底都是時間節約。」時間就是金錢，效率就是生命。投資決策者有必要從更深層和更廣義的範圍進一步認識價值規律。由於時間的推移，貨幣的時間價值在不斷變化。因此，人們就要以一種動態的時間價值觀念

對待貨幣在不同地點（時期）的經濟效益。實質上，重視貨幣的時間價值也就是珍惜貨幣資金並重視貨幣資金對經濟運動和生產活動的作用。在創造價值的過程和運動中，人的作用是第一位的，是最具有能動性和創造性的，但這並不否定在特定條件下，貨幣資金（或物）也可能轉化為矛盾的主要方面。特別是在現階段，建設資金嚴重短缺，勞動力供過於求，而且這種狀況在相當時期內存在，因此我們必須重視貨幣資金的作用和地位，對貨幣資金進行科學管理，發揮其最大效益。

(二) 可以加強建設資金的合理使用，使有限資金發揮更大的效益

資金運動中的時間因素，是商品生產和商品交換的共生物，只要承認價值規律和等價交換，就必須正視貨幣資金的時間價值。在這方面，我們有過沉痛的教訓。在過去較長的時期裡，由於在理論上和實踐上忽視了價值規律和時間價值的調節作用，許多部門、單位不顧主客觀條件，搶項目，爭投資，在建項目的建設工期一再拖延。如大型項目的建設週期，「一五」期間平均為 6 年，「六五」期間平均為 10 年。據統計，全國在建工程的工期每延長 1 年，就少收稅利約 45 億元，多支出費用 55 億元；工期延長 4 年，折合浪費資金達 400 億元。投資額度往往是一加再加，基建戰線越拉越長。一方面，許多部門和單位建設資金嚴重缺乏；另一方面，某些部門和單位的資金又形成了積壓和浪費。這些都大大減少了經濟效益。與此同時，儘管貸款利率很低，但實際中仍不斷發生無理拖欠銀行貸款和拒不還本付息的現象。隨著投資體制和財政體制的改革，基建投資和技改投資已由國家無償撥款改為有息貸款，並要求定期按複利還本付息。這充分體現了資金運動中時間因素即時間價值的影響作用，是非常必要的。

當前，占用資金或產生收益的時間先後、長短不同引起資金和收益的實際值發生變化，在工業和交通運輸部門的大中型項目中已逐漸被人們重視，而在農村或農業項目中，人們對時間尚缺乏應有的認識。與工業項目相似，農業中那些建設週期較長的農田水利工程、林木繁育及大中型農業機械、牲畜飼養、農業科學技術的研究和推廣等，如不考慮時間價值，我們也是不可能正確評價投資效果的。中國農村資金奇缺，因此要新上項目時尤其需要集中力量和縮短戰線，爭取盡快建成使用並盡早發揮效益。

(三) 有助於新建項目和新技術成果盡早交付使用並產生效益

講究時間價值，必然促使人們對建成的項目和研製成功的新技術成果採取積極有效的措施，盡快地投產或轉讓，使之盡早產生效益。

(四) 對涉外經濟工作尤為重要

隨著經濟體制改革和對外開放政策的實施，對外貿易、引進技術和利用外資業務日益增多，常常遇到各種不同的計息條件、還款條件及支付結算方式。這些條件、方式的利弊抉擇，往往與貨幣的時間價值的計量有很大關係。過去，我們吃過虧、上過當，只有對西方國家極其苛刻的貨幣的時間價值條件有一個清醒的認識，並能熟練地進行計算，方可避免某些不應有的損失並完成有關的對外業務。

(五) 對準確進行項目評估和投資決策有決定性的意義

過去，我們在投資決策時不考慮貨幣的時間價值，在投資效果分析中將不同時點的收支一視同仁，常常低估資本的成本而高估預期的收益，從而使分析和評價失真。我們在進行投資項目評估決策時，在計劃項目的資金籌措、安排資金的回收並核定項

目的資金回收額和償債基金時，都要將時間價值的計量和討論放在顯著位置。一些最重要的評估分析指標也大都直接或間接同時間價值相聯繫。可以說，除了週期很短、投資額度很小的項目外，離開對時間的換算或計量，評估就不可能得到正確的結論。

總之，重視貨幣的時間價值，我們可以加深對價值規律的理解和認識，進而對縮短建設週期，加速資金週轉，提高資金使用的經濟效益，以及準確進行項目評估和投資決策產生積極作用。

二、資金時間價值的複利計算

（一）資金時間價值的換算

由於資金存在時間價值，相同數額的貨幣資金在不同的時點的經濟價值是不相等的；相反，在不同時點的不同數額的貨幣資金可能是經濟等值的。對項目而言，投資往往發生在前，收支發生在後。為比較項目收支情況，我們必須將不同時間發生的收支額，以資金時間價值標準換算為統一時點的相當值，才能進行比較，這一過程稱為資金時間價值的換算。這是計算項目經濟效益和進行經濟評價時首先考慮的問題。

資金時間價值的換算包括：

（1）現值計算，即將未來時點上的收支換算為某一較早時點上的相當值的方法。

（2）終值計算，即即把任一較早時點發生的收支換算為未來某一時點的相當值的方法。

（3）年值計算，即把任一時點上的價值換算為一系列相等的年相當值，也可把年值換算為某時點的現值或終值。

為簡化上述計算，人們推導了複利計算的基本公式，計算了常用複利系數的數值並編成表格以備查用。美國工程經濟協會於 1975 年擬定了複利系數的標準名稱與符號，現已被許多國家採用。下面根據該標準介紹幾個常用的複利公式。

（二）普通複利計算公式

在下面的複利計算公式推導中，我們統一用下面的符號表達現金流量：

P——現值；

i——實際利率，按計息期計算的利率；

r——名義利率，即年利率；

n——計算複利的期數（年、季、月、日等）；

F——終值或未來值，即發生在現在或未來的現金流量相當於未來時點的價值；

A——年值或年金，即連續發生在一定週期每期期末資金的等額系列值。

為了更加清楚，在複利公式推導計算時，我們將借助前面提到的現金流量圖。

1. 終值（F）

將本金在約定的期限內，按一定的利率計算每期的利息，將所取得的利息加入本金再計算利息，逐期滾算到約定的期末，計算本金和利息的總值，稱為複利終值。它是立足於現在的年度，計算一定量的貨幣的將來價值。終值示意圖如圖 2-2 所示。

```
                              F=?↑
   0   1   2              
   ├───┼───┼──────────────┼───┤
                         n-1  n
   ↓
   P
```

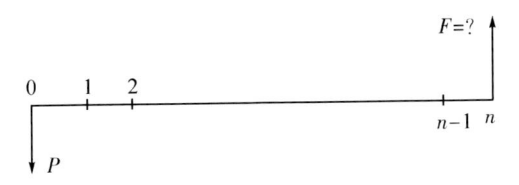

圖 2-2　終值示意圖

複利終值的計算公式為

$$F = P(1+i)^n$$

本金 P 在第 1 年年末的利息為 Pi，第 1 年年末的本利和為

$$F_1 = P + Pi = P(1+i)$$

第 2 年年末的本利和為

$$F_2 = F_1 + F_1 i = P(1+i) + P(1+i)i = P(1+i)^2$$

以此類推，第 n 年年末的本利和為

$$F_n = P(1+i)^n$$

在複利終值的公式中，$(1+i)^n$ 稱為複利系數，一般用 $(F/P, i, n)$ 表示。為簡化計算，方便評估工作，我們一般將 $(1+i)^n$ 按照不同利率、不同期數計算得出一系列的複利值並列成表格，稱之為本金 1 元的複利系數表。

複利終值的計算公式表明，在本金初始值一定的條件下，利率越高，期限越長，則複利終值也就越高。在應用複利終值公式時，應注意複利所指的時間長短，應與利率所指的時間長短保持一致，否則就要進行相應的調整。

【例 2-5】 某企業向銀行申請貸款 1,000,000 元，年利率為 8%，每年複利 1 次，5 年後該企業共需還本付息多少錢？

解：$F = P(1+i)^n = 1,000,000 \times (1+8\%)^5 = 1,469,328$（元）

【例 2-6】 某人存款 5,000 元，年利率為 8%，每季複利 1 次，5 年後的本利和是多少？

解：$n = 5 \times 4 = 20$　　$i = 8\% \div 4 = 2\%$

$F = P(1+i)^n = 5,000 \times (1+2\%)^{20} = 7,430$（元）

2. 現值（P）

現值是未來一定數額的貨幣的現在價值，即終值的逆運算。複利現值是把未來一定數額的貨幣折算為現值的過程。複利現值是在已知將來值（F）、利率（i）和期數（n）的情況下求現值（P）。現值示意圖如圖 2-3 所示。

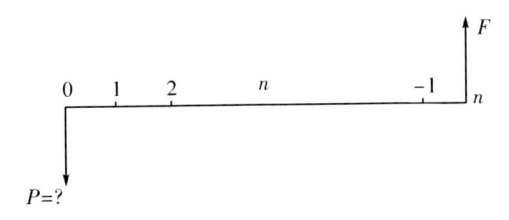

```
                              F↑
   0   1   2       n       n-1  n
   ├───┼───┼───────┼───────┼───┤
   ↓
   P=?
```

圖 2-3　現值示意圖

複利現值計算公式為

$$P = F(1+i)^{-n}$$

其中，$(1+i)^{-n}$ 為現值系數，一般用 $(P/F, i, n)$ 表示。它表明在利率為 i 的前提下，n 期後終值為 1 元的現值。現值系數可按不同利率、不同期數查表求得。

複利現值的計算公式表明，在終值一定的條件下，利率越高，期數越長，現值就越小；反之，現值就越大。

【例2-7】某項目在收益率為 12% 的情況下，想要 5 年後獲利 120 萬元的淨收益，現在應投入多少？

解：$P = 120 \times (1+12\%)^{-5} = 68$（萬元）

3. 普通年金終值（F）

普通年金終值指普通年金的複利終值總和。它是在已知等額年金（A）、利率（i）和期數（n）的情況下，求普通年金終值（F）。普通年金終值示意圖如圖 2-4 所示。

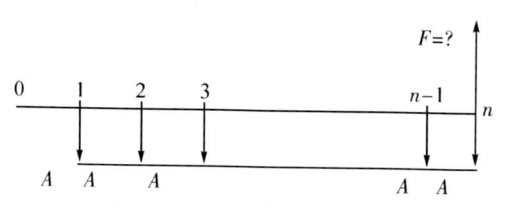

圖 2-4　普通年金終值示意圖

利用複利終值的計算公式，可以推導出普通年金終值的計算公式。假設 i 為利率，n 為期數，A 為普通年金，F 為普通年金終值，則

第一期的年金 A 至第 n 期期末的累積數為 $A(1+i)^{n-1}$；
第二期的年金 A 至第 n 期期末的累積數為 $A(1+i)^{n-2}$；
第三期的年金 A 至第 n 期期末的累積數為 $A(1+i)^{n-3}$；
⋮
第 $n-1$ 期的年金 A 至第 n 期期末的累積數為 $A(1+i)$；
第 n 期的年金為 A。

將以上各期累積數相加得：

$$F = A(1+i)^{n-1} + A(1+i)^{n-2} + A(1+i)^{n-3} + \cdots + A(1+i) + A \quad (2.1)$$

將（2.1）式兩邊同時乘以 $(1+i)$ 得：

$$(1+i)F = A(1+i)^n + A(1+i)^{n-1} + A(1+i)^{n-2} + \cdots + A(1+i)^2 + A(1+i) \quad (2.2)$$

用（2.2）式減（2.1）式得：

$$iF = A(1+i)^n - A = A[(1+i)^n - 1]$$

$$F = A \frac{(1+i)^n - 1}{i}$$

其中，$\dfrac{(1+i)^n - 1}{i}$ 為普通年金終值系數，一般用 $(F/A, i, n)$ 表示。它表示數額為 1 元的普通年金，在利率為 i 的前提條件下，累計 n 期的複利終值。依據不同的利率和期數，我們可以得到不同的普通年金終值系數。我們將普通年金乘以普通年金終

值系數，可以得到普通年金終值，用以計算一系列等額貨幣收支的未來價值。

【例2-8】某企業投資某一項目，每年向銀行貸款 100 萬元，第 5 年年底完成，設年利率為 8%，按複利計算，5 年後該企業應還銀行的本利和為多少？

解：$F = A \dfrac{(1+i)^n - 1}{i} = 100 \times \dfrac{(1+8\%)^5 - 1}{8\%} = 586.6$（萬元）

4. 償債基金（A）

償債基金是指為了償還一筆約定在若干年後歸還的債務，必須分期（一般為一年）等額存入的準備金。由於每次等額存入的準備金相當於普通年金，而清償的債務實際相當於普通年金終值，因此償債基金是在已知將來值年金終值（F）、利率（i）和期數（n）的情況下，求每年等額存入的償債基金（A）。償債基金等額年金示意圖如圖 2-5 所示。

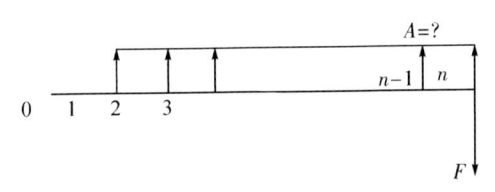

圖 2-5　償債基金等額年金示意圖

償債基金的計算公式可以從普通年金終值公式中推導得出：

$$A = F \dfrac{i}{(1+i)^n - 1}$$

其中 $\dfrac{i}{(1+i)^n - 1}$ 為償債基金係數，一般用（A/F, i, n）表示。它表明在規定的年限內償清 1 元的債務，在利率為 i 的條件下，而必須每年存入的等額準備金。該係數可查表求得。

【例2-9】某公司計劃 5 年後購進 1 臺設備，需投資 100 萬元，為此決定從今年起每年提存等額年金，作專用基金存入銀行，若利率為 8%，則需要每年儲存多少金額？

解：$A = F \dfrac{i}{(1+i)^n - 1} = 100 \times \dfrac{8\%}{(1+8\%)^5 - 1} = 17$（萬元）

5. 普通年金現值（P）

普通年金現值是指普通年金現在價值的總和。它是在已知等額年金（A）、利率（i）和期數（n）的情況下，求普通年金現值（P），普通年金現值示意圖如圖 2-6 所示。

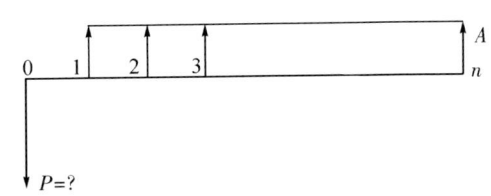

圖 2-6　普通年金現值示意圖

普通年金現值的計算公式為

$$P = A \frac{1 - (1 + i)^{-n}}{i}$$

普通年金現值與普通年金終值的推導過程類似，利用貼現的計算公式，同樣可以得出普通年金現值的計算公式。

第一期的年金 A 的現值為 $A(1+i)^{-1}$；
第二期的年金 A 的現值為 $A(1+i)^{-2}$；
第三期的年金 A 的現值為 $A(1+i)^{-3}$；
⋮
第 $n-1$ 年的年金 A 的現值為 $A(1+i)^{-(n-1)}$；
第 n 年的年金 A 的現值為 $A(1+i)^{-n}$。

將以上各期的現值相加得：

$$P = A(1+i)^{-1} + A(1+i)^{-2} + A(1+i)^{-3} + \cdots + A(1+i)^{-n} \quad (2.3)$$

將（2.3）式兩邊同時乘以（1+i）得：

$$(1+i)P = A + A(1+i)^{-1} + A(1+i)^{-2} + \cdots + A(1+i)^{-(n-1)} \quad (2.4)$$

用（2.4）式減（2.3）式得：

$$iP = A - A(1+i)^{-n} = A[1 - (1+i)^{-n}]$$

$$P = A \frac{1 - (1+i)^{-n}}{i}$$

其中，$\frac{1-(1+i)^{-n}}{i}$ 為普通年金現值系數，一般用 $(P/A, i, n)$ 表示。它表示利率為 i、期數為 n 的 1 元普通年金的現值。在不同的貼現率和期數的條件下的普通年金現值系數可編列成表。我們運用該系數乘以普通年金，可以得到普通年金現值，用以計算一系列等額貨幣收支的現在價值。

【例 2-10】 某企業現投資 100 萬元，預期 5 年內每年可獲收益 30 萬元，若折現率（i）為 10%，試分析該投資在經濟上是否可行。

解：$P = A \dfrac{1-(1+i)^{-n}}{i} = 30 \times \dfrac{1-(1+10\%)^{-5}}{10\%} = 113.72(萬元) > 100(萬元)$

因此，該投資在經濟上是可行的。

6. 資本回收（A）

資本回收是指在規定的年限內等額回收或清償初始投入的資本或債務。由於等額回收或清償的債務相當於普通年金，而初始投入的資本或債務相當於普通年金現值，因此，資本回收是在已知初始投入的資本或債務現值（P）、利率（i）和期數（n）的情況下，求得等額年金 A。資本回收等額年金示意圖如圖 2-7 所示。

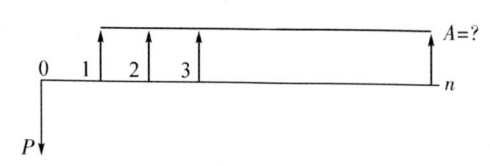

圖 2-7　資本回收等額年金示意圖

資本回收的計算公式可以從普通年金現值的計算公式中推導得出：

$$A = P \frac{i}{1-(1+i)^{-n}}$$

其中 $\frac{i}{1-(1+i)^{-n}}$ 為資本回收係數，一般用 ($A/P, i, n$) 表示。它表示1元的債務，分 n 期償還，在利率為 i 的條件下，每期（通常為1年）應償付的固定金額，該係數可查表求得。運用該係數，評估人員可以計算項目單位等額分期償還貸款的額度。

【例 2-11】某公司針對某項目向銀行借款 100,000 元，在年利率為 8% 的條件下，該項目每年等額償還多少借款才能在5年內還清？

解：$A = P \dfrac{i}{1-(1+i)^{-n}} = 100,000 \times \dfrac{8\%}{1-(1+8\%)^{-5}} = 25,045.6$（元）

第三節　基於資金時間價值的投資方案比選

一、實例投資決策分析

對於一項複雜的投資決策問題，建議先畫出現金流量圖，考慮決策計算點選在何處以使計算簡便。

【例 2-12】某企業現投資一項 100 萬元的項目，年限為 6 年，銀行貸款年利率第 1 年、第 2 年為 4%，第 3 年、第 4 年為 6%，第 5 年、第 6 年為 10%，預期項目投產後第 2 年收入為 30 萬元，第 4 年收入為 40 萬元，第 6 年收入為 60 萬元，不考慮殘值，請做出投資決策。

1. 現值法

決策計算點選在 0 年，即把所有收入與支出均換算為現值，然後再加以比較。若收入大於支出，則投資；若收入小於支出，則不投資。【例 2-12】現金流量圖如圖 2-8 所示。

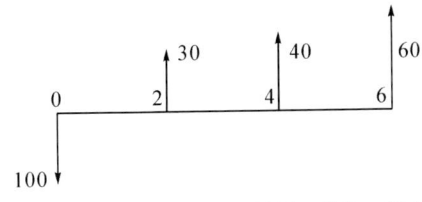

圖 2-8　【例 2-12】現金流量圖（單位：萬元）

$P = 30(P/F, 4\%, 2) + 40(P/F, 4\%, 2)(P/F, 6\%, 2) + 60(P/F, 4\%, 2)(P/F, 6\%, 2)(P/F, 10\%, 2)$

　= 27.74 + 32.91 + 40.8

　= 101.45（萬元）> 100（萬元）

收入總額大於支出，因此選擇投資。

2. 終值法

把所有收入與支出均換算為終值，然後再加以比較。

$F = 60 + 40(F/P,10\%,2) + 30(F/P,10\%,2)(F/P,6\%,2)$

$\quad = 60 + 48.4 + 40.79$

$\quad = 149.19$（萬元）

$F = 100(F/P,10\%,2)(F/P,6\%,2)(F/P,4\%,2)$

$\quad = 147.04$（萬元）

故選擇投資。

可見，現值法與終值法結果一致。

二、利率選擇

【例2-13】某企業擬向銀行貸款2,000萬元，5年後一次還清，假如A銀行貸款年利率為17%，B銀行名義利率為16%，每月計息1次。問企業應選擇哪個銀行貸款劃算？

解：運用終值法比較終值的大小即可

$F_A = 2,000 \times \left(\dfrac{F}{P}, 17\%, 5\right) = 2,000 \times 2.192,4 = 4,384.8$（萬元）

$F_B = 2,000 \times \left(1 + \dfrac{0.16}{12}\right)^{12 \times 5} = 2,000 \times 2.213,8 = 4,427.6$（萬元）

$F_A < F_B$

所以企業應向A銀行貸款，相對於B銀行，向A銀行貸款5年後還款少42.8萬元（4,384.8-4,427.6）。

【例2-14】某企業連續5年向銀行貸款1,000萬元，合同簽訂貸款年利率為12%，每季計息1次，問5年後企業應還款多少？

(1) 合同利率為12%，為名義利率，應先換算為實際利率i，然後求其終值F，即為企業5年後的還款總額。

$i = \left(1 + \dfrac{r}{m}\right)^m - 1 = \left(1 + \dfrac{0.12}{4}\right)^4 - 1 = 12.55\%$

$F = 1,000 \times (F/A, 12.55\%, 5) = 1,000 \times 6.422,3 = 6,422.3$（萬元）

(2) 按計息期季利率和期限計算還款總額。

季利率 $= \dfrac{12\%}{4} = 3\%$，期限 $= 20$（季）

終值流量圖如圖2-9所示。

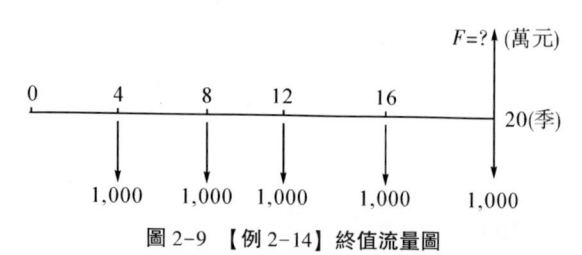

圖2-9 【例2-14】終值流量圖

$$F = 1,000 \times (F/P, 3\%, 16) + 1,000 \times (F/P, 3\%, 12) + 1,000 \times (F/P, 3\%, 8) +$$
$$1,000 \times (F/P, 3\%, 4) + 1,000$$
$$= 6,422.3 (萬元)$$

兩種計算方法結果一致。

三、混合分析

在實際工作中，我們會遇到靜態和動態混合分析問題，應慎重處理與判斷。

【例 2-15】 某企業貸款 10 萬元，年利率為 10%，償還期為 5 年，請根據下列 4 種還款方式，分別計算還款總額、現值與終值，並判別哪種還款方式為最佳。

(1) 每年只還利息，本金 5 年後還清。

(2) 每年還本 2 萬元和所欠利息。

(3) 每年等額償還本金與利息。

(4) 5 年到期一次還清本金與利息。

解：(1) 總額 = 10 × 10% × 5 + 10 = 15（萬元）

現值 P = 10（萬元）

終值 F = 10 × (F/P, 10%, 5) = 16.1（萬元）

(2) 總額 = 2 × 5 + (10 × 10% + 8 × 10% + 4 × 10% + 2 × 10%) = 13（萬元）

現值 P = 10（萬元）

終值 F = 10 × (F/P, 10%, 5) = 16.1（萬元）

(3) 總額 = 10 × (A/P, 10%, 5) × 5 = 13.2（萬元）

現值 P = 10（萬元）

終值 F = 10 × (F/P, 10%, 5) = 16.1（萬元）

(4) 總額 = 10 × (1 + 10%)^5 = 16.1（萬元）

現值 P = 10（萬元）

終值 F = 10 (F/P, 10%, 5) = 16.1（萬元）

由此可見，4 種不同還款方式，現值與終值均相同。第二種還款方式總額值最小，因此為最佳的還款方式。

复习思考题

1. 分析投資與投機的異同點，闡述你的觀點。
2. 分析投資為何是促進產業結構調整和經濟發展的主要推動力。
3. 分析資金的時間價值含義，其意義是什麼？
4. 闡述名義利率與實際利率區別及其換算過程。
5. 試列舉複利計算方法。
6. 某企業以年利率6%單利借出200萬元，期限為2年，到期後以年利率10%複利把本息再借出，借期為3年，問5年後企業本利和為多少？
7. 某企業貸款50萬元，計劃分8年償還，貸款年利率12%，按月計息。試問：（1）每年償還額是多少？（2）每年償還額中，本金與利息各為多少？（3）若第5年公司希望一次還清餘下的欠款，還款額為多少？
8. 若名義利率（r）為15%，請分別計算不同計息期的實際利率和連續利率（見表2-1），並加以分析比較。

表2-1　實際利率和連續利率計算

計息期	m	計息期利率	$i\%$
年	1		
半年	2		
季	4		
月	12		
日	365		
連續	∞		

9. 有甲、乙兩個投資方案，投資額相等，甲方案立時見效，獲利40萬元，乙方案8年後見效，獲利100萬元，問年利率為10%時，哪個方案更好些？
10. 某企業購置一臺設備，若一次用現款付清，價格為40萬元；若分期付款，每年年末支付10萬元，期限為5年。問在年利率為10%的條件下，企業宜採用何種付款方式？

第三章 企業資信評估

信用是市場經濟運行的前提和基礎，在項目評估中其作用也是非常重要的。在當今經濟發展過程中存在著信息不完全和信息不對稱的問題，授信人授信不當或者獲信人有意迴避所應負擔的償還責任都易發生信用違約風險。資信是與信用活動相關的各類經濟主體，主要包括各類企業、金融機構、社會組織等可以自主履行其在經濟活動中應承擔責任的能力。企業的資信評估是投資項目評估中的重要一環，是判定企業所負有的各種債務能否按時償還的重要指標，同時也是銀行決定給企業放款與否的重要依據。因此在對投資項目進行評估時不僅要對宏觀經濟有深入的調查、對準備投資的項目進行全面的技術分析論證，以及對項目投資進行可行性研究，還要對項目負責人的資信進行調查，對該企業進行整體的資信評估，判斷該企業在未來如期履約能力的強弱，對投資項目的風險有一定的預期。本章主要介紹企業資信評估含義、內容、資信評估的程序和方法，重點闡述企業資信評估的內容及評估指標的劃分。

第一節　政策解讀

《中國企業評價協會中國企業信用等級評價管理辦法（暫行）》部分內容摘錄如下：

第一章　總則

第一條　為了加快信用體系的建設，規範企業市場行為，加強會員單位自律，加快企業建立現代信用管理制度進程，幫助企業制定發展戰略，提高企業市場競爭能力。依據國家相關法規，特製定本辦法。

第二條　中國企業信用等級評價是中國企業評價協會為全面貫徹落實國務院《關於社會信用體系建設規劃綱要（2014—2020年）》（國發〔2014〕21號）、國家發展改革委等10部門聯合印發《行業協會商會綜合監管辦法》、2016年召開的全國性行業協會商會綜合監管暨信息共享工作對加快推進行業協會商會信用體系建設的部署等法規和政策，經充分調研論證，在會員體系內開展信用等級評價工作。

第三條　本辦法適用於參加中國企業信用等級評價項目的會員企業。

第四條　為了保證中國企業信用等級評價工作的獨立性、客觀性、嚴謹性和公正性，協會成立了信用專業委員會、信用評審小組和營運支撐單位。

（一）信用專業委員會是評價管理決策機構，其主要職責為：統籌中國企業信用等級評價的整體工作；建立信用評價標準體系；制定評價管理制度和辦法等。

（二）信用評審小組是確定評級對象信用等級的終審組織，其主要職責為：負責擬訂信用等級評價基礎文件；負責制定評價方法、指標體系等評價技術文件；通過信用評審會議，審核、討論、確定評價對象的等級，並定期監測，對結果進行調整。

（三）營運支撐單位是受信用專業委員會委託，保障信用評價業務穩健開展的機構，其主要職責為：在授權範圍內開展信用評價工作，完成信用專業委員會委託的其他事務。

第二章　參評條件、流程及收費標準

第五條　參加中國企業信用等級評價的企業需滿足以下條件：

1. 在中國境內依法登記註冊的企業法人和其他經濟組織，企業成立已滿三年或以上，上一年度銷售收入達到50萬元以上，當前從業人員10人以上（簽署正式勞動合同並承擔社會保險）；

2. 企業有主營業務收入，處於持續經營狀態，非即將關、停的企業；

3. 企業無信用不良記錄及違規違法行為記錄；

4. 中國企業評價協會會員。

第六條　企業自願申請參加中國企業評價協會的中國企業信用等級評價，並承諾在申請中國企業信用等級評價中所提交的證明材料、數據和資料全部真實、合法、有效，複印件與原件內容相一致，並對因材料虛假所引發的一切後果負法律責任。

第七條　為促進企業信用體系建設，營造良好信用環境，樹立信用意識，加強企業自律，參評企業需簽署《信用承諾書》。

第八條　由於評價過程會採集第三方數據與企業提交的數據相比對，參評企業需簽署《企業信息調查授權委託書》。

第九條　參評企業需提交以下材料：

（一）紙質版：信用承諾書、企業信息調查授權委託書、中國企業信用等級評價服務協議、會員申請表填寫蓋章快遞至協會。

（二）電子版

1. 經過年檢的營業執照（副本）、法人身分證等複印件加蓋公章；企業社保正常繳費明細加蓋公章掃描件、信用承諾書、企業信息調查授權委託書、會員申請表填寫蓋章掃描件；

2. 提供會計事務所審計的最近三年年度財務報告（資產負債表、損益表、現金流量表）審計報告複印件，當年度沒有進行審計的，要提交近三個月的財務報表（資產負債表、損益表、現金流量表），需加蓋公章；

3. 已獲的自主知識產權、商標、專利、新產品鑒定、科技進步獎、產品免檢證書等各項榮譽的複印件加蓋公章；

4. 通過的各種資質許可，認證（如質量管理體系認證、環境體系認證等），社會

榮譽/獲獎證書（如供應商、銀行、工商、稅務、其他機構的評價）證明複印件加蓋公章；

5. 目前的組織結構圖（包括各部門崗位設置、各崗位職責說明），相關制度（包括財務管理、信用管理、客戶管理、人事管理、人員培訓、考核、高管激勵約束機制等）；

6. 在業務發展、產品市場定位（產品的介紹、產量、產能等）、未來市場前景、發展戰略等方面規劃及方案，企業文化的情況說明等（如有請詳述）；

7. 其他相關證明企業信用的文件。

第十條　評審及相關環節流程分為：企業申報、輿情監測、初評、復審、公示、終審、評價發布、年度復查八個環節。

1. 企業申報：企業自願報名，將申報書及相關材料電子版提交至中國企業評價協會信用專業委員會。

2. 輿情監測：收到企業評價申請後，信用評審小組對申報企業在一個工作日內啟動輿情監測並出具輿情報告。輿情監測結果符合申報要求的企業，可直接進入下一環節；對輿情監測結果存在瑕疵的企業，在信用等級評價過程中信用評審小組可酌情降低信用等級；不符合申報要求的企業，其信用等級評價申請不予受理。

3. 初評：信用評審小組將企業提交的資料、第三方數據進行綜合分析、整理和初評，並出具初評報告。

4. 復審：信用專業委員會組織專家對初評結果進行評審，並出具企業信用等級報告。

5. 公示：評價結果在中國企業評價協會官方網站上發布，公示十五天。公示期間，任何部門、單位及個人對評價結果有異議的，可以在公示期內以書面方式向信用專業委員會提出。信用專業委員會在收到書面異議後對於反應突出的問題經核實做出答復和處理。

6. 終審：公示期滿後，信用評審小組確定最終結果。

7. 評價發布：對獲評企業，辦法統一設計樣式、統一編號的牌匾證書及信用等級報告。

8. 年度復審：中國企業信用等級的有效期為3年，自發證之日起生效，期間包含兩次年審，在年審期間等級會有變化的可能。有效期滿後若繼續參加中國企業信用等級評價，需重新申報。

第十一條　評價結果的應用：

1. 在中國企業評價協會官方網站公示；

2. 其信用標示和標誌可展示在獲評企業網站及企業宣傳資料上；

3. 對獲評企業的信用信息進行歸集，並按照相關共享機制與國家、地方政府部門信用信息平臺實現共享，便於在政府採購、招投標等活動時提供參考。

第十二條　協會本著「為企業服務、不以盈利為目的、收支平衡」的原則，按國家有關收費規定執行，嚴格收費標準及其財務管理，收費範圍僅限於第三方數據收集費、輿情調查費、專家評審費、公示費、牌證工本費、年度復查費等成本費用，不收取其他形式的評價贊助費。收費金額不與企業經營規模或其他指標掛勾。

第三章 等級釋義及評價標準

第十三條 中國企業信用等級評價標準是信用專業委員會依據《企業信用評價指標》GB/T 23794-2015 制定而成，由綜合素質能力、經營能力、管理能力、經濟償付能力、社會責任五個部分組成。同時為了中國企業信用等級評價工作開展的更嚴謹、專業及公平，更好的服務不同行業的會員單位體現行業特性，在中國企業信用等級評價標準的基礎上制定了《行業個性指標》。

第十四條 依據《企業信用等級表示方法》GB/T 22116-2008 將信用等級劃分為三等五級，即 A（AAA、AA、A）、B、C，其中 A 級是守信企業；B 級對應提示企業；C 級對應失信企業。必要時，可將 B、C 兩等級再擴展為 BBB、BB、B 和 CCC、CC、C 六級，即三等九級。

第四章 輿情監測制度

第十五條 為進一步保證中國企業信用等級評價工作順利開展，發揮輿情監測優勢，加強對企業評前、評中、評後的輿情監測力度，預防和降低信用等級評價企業失信行為帶來的風險，並及時做出反應和處理，信用專業委員會特製定輿情監測制度。

第十六條 信用等級評價前輿情監測，收到企業評價申請後，信用評審小組對申報企業在一個工作日內啟動輿情監測並出具輿情報告。輿情監測結果符合申報要求的企業，可直接進入下一環節；對輿情監測結果存在瑕疵的企業，在信用等級評價過程中信用評審小組可酌情降低信用等級；不符合申報要求的企業，其信用等級評價申請不予受理。

第十七條 年審輿情監測，對參加年審的企業，應先進行輿情監測，方可進入年審流程。同時綜合考慮上一年的季度輿情監測報告，出現負面信息且未整改或未做出說明的，將考慮降低信用等級。

第十八條 信用等級評價後動態輿情監測，是對已獲信用等級評價結果且在有效期內的企業進行定期輿情監測。主要目的是為企業服務，對在監測中發現有負面信息的企業，及時告知並協助企業進行整改。

第十九條 動態輿情監測的內容：
1. 企業基本情況，包括工商註冊信息、企業簡介和企業官網信息；
2. 企業行政處罰和經營異常名錄信息；
3. 高法被執行人監測記錄和商業詐欺信息；
4. 法院信息：包括法律訴訟，民事糾紛，勞動仲裁等信息；
5. 網絡輿情情況：包括與企業相關的新聞報導、微博關注度和口碑分析；
6. 網絡媒體發布，包括與企業有關的宣傳文章等。

第二十條 輿情監測信息核實。對監測到負面信息的企業，將由工作人員與企業進行電話或郵件溝通，以確認網絡信息的真實性。

第二十一條 動態輿情監測結果的處理辦法：
1. 經核實，對存在負面信息的企業將以郵件形式發送督促函，並指導和協助企業在限期（一個月）內做出整改，整改完成後出具證明。
2. 對於已註銷或被吊銷的企業，取消評價等級和公示。
3. 對拒不履行整改義務的企業，則按負面信息的嚴重程度進行處理。負面信息按

等級分為嚴重、一般、輕微三個等級。其中：

嚴重負面信息主要指嚴重失信行為，依據國家法律法規，包括嚴重損害公眾身體健康和生命安全的行為；嚴重破壞市場公平競爭秩序和社會正常秩序的行為；有履行能力但拒不履行、逃避履行生效法律文書確定的義務的行為；拒不履行國防義務，危害國防利益的行為等以及國家規定的其他嚴重失信行為。針對存在以上行為的企業，在中國企業評價協會官網取消其信用等級評價公示，並以書面材料提交信專委，由信用評審小組決議取消該企業信用評價等級。

一般負面信息包括法律訴訟和行政處罰等信息。對不履行義務的企業考慮做降級處理並在中國企業評價協會官網對其信用等級的相應調整進行公示。

輕微負面信息包括經營異常名錄，消費者網絡投訴。對不履行義務的企業在中國企業評價協會官網暫時取消其信用等級評價結果公示，待企業修復負面信息後恢復其結果公示。

第二十二條　企業針對失信行為按照相關要求進行整改並出具整改結果證明，可視為失信行為修正。視企業的修正程度，在中國企業評價協會官網做出相關聲明。

第五章　信用信息安全及保密制度

第二十三條　為進一步加強中國企業信用等級評價的信用信息安全與保密工作，保障中國企業評價協會的整體利益及長期穩定地發展，依據《國家安全監管總局網絡運行和信息安全保密管理辦法》，特製訂《信用信息安全及保密制度》。

第二十四條　信用信息的形式包括書面文件、電子文檔、電子信息數據或其他任何形式的物品承載的保密內容。

第二十五條　上述信用信息的接觸者包括信用專業委員會的管理層、與企業對接的客服人員、評審小組成員和系統研發的技術人員等。除有特殊需要外，其他人員不得擅自接觸以上信用信息。

第二十六條　各相關人員一旦接觸到上述信用信息，均需承擔信息保密職責。

第二十七條　日常保密措施：
1. 不在非正式場合公開談論相關信用信息；
2. 對存有客戶信用信息的電腦應設置密碼等相關保密措施；
3. 不攜帶客戶信用信息參加社交活動；
4. 對客戶信用信息的紙質文件妥善保管或處理；
5. 對審閱後的信用信息文件及時歸檔保存；
6. 發現信用信息文件丟失、失竊、洩密時，需立即上報，及時追查，力挽損失。

第二十八條　不相關人員需要查閱信用信息的，需向信用專業委員會報備，並在查閱完成後刪除或歸還。

第二十九條　信用信息洩密處理流程：
1. 及時上報信用專業委員會高層領導；
2. 對接觸過洩密信用信息的人員進行調查；
3. 對直接責任者給予相應的處理，造成重大損失或嚴重後果的，將依法追究法律責任；
4. 對責任者所屬部門進行相應的處罰。

第六章　其他

第三十條　為了更科學、嚴謹的開展中國企業信用等級評價工作，提高評價結果的客觀性、公正性，中國企業評價協會信用專業委員會在評價過程中將對本標準的內容作適當的調整，必要時可制訂相關實施細則。

第三十一條　本辦法由中國企業評價協會信用專業委員會負責解釋和修訂。

第三十二條　本辦法自發布之日起實施。

中國企業評價協會信用專業委員會
2018 年 6 月 6 日

第二節　企業資信評估概述

一、企業資信評估的含義

企業的資信評估是對企業的整體素質進行評估，主要包含資質和信用度，通過對企業資質和信用度的科學檢驗和計量，從資產、負債、盈利等方面對企業的信譽地位進行估價，判定企業能否在約定時間償還所負擔的各種債務，體現企業的整體素質和能力。資質是指企業在從事某種行業特定行為時所需具備的資格及要達到與該資格相適應的質量等級標準。不同的行業有不同的資質要求，總體來說，企業資質包括企業的總體員工素質、經營管理水準、經濟技術實力、產品競爭能力、資金使用效率等，是企業整體素質的體現。信用度是企業在日常經營活動中遵守承諾、按時履約、講求信譽的程度。

對企業進行資信評估是投資項目評估中必不可少的一環。一方面，資信評估為向企業進行投資的機構投資者、為企業發放貸款的銀行、購買企業所發行債券股票的個人投資者及有意向與企業發生經濟往來的企業提供進行風險測算的依據，以便投資者對所要進行的經濟活動的風險和收益做出相對準確的估計，向企業的社會投資者反應該企業現有的資產狀態和生產經營狀況，為其評價企業的經濟業績提供依據；另一方面，資信評估也是作為國家制定相關行業經濟政策的重要依據，國家主管部門會根據企業的資信評估深入瞭解該行業在經濟發展過程中的作用，以及對經濟增長的貢獻力度，進而制定該行業的行業準則，確定今後企業的經營方向和經營方針，決定企業在未來的發展方向。

二、企業資信評估的內容

因行業的多元化與複雜性，對企業進行資信評估時所考慮的內容也有所差異，但對於一般企業來說，企業資信評估主要是對企業的經濟地位、整體素質、信用、經濟效益、經營管理發展前景進行評價。

（一）企業的經濟地位

在對企業進行資信評估時要考察企業的經濟地位，我們著重從歷史地位、行業地位、發展前景等方面進行考察。首先，從整體歷史沿革方向進行考察，考察企業在發

展過程中是屬於發展歷史悠久的知名度高的企業（這些企業一般知名度高，具有一定的品牌優勢，客戶對其產品的信任度高），還是屬於具有代表性的新興產業（這類產業往往隨著時代的發展不斷更新變化，具有較強的生命力，對社會環境適應性強，競爭也較為激烈）。其次，考察企業所屬行業在整個經濟發展中的地位。隨著經濟的迅速發展，科技水準的不斷提高，行業淘汰率也逐漸上升。從經濟發展來看，傳統行業對經濟發展的貢獻率在逐漸降低，尤其是那些低端製造業、高污染高排放的低端產業，取而代之的是以清潔能源、低能耗為代表的高新技術產業。再次，考察所投資企業在該行業所處的地位，在明確了所投資企業所處行業具有發展前景之後要進一步研究該企業在此行業是否有競爭優勢。其主要從產品角度出發，考察產品在市場的競爭力、佔有率及整體的經營管理能力，綜合判斷企業的經營能力。最後，考察企業的發展前景，看所選企業是否符合經濟發展規律，在未來是否有良好的發展前景。綜上可以看出，經濟地位的評估對企業資信評估起著重要的引領作用。

（二）企業的整體素質

企業的整體素質的評估涉及企業內在的情況，關乎企業的生存和發展，是考察企業資信的基礎和內在條件。企業的整體素質對企業未來的發展至關重要，一個企業能否取得長遠高質量發展，一方面取決於國家宏觀經濟背景、自身的經濟技術條件及所在區域的投資環境，另一方面取決於企業的整體素質。外部條件決定企業能否生存，而內部素質條件決定企業能否生存得長久。對企業整體素質的研究主要包含以下幾個方面：領導者的素質、員工素質、產品的素質、硬件設備素質、資產素質、經營管理素質及企業文化。下面主要從這四個方面對企業整體素質評估做詳細的解釋說明。

1. 領導者素質

企業領導者是一個企業的領軍人物，作為一個企業的領導者，最基本的是具備決策力、文化力、執行力和應對能力四種基本的能力。首先，領導者要有帶動整個團隊的決策力，對企業的發展有卓越的看法，根據企業自身的發展狀況，對未來的發展有清晰的規劃、詳細的戰略目標及實現步驟。其次，領導者自身具有的文化程度也會直接影響企業的行為準則和員工的工作方式甚至企業的精神文化，團隊文化有著重要的影響。再次，領導者必須具備果斷的執行力，執行力相當於企業裡面的一個發動機，領導者制訂各種發展規劃，需要通過有效的執行力去實施以實現目標。最後，我們還要評估領導者面臨危機時的應對能力。綜上所述，在考察領導者素質時我們要從領導者的思想覺悟、敬業精神、道德品質和行為準則方面著手，進一步對領導班子的知識水準、工作經歷、生活閱歷進行研究，考察其是否具有一個成功的企業家應該具有的創新、決策、組織、協調及指揮控制能力。

2. 產品的素質

產品是企業間競爭的主要對象。對產品素質的評估主要從產品的品質、市場佔有率、市場競爭力、生命週期及客戶對該產品的依存程度進行評估，進而判斷該產品在未來能占領的市場份額。

3. 硬件設備素質

在對企業進行評估時我們要考慮企業在生產過程中所具備的硬件設備。科技是第

一生產力。只有擁有了先進的生產技術、良好的生產設備，企業才能有效提高產品質量，縮減成本，提高生產效率，進而獲取更多的利潤。因此，在進行技術設備評估時，我們要評價生產設備與生產技術是否平衡、生產規模是否合理、資源是否得到有效利用。

4. 資產的素質

對企業資產素質進行評估主要是從財務報表的角度對資產的數量、質量、資產的結構進行分析。該方面評估主要針對企業的財務能力，從資產項目、負債項目、利潤情況及現金流方面進行評估。

（三）企業的信用評估

企業的信用評估是對企業的經營素質（包括管理水準、業務能力、財務狀況）、企業的歷史信用（包括企業法律法規的執行情況、合同的履約情況、客戶滿意度、社會信譽）、專家評定（包括重大事項分析、企業前景分析）等進行綜合評估。企業的信用等級分為三等九級，即 AAA、AA、A、BBB、BB、B、CCC、CC、C。其中依次代表信用極好、信用優良、信用較好、信用尚可、信用欠佳、信用較差、信用差、信用很差、信用極差。在進行投資項目評估時，我們一方面可以借鑑國際知名評級機構對企業的評級，另一方面可以從企業借貸資金的使用狀況、企業履行經濟合同的情況、產品的信用方面進行評估。

1. 企業借貸資金使用狀況

企業借貸資金使用狀況主要是對資金的借貸、使用、償還情況進行分析。通過這項分析我們可以大致瞭解企業與銀行之間的關係和企業的信譽程度。一般來說，對於借貸資金使用符合借貸合同規定、及時償還本金和利息的企業都是以良好的經營情況為支撐的，是反應企業經濟效益水準和資信等級的重要內容。

2. 企業履行經濟合同的情況

瞭解企業履行經濟合同的情況主要是為了評估企業的法治意識、經濟活動中的信譽情況。此項評估需要查找翻閱企業簽訂的合同，計算經濟合同履約率，以此說明其在經濟活動中的履約情況；同時，還要對經濟合同的內容進行研究，考察企業在合同訂立過程中對法律、法規的重視程度，對合同的質量進行分析。

3. 產品的信用情況

產品是建立與客戶良好關係的仲介，產品的信用是企業賴以生存和發展的基礎，也是公司實現其經濟效益目標的關鍵。在考察產品信用情況時需要從以下幾點進行分析：產品的優質率、合格率、客戶好評率、售後服務履行情況，同時要查看企業所宣傳產品的功能與實際功能是否有出入，產品主體質量與產品外包質量是否一致。

（四）企業的經濟效益評估

企業的經濟效益評估主要是對企業的經濟實力、盈利能力、償債能力進行分析。

1. 經濟實力

經濟實力不僅是國與國之間競爭比較的主要對象，也是評價企業經營狀況的重要指標。財務能力的好壞是評估經濟實力的關鍵，對企業經濟實力進行評估，主要從企業財務能力進行分析，對企業的資產項目、負債項目、利潤情況、現金流量進行分析。

資產項目主要評估流動資產和非流動資產占比的合理性、最近三年資產變動情況、存貨產品的構成、應收帳款的客戶和帳齡、其他應收帳款的構成及收回的可能性、固定資產占比是否合理等。負債項目主要評估企業近幾年資產負債率的變化情況、長短期借款所占的比重、短期借款所應負擔的利息、應付帳款的對象和期限、長期貸款的還款計劃和其他應付款的內容。利潤項目主要考察獲得銷售收入的產品構成、主要的收入來源、營業外收入和支出的構成及相應的成本結構、利潤分配的情況。現金流量項目要重點評估該企業的經營活動淨現金流量是否充足，對照同期的對外負債並根據經營的發展預期分析投資性現金流流向及籌資活動產生的現金流。

2. 盈利能力

盈利能力是指企業在一定期間賺取利潤的能力。盈利能力是一個相對的概念，即利潤相對於一定的資源投入以及一定的收入而言。總體來說，一個企業的利潤率越高，其盈利能力越強；相反，其盈利能力就越差。一個企業經營業績最終是通過企業的盈利能力來反應的。無論是企業的經理人員、債權人，還是股東（投資人），都非常關心企業的盈利能力，並重視對利潤率及其變動趨勢的分析與預測。進行企業盈利能力分析主要從以下指標著手：營業利潤率、成本費用利潤率、盈餘現金保障倍數、總資產報酬率、淨資產收益率和資本收益率。在對上市公司進行評估時我們還要根據每股收益、每股股利、市盈率和每股淨資產等指標評價其獲利能力。

3. 償債能力

償債能力指標是企業進行經營管理的重要指標，指的是企業償還到期債務本金和利息的能力。對企業償債能力進行評估時我們主要考慮其經營盈利能力、資產負債的相匹配情況，結合企業外部融資的情況及借款到帳的時間判斷經營性現金流量是否充足。評價指標主要是企業近三年的資產、負債、所有者權益的占比及變化情況，從而計算出流動比率、速動比率和現金流動負債比率，分析其短期償債能力和長期償債能力。

（五）企業的經營管理

對企業的經營管理的評估主要是從經營機制、生產管理、內部控制與管理、關聯企業經營管理等方面進行，對於實體企業側重考察產品的生產銷售回籠情況，包括企業的規模、行業地位、技術水準、經營策略、主要收入來源、現有產品的生產能力、銷售及流動資金週轉情況，測算產品的開發完成率、產品的銷售增長率等指標。在瞭解企業的總體特徵後，我們就可以有效評估企業的經營管理能力。

（六）企業的發展前景

對企業的發展前景進行評估主要涉及兩方面，一方面對企業所處行業發展前景進行分析，另一方面對該企業在本行業的地位進行分析。對於行業情況的調查，我們需要瞭解企業所處行業的經濟週期性、目前所處的成長階段、對其他行業的依賴性、國家政策及重大技術變革的影響、未來幾年的行業走勢等。對本企業發展前景自身的研究，我們要注重分析和評價企業近期、遠期的發展規劃、發展目標和發展措施，以及企業對市場突發事件的適應能力等因素。

三、企業資信評估的方法

（一）定量與定性分析相結合

定量分析法是對社會現象的數量特徵、數量關係與數量變化進行分析的方法。在企業中定量分析是以財務報表為主要數據來源，通過數據分析計算出指標的具體情況，得出企業的信用結果，定量分析法是進行投資項目評估時最常用的方法。定性分析法最典型的特徵是不以數據為支撐，主要依靠的是分析人員的主觀判斷，需要分析人員有豐富的實踐經歷和較強的分析能力，從而推斷事物的性質和發展趨勢，屬於預測分析的一種基本方法。

在對企業進行定性分析時主要是對企業所處行業的風險和經營環境、企業在本行業中的競爭力、企業的經營管理、財務報表的可靠性及企業的信用狀況進行分析，進行定量分析時側重對企業的財務風險狀況進行分析，主要包括盈利能力分析、資產結構和資產質量分析、償債能力和現金流量分析。

（二）靜態分析與動態分析相結合

經濟學中的動態分析是以客觀現象所顯現出來的數量特徵為標準，經過研究判斷對象是否符合經濟發展的特徵或趨勢，探究其偏離正常發展趨勢的原因，並對未來的發展趨勢做出預測。動態分析法主要是通過編製短期時間數列觀察客觀現象變化的過程、趨勢和規律，計算相應的動態指標，然後再編製較長時期的時間數列，在判斷現象的變動規律性的基礎上，測定其長期趨勢、季節變動的規律，並據此進行統計預測，為決策提供依據。指標主要包括動態比較指標和動態平均指標，動態比較指標包括增長量、增長速度和發展速度，動態平均指標包括平均發展水準、平均發展速度及平均增長速度。

與動態分析法相比，靜態分析法不考慮資金的時間價值。在經濟方案數據不是很完備及精確度不高的情況下，我們通常會使用靜態分析法。分析指標主要包括投資回收期、投資收益率和追加回收投資期等。使用動態分析和靜態分析相結合的分析方法對企業資信狀況進行評估可以有效減少單一方法評估不到位、不全面的問題。

（三）綜合分析評價法

綜合分析評價法是指運用多個評價指標對多個參評單位進行分析評價的方法，也叫多變量綜合評價方法。其基本思想是由多元到統一，將多個指標轉化為一個綜合的指標，該指標能夠反應整體情況。目前綜合分析評價法成為學者進行研究而經常使用的分析方法，多用於評價各個國家間經濟發展實力、不同地區的經濟發展水準，以及小康生活水準的達標情況等。但是這種方法的使用有一定的難度，評價的完成並不是像其他評價方法一樣逐個完成指標，而是運用一些特殊的方法將多個指標評價同時完成，並且需要對指標的重要性進行加權處理，得出的結果多以指數或分值呈現，表示參評單位綜合狀況的排序。

四、企業資信評估的程序

企業資信評估一般包含如下幾個步驟：

(一) 申請或委託專業機構進行評估

當一家企業具備進行資信評估的條件時，往往會向相關資信評估部門申請資信評估。在中國具有評級資格的機構主要有銀行各級評估委員會和專業評估事務所。因此，企業在進行資信評估時可委託這兩個機構。首先要填寫申請書或委託書，即「企業資信等級評估申請表」或者「企業資信等級評估委託書」。其次是提供企業資信等級評估所需的所有材料，材料主要包括公司的營業執照、公司章程、股東名錄和董事會名錄、主要負責人及重要高級管理人員資料，以及相關產品資料等。最後要遞交關於公司財務能力的相關文件，主要包括公司近三年的資產負債表、利潤表和現金流量表，以及評估機構所需的其他公司內部資料。

(二) 收集並核查相關資料

在收集並核查資料這一步驟中，主體是評估單位。評估單位對企業上交的申請書和委託書及其他資料進行審查。審查不僅僅停留在所遞交的資料上，要通過實地考察和研究企業遞交資料的真實性、完整性和準確性，並且根據資信評估的內容要求企業補充歷史相關資料和現實資料。

(三) 計算相關指標

企業資信評估最終的目的是對企業進行資信評級，其中較為重要的步驟是對指標進行計算。資信評估是一種規範化的社會行為，不同的行業有不同的評估指標，但一般性的企業的評估指標應包含企業資產結構素質評估的指標、企業信用程度評估的指標、企業經營管理評估的指標和企業經濟效益評估的指標。因此，資信評估機構在進行評估時也應按照一定的社會規範和方法，首先將所收集的資料進行查閱標記，從中尋找進行資信評估所需要的數據，算出相應的指標；其次根據評估中通過計算得出的指標填製「企業資信等級評估計分表」，最後審慎檢查所計算的指標是否真實準確完整且具有代表性、符合資信評估的需要。

(四) 確定資信等級，綜合評估

資信等級主要是基於公司的財務狀況、經營狀況及管理狀況制定，對企業進行資信評估的最終目的是劃分資信等級。因此這一部分工作是對上述所有計算結果進行綜合分析評定，評級機構首先要對評級企業的各類指標進行打分，然後根據各類指標的權重系數計算總得分，將計算得出的數值與標準參考值進行對照，得出相應的分值，最後將根據指標算出的企業實際得分總值與企業資信等級表中規定的計分標準相比較，確定相應的資信等級。一般來說，資信等級在不同的國家有不同的評分標準，通常分為A、B、C、D四個等級，在同一級還區分三等。

(五) 編寫評估報告並審定，頒發證書

評估報告是指負責評估的單位根據相關評估準則的要求，在所有的評估程序走完後，對所評估的對象發表書面專業意見，評估報告由所在的評估機構出具。評估報告包含的種類很多，所含內容也並不相同。企業資信評估報告包含的內容有：首先是企業的概況，該項要能簡略概括地反應企業的全貌；其次是對於企業的評估，主要指關於企業資金信用的評估、經濟效益的評估及企業經營管理的評估；最後是對企業信用狀況進行全面評估，是指對所收集的資料進行全面分析所得出的結論。編寫評估報告是由評委會對所提交的材料進行審查計算，檢驗其所提交的材料是否準確、完整和真

實，在確定所遞交的材料及計算的數據沒有出現錯誤並且真實可靠的情況下才可以進行；之後根據「企業資信等級評估計分表」的評審得分，得出關於企業資信等級的最終結論，確定企業的資信等級。根據評估資信等級，由負責該企業資信等級評估的單位向該企業頒發企業資信等級證書。

第三節　企業資信評估指標

企業資信評估的最終目的是劃分企業的資信等級，對等級的評定主要依靠定量分析，即通過一系列的指標進行。本節所介紹的企業資信評估的指標主要涉及企業規模實力、企業素質、企業信用、企業經營管理、企業經濟效益。

一、企業規模實力及素質評估指標

（一）資產負債率

$$資產負債率 = \frac{負債總額}{資產總額} \times 100\%$$

資產負債率也叫舉債經營比率，是指負債在總資產中的比率，也就是負債和資產的比例關係，表示的是總資產中有多少是通過負債籌集得來的，主要用來衡量企業通過債權人所提供的資金進行日常經營管理活動的能力和債權人所提供資金的安全程度。該指標能夠綜合反應公司的負債水準，如果該指標達到100%或者超過100%，表明公司已經資不抵債。通用的資產負債率的參照值為70%，如果實際計算出來的資產負債率高於70%，表明公司承擔較重的債務負擔，有一定的經營風險；如果資產負債率低於70%，表明公司債務水準在合理的範圍之內。

（二）固定資產淨值率

$$固定資產淨值率 = \frac{固定資產淨值}{固定資產原值} \times 100\%$$

固定資產淨值率是固定資產淨值與固定資產原值的比率關係，主要反應固定資產的新舊程度。一般來說，該指標要在65%以上。該指標值小於65%，表明該企業的固定資產比較舊，公司需要花費更多的資金改善固定資產的經營條件；該指標值大於65%，表明公司的經營條件較好，經營效益好。

（三）流動比率

$$流動比率 = \frac{流動資產}{流動負債} \times 100\%$$

流動比率是指流動資產在流動負債中所占的比率，是流動資產與流動負債的比例關係。流動比率主要用來衡量企業的流動資產在短期債務到期之前可以用來償還其短期債務的能力。公式中所指的流動資產是企業在一年內，或者超過一年的一個營業週期內可以變現或者直接使用的資產，主要包括貨幣資金、短期投資、應收票據、應收帳款和存貨等。流動負債是指短期負債，多指在一年內或者超過一年的一個營業週期內需償還的債務，主要包括短期借款、應付票據、應付帳款、預收帳款、應付股利、

應交稅金、其他暫收應付款項、預提費用和一年內到期的長期借款等。該比率一般應維持在130%~200%，指標越高，表明企業的流動性越大，償債能力越強，但是過高也會影響資金的週轉。

（四）速動比率

速動比率是與流動比率相關的一個概念，是企業速動資產與流動負債的比例關係。相較於流動資產而言，速動資產是扣除了流動資產中的存貨和預付費用後的餘額，主要包括現金、短期投資、應收票據、應收帳款等項目，衡量的是企業流動資產中可以立即變現，用來償還企業流動債務的能力，可以反應企業償還流動負債的快慢。與流動比率相比，其反應的短期償債能力更加精確。通常，速動比率大於1，代表企業短期償債能力較強。

（五）長期資產與長期負債比率

$$長期資產與長期負債比率 = \frac{長期資產}{長期負債} \times 100\%$$

長期資產與長期負債比率就是長期資產與長期負債的比例關係，主要用來衡量企業的長期債務償還能力。該指標值通常應保持在150%以上，指標值高，表明企業可用來償還長期債務的資金較為充裕，償債能力高，償債風險較小；該指標值低，表明該企業長期債務負擔較重，有一定的償債風險。

（六）存貨週轉率

$$存貨週轉率 = \frac{銷貨成本}{平均存貨餘額} \times 100\%$$

$$平均存貨餘額 = \frac{期初存貨 + 期末存貨}{2}$$

$$存貨週轉天數 = \frac{計算期天數}{存貨週轉率}$$

存貨週轉率是銷貨成本與平均存貨餘額的比例關係，是分析企業營運能力的重要指標，經常用於企業的經營管理決策中。該指標不僅可以衡量企業在生產經營各環節中存貨的營運效率，還廣泛運用於企業的經營績效評價。通過對存貨週轉率的研究分析，我們可以計算企業在一定時期內的存貨資產的週轉速度。通常來說，存貨週轉率越高，表明企業存貨資產的流動性越強，可以迅速變現。此項資金的週轉速度越快，公司的償債能力也就越強。

（七）應收帳款週轉率

$$應收帳款週轉率 = \frac{當期銷售淨收入}{平均應收帳款} \times 100\%$$

應收帳款週轉率是當期銷售的淨收入與平均應收帳款的比值，主要用來衡量企業應收帳款的週轉速度。應收帳款在流動資產中佔有很重要的地位，應收帳款收回的快慢不僅可以反應企業管理效率的好壞，還可以反應企業短期償債能力的強弱。通常來說，應收帳款的週轉率高，表明企業資金週轉速度快，短期償債能力較強；應收帳款週轉率低，表明企業資產流動速度慢，短期償債能力較弱。

二、企業信用評估指標

(一) 全部資金自有率

$$全部資金自有率 = \frac{企業資本金}{全部資金平均餘額} \times 100\%$$

全部資金自有率又稱企業自有資金率，是指企業資本金與全部資金平均餘額的比例。自有資金主要包括流動資金、固定資金、專項資金及各項盈利資金之和，企業的資本金在全部資金中的比重越大，說明企業的資金充裕度越高，經營安全性越高。

(二) 流動資金貸款償還率

$$流動資金貸款償還率 = 1 - \frac{逾期流動資金貸款額}{流動資金貸款總餘額} \times 100\%$$

流動資金貸款償還率衡量的是流動資金貸款償還的能力。流動資金貸款償還率越高，說明企業短期貸款償還能力越強；流動資金貸款償還率越低，說明短期貸款償還能力越弱。

(三) 呆滯資金占壓率

$$呆滯資金占壓率 = \frac{積壓物資+逾期未收款+未補虧款+待核銷財產損失+擠壓挪用資金}{全部資金佔有} \times 100\%$$

呆滯資金是指流動性不好的資金，資金因產品的積存被無效占用，主要包括企業積壓的物資、逾期未收款、應攤未攤的費用等被占用的資金。呆滯資金占壓率是指呆滯資金在期末全部資金中佔有的比率。呆滯資金占壓率高，表明企業的呆滯資金過多，企業資金流動性差；呆滯資金占壓率低，表明企業資金流動性強，經營管理好。因此，該指標越低越好。

(四) 貨款支付率

$$貨款支付率 = \frac{期初應付貨款 + 本期外購貨款 - 期末應付貨款}{期初應付貨款 + 本期外購貨款} \times 100\%$$

本期貨款支付額是指期初應付貨款和本期應付貨款中已經支付的部分，貨款支付率便是本期貨款支付額與期初應付貨款和本期外購貨款的比率，也叫應付款清付率。該指標可以有效地衡量企業貨款的支付能力和支付信譽。該指標的合理值應大於95%。

(五) 貸款按期償還率

$$貸款按期償還率 = \frac{期末按期實際償還貸款額}{期末應償還貸款總額} \times 100\%$$

貸款按期償還率是指末按期實際償還的貸款額與期末應償還貸款總額的比率。通過這個比率我們可以分析企業的信用情況，側面反應信貸資產的優劣。該指標的合理值應接近於1，指標過低，反應企業不能及時償還貨款，資金流動性弱。

(六) 合同履約率

$$合同履約率 = \frac{當期實際履行合同份數}{當期應履行合同份數} \times 100\%$$

合同履約率是指當期實際履行合同份數在當期應履行合同份數中的比重，主要用來衡量企業的經營管理水準和履行合同的信譽程度。合同履約率高，表明企業的管理

者在企業生產經營過程中管理能力強，信譽度較好；反之，表明企業的信譽差。一般情況下，該指標的合理值要在95%以上。

（七）定額流動資金自有率

$$定額流動資金自有率=\frac{流動資金中的資本金投入}{定額流動資金平均餘額}\times100\%$$

定額流動資金自有率是指企業流動資金的資本金投入在定額流動資金平均餘額中的比重。按現行的制度規定，該指標應不低於30%。

三、企業經營管理評估指標

（一）產品銷售增長率

$$產品銷售增長率=\frac{本年產品銷售增長額}{上年銷售收入總額}\times100\%$$

本年產品銷售增長額＝本年產品銷售額－上年產品銷售額

產品銷售增長率是指本年產品較去年產品的銷售增長額與去年銷售收入總額的比例關係，主要用來衡量企業生產經營狀況和市場佔有能力，是預測企業經營業務拓展趨勢的重要指標，也是企業擴張增量資本和存量資本的重要前提，可以有效反應企業的經營管理水準。產品銷售增長率高，表明企業市場佔有能力增強，經營管理水準高，能進一步改善企業業績。其合理值應在10%以上。

（二）一級品率

$$一級品率=\frac{一級品產品的產值}{全部產品的產值}\times100\%$$

一級品率是指一級品產品的產值在全部產品的產值中所占的比重，可以反應企業產品的質量和企業的綜合素質。一級品率高於國家或者相關部門規定的目標值，表明該企業的管理能力較強，產品質量過關；一級產品率過低甚至低於國家或有關部門規定的最低標準，則表明企業產品的生產質量有待提高。良好的一級產品率有利於增強產品在市場上的競爭力，提高市場佔有率，進而提高社會對該產品的認知度，從而建立信任感。

（三）新產品開發計劃完成率

$$新產品開發計劃完成率=\frac{新產品實際值}{新產品計劃值}\times100\%$$

新產品開發計劃完成率是指本期新產品實際值與本期新產品計劃值中的比例。該指標反應企業對新於產品的開發能力。新產品開發計劃完成率高，表明企業對於新產品的開發能力強，創新能力強，有利於提高企業產品的競爭力及綜合能力。

（四）產品銷售率

$$產品銷售率=\frac{產品銷售生產成本}{全部產品生產成本}\times100\%$$

產品銷售率是指產品銷售生產成本在全部產品生產成本中的比重，主要用來反應已實現的產品的銷售程度。產品的銷售率高，表明企業所生產的產品在市場上有競爭力。因此產品的銷售率越高越好，通常情況下產品銷售率應保持在95%以上。

（五）成品庫存適銷率

$$成品庫存適銷率 = \frac{1-呆滯積壓產品資金}{期末成品資金} \times 100\%$$

成品庫存是指企業已經生產出的經質量檢驗合格的產品，並且辦理入庫手續但尚未銷售出去的本期末實際產成品庫存量。而成品庫存適銷率是產品庫存積壓和產品適銷程度，該指標值大表明企業產成品合格率高，產品積壓少，合理值應保持在95%以上。

（六）全部流動資金週轉加速率

$$全部流動資金週轉加速率 = \left(1-\frac{本期全部流動資金週轉天數}{上期全部流動資金週轉天數}\right) \times 100\%$$

全部流動資金週轉加速率主要用來衡量企業流動資金週轉的速度。該指標值高，表明企業流動資金週轉速度快，資金運用效率比較高，其合理值應大於4%。

四、企業經濟效益評估指標

（一）銷售收入利潤率

$$銷售收入利潤率 = \frac{企業年度總利潤}{企業全年銷售收入} \times 100\%$$

銷售收入利潤率是指企業全年總利潤與企業全年銷售收入的比率，主要用來反應銷售收入與利潤之間的關係。銷售收入主要包括產品銷售收入和其他銷售收入，可以有效地衡量企業的獲利能力和經營管理水準。一般來說，銷售收入利潤率高，表明企業成本費用降低或銷售收入增加，進而利潤總額增加；銷售利潤率上升，表明企業在銷售收入中獲利能力較強，經營管理水準較高；銷售收入降低，表明企業成本增加或是銷售收入降低，獲利能力減弱。因此，該指標越高越好。

（二）總資產報酬率

$$總資產報酬率 = \frac{企業年度息稅前利潤}{企業年平均資產總額} \times 100\%$$

總資產報酬率是企業年度息稅前利潤與企業年平均資產總額的比率，企業年度息稅前利潤是指不扣除利潤和所得稅的情況下所產生的利潤，主要由淨利潤、利息費用和所得稅三項構成。該指標主要用來衡量企業的經營管理能力和獲利能力，是評價企業資產營運效益的重要指標。企業總資產報酬率越高，表明資產利用效率越高，說明企業在增加收入、節約資金使用等方面取得了良好的效果；該指標越低，說明企業資產利用效率低，企業應分析差異原因，提高銷售利潤率，加速資金週轉，提高企業經營管理水準。

（三）淨利潤增長率

$$淨利潤增長率 = \frac{淨利潤增長額}{上年淨利潤} \times 100\%$$

$$淨利潤增加額 = 本年淨利潤 - 上一年淨利潤$$

淨利潤增長率是本年淨利潤相較去年淨利潤的增加額與上年淨利潤的比率。淨利潤是指利潤總額減所得稅後的餘額，是一個企業經營的最終成果。淨利潤多，企業的

經營效益就好；淨利潤少，企業的經營效益就差。它是衡量一個企業經營效益的重要指標。淨利潤增長率代表企業當期淨利潤較上期淨利潤而言的增長幅度。該指標值高，表明企業經營管理得到改善，盈利能力提升，經營效益好；該指標值低，表明企業經營管理獲利能力降低。因此，該指標越高越好。

（四）資本金淨利潤率

$$資本金淨利潤率 = \frac{年稅後淨利潤總額}{年度資本金總額} \times 100\%$$

資本金淨利潤率是年稅後淨利潤總額在年度資本金總額中所占的比例，主要用來衡量資本金的盈利水準，其合理值應高於 12%。

（五）資本保值增值率

$$資本保值增值率 = \frac{期末所有者權益總額}{期初所有者權益總額} \times 100\%$$

資本保值增值率是期末所有者權益總額與期初所有者權益的比例關係。該指標表示企業當年資本在企業自身的努力下的實際增減變動情況，主要用來衡量企業的經營效益，反應投資者投入企業資本的保全性和增長性。該指標越高，表明企業的資本保全狀況越好，所有者權益增長越快，債權人的債務越有保障，企業發展後勁越強。因此，該指標越高越好。

（六）社會貢獻率

$$社會貢獻率 = \frac{社會貢獻總額}{平均資產總額} \times 100\%$$

社會貢獻率是指社會貢獻總額與平均資產總額的比例關係，主要用於衡量企業用自身的資產為國家和社會創造價值的能力。社會貢獻總額是指企業為國家和社會創造和支付的價值總額，主要包括工資、勞保退休統籌及其他社會福利支出、利息支出淨額、應交或已交的增值稅、消費稅、有關銷售稅金及附加、所得稅及有關費用和淨利潤等。社會貢獻率高，表明企業為社會創造價值的能力強。

（七）社會累積率

$$社會累積率 = \frac{上交國家財政總額}{企業社會貢獻總額} \times 100\%$$

社會累積率是指企業上交國家財政總額與企業社會貢獻總額的比例關係，主要用來衡量企業社會貢獻總額中用於上交國家財政和支持社會公益事業的比例，從而直接或間接反應企業的社會責任。上交的國家財政總額主要包括增值稅、所得稅等各項稅款。

（八）資金利稅率

$$資金利稅率 = \frac{企業年度利稅總額}{企業資金平均餘額} \times 100\%$$

資金利稅率是企業年度利稅總額與企業資金平均餘額的比例關係，主要反應企業對國家財政所做的貢獻及企業自身的經營能力。資金利稅率越高，表明企業的盈利水準越高，對財政所做出的貢獻也越大。

第四節　企業資信等級的劃分與評定

一、企業資信等級的劃分

企業資信等級的劃分主要是基於公司的財務狀況、經營能力和管理能力做出的。目前中國的信用等級主要採用三等九級制，具體劃分如表 3-1 所示。

表 3-1　信用等級劃分表

級別	計分標準	級別含義	評定標準
AAA	90~100	信用極好	短期和長期償債能力較強，有一定的安全保障，企業的財務狀況和經營管理能力較好，企業處於良性發展之中，不確定因素對企業的影響很小
AA	80~89	信用優良	短期和長期的償債能力令人滿意，其他因素會對企業償債能力產生一定的影響，影響能力也相對有限
A	70~79	信用較好	現階段有足夠的償還債務的能力，企業經營處於良性狀態，若經濟條件惡化，未來企業的發展經營會受到外部不確定因素的干擾，進而使盈利能力產生波動
BBB	60~69	信用一般	企業資產和財務狀況一般，各項經濟指標處於中等水準，可以保證本息的按時償還，但在經濟條件惡化的情況下償債能力和盈利能力會產生很大的波動
DD	50~59	信用欠佳	企業各項經濟指標處於較低水準但擁有一定的債務償還能力，一旦發生突發惡劣事件，債務人可能沒有足夠的償還能力
B	40~49	信用較差	企業的管理水準和財務水準偏低，信用程度差，償債能力較弱，雖然目前能償債，但是一旦發生突發事件，債務人償債能力會減弱
CCC	30~39	信用很差	企業信用差，並且盈利能力和償債能力很弱，對於投資者而言，投資保障力度較小，風險和不確定性較大
CC	20~29	信用極差	企業的信用極差，已經處於虧損狀態，償債能力很低，投資風險大，一般有高度投機性的投資者會投資該企業
C	10~19	沒有信用	企業完全沒有信用，沒有能力償還債務的本金和利息，公司虧損嚴重，狀態接近破產

二、企業資信等級

企業資信等級的評定是由專業的機構或部門按照公正、客觀、科學的原則衡量企業資信程度的高低。企業資信等級評定的過程為：首先是經過一系列的定量指標和定性指標進行分析計算，填製企業資信等級計分標準表，具體可見企業資信等級評分計分表（此表不具有統一性，不同的行業有不同的計分標準）；其次按照表中各項標準計算企業實際得分；最後根據企業資信等級表中的等級評分標準，確定企業相應的資信等級。企業的資信等級不僅能反應企業的信用狀況，還能從側面反應企業的經營水準和管理能力，進而為投資者和相關主管部門提供投資決策的依據。

第五節　案例分析

一、A 企業背景

A 企業是中國領先的互聯網技術公司。自創立以來，憑藉先進的技術和優質的服務，深受廣大網民的歡迎。在開發互聯網應用、服務及其他技術方面，它始終保持業界的領先地位。該企業目前處於擴張階段，需要大量資金，為了增強投資者的信心，需要聘請評估機構對其資信水準進行評估，並給出評估結果。

二、高科技企業資信評估體系在企業中應用的可行性

首先，A 企業具有高水準的行業專家隊伍。為了實施本次評估活動，我們找到了高科技企業資信評估領域的數位專家為此次評估的主觀評價打分。其次，A 企業是素質較高的被評估單位。企業接受評估的目的是增強投資者的信心，同時以便管理層加強對企業的管理，在評估過程中，接受評估的良好動機能為評估人員提供便利，評估工作能開展順利。最後，A 企業具有成熟的用戶市場。該企業投資者及其他對評估結果的預期使用者信任高水準評估專家隊伍的意見。綜上所述，A 企業適用本文設計的高科技企業資信評估體系。

三、高科技企業資信評估體系在企業中的實施

該案例的評估採用專家打分法，共請了 20 位專家，分為 4 組，每組由 5 位專家組成。打分為 10 分制，根據組內 5 位專家的打分取算術平均數，每組得出一個分數。因此，對於每個項目，共得出 4 個分數，再運用本文設計的評估方法進行計算，確定等級。本文設計的評價方法主觀性較強，依賴大量的信息，依靠行業專家的職業能力和素質。這種評價方法在實證分析實施上有難度。原因是評估所需的信息絕大多數來自企業內部，需要行業專家以座談、實地調查、調閱企業內部資料的方式獲得。這對於外部人士而言是較難做到的。另外，行業專家的職業能力和素質是在長期的實踐中逐步形成的，涉足高科技企業不久的人士難以對各項風險進行準確把握。因此，本文對該公司的評估旨在說明所設計的評估指標及評估方法，故假設資信評估主體已經按照資信評估體系確定了所有的相關內容，相應收集資料等工作也已經完成，以下就運用評估方法對相應指標進行評估的過程進行詳細敘述（見圖 3-1）。

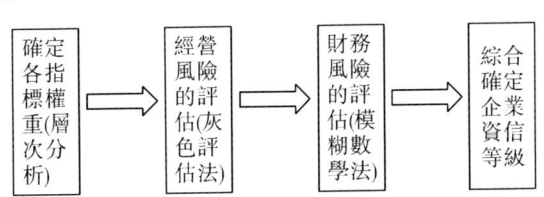

確定各指標權重(層次分析) → 經營風險的評估(灰色評估法) → 財務風險的評估(模糊數學法) → 綜合確定企業資信等級

圖 3-1　評估過程

1. 用層次分析法確定高科技企業資信評估指標權重

相對於高科技企業資信評估指標體系這個總目標來說，分別對一級指標層內各個指標進行兩兩比較，根據4組專家的打分結果，得到相對重要性矩陣1，在矩陣1中

由

$$\overline{w_i} = \sqrt[5]{\prod_i^5 u_i} \ (i = 1, 2, 3, 4, 5)$$

$$\overline{w_1} = 0.415$$

$$\overline{w_2} = \overline{w_3} = \overline{w_4} = 1.246$$

$$\sum_{i=1}^{6} \overline{w_i} = 0.415 + 1.246 + 1.246 + 1.246 + 1.246 = 5.399$$

可得：$w_1 = \dfrac{0.415}{5.399} = 0.076$

$$w_2 = w_3 = w_4 = \dfrac{1.246}{5.399} = 0.231$$

經計算得該矩陣的最大特徵 $\lambda_{max} = 5$。

2. 用灰色評估法評估經營風險

首先要確認評價的目標層、準則層和內容層。為討論方便，這裡只選擇第一層次的六個主要評估指標作為評估高科技企業經營風險的指標，即企業素質、償債能力、盈利能力、營運能力、創新能力、成長能力。在實際評估中，對於二級指標，我們可用與一級指標相同的方法進行評估。

其次計算各層次的權重。指標權重參照表如表 3-2 所示：

表 3-2　指標權重參照表

目標層	子準則層	對上一層的權重（W_i）
經營風險	法律環境	0.076
	競爭優勢	0.231
	企業素質	0.231
	經營管理	0.231
	發展前景	0.231

根據指標權重求指標的評估樣本矩陣。假設根據上述組專家對該企業的打分，得出樣本矩陣 D。

$$D = \begin{bmatrix} 6.5 & 7 & 6.5 & 5 \\ 8 & 6.5 & 7 & 6.5 \\ 7 & 7.5 & 7.5 & 7 \\ 7.5 & 8 & 7.5 & 6 \\ 8 & 7.5 & 7 & 7.5 \end{bmatrix}$$

然後確定評估灰類，計算灰色評估系數。

目前中國在對企業進行資信評估時，一般只採用前面的四個資信等級，即 AAA、AA、A、BBB 四個級別。一般情況下，處於後面幾個等級的企業沒有資信評估的必要

和意願。因此，本文在對企業進行評估時，企業資信等級為 4 個 {AAA，AA，A，BBB}；將經營風險劃分相應的 4 個等級，對應 4 個評估灰類，即 $N=1，2，3，4$；相應地確定評價灰類白化權函數，$e=1，2，3，4$ 共 4 個灰類，白化權函數為 f_1 至 f_4，據此計算出灰色評估系數。

最後計算綜合聚類系數，得出評估結果。

高科技企業資信關於 4 個灰類的綜合聚類系數分別為

$$\sigma_1 = \sum_{i=1}^{5}(r_{i,1} * w_i) = 0.346$$

同理可得 $\begin{cases} \sigma_2 = 0.409 \\ \sigma_3 = 0.245 \\ \sigma_4 = 0 \end{cases}$

該結果表明在充分考慮了 4 組專家的綜合意見的基礎上，專家們認為該企業經營風險資信等級為 AAA 的有 34.6%，認為資信等級為 AA 的有 40.9%，認為資信等級為 A 的有 24.5%。

3. 用模糊數學法評估財務風險

財務風險基本上屬於定量指標，我們可以運用模糊數學綜合評估法的理論與方法進行評估。

首先，建立遞階層次結構模型，按照層次分析法，假定得出相對於財務風險狀況的各指標權重參（見表 3-3）。

表 3-3 各指標權重參見表

目標層	子準則層	對上一層的權重
財務風險	財務制度與政策	0.045
	負債比率	0.137
	盈利能力	0.350
	資金週轉能力	0.260
	現金流量	0.208

其次，建立模糊綜合評判模型。

第一步：建立因素 U。

$U =$ {財務制度與政策，負債比率，盈利能力，資金週轉能力，現金流量}

第二步：建立評語集 V。

$V =$ {AAA，AA，A，BBB}

第三步：構造模糊變換。本文在確定模糊變換 R 時只是一個演示實例的過程，假定通過 4 組專家評定和定量分析後，得出的評價結果是：

$$R = \begin{bmatrix} 0.5 & 0.3 & 0.1 & 0.1 \\ 0.4 & 0.4 & 0.1 & 0.1 \\ 0.6 & 0.3 & 0.1 & 0 \\ 0.5 & 0.2 & 0.2 & 0.1 \\ 0.7 & 0.2 & 0.1 & 0 \end{bmatrix}$$

即經過定量分析和專家評定後，對於企業財務制度與政策而言，50%隸屬於 AAA 級，30%隸屬於 AA 級，10%隸屬於 A 級，10%隸屬於 BBB 級，其他指標依此類推。

4. 進行模糊綜合評估

在層次分析法中我們已經確定了企業財務制度、負債比率、盈利能力、資金週轉能力、現金流量的權重向量 $A =$ （0.045, 0.137, 0.350, 0.260, 0.208），然後，可以得到模糊綜合評判結果為 $B = A \cdot R =$ （0.562,9、0.266,9、0.126,0、0.044,2）。

該結果表明在充分考慮了 4 組專家的綜合意見的基礎上，認為該企業財務風險資信等級為 AAA 的有 56.29%，認為資信等級為 AA 的有 26.69%，認為資信等級為 A 的有 12.6%，認為資信等級為 BBB 的有 4.42%。

5. 綜合評估，確定企業資信等級

根據上述計算，20 位參與評估的專家中，認為該企業經營風險資信等級為 AAA 的有 34.6%，認為資信等級為 AA 的有 40.9%，認為資信等級為 A 的有 24.5%，認為該企業財務風險資信等級為 AAA 的有 56.29%，認為資信等級為 AA 的有 26.69%，認為資信等級為 A 的有 12.6%，認為資信等級為 BBB 的有 4.42%。

在實際操作中，財務風險評估強烈地影響企業的資信等級，但是一個企業的經營風險在一定程度上決定企業可以承擔的財務風險。因此，經營風險在資信評估中起著主導作用。本文把二者的權重分別設定為 $\alpha = 0.6$ 和 $\beta = 0.4$，則最終的企業資信評估值為

$$z_i = \alpha \sigma_i + \beta b_i$$

所以

$Z_1 = 0.433$

$Z_2 = 0.352$

$Z_3 = 0.197$

$Z_4 = 0.018$

計算結果表明，在參與評估的專家中，認為該公司綜合風險資信等級為 AAA 的有 43.3%，認為資信等級為 AA 的有 35.2%，認為資信等級為 A 的有 19.7%，認為資信等級為 BBB 的有 1.8%。根據最大隸屬度原則，所求最大值為 0.433。該企業的資信等級為 AAA 級。

由此可以看出，本文設計的針對高科技企業的資信評估指標，是從影響其資信水準的角度合理選取的，充分考慮了高科技企業的自身特點，具有代表性和有效性。本文設計的針對高科技企業的資信評估方法，可以科學合理地確定各個指標的權重，減少了其中的主觀因素，對於經營風險類指標和財務風險類指標分別採用適合其性質的評估方法，可以更加合理地確定這兩類指標對整個被評估企業資信的影響程度。因此，本文設計的資信評估體系是合理可行且有實際意義的。

复习思考题

1. 何謂企業資信評估？
2. 銀行對企業進行資信評估的目的是什麼？應包括哪些內容？
3. 企業資信評估程序包括哪些步驟？
4. 企業資信評估指標有哪些？如何進行計算？
5. 企業信用程度評估指標有哪些？如何進行計算？
6. 如何劃分和評定企業資信等級？
7. 某項目在某年年末的流動資產為9,560萬元（其中存貨為2,983萬元），流動負債為5,980萬元，長期負債為6,730萬元，資產總額為13,680萬元。試求該項目的資產負債率、流動比率和速動比率。

第四章

項目投資環境評估

項目決策的依據是項目評估，對投資項目進行評估是一項複雜且需投入大量時間、精力和資金的工作。只有選準好的項目，並且對投資項目建設的可行性、必要性及成本效益等方面進行全面的分析和評價，我們才能保證投資項目決策的正確性和高質量。對項目投資進行評估首先要對項目投資環境進行評估，項目如果在以後不能適應宏觀環境和微觀環境，就沒有開始的必要。所以說對項目的投資環境進行評估是非常重要的開端，可以從總體上把握投資項目的可行性。對項目投資環境的評估主要是通過對項目投資背景、項目投資環境的特點、種類、評估方法及項目的微觀環境和宏觀環境進行分析，看項目的發起是否符合當地社會經濟發展的需要、是否遵循社會經濟發展的規律及是否符合相關法律法規的規定，最後還要看該項目的發展是否有利於經濟發展和建設單位目標的實現。

對項目投資環境進行分析，我們可以得出是否能開始對項目進行下一步研究評估的決定。只有當項目建設能夠適應投資環境，具備相應的生產建設條件，符合當地社會經濟發展需要時，我們才需要對項目進行下一步研究分析；否則，項目便不能成立，對項目的各項可行性分析也沒有進一步繼續的必要，項目就此終止。因此，項目投資環境評估是項目評估中的首要一環，在進行項目評估時，我們應首先進行項目投資環境評估。

第一節　項目投資背景分析評估

項目投資背景分析評估主要是通過瞭解清楚項目的來龍去脈，以此來分析此項目是否具有進行的必要性。其主要是從項目建設的動因方面進行分析。

一、符合經濟發展的中長期戰略規劃

投資作為拉動社會經濟增長的「三駕馬車」之一，是促進國民經濟長久持續發展

的重要動力和關鍵因素。投資對大家來說已不是陌生的字眼，人人都會與它產生交集，如買房、買地、炒股、買設備、買保險、買理財產品等。每個時代且有不同的特點，亦有其投資的主旋律。因此，在任何時候都需要不斷開發新的投資項目以形成發展所需要的國民財富，在進行項目投資環境評估時我們要重點評估該項目的建設是否符合國民經濟和社會發展的中長期規劃，因為國民經濟的形勢會制約項目投資的進一步發展。首先，國民經濟形勢制約投資主觀願望的產生。投資的目的是獲得預期的收益，這個收益不管是有形還是無形，多還是少，都是投資者根據現階段的經濟狀況為參考做出的判斷。因此，國民經濟的趨勢也會影響投資者的投資意願。其次，國民經濟形勢制約投資實現的客觀條件。國民經濟的各種指標如匯率、物價等，都會根據時期及經濟環境的不同而改變。因此，人們的投資策略也有所不同，市場的投資熱情也會有所變化。

國民經濟和社會發展規劃是全國或者某一地區經濟、社會發展的總體綱要，是具有戰略意義的指導性文件。國民經濟和社會發展規劃統籌安排和指導全國或某一地區的社會、經濟、文化建設工作。我們在選擇投資項目時首先要關注與項目有關的國家長遠戰略規劃，使項目的發展融入整個國家的經濟發展之中。因此，在對投資項目進行評估時我們要重點分析以下內容：項目的建設是否符合經濟建設發展的需要，該項目生產的產品是否為國家鼓勵生產的產品，項目引進的技術是否是國家鼓勵和支持的，項目的總投資是否與本期計劃控制或發展規模相一致，等等。

二、符合經濟結構調整範圍

經濟結構調整是指國家運用法律、經濟及必要的行政手段，改變現有的經濟結構狀況，使之能夠適應社會生產力發展的需要。在現有的經濟結構不能促進國民經濟更好發展的情況下，國家有必要採取手段，對其進行調整，使經濟結構趨於完善，進而促進國家經濟更好發展。

隨著經濟的迅速發展和科技力量的增強，中國的經濟結構也在不斷優化升級，經濟結構調整成為21世紀中國經濟發展的主線。國家在「十五」計劃中便指出：「堅持把結構調整作為主線，以提高國民經濟的整體素質和國際競爭力，實現可持續發展目標。積極主動、全方位地對經濟結構進行戰略性調整。」自1978年改革開放以來，中國開始從計劃經濟逐漸向市場經濟過渡，此階段經濟的增長主要來自農業的繁榮及輕工業的迅速發展，重點解決人們吃飽穿暖的生活需求。1989年以後，經濟增長速度加快，發展動力主要來自石化、電力、鋼鐵、家用電器及電子通信行業的迅速發展。而在1996年之後，消費結構進一步改善，傳統工業品市場接近飽和，高價耐用消費品成為市場追捧的對象，主要包括汽車、空調、高檔電子產品、住宅等。究其經濟結構調整的原因，主要是以下幾個方面：首先，隨著經濟的迅速發展和人們生活水準的不斷提高，人們對新產品的需求和慾望越來越高，刺激了產品的更新換代和新產品的出現。其次，新技術革命的出現推動了全球經濟結構的大規模調整，原有的分工格局和資源配置方式被逐漸打破，大規模的經濟結構調整活動正在迅速開展。技術革命創造了新的產業領域，如計算機硬件軟件產業、信息產業、新材料產業、宇宙航天產業、海洋生物產業等。最後，國際經濟重組和全球性產業結構調整步伐的加快，促使後來的發

展中國家不斷進行經濟結構的調整。中國出抬相應的發展政策，鼓勵和引導投資向新的領域和項目傾斜，從而帶動整個社會經濟結構的迅速調整。

從中國的發展歷史可以看出，經濟結構調整成為必不可擋的趨勢，在這個大背景下，符合經濟結構調整需要的投資項目是有發展前景的，而不在國家經濟結構調整範圍之內的投資項目會面臨沒有市場的難題。因此，在評估新的投資項目時，我們要綜合評估該項目是否經得起經濟結構的調整，應迴避那些企業組織規模小而散、問題突出、資源利用率低、環境污染嚴重、勞動生產率低的產業。

三、符合國家產業政策和行業發展戰略

國家產業政策是國家根據國民經濟發展的內在要求，旨在提高產業整體素質，調整產業結構，優化佈局，調整供給結構和總量所採取的政策和措施的總和。由於市場機制對產業結構的調節力度比較弱，國家必須制定產業政策進行調節。產業政策包括產業組織政策、產業結構政策、產業技術政策和產業佈局政策，以及其他對產業發展有重大影響的政策和法規，是國家加強和改善宏觀調控，增強產品素質，促進國民經濟持續、快速、健康發展的重要手段。行業發展戰略主要是對各行業的市場結構、運行狀況與競爭態勢進行分析，為企業經營決策者和行業管理者制定企業戰略策略與行業政策規範提供科學依據。

行業發展戰略主要包括全行業及其主要分行業運行情況分析、國際市場分析、主要區域市場運行情況分析、競爭格局分析、業內主要企業的競爭態勢、營銷策略和市場行為比較分析、銷售渠道分析、消費行為分析、上下游及相關行業分析等。

每個國家都會制定不同的產業政策和行業發展戰略。產業政策確定了國民經濟優先發展的產業和需要抑制其發展的產業，由此可以看出政府的產業政策可以反應政府在不同的時期對不同產業的基本態度，政府的態度會直接影響項目的投資成本、發展前景和投資效果。因此，在評估投資項目是否有必要進行時，我們應該深入研究國家同期的產業政策和行業發展戰略，並把項目與產業政策發展的要求一一對比，看所投資項目是否符合國家產業政策和行業發展戰略，符合的項目才有進一步研究的必要。

四、符合地區經濟發展的需要

地區經濟發展戰略是指對一定區域內經濟、社會發展有關全局性、長遠性、關鍵性的一些問題所做的籌劃和決策。說得更具體些，是指在較長時期內，根據對區域經濟、社會發展狀況的考量，考慮區域經濟、社會發展中的各方面關係，對區域經濟發展的指導思想、所要達到的目標、應解決的重點問題和所需經歷的階段及必須採取的對策的總籌劃和總決策。由於各個地區的經濟發展水準和經濟結構不同，為了滿足當地經濟發展的需要，相關部門會制定適合本地區的經濟發展戰略。因此，為了滿足經濟發展的需要，每一筆投資項目的建設都應符合所在地區制定的經濟發展戰略，我們要開發具有本地區地方特色的項目。改革開放以來，中國的經濟發展取得了巨大的成就。經濟的非均衡發展戰略充分考慮了各經濟區域的差異，因地制宜，以效率為先，充分發揮了各區域的比較優勢，更多地依靠、利用經濟發展規律；而均衡發展戰略更多地依據人的主觀意志和願望，在一定程度上忽略和違背了經濟發展的客觀規律。

因此，地區經濟發展戰略是在國民經濟發展戰略與長遠規劃的指導下結合本地區經濟特色而制定的，項目的建設要充分發揮當地的地方特色和充分利用當地的資源優勢。各個地區之間的資源優勢是不同的，有的地區具有技術優勢，有的地區具有資源優勢和勞動力優勢。要想把這些潛在的地區優勢轉化為經濟優勢，我們需要通過投資建設項目創造條件，這樣才能增強本地區的經濟實力，促進區域經濟的迅速發展，這也正是地區經濟發展戰略的目標和要求。因此，從地區經濟發展的角度評估項目建設的必要性時，我們要重點分析該項目是否符合該地區的長遠規劃，是否合理地利用地區資源，是否發揮地區優勢，是否增強地區的經濟實力，是否促進地區經濟和企業的協同發展。

五、符合企業自身發展規劃的需要

社會經濟的發展是由無數企業的共同發展推動起來的，可以說企業的發展是社會發展的基礎，但是企業並不是為了社會的發展而存在的，而是為了自身得到發展，擴大市場份額，進而實現利潤最大化。企業為了實現利益最大化，需要不斷地滿足市場需求。這樣企業便有了發展的物質動力，就是不斷地生產可以帶動更多的滿足市場需求和創新生產需求的產品。為此，企業需要有一定的發展規劃，新發展的項目要圍繞企業的長遠發展，圍繞企業自己的發展目標。為了實現企業的長遠發展，企業可以在以下幾種情況下進行投資：①企業為了實現規模經濟效益，擴大利潤，降低生產成本，提高企業的競爭優勢和競爭地位，需要擴大生產規模，從而實現規模化經營。②企業為了提高市場佔有率，提升產品的競爭優勢，進而提高企業的競爭力，獲得市場競爭優勢，也需要擴大建設規模，提高所需投資的項目的產品品質。③企業為了提高自己的盈利能力，進行多元化經營，進而實現銷售收入，也需要投資項目。④企業根據自身發展戰略的需要，可能轉變企業原有的生產經營方式，進而投資新的項目。

第二節　項目投資環境評估內容

一、項目投資環境評估概述

（一）項目投資環境概念

投資環境是指投資經營者面對的客觀條件，這些客觀條件是影響和制約項目投資活動全過程的各種外部條件和內部條件的總和。不管是國際投資還是國內投資，投資環境會對投資效果產生很大的影響，會直接影響投資結果。對投資者來說，必須考察各國各地區不同的投資環境，把資金投向處在有利的環境的項目。對歡迎外來投資的國家和地區來說，要創造良好的投資環境，吸引各方面投資，以解決資金不足的困難，繁榮本國、本地經濟。投資環境是投資項目實現的重要保障和基本條件，投資環境分為投資的宏觀環境和投資的微觀環境，最初主要表現為一定的物質條件，包括投資所在地的自然地理環境及基礎設施等。隨著世界經濟一體化的迅速發展，各國都在爭取更多的外來投資以加速經濟的迅速發展，因此制定了鼓勵投資的各種政策，在經濟、

制度、法律文化等方面不斷提供各種優惠條件,以吸引各類的投資。

目前,學術界對於投資環境的定義並沒有形成統一的看法。對於中國現階段國情而言,投資環境是伴隨著中國改革開放的不斷深入發展而逐步出現的,國內學者對投資環境概念的研究仍然有較大的分歧。目前,國內學者對於投資環境的定義主要有以下幾種:

1. 投資地對資本的吸收能力角度

投資環境是指一個地區吸收外來資本和消化外來資本的能力,並且會對資本增值帶來影響的所有組成因素的集合體,包括國際和國內、區內和區外的自然、社會、經濟、科技、文化、法律、政策等。

2. 投資環境構成的系統性角度

投資環境是指投資項目能夠得到有效經營的外部環境,是一個複合的有機整體和系統。投資環境作為一個有機整體和系統,是由若干個子系統構成,具有一定的層次。其是在一段時間內,地區所擁有的影響和決定投資系統正常健康運行,並且取得各種預期收益的主觀和客觀因素的集合體。

3. 投資環境存在的外部條件角度

國內有關學者認為投資環境是投資者進行投資所必需的外部條件,主要是由投資的硬環境和投資的軟環境組成。硬環境主要是指投資地區的基礎設施建設的狀況、地區資源環境條件等,是吸引外來資金進行投資的必要條件。軟環境是指投資地區的政治、法律、文化、政策、政府為人民服務的水準等,是構成政府對外投資的充分條件。

4. 影響投資環境的因素角度

從影響投資環境的因素角度看,投資環境是指影響和制約投資活動的一切因素的總和。這些因素主要包括政治、經濟、文化、自然、社會等多方面的因素,投資環境就是由這些因素組成的有機整體,它們相互影響,相互制約。

總而言之,投資環境是決定投資項目能否正常進行的客觀條件,對項目的影響是基礎性的。影響和決定投資環境的因素有很多,主要包括社會政治因素、市場因素、資源因素、交通運輸及通信因素、資金因素、勞動力因素、經營管理水準等。通常情況下,一個國家政局穩定,國泰民安,市場機制健全,價格體系在合理範圍之內,投資風險較小。所在地區正處於開發階段、交通方便並且具有資源優勢,通常能為項目的建設發展提供一個良好的環境。而在那些交通閉塞、勞動力成本高,不具有資源和資金優勢的地區進行的投資項目,投資者要承擔更高的生產經營成本,面臨更大的投資風險。

(二) 投資環境特徵

1. 系統性

投資環境主要指影響和制約投資活動的一切因素的總和,這些因素之間相互協調,相互作用,形成一個完整的投資環境系統。這是一個統一的整體,在這個統一的投資系統中,任何因素的變化都會對投資項目產生重大的影響,不管這個因素是自然的、經濟的還是政治的,均起到「牽一髮而動全身」的作用。由於投資環境具有系統性,那麼投資者應在投資項目的總目標下,依據投資環境的各要素之間的關係進行綜合的分析評價,進而做出決策。投資環境的系統性說明環境中各個因素之間是相互連接、

相互作用、相互依賴、互為條件的，單一因素的改變會對投資環境整體情況產生影響。因此，我們在進行投資環境的考察評估時要綜合地看問題，不能單一、孤立地評估環境對投資項目的影響。

2. 動態性

隨著經濟社會的發展，投資環境的內涵也在不斷地延伸和擴展，所包含的範圍也越來越廣泛。因此，我們說投資環境是一個動態開放的系統，隨著經濟社會的發展而變化，我們在進行投資項目環境評估時的內容和重點也要做出相應的改變。早期的投資者在進行投資時主要考慮所投資地區的廉價勞動力和豐富的自然資源，而現在的投資者在考慮這些因素的同時也開始思考該地區的基礎設施條件、社會經濟發展水準。而對於國外投資而言，政局的穩定性及政策的連續性是進行投資時所要考慮的首要因素。

3. 相對性

相對性是用來評價投資環境優劣程度的一個相對的概念，是以國與國之間或地區與地區之間的橫向對比作為參照的。在評估一個地方的投資環境時我們不能孤立地研究所在環境，要與其他國家或地區進行比較。

(三) 項目投資環境分類

1. 按照投資環境表現形式的不同，我們把投資環境劃分為硬投資環境和軟投資環境

硬投資環境是指那些具有物質形態的各種影響投資活動的因素的總和，即看得見、摸得著的各種要素的總和，一般指與該投資項目相關的交通運輸、通信設施等條件，以及為生產建設、生活服務等提供條件的第三產業的發展狀況。軟投資環境是指不具有物質形態的各種影響投資活動的因素的總和，即影響投資項目的各種人際環境的因素，主要包括地區吸引投資的政策、措施，當地政府對投資的支持力度及為人民服務的水準，科技文化的發展程度，概括起來就是經濟環境、社會文化環境、政策及法制環境、生態環境等因素。

2. 按照投資項目與投資環境的關係，我們把投資環境劃分為狹義投資環境和廣義投資環境

該類投資環境的劃分主要是根據投資環境中包含因素的多少。狹義的投資環境主要是指經濟環境，包括一個國家或者地區的經濟發展水準、經濟體制、經濟發展模式和市場發育程度等，具體來說就是項目建設環境、經營環境、社會基礎設施環境等。相較於狹義的投資環境，廣義的投資環境包含的範圍更廣，除了狹義投資環境之外還包含自然環境、社會環境、政治環境等。它是由與投資項目相關的直接或間接的諸多環境因素共同構成的。自然環境主要是指所在區域地理位置、自然條件和自然資源等。社會環境是指人類生存及活動範圍內的社會物質、精神條件的總和，主要包括社會整體的文化教育水準和傳統的風俗習慣等。政治環境是各種不同因素的綜合反應，主要用來評價政局是否穩定、政策是否具有連續性，以及是否存在國家與國家之間的地區衝突和恐怖主義行為。政治環境主要包括黨和國家的方針政策、政治氣氛、國際政治局勢、國際關係等。政治環境對企業的影響是直接的和難以預測的，因此，對投資項目進行評估時，關於環境的考察是至關重要的。

3. 按照投資地域，我們可以將投資環境分為國際投資環境和國內投資環境

國內投資是指本國政府、企業、個人等在本國境內進行的投資，國內投資環境一般指投資者在本國境內投資，可能遇到的影響投資決策的各種因素所構成的環境。國際投資是指投資者為獲取預期的效益而將資本或其他資產在國際間進行投入或流動。國際投資主要包括投資者向國外的企業投資並對該企業的管理和經營進行控制的直接投資，通過金融仲介或投資工具進行的間接投資，以及以上兩類投資與其他國際經濟活動混合而成的靈活形式投資。國際投資環境便是影響這些投資決策的各種因素所構成的環境。

（四）項目投資環境評估方法

1. 冷熱因素分析法

冷熱因素分析法是美國學者伊西阿·利特法克和彼得·班廷提出的。他們對20世紀60年代後半期美國、加拿大等國工商界人士進行調查，綜合分析七種因素對各國投資環境的影響，提出了國別冷熱比較法，又稱投資環境冷熱因素分析法。冷熱因素分析法的基本原理是從投資者的立場出發，選擇若干影響投資環境的因素，據此對有關國家或地區逐一進行評估，並將其由冷到熱依次排列起來，熱表示投資環境優良，冷則表示投資環境欠佳。

（1）政治穩定性。若一國的政治形勢較為穩定，政府得民心並且能夠為投資者創造一個公平、公正的市場競爭環境，則為熱因素。

（2）市場機會。市場機會是指現有市場上的產品結構不能滿足消費者的消費需求，而所投資項目所生產的產品能夠滿足消費者的消費需求，可以進一步擴大市場份額。擁有較大的市場機會為熱因素。

（3）經濟發展和成就。若一國經濟發展速度快，經濟運行良好，則為熱因素；反之，則為冷因素。

（4）文化一元化。文化一元化是指一個地區的各個階層的人民的相互關係和風俗習慣、價值觀、世界觀、宗教信仰等方面的差異程度。若該地區的文化統一，則是一元化程度高，為熱因素；反之，則為冷因素。

（5）法規阻礙。法規阻礙是指一個國家或地區的法律制度的完善程度，如果該地區的法律法規制度有利於促進該項目的建設，法規阻礙小，則為熱因素；如果該地區的法律法規制度會阻礙項目的進程，對項目建設造成阻礙，則為冷因素。

（6）實質阻礙。實質阻礙是指一個國家或地區的地形、地勢會對項目的正常生產經營產生阻礙，實質阻礙程度低，則為熱因素；實質阻礙程度高，則為冷因素。

（7）地理和文化差距。地理和文化差距是指項目所在地與投資者所在地較遠時，文化、社會觀念及語言上存在一定的差距，會對雙方的溝通交流產生不利的影響。如果地理和文化差距小，則為熱因素；反之，則為冷因素。

2. 等級尺度評分法

等級尺度評分法是1969年美國的羅伯特·斯托伯在《如何分析國外投資氣候》這篇文章中提出的，該方法主要從東道國政府對外國投資者的鼓勵和限制政策的角度出發，把投資環境的內容劃分為八大因素：資金抽回限制、外商股權比例、對外商管制和歧視程度、貨幣穩定性、政治穩定性、關稅保護的態度、當地資本供應能力、近5年通貨膨脹率。我們再把上述因素進一步劃分，每個因素又分為4~7種具體的子因素，

然後根據每一個子因素對投資的有利程度，賦予不同的分值，最後將分值匯總，用分數綜合反應投資環境的優劣程度，分數越高，投資環境越佳。

3. 多因素評估法

多因素評估法是由香港中文大學閔建蜀教授提出的，將投資環境分為11類因素，包括政治環境、經濟環境、財務環境、市場環境、基礎設施、技術條件、輔助工業、法律制度、行政機構效率、文化環境和競爭環境。每一類因素又可劃分出一系列子因素。在評價投資環境時，專家對各類因素的子因素做出綜合評價，然後據此對該類因素做出優、良、中、可、差的判斷，最後計算投資環境總分。投資環境總分的取值範圍為11~55，數值越高，說明投資環境越好；反之，投資環境越差。多因素評估法涉及的因素比較細緻全面，由專家進行評分簡便易行，但我們要謹慎設置各個因素的權重。多因素評估法因素參考標準表如表4-1所示。

表4-1 多因素評估法因素參考標準表

影響因素	子因素
政治環境	政治穩定性、國有化可能性、外資政策
經濟環境	經濟增長水準、物價水準
財務環境	資本與利潤外調可能性、匯率穩定性、籌資的可能性
市場環境	市場規模、分銷網點、營銷的輔助機構、地理位置
基礎設施	通信設備、交通運輸、外部經濟
技術條件	科技水準、勞動生產力、專業人才的供應
輔助工業	輔助工業的發展水準、輔助工業的配套情況
法律制度	法規的健全程度、法律的執行程度
行政機構效率	機構的設置、辦事效率、工作人員的素質
文化環境	文化的融合性、外來企業對其信任程度
競爭環境	當地競爭對手的強弱、同類產品進口額在本地市場所占份額

4. 關鍵因素評估法

關鍵因素評估法是直接從具體的投資項目出發，從影響投資環境的一般因素中找出關鍵的因素，這些因素往往能夠影響投資動機的實現。我們首先需要找出這些關鍵因素，然後用多因素評估法計算各因素的得分情況，根據得分評價投資環境。香港中文大學的閔建蜀教授列出了影響不同投資動機實現的關鍵環境因素（見表4-2）。

表4-2 影響不同投資動機實現的關鍵環境因素

投資動機	關鍵環境因素
降低成本	土地費用、原材料價格、運輸成本、勞動生產率和相對應的工資水準
開拓市場	市場規模、營銷輔助機構、文化環境、地理位置、運輸條件、通信條件
獲得原料	資源條件、匯率波動、通貨膨脹率、運輸條件
分散風險	政治穩定性、國有化可能性、匯率、通貨膨脹率
追隨競爭者	市場規模、地理位置、營銷輔助機構、法律制度
獲得生產技術和管理技術	科技發展水準、勞動生產率

5. 抽樣評估法

抽樣評估法是指運用抽樣調查的相關方法，隨機抽取若干不同類型的外商投資企業，根據投資者設計的相關投資環境的評價因素，由外商投資企業的高級管理者對東道國的投資環境要素進行口頭或書面評估，根據綜合後的意見得出評價結論的一種方法。在進行具體評估時，我們通常採取問答調查表的形式。具體步驟如下：

（1）選擇或隨機抽取不同類型的外企；

（2）列出投資環境評估要素；

（3）邀請外商投資企業的高級管理人員對這些因素進行評估；

（4）進行匯總，得出結論。

抽樣評估法的主要優點是簡單方便、容易執行，並且調查對象可以根據投資需求來進行合理的選擇；便於對調查結果進行綜合評價，可以使調查人較快地掌握第一手核心資料。抽樣評估法也存在一定的缺陷，投資評估所得的結果往往帶有研究者的主觀意向，很可能與實際的投資環境存在很大的差距，這個時候需要擴大樣本量，減少誤差。

6. 相似度法

相似度法是對投資環境評估方法的一種創新，是以若干特定的相對指標為統一尺度，運用模糊綜合評判原理，確定評價標準值，得出一個地區在指標上與標準值的相似度，據以評判該地區投資環境優劣的一種方法。相似度法使用了數量經濟學方法，將此種方法運用到投資環境評價工作之中進行定量評價，是對投資環境評估方法的一種創新。相似度法也存在一定的缺陷，一方面是投資環境好的地區不宜選取；另一方面是有的指標設置並不合理，指標過於籠統，沒有包容國際投資者普遍重視的政治、社會文化、外資政策及相關法律因素等指標。

7. 準數分析法

準數分析法由中國學者林應桐提出，主要是根據投資環境的相關性對投資環境進行分類，在該分類中，K 代表投資環境激勵係數，P 代表城市規劃完善因子，S 代表稅利因子，L 代表勞動生產率因子，B 代表地區基礎因子，T 代表匯率因子，M 代表市場因子，F 代表管理權因子。準數分析法把每一類的因子再劃分為若干子因子，對子因子進行評估，將所得分數加權計算，全部相加得到這類因子的總分。此種方法在一定程度上與多因素評估法相似，都是對子因素進行評估和計算，最後得出總分。

二、項目投資宏觀環境評估

宏觀環境又稱一般環境，是指影響一切行業和企業的各種宏觀力量，一般包括國內、國際大環境中具有全社會性的、對所有產業部門和企業都將產生影響的各種因素和力量的總和。對項目來說，宏觀環境只能對其產生一定影響而不可被控制。

國外有學者認為項目的宏觀投資環境評估主要是分析項目的政治法律環境、經濟環境、社會文化環境、技術環境，通過對四大類影響企業的主要外部環境的因素進行分析，為企業決策提供參考，這就是 PEST 分析。對宏觀環境因素進行分析，不同行業和企業根據自身特點和經營需要，分析的具體內容會有差異。根據 PEST 分析方法，在對宏觀環境進行分析時，我們應從政治法律環境、經濟環境、社會文化環境、技術環

境方面進行分析,把其當作影響外部環境的主要因素,又因國情的不同,本書增設對自然環境的分析,從這五個方面考察投資項目的宏觀環境。

(一) 政治法律環境

政治法律環境分為政治形勢、制度和法律環境兩個方面。政治環境包括一個國家的社會制度,執政黨的性質,政府的方針、政策、法令等。不同的國家有不同的社會性質,不同的社會制度對組織活動有不同的限制和要求。即使社會制度不變的同一國家,在不同時期,由於執政黨的不同,其政府的方針、政策對組織活動的影響也是不斷變化的。

對於政治形勢和制度的分析,我們應重點從政治的穩定性、戰爭的風險、政策的連續性和對外政策幾個方面進行,其中政治的穩定性和對外政策分析更加重要。對於政治穩定性的研究,我們首先要看一個國家的政權是否穩定長久,政權的非正常更迭可能導致經濟政策發生變化,影響經濟的發展態勢並給投資者帶來極大的損害。其次應看社會治安狀況,一個地方的治安與該地方的經濟發展是正相關的。一個良好的治安環境會為投資企業的正常經營帶來方便,營造良好的經營氛圍。關於對外政策,主要是看該地區是積極有效地吸引外資,鼓勵投資,還是對外來投資限制重重。通常來說,一個地區積極地吸引投資、鼓勵外商投資,會有利於企業向更強方向發展;相反,會壓制企業的成長。

對於法律制度的研究主要是看法律法規的完善程度,法律制度主要表現在立法和執法上面。立法系統能否正常運行是關係法律是否完整的關鍵,法律的完整性主要是看與投資相關的法律是否健全、配套。在立法系統完善的地區,項目可以明確自己的合法權益,可以指望通過各種法律和法規保護自己的合法利益,同時項目活動及組織者之間的大部分關係都受到有關法律和法規的制約。執法則是保證法律穩定的一個重要環節,公正的執法會使投資者產生安全感,增強其投資的信心。如果法律得不到應有的支持,投資的風險就會很大。完善的執法系統將起到保護正當競爭的作用。

(二) 經濟環境

經濟環境主要包括宏觀經濟環境和微觀經濟環境兩個方面的內容。宏觀經濟環境主要指一個國家的人口數量及其增長趨勢,國民收入、國民生產總值及其變化情況,以及這些指標能夠反應的國民經濟發展水準和發展速度。微觀經濟環境主要指企業所在地區或所服務地區的消費者的收入水準、消費偏好、儲蓄情況、就業程度等因素。這些因素將直接決定企業目前的經營狀況,以及未來的市場大小。對經濟環境進行分析要重點監視主要的經濟變量,包括生產總值及其增長率、中國向工業經濟轉變貸款的可得性、可支配收入水準、利率、通貨膨脹率、規模經濟、政府預算赤字、消費模式、失業趨勢、勞動生產率水準、匯率、證券市場狀況、外國經濟狀況、財政政策和貨幣政策等因素。本書重點從生產總值、可支配收入及金融和財政形勢進行分析,對經濟環境進行研究評估。

1. 生產總值分析

生產總值是指在一定時期裡,一個國家或地區的經濟活動所產生全部成果的市場價值,可以有效地衡量該國家或地區的經濟發展狀況和發展水準,是反應經濟發展狀態的重要數值。對項目進行宏觀經濟分析首先要對生產總值進行分析,生產總值的總

量反應了國家總體的經濟狀況和發展水準。生產總值的人均量反應了經濟增長的效果。生產總值的增長率反應了經濟整體的發展速度。當一個地區的生產總值增長數字處於正數時，表明該地區的經濟處於擴張階段，經濟發展存在良好的戰略機遇。如果生產總值增長率為負數，表明該地區進入經濟衰退期，此時的投資容易受到投資環境的干擾，影響投資效果。從此可以看出，對區域生產總值的分析是非常必要的。根據地區每月公布的工業增加值的同比和環比增長率，我們可以對投資項目必要性進行全方面分析，分析結果也更加具有代表性。

2. 可支配收入分析

可支配收入是指居民家庭獲得並且可以用來自由支配的收入，包括家庭成員所從事主要職業的工資及從事第二職業、其他兼職和偶爾勞動得到的勞動收入。可支配收入與人均生產總值、人均收入、消費物價指數、經濟週期等概念混雜在一起，非常難以計算，但它對消費力和購買力有顯著的影響。而項目的經濟效益最終取決於市場需求。市場需求受市場實際購買力和購買意願的影響。購買力受現行收入水準、價格水準、儲蓄率、負債及信貸狀態等的影響。其中可支配收入決定了社會和個人的實際購買力，由此決定了潛在市場力量。因而，可支配收入與生產總值可以起到影響項目發展空間的作用。除了可支配收入的總量之外，可支配收入的分配結構將決定具體產業所面臨的市場容量和市場分佈結構，影響產業結構和產業佈局，進而影響具體產業的發展空間。此外，項目環境分析還要研究居民的消費傾向，瞭解居民的消費傾向對於項目的市場選擇是必不可少的。

3. 金融與財政形勢分析

對投資項目進行評估時需要對項目的財務環境進行研究，銀行利率、信貸規模、政府投資、稅收政策、外匯變化、股票行情、國際金融形勢等，是構成項目財務環境的重要宏觀因素。它們會對項目的正常運行和投資者的投資造成重大的影響，所以在對項目進行宏觀環境評估時，我們要對財務環境包含的因素進行逐一的分析。對於銀行利率的分析，要著重分析銀行利率的變化趨勢，預測銀行利率的未來走勢，因為銀行利率直接決定項目的財務費用，決定項目的資金成本。企業經營中非常重要的一個指標便是現金流量，對企業經營的流動性有重要的影響。信貸規模是項目資金及其流動性的保證，因此我們要對國家整體的信貸規模進行研究。政府投資的力度是項目投資人需要權衡的。稅收政策和稅率的變化也對企業的生產經營變化有重要的影響，稅率的降低會直接降低項目的運行成本，提高企業經營利潤；反之，會提高企業生產經營成本，降低企業經營利潤。涉及進出口的項目會受到外匯匯率變化的影響。股票市場和行情則是資本市場資金寬鬆程度的重要標誌。股市是經濟發展的晴雨表，股市的蓬勃發展表明企業的融資條件改善，可利用資源增多。國際金融環境也會對國內的金融環境產生影響。因此，在對經濟環境進行分析時我們要對這些指標進行綜合評估。

（三）社會文化環境

社會文化環境是指在一定的社會形態下已經形成的信念、價值觀念、宗教信仰、道德規範、審美觀念及世代相傳的風俗習慣等被社會所公認的各種行為規範。更大範圍來說，社會文化環境包括一個國家或地區的居民教育程度和文化水準、宗教信仰、風俗習慣、審美觀點、價值觀念等方面。任何企業都處於一定的社會文化環境中，企

業進行的活動必然受到所在社會文化環境的影響。為此，企業應充分瞭解和分析當地的社會文化環境。具體來說，一個地區教育程度和文化水準會影響該地區居民的需求層次。一般來說，文化程度較高的地區對高端商品需求更高，同時也會要求商品和服務的多樣性。一個地區的人們的價值觀念會影響居民對組織目標、組織活動及組織存在本身的認可度，地區內大眾的審美觀點會影響人們對組織活動內容、活動方式及活動成果的態度。對於社會文化環境的分析要重點關注文化環境、社會服務環境和社會統計數據。

1. 社會文化環境

社會文化環境是指影響一個社會的基本價值、觀念、偏好和行為的風俗習慣及其他的一些因素，人都在社會中活動，社會塑造了人們的基本信仰和價值觀。對於社會文化環境的分析主要包括項目所在地居民的宗教信仰、生活方式、人際交往、對事物的看法、對儲蓄和投資的態度、對環境保護的態度、職業偏好等。這些當地居民的風俗習慣與價值觀念能否與投資者的習慣與觀念相融合也決定了項目的成敗，即投資者與項目所在地居民的文化習慣上的一致程度也間接影響投資項目的經濟效益。

2. 社會服務環境

當前，隨著中國經濟成分、生活方式、社會組織形式和就業形式的日益多樣化，社區居民的物質、文化、生活需求日益呈現多樣化、多層次的趨勢，經濟社會的發展和居民群眾的多方面需要給社區服務提出了新的更高的要求，當地有效的社會服務會促進項目的有效運行。一個有效的社會服務環境必定是項目所在地政府機構辦事效率高、金融融資平臺發展成熟，項目所在地的生活條件、醫療衛生條件等基礎設施也會對投資項目未來的發展產生重大的影響，這些條件的改善和提高會對投資者有很強的吸引力。

3. 社會統計數據

社會統計數據能夠較為直觀地反應一個地區發展的程度，如家庭人數、出生率、死亡率、人均壽命、人口地區分佈情況、教育水準和該地區的男女人口比例等社會統計數據，都會對項目產生影響。因此，項目的宏觀環境評估都應對其做出分析。

（四）技術環境

技術對企業經營的影響是多方面的，企業的技術進步將使社會對企業的產品或服務的需求發生變化，從而給企業提供有利的發展機會。對技術環境的分析除了要考察與企業所處領域的活動直接相關的技術手段的發展變化外，還應及時瞭解：國家對科技開發的投資和支持重點、該領域技術發展動態、研究開發費用總額、技術轉移和技術商品化速度、專利及其保護情況，等等，重點從該地的基礎設施和技術進步的速度與趨勢分析。

1. 基礎設施

投資項目的基礎設施環境是項目發展的重要技術因素，包括區域的能源、交通、通信設施等方面的發展情況。區域能源方面主要考察當地煤炭、電水、油氣燃料等的供應設施條件和進步發展的規劃。區域交通設施方面主要考察鐵路運輸、公路運輸、水上運輸和航空運輸的完善程度。通信設施方面主要考察郵政、電報、電話和衛星等方面的服務設施和條件等。這些都對項目的運行產生較大的影響。區域具有良好的基

礎設施，有利於項目提高工作效率，降低產品成本，提高盈利水準。因此在項目宏觀環境分析中必須對其做出評估。

2. 技術進步的速度和趨勢

科技是第一生產力，技術是一個民族向前發展的動力，是項目存在和發展的根本，一個項目的外部技術環境會對項目產生重大影響。比如，隨著電腦信息技術的應用、機器人、衛星通信網絡、光導纖維、計算機輔助設計和製造生產中心、CAD/CAM企業信息化技術等都得到了快速發展，這些都對項目所用技術產生很大的影響。如果項目的工藝技術和設備不能適應這種飛速發展的技術進步，項目將面臨較大的技術風險，所以項目的宏觀環境分析必須對此做出評估。當前技術進步的速度隨著生物工程技術、納米技術、航空航天技術、海洋技術等的快速突破已經是日新月異了，每一個項目的評估都不能忽視這種宏觀的技術評估。

(五) 自然環境

自然環境是相對社會環境而言的，是指由水土、地域、氣候等自然事物形成的環境。自然環境對社會的進步、企業的發展有重要的作用，對於自然環境的分析重點從自然地理環境和自然資源環境兩方面著手。

1. 自然地理環境

自然地理環境是指人類生存的自然地域空間，是人類賴以生存的自然界，是人類社會存在和發展的自然基礎。自然地理環境的優劣，關係投資項目所在地與原材料供應地點、產品銷售市場的遠近，而這些客觀條件對於節約運輸費用、降低投資項目的經濟成本有重要影響。另外，項目所在區域良好的氣候條件也會保證投資項目建設和生產的順利進行，減少不必要事件的發生概率。

2. 自然資源環境

一個地區自然資源的情況會對企業未來的經營產生重大的影響，自然資源是項目存在和實現長遠發展的根本和基礎。不同的地區有著不同的資源優勢，並影響企業的發展。一個區域的自然資源條件主要表現為各類資源的儲存量、優良程度、開採量、剩餘量和流通量等方面。這些會對項目的生產建設成本產生重要的影響。

三、項目投資微觀環境評估

(一) 項目的行業背景和環境評估

在前文，我們已經介紹了對投資項目宏觀環境的分析和評估，項目的微觀環境評估對投資項目起著同樣重要的作用。對於項目進行微觀環境分析首先要對該項目的行業背景進行分析。一般來說，行業是指一些企業所構成的群體，這些企業的產品有著眾多相同的屬性，以至許多企業為了爭取同樣的一個買方群體而展開激烈的競爭。一個新的投資項目就是要加入這樣的行業中去，所以，企業必須瞭解這個行業的情況，包括競爭對手、產品需求量、產品發展前途、產品應用範圍、本項目的競爭地位等，通過這樣的背景資料分析，瞭解項目所處的微觀環境。行業背景，簡而言之，就是說這個行業是做什麼的，以及這個行業所牽扯的部門、人群、產品立足於哪些市場。對於行業背景的研究要對該行業做出基本的解釋，並對該行業加以分析，從而找出決定該行業營利性的各種因素、該行業目前及預期的營利性及這些因素的變動情況。管理

層必須確定企業在以下方面如何與競爭對手區別開來：所提供的產品和服務、提供產品和服務的方式和地點，以及其在形成競爭優勢前希望達到的行業規模。在本書中，我們對於行業背景和環境的評估主要從行業基礎、行業能力、行業競爭及行業吸引力四個方面進行分析。

1. 行業基礎評估

行業基礎主要是指該項目所在行業目前的發展現狀、未來的發展前景等一系列的行業基本特性，一個行業的發展現狀和基本狀況是該行業最為直接也是最為重要的微觀環境。投資者如果要想對一個項目進行投資，首先要判斷該行業目前的存在和發展是否合理，在未來是否有發展機會，即是否有良好的發展前景。其次要根據行業的生命週期判斷行業目前所處的發展階段，行業是處於起步期、成長期、成熟期還是衰退期，這些對於一個新的項目來說是非常重要的。一個項目只有選對了行業，在行業尚未發展至成熟時進入該行業，才能有一個良好的發展基礎。如果選錯了行業，項目是沒有發展前途的，項目的建設是沒有必要的。

2. 行業能力評估

一個行業的外部會受宏觀環境變化的影響，行業內部也存在各種各樣的競爭和協作。一個行業想在整個經濟發展中做大做強，需要這個行業的各個企業共同協作，在競爭中走向強大。投資項目在一個發展能力較強的行業中，可以充分利用該行業的資源優勢和技術優勢，從而得到較快的發展；反之，如果所投資項目所處行業規模較小，行業的可利用資源較少，行業的技術也不能得到較快的發展，行業發展能力較弱，在這種情況下，發展新的投資項目就較為困難，成功率較低，存在一定的投資風險。

3. 行業競爭評估

在一個行業的發展之中，不管是與國外企業之間還是與國內企業之間，行業競爭都是不可避免的，在對投資項目進行評估時必須要充分地評估該投資項目加入該行業時所處的競爭情況。波特認為，行業的競爭強度是由五種基本競爭力決定的，這五種競爭力是：現有公司的競爭、新加入者的威脅、替代產品的威脅、購買者討價還價的力量、供應者討價還價的力量。下文會對這五個方面做具體的講解。

4. 行業的吸引力評估

行業的吸引力是企業進行行業比較和選擇的價值標準，也稱行業價值。行業的吸引力是項目發展的重要因素，如果行業的吸引力大，並且所投資項目在這個領域有相當的競爭力，便有機會在這個行業裡占據領導地位；反之，就不要輕易進入這個行業，或採取回收投資、及時退出的戰略。行業吸引力主要取決於市場規模、市場增長率、利潤率、競爭激勵程度、週期性、季節性、規模經濟效益等因素，前三個因素對於行業吸引力來說是非常重要的。行業內各企業所占的市場規模決定了所投資項目是否有進一步擴大發展的可能。市場不斷增長的需求可以保持該行業的生命力，給行業內的企業更多的發展機會。行業的利潤率是行業最具吸引人的地方，也是行業內部競爭激烈的原因。

（1）項目所處的生命週期評估。行業的生命週期指行業從出現到完全退出社會經濟活動所經歷的時間。行業的生命發展週期主要包括四個發展階段：幼稚期、成長期、成熟期、衰退期。在不同的發展階段行業的特點也是不同的，在對投資項目進行評估

時，我們要充分瞭解行業生命週期理論，對所投資項目所處的行業有一個清晰的認識。下面將分別介紹企業的不同發展階段：

①幼稚期。這一時期的產品設計尚未成熟，行業利潤率較低，市場增長率較高，需求增長較快，技術變動較大，行業中的企業致力於開闢新用戶、占領市場。但此時技術上有很大的不確定性，在產品、市場、服務等策略上有很大的餘地，對行業特點、行業競爭狀況、用戶特點等方面的信息掌握不多，企業進入壁壘較低。

②成長期。這一時期的市場增長率很高，需求高速增長，技術漸趨定型，行業特點、行業競爭狀況及用戶特點已比較明朗。企業進入壁壘提高，產品品種及競爭者數量增多。

③成熟期。這一時期的市場增長率不高，需求增長率不高，技術上已經成熟，行業特點、行業競爭狀況及用戶特點非常清楚和穩定。買方市場形成，行業盈利能力下降，新產品和產品的新用途開發更為困難，行業進入壁壘很高。

④衰退期。這一時期的行業生產能力會出現過剩現象，技術被模仿後出現的替代產品充斥市場，市場增長率嚴重下降，需求下降，產品品種及競爭者數目減少。從衰退的原因來看，行業的衰退可以分為四種：生產所依賴的資源枯竭導致的資源型衰退、效率低下的比較劣勢引起的效率型衰退、需求—收入彈性較低導致的收入低彈性衰退、經濟過度聚集的弊端引起的聚集過渡性衰退。

行業生命週期在運用上有一定的局限性，因為生命週期曲線是一條抽象化了的典型曲線，各行業按照實際銷售量繪製出來的曲線遠不是這樣光滑規則。因此，有時要確定行業發展處於哪一階段是困難的，識別不當時容易導致戰略上的失誤。因此，在對投資項目進行評估時，我們要充分瞭解行業生命週期理論，對投資項目所處的行業有一個清晰的認識。

（2）基於五力模型對項目進行評估。五力模型是波特在20世紀80年代提出的，波特認為行業中存在決定競爭規模和程度的五種力量，這五種力量綜合起來影響產業的吸引力及現有企業的競爭戰略決策。五種力量分別為同行業內現有競爭者的競爭能力、潛在競爭者進入的能力、替代品的替代能力、供應商的討價還價能力、購買者的討價還價能力。波特的五力模型多運用於競爭戰略分析，可以有效地分析客戶的競爭環境。通常，這種分析法也可用於創業能力分析，以揭示本企業在本產業或行業中具有何種盈利空間。

（二）同行業內現有競爭者的競爭能力評估

同行業企業的經營狀況會對項目的發展產生一定的影響，因為大部分行業中的企業的利益都是連接在一起的，各企業的目標都是為了使自己獲得競爭優勢，可以戰勝競爭對手，進而獲得更大的市場份額，所以，各個企業在實施各自目標中必然會產生衝突與對抗現象，這些衝突與對抗就構成了現有企業之間的競爭。現有企業之間的競爭常常表現在價格、廣告、產品介紹、售後服務等方面，其競爭強度與許多因素有關。在投資項目評估中對競爭者的評估主要為對主要競爭者的分析，主要競爭者是指那些對項目未來市場地位構成直接威脅或對項目未來目標市場地位構成主要挑戰的競爭者。對於主要競爭者的評估包括主要競爭者目標分析、主要競爭者強勢與弱點分析、主要競爭者反應形態分析及主要競爭者目前戰略和潛在能力分析等方面的內容。

新進入者在給行業帶來新生產能力、新資源的同時，希望在已被現有企業瓜分完畢的市場中贏得一席之地，這就有可能與現有企業發生原材料與市場份額的競爭，最終導致行業中現有企業盈利水準降低，嚴重的話還有可能危及這些企業的生存。競爭性進入產生的威脅取決於兩方面的因素，即進入新領域的障礙大小與預期現有企業對於進入者的反應情況。進入障礙主要包括規模經濟、產品差異、資本需要、轉換成本、銷售渠道開拓、政府行為與政策、不受規模支配的成本劣勢、自然資源、地理環境等方面，其中有些障礙是很難借助複製或仿造的方式進行突破。預期現有企業對進入者的反應情況，主要是採取報復行動的可能性大小，取決於有關廠商的財力情況、報復記錄、固定資產規模、行業增長速度等。總之，新企業進入一個行業的可能性大小，取決於進入者主觀估計進入所能帶來的潛在利益、所需花費的代價與所要承擔的風險三者的相對大小情況。

（三）替代品的替代能力評估

　　商品與商品之間存在兩種關係，一種是替代關係，另一種是互補關係，分別對應替代品和互補品。替代品指能帶給消費者近似的滿足度的幾種商品間具有能夠相互替代的性質，兩個處於不同行業的企業，所生產的產品如果可以互為替代，它們之間會產生競爭行為，這種源自於替代品的競爭會以各種形式影響行業中現有企業的競爭戰略。主要體現在以下幾個方面：首先是現有企業產品售價及獲利潛力的提高，將由於存在著能被用戶方便接受的替代品而受到限制。其次是由於替代品生產者的進入，現有企業必須提高產品質量，或者通過降低成本來降低售價，或者使其產品具有特色，否則其銷量與利潤增長的目標就有可能受挫。最後是源自替代品生產者的競爭強度，受產品買主轉換成本高低的影響。

　　總之，替代品價格越低、質量越好、用戶轉換成本越低，其所能產生的競爭壓力就強。這種來自替代品生產者的競爭壓力的強度，可以具體通過考察替代品銷售增長率、替代品廠家生產能力與盈利擴張情況加以描述。

（四）供應商的討價還價能力評估

　　供應商能夠影響企業的盈利能力和產品的競爭能力，因為供應商可以提高或降低其投入要素的價格。供方力量的強弱主要取決於他們提供給買主的是什麼投入要素，當供方所提供的投入要素的價值占買主產品總成本的較大比例、對買主產品生產過程非常重要、嚴重影響買主產品的質量時，供應商對於買主的潛在討價還價力量就大大增強。一般來說，滿足如下條件的供應商會具有比較強大的討價還價力量：

　　第一，供應商是一些具有比較穩固的市場地位而不受市場激烈競爭困擾的企業，其產品的買主很多，以至於每一單個買主都不可能成為供方的重要客戶。第二，供方各企業的產品具有一定特色，以至於買主難以轉換或轉換成本太高，或者很難找到可與供應商企業產品相競爭的替代品。第三，供應商能夠方便地實行前向聯合或一體化，而買主難以進行後向聯合或一體化。對供應商討價還價能力評估要重點考察這幾個方面，其結果會對項目的經營產生一定的影響。

（五）購買者的討價還價能力評估

　　購買者的討價還價能力也會影響企業的盈利狀況和產品的競爭能力，購買者可以通過壓價要求買方提供較高質量的產品和更為完善的服務。如果購買者的總數較少，

賣方的生產量較大，而每個購買者的購買量較大，占了賣方銷售量的很大比例時，購買方有較強的討價還價能力。還有一種情況是購買者所購買的產品基本上是一種標準化產品，可以同時向多個賣主購買，經濟情況也不存在任何問題，這種情況下購買者具有較強的討價還價能力。

（六）項目的經營環境分析

1. 項目的產品競爭力分析

產品競爭力是指產品符合市場要求的程度，這種要求具體體現在消費者對產品各種競爭力要素的考慮和要求上。產品競爭力的高低並不完全取決於這個產品本身的質量，影響產品競爭力的因素有很多。產品是否具有競爭力主要體現在兩個方面：第一是它的市場地位，第二是其銷售情況。我們在比較時，首先要與市場上的同類產品進行比較，哪個企業產品的市場佔有率高，哪個企業的競爭力就較強。其次還要同本企業的其他產品相比較，有利於找出企業具有核心優勢的產品。一般來說，在企業生產的眾多產品中，銷量大且利潤高的產品是具有核心競爭力的。因此在對投資項目的產品競爭力進行評估時我們要著重從產品的市場地位和銷售情況進行分析，對於市場地位的分析應重點從行業狀況、競爭對手的水準、企業的規模、經濟實力、營銷方法、競爭者數量等方面進行。影響銷售情況的因素有很多，主要包括產品的生命週期、技術因素、價格和質量等，對銷售情況的分析要從這些方面綜合進行。

2. 項目的市場分析

項目的市場分析主要是分析產品未來需求量與產品的總供應量及其他相關問題，並對它們之間的數量關係進行分析對比，做出項目有無建設的可能性的結論。市場分析的重要內容是市場預測分析。市場預測是根據市場調查得到的資料，運用科學方法，對未來某一時期內市場需求和供給狀況進行的推測。市場預測和供求分析及在此基礎上的綜合分析是投資項目評估的前提與先決條件。項目市場分析的具體內容包括市場商品需求分析、市場資源供給分析、市場價格分析、市場產品特性分析和市場綜合分析等，第五章將會對這些內容做具體的講解。

四、案例分析——以中國建設銀行為例

（一）中國建設銀行發展現狀

中國建設銀行成立於 1954 年 10 月 1 日，總部位於北京，是中央管理的大型國有銀行。其主要經營領域包括公司銀行業務、個人銀行業務和資金業務，涉及基金、租賃、信託、人壽、財險、投行、期貨、養老金等多個行業。中國建設銀行擁有廣泛的客戶基礎，與多個大型企業集團及中國經濟戰略性行業的主導企業保持銀行業務聯繫，營銷網絡覆蓋全國的主要地區。2016 年 6 月 30 日，英國《銀行家》雜誌發布全球 1,000 家大銀行排行榜，中國建設銀行排名第 2 位。2017 年 2 月，Brand Finance 發布 2017 年度全球 500 強品牌榜單，中國建設銀行排名第 14 位。2018 年《財富》公布世界 500 強名單，中國建設銀行排名 31 位。

從 2017 年年報來看，中國建設銀行的總資產為 22.12 萬億元，而同為四大行的中國銀行的總資產為 19.47 萬億元，中國建設銀行領先其 2.65 萬億元，淨利潤和每股盈利也遠遠超過中國銀行。總體來說，四大國有行經營範圍差別不大，都面臨人才缺失、

人員流動大、服務質量不佳等問題。四家銀行在零售業務方面實力相近，存在激烈的競爭。

（二）中國建設銀行宏觀環境分析

宏觀環境是指企業發展的外部環境，下面基於宏觀環境 PEST 模型，從政治和法律、經濟、社會文化、技術四個方面分析中國建設銀行所處的宏觀環境。

1. 政治和法律環境分析

政治和法律環境是影響企業戰略的重要因素。政治因素時刻調整著企業的發展方向。21 世紀以來，政治環境一直不容樂觀，整個銀行業的發展也處於水深火熱當中，在夾縫中求生存。在法律方面，國家的法律法規政策激勵中國金融業迅速發展，中國現行的政策對宏觀經濟的發展起到積極促進作用，中國銀行保險監督管理委員會對銀行業的金融監管越來越嚴，2018 年出抬的《商業銀行理財業務監督管理辦法》旨在促進商業銀行零售業務健康發展，商業銀行只要認真貫徹落實國家的宏觀調控政策，嚴格遵守金融監管的要求，結合自身的發展情況合理把握自身業務標準，克服經濟波動帶來的影響，就能尋找一條適合自己的發展道路。

2. 經濟環境分析

首先，經濟的穩定增長是企業實現更好更快發展的前提，近幾年來中國經濟保持持續平穩增長，生產總值在穩步上升但增速放緩，供給側結構性改革初見成效，經濟結構改革逐步完善，金融改革的步伐也在不斷地加快，對中國銀行業外部發展環境產生了深遠的影響。經濟的快速發展、居民收入水準和消費結構所發生的根本性變革給銀行業帶來機遇和挑戰：一方面為銀行業帶來巨大的資金來源，客戶數量迅速增加；另一方面促使銀行在面對第三方機構威脅下改變原有的傳統經營方式，尋找轉型之路。其次，中國目前在實施積極的財政政策和貨幣政策，為經濟發展注入活力。最後，投資多元化已經成為一種趨勢，中國居民生活水準的迅速提高、資產結構的改善對投資多元化有了更高的要求，居民不再把錢放在一個籃子裡，開始購買債券、保險、股票等理財產品，為商業銀行的發展帶來了挑戰。

3. 社會文化環境

城市的社會文化環境受人口數量、教育水準、消費方式等方面的影響，這些因素對銀行業的發展也十分重要。首先，居民對銀行的認可度較高。中國居民普遍相信銀行、依賴銀行，受傳統文化的深厚影響，中國居民更願意把錢放在銀行，這便給銀行帶來了大量的客戶基礎。其次，隨著城鎮化新型模式的提出，城鎮化的健康發展對信貸有了更高的要求，給銀行的發展帶來無限的機遇。城鎮中基礎設施的建設需要大量的銀行信貸資金支持。城鎮化過程中湧現一大批小中型企業，它們在發展中離不開信貸支持。最後，由於社會保障制度的不完善，中國居民會把大量的錢存入銀行以備不時之需，這種觀念根深蒂固，雖然國家出抬很多政策刺激消費，但居民的儲蓄意願仍然較為強烈。

4. 技術環境分析

首先，信息技術進步促進生產管理制度的創新，科學技術的發展給銀行業的發展帶來了一次變革，使商業銀行能夠隨時集中世界各地的客戶需求，完善服務管理體系。其次，隨著銀行卡、電子銀行、自助存取款設施的應用和普及，在社會生活節奏日益

加快的當下，越來越多的居民的金融消費習慣發生變化，排隊在銀行網點打印存摺的傳統正在被自動櫃員機等自助服務渠道替代，現金支付也越來越多地被網絡支付代替。隨著銀行 App 的迅速推廣與普及，居民查詢、轉帳等業務在家裡便可辦好，查詢網點信息、排隊取號、生活繳費等服務也可以在銀行 App 上辦理，這為客戶構建了從工作到生活的一站式服務。居民消費體驗提高，客戶黏度增強。最後，信息技術的提高改善原有銀行業經營方式，電子化的經營為綠色健康銀行建設打下基礎，銀行在經營的同時盡到社會責任。

（三）中國建設銀行微觀環境 SWOT 分析

1. SO——增長型戰略

從優勢方面來看，中國建設銀行的口碑在行業內較好，資金較為雄厚，注重以客戶為中心。中國建設銀行內部層級管理體系較為健全，員工對外服務實現了多元化，服務的質量有所提升。從機會角度來看，外部環境給中國建設銀行創造了美好的機會。國家在加入 WTO 之後經濟迅速增長，中國建設銀行得到了發展機會。同時，經過金融危機後，中國開始對產業結構進行改造升級，從而也給中國建設銀行提供了發展空間。另外，針對內部優勢與外部機會，中國建設銀行應當根據自己的業務特點並結合國家對基建的重視實施差異性戰略；應鞏固與加強現有的品牌效應，創新技術，引入國內外金融專業人才，不斷給他們創造條件，實施創新性戰略；應當利用內部健全的管理服務和資本的規模優勢迎合國家產業結構的調整，實施擴張戰略；應當利用「一帶一路」給國際各大銀行發展帶來的機會，實施國際化戰略。

2. WO——扭轉型戰略

從劣勢機會角度來看，國家對基礎建設的投入量較大，中國建設銀行應當把握機會，抓好該領域的發展。在大力推動產業轉移時，企業漸漸向中西部地區投資，中國建設銀行應當把握時機，進一步完善自己的市場，利用國內外區域經濟的穩定環境，積極擴大海外業務，在「一帶一路」過程中應當全方位開放，重點加強國外投資辦行或合資辦行，完善內部網點數量，提高市場佔有率，完善資本結構的戰略。另外，隨著中國老齡化現象日益嚴重，老年人屬於風險厭惡者，而老年人在銀行客戶中所占的比重較大，中國建設銀行應當認真研究針對老年人的服務和產品，建立品牌形象，逐漸發展成為自己的優勢。

3. ST——多元化戰略

從優勢威脅角度來看，中國建設銀行儘管存在優勢，但是由於國家的限貸政策及國家提高存款準備金率等，銀行的業務量出現減少現象。另外中小企業倒閉情況也使得客戶大量流失。針對其優勢及外部的威脅，中國建設銀行應當利用現有的人力資源能力擴大業務的範圍，注重產品的創新性培養；應當將資金進行歸集，減少放貸資金不足造成業務量下降帶來的損失；應當根據不同的客戶群體進行有針對性的服務，規劃好業務流程，避免帶來某些不必要的麻煩；應當利用現有的品牌及技術減少資本市場分流過剩等威脅現象的發生。

4. WT——防禦型戰略

從劣勢威脅角度來看，中國建設銀行應當克服產品結構的不合理且不能滿足不同層級人群的需求的情況；對顧客的服務態度仍然需要提升，網點的佈局較為混亂，資

本結構存在不合理現象，流動性相對過剩。另外，銀行工作流程比較繁瑣，員工工作壓力比較大，人才流失嚴重。中國建設銀行外部容易受到國家政策的影響，如限貸政策導致貸款業務水準出現縮水狀態。如果外資銀行再大範圍地出現，那麼銀行之間的競爭會擴大。除了外資銀行的出現，地方鄉鎮銀行等也會搶占中國建設銀行的市場，中國建設銀行的發展會出現很大的阻力。在這樣一種內外部環境中，中國建設銀行應當嚴格要求，審視自己存在的問題，提升服務與管理能力及科技創新能力，為了搶占市場，也應當與國內信用度高的大企業結成戰略聯盟並開展長期合作。

根據以上分析，我們可以得出中國建設銀行的競爭戰略的 SWOT 分析表（見表 4-3）。

表 4-3　SWOT 分析表

外部能力 內部能力	優勢 S 業務結構差異發展 技術方式保持超前 規模經濟降低成本 營銷網點合理規劃	劣勢 W 經營理念相對保守 缺乏個性差異服務 員工素質存在不足 人才創新能力流失
機遇 O 高新技術不斷創新 綜合經營能力加強 海外擴張前景遼闊	SO 戰略 加強對客戶心理調整能力 提高個性化服務能力 積極開展創新業務的實施 充分發揮規模優勢，降低成本 使差異化戰略具有競爭力	WO 戰略 全力打造 CCB 品牌，注重品牌效應 為差異化戰略增添亮點 推廣地域特色及居民的存貸業務 打破支行各自為政的狀況
威脅 T 中間業務風險較大 專業人才跳槽流失 外資銀行引來衝擊 法律管理存在問題	ST 戰略 加強業務拓展及業務創新 發揮原有規模優勢 利用客戶資源和營銷網絡 在弱勢業務上合作 謹慎步入國際市場	WT 戰略 擴大融資規模，向外資銀行學習 推行金融制度的創新 擴大人才培養基地 增加專業人才數量 深化管理體制改革

從 PEST 與 SWOT 分析可以看出，中國建設銀行在發展中仍存在一些問題。

首先是業務品種單一，產品同質化現象頻出。目前，各大銀行雖然已轉變經營方式，盈利模式得到優化，但總體來說業務收入仍依賴存貸款業務。中國建設銀行更是如此，利息收入在總收入中占很大比重。目前中國建設銀行所發布的理財產品與其他股份制商業銀行區別不大，中國建設銀行所發布的理財產品不管是在投資資產、期限結構，還是在發行幣種、預期收益率方面都存在較高的同質化。這種同質化容易引發各大銀行之間的惡性競爭，不利於中國建設銀行的長期發展，更不利於中國理財市場的規範、高效發展。由於產品同質化較為嚴重，銀行沒有形成自己的競爭特色，不能滿足居民對理財產品多樣化、差異化的需求，銀行便很難在競爭中獲得勝利。

其次是綜合盈利能力不足，收入結構單一。中國建設銀行中間業務收入比重在逐漸增加，但由於銀行業的盈利和信貸關係較為緊密，所以信貸利息仍然是中國建設銀行收入的主要來源，直接導致了中間業務收入比例較低。而從國外銀行發展歷史來看，國際大銀行已經實現了收入結構的轉型，非利息收入成為收入來源的主要部分，而中國建設銀行的收入來源主要是利差帶來的收益，據統計報表顯示，中間業務收入、諮

詢、投資、信用卡辦理等方面的收入占比較小，中國建設銀行的收入結構需要完善，從而提升綜合盈利能力。

再次是人才流失問題嚴重。銀行人才流失問題已經是各大國有商業銀行面臨的普遍問題，目前的銀行就業體系存在人員流動速度快、銀行留不住人等問題。人才流失是每個銀行都必須解決的重要問題，關乎銀行人才管理戰略的實施及公司未來發展狀況，是大型商業銀行發展的重要推動力量。而目前中國建設銀行離職率居高不下與其自身管理體系密切相關。一方面是外部因素的影響，隨著金融領域的轉型發展，互聯網金融發展迅速，對原有商業銀行的衝擊較大，銀行員工面臨競爭激烈、生存壓力大等問題，為緩解該狀況，不得不選擇更好的發展機會。另一方面是中國建設銀行招聘模式單一，目前中國建設銀行每年在校招中招的人是最多的，僅依靠這一單一渠道，一些招過來的學生工作後發現該工作滿足不了自己的發展需求，並且晉升速度過慢，離職率較高。

最後是服務客戶不到位。服務是商業銀行經營中一個必談的話題，高質量的服務一方面可以增加客戶對銀行的好感度，吸引更多儲戶；另一方面能給銀行帶來高的附加值。目前，國有四大行的服務態度較十幾年前有了好轉，由以前處於主動地位到現在處於被動地位，遵循客戶至上的原則，服務意識得到提高。但是國有四大行仍然存在服務不到位、工作人員態度惡劣等問題，以致出現客戶流向小型商業銀行的現象。這主要是因為員工的服務意識不強，服務的自覺性不高，對自己工作認識不到位，沒有樹立服務至上的理念。另外，中國建設銀行的服務培訓體系沒有跟上，服務措施沒有被貫徹執行，服務流程繁瑣，對客戶的服務只停留在語言關懷方面，而沒有從根本上解決客戶的問題。

复习思考题

1. 試述項目投資環境評估的必要性。
2. 何謂投資環境？何謂項目投資環境評估？
3. 試述投資環境的特徵及其分類。
4. 項目投資環境評估有哪些方法？
5. 項目投資微觀環境評估包括哪些內容？

第五章 投資項目市場分析與建設規模評估

第一節　投資項目市場評估概述

投資項目市場評估是指對投資項目投入、產出物的市場供求狀況及其價格變化趨勢等影響投資決策的因素進行的調查和預測。它是項目可行性研究和項目評估的關鍵環節，與項目的技術評估、經濟評價一起構成項目評估科學體系的三大支柱。隨著市場經濟的發展和中國經濟體制改革的不斷深入，市場對經濟的作用機制越來越靈敏和成熟，日漸成為聯結生產和銷售的紐帶。在這種背景下，企業在進行投資決策前，進行投資項目市場評估來「以銷定產」的必要性就更加凸顯。

一、投資項目市場評估的作用

從不同利益主體的角度出發，我們針對投資項目的市場評估具有不同現實意義。

（一）為投資者提供決策依據，提高投資的成功率

投資者是為項目提供資金的主體，在投資過程中承擔了主要風險。因此，投資者不能僅靠主觀臆斷選擇投資項目，應該根據可靠的投資項目市場評估的分析結果確定所投項目是否有市場需求，對那些原材料來源無法確定或產品市場需求無法確定的項目要謹慎決策。

（二）優化資源配置，調整產業結構

隨著中國供給側改革的不斷推進，從供給端入手，調整產業結構，淘汰落後產能已成為推動中國經濟持續發展的重要手段。通過合理的市場評估，投資者從眾多投資項目中選出那些真正具有市場需求和長期發展優勢並符合國家戰略規劃的優質項目進行投資，不僅能夠高效利用資源，還能促進產品結構的合理化調整，淘汰落後產能。

（三）創新產品開發，提高競爭能力

從企業的角度來講，投資項目市場評估有利於開發具有市場前景的新產品。在對產品需求進行調查預測的過程中，我們可以從消費者的需求中發現某些新的需求信息。

（四）為投資項目可行性分析提供基礎資料

投資項目市場評估是項目進行可行性研究的先決條件，是決定投資項目能否成立的前提。在確定項目的產品方案和建設規模時，我們必須要依靠對市場情況的可靠預測，並且根據產品生產規模選擇生產技術和設備。因此，投資項目市場評估不僅是制約項目生產規模的基本因素，還間接地為選擇和確定工藝生產技術和設備提供依據。

二、投資項目市場評估的內容

投資項目市場評估是通過對項目生產的產品投入市場之後，其所面對的市場需求量與市場總供應量及其他相關問題的研究，判斷該項目有無建設必要性及必要性大小的過程。這個過程主要是通過市場調查和市場預測兩個步驟的結合實現的。具體而言，項目的市場評估主要包括以下五方面的內容。

（一）市場需求評估

為了實現「以銷定產」，投資項目的市場需求分析是十分必要的。在一定時期和一定條件下，消費者通過常規途徑所能實現的對商品和勞務的購買，形成了當前階段的市場需求。這種市場需求不僅包括消費者對生活資料的消費，也包括企業對生產資料的消費，因此，應該通過對影響生活資料和生產資料消費的因素進行調查、分析，才能實現對市場未來需求的準確預測。總體而言，市場需求取決於人們的收入水準，但消費習慣、市場佔有率、借款利率等也是影響市場需求的重要因素。因此，項目市場需求評估主要包括以下內容：預測社會商品購買力總額的未來增長趨勢和投向變化，調查並預測不同地區、不同季節消費者的商品需求變化趨勢，預測消費者消費心理、消費檔次的變化，預測物質生產部門對生產設備、原材料等生產資料的需求數量和結構的變化。另外，有國際貿易業務的企業，有必要對產品的未來出口量，即其國外需求量進行市場需求的評估。

（二）市場供給評估

國內的工農業生產及對國外產品和服務的進口共同構成了產品全部的市場供給。要判斷項目的建設必要性，僅僅瞭解其產品需求狀況是不夠的，還需結合產品現有供給狀況分析產品的需求缺口。因此，對產品市場供給的預測，主要是指對其同類產品或可替代產品的供給數量、市場容量和飽和程度等方面的預測。另外，我們不僅要分析產品的實際供給量，還要分析現有企業通過挖掘其生產潛力所能增加的潛在供給量，涉及國際貿易的企業在評估市場供給情況時還需考慮國外的競爭對手。

（三）市場價格評估

價格作為維持產品供求平衡的關鍵變量，直接決定和影響投資項目的財務經濟效益。市場供需的變化與價格往往相互作用和影響，因此，在進行價格分析與評估時，我們要在結合市場供給和需求分析的基礎上，通過調查市場價格的歷史和現狀，分析影響價格的因素並預測其變化趨勢。與此同時，還應考慮技術發展帶來的生產成本下降對產品價格的影響，以及國家價格政策的變化和經濟體制的改革對價格的影響。

（四）項目產品研究

一種產品是否有生命力，不僅由市場的供給與需求決定，還取決於該產品的品種、規格、式樣、性能及生命週期，因此，在對產品市場供需狀況進行評估之後再進行產

品研究十分必要。產品研究分為兩個層次：一是對產品生命週期的研究，用於評估產品適應市場的時限。產品的生命週期是指該種產品從發明研製，進入市場試銷（投入期）開始，經歷成長、成熟、飽和、衰退不同階段，最後從市場上消失所經歷的週期。一般來說，處於試銷、成長階段的產品是最適合進入市場的，而對於已經進入成熟期和飽和期甚至是衰退期的產品，則需要結合其他因素進一步對項目建設的必要性進行判斷。二是對產品具體功能和特性的研究。由於社會大眾對產品功能的要求是不斷變化和提高的，所以對於產品功能和特性的分析與評價，對項目產品能否順利進入市場，以及是否能掌握項目產品在市場上的競爭能力是非常重要的。

（五）市場綜合評估

在進行完以上幾方面的市場評估之後，我們還要結合項目產品的特點及行業狀況進行產品競爭力的綜合評價。當發現產品市場處於供不應求狀態時，進行項目投資顯然是正確的選擇，但也應考慮是否有生產同類產品、同樣規模的項目準備建設生產。當發現產品市場處於供求平衡或供過於求狀態時，我們應進一步分析項目產品是否具備競爭優勢，是否可以替代進口產品的市場份額。

三、投資項目市場調查

市場調查與市場預測是市場評估中的兩個步驟。這部分主要介紹投資項目市場調查的相關內容，對投資項目市場評估的內容將在後面進行詳細介紹。

市場調查是投資項目評估中的一個重要環節，作為獲取市場信息的重要方式，其為市場預測的進行提供了數據和資料，成為市場預測的前提和基礎。具體而言，市場調查是一個通過運用科學的方法、有目的並系統地收集、記錄、整理和分析所有和投資項目相關的反應市場歷史、現狀及其發展變化情況的資料，並力求其準確性和精確性，為後續的市場預測提供可靠依據的過程。另外，由於在項目建成投產後，市場的需求和供給及其相關影響因素持續發生變化，因此，市場調查不應只局限於項目建設的前期，而應貫穿於項目建設的全過程，在項目的整個生命週期內不斷加強信息的收集。

（一）市場調查的程序

市場調查是一項有目的、有計劃、有組織的活動。其過程十分複雜，因此應該按照一定步驟有序進行。市場調查一般分為以下幾個階段。

1. 準備階段

準備階段的主要工作是根據要調查的問題制訂切實可行的調查計劃，包括明確調查目標、調查對象及對象的範圍、確定合適的調查方法，並合理規劃調查過程中的進度與分工。調查目標是指在調查過程中要解決的問題，是整個調查過程的行動綱領和核心；調查對象及其範圍的確定應該盡量具體而有針對性，這樣才能保證調查的高效和準確；調查方法的選擇是否合理直接關係調查效果的好壞及調查費用的高低；由於調查活動應在一定的時間限度內完成，所以，合理統籌規劃調查進度與分工十分重要。

2. 調查階段

調查階段是一個將調查計劃付諸實踐的過程，調查人員將根據自己的分工和當前時段的進度安排，運用選擇好的調查方法進行實地市場調查，收集相關資料數據。在

調查過程中，調查人員不僅要收集政府統計部門公布的官方數據，還應注重對能反應市場即時變動情況的數據和資料的收集。在整個調查過程中，調查人員應該始終秉承客觀的態度，力求資料的真實性。

3. 整理階段

整理階段主要是對調查階段所獲資料的篩查、整體和總結。首先，實地調查所得資料的質量參差不齊，我們應通過合理手段對所獲資料進行鑑別；其次，數據和資料應該經過各種歸納或是統計處理，這樣才能具備可讀性，否則只是一堆無意義的數字；最後，在前述工作的基礎上，我們要撰寫調查總結報告，得出簡單明瞭的調查結論。

（二）市場調查方法

市場調查方法多種多樣，但每種方法的適用對象、適用內容、適用目的都不盡相同。因此，我們應根據實際情況分別採用以下幾種方法或綜合應用多種方法。

1. 普查法

普查是專門組織的一次全面調查，用以收集不能用通常調查法取得的一些較全面的精確資料。普查的特點是準確，但要進行大量的準備工作和花費大量人力、物力、財力。

2. 直接調查法

直接調查法是將所調查的內容形成問題，以走訪、電話、書面等形式向被調查者詢問，以獲取所需的資料。

（1）走訪調查。這是一種當面聽取被調查人意見的方法，可採用個別採訪、小組訪問及座談會等形式進行調查。走訪調查的優點是當面聽取意見，直接接觸實際情況，具有直觀性；可以互相探討和向被訪問者解釋某些問題，具有啟發性和靈活性，回收率較高。其缺點是：訪問人員的主觀意見常常影響調查資料的準確性；如果在較大範圍內調查，成本過高。

（2）電話調查。採用電話調查可以建立長期資料供給關係。調查人員根據抽樣調查要求及規範樣本範圍，隨時用電話向調查對象進行詢問。這種方法的優點是經濟迅速、情報及時；缺點是時間短促，僅限於語言表達內容，無法利用照片等資料。

（3）書面調查。書面調查又稱函件通訊調查，是將設計好的調查表寄給被調查者，讓對方填好寄回。這種方法的優點是調查的範圍廣，對樣本能進行地區上的合理分配；設計標準答卷，可避免調查人員的主觀意志影響，被調查人有充分的時間回答並能與週日圍人員交換意見，有較大的代表性。缺點是回收率較低，使設計的樣本在地區分配上產生誤差；費時較長，由於使用文字表達，被調查者對詢問的事項有可能產生誤解。

3. 間接調查法

間接調查法是一種通過分析產品與用戶之間內在聯繫，瞭解市場需求及發展趨勢以達到調查目的的方法。

4. 抽樣調查法

抽樣調查法是按隨機原則，從總體（市場）中選取部分進行調查，用以推算全部總體，是一種應用最廣、最重要的調查方法。其特點有二：一是具有隨機性，抽樣調查完全排斥人的主觀選擇，在總體中每一個單位被抽取的機會是均等的，抽中、抽不

中純粹是偶然；二是從數量上推算全體，即通過對部分單位進行調查研究，計算綜合指標，從數量上推算全體。抽樣調查又因抽樣方法的不同分為單純隨機抽樣、機械抽樣、分層抽樣、分群抽樣等方法。

（1）單純隨機抽樣法。此種方法對所有調查對象都不做有目的的選擇，而是單純運用抽簽的方法從總體中抽出有限的個體。這種方法簡便易行，在隨機抽樣的過程中，總體中的任何個體都有相同的機會作為調查對象。

（2）機械抽樣法。這種方法又稱等距離抽樣法。其具體步驟是：首先，將總體中的全部個體編號（如 1，2，…，N）；其次，依一定間隔等距抽出所需樣本。這種方法與單純隨機抽樣法相比，誤差小，能使樣本均勻地分佈在總體中。在實際工作中，機械抽樣法應用較廣。

（3）分層抽樣法。這種方法又稱同類抽樣法，是將總體中的各單位先按性質分類，然後在分類中採用單純隨機抽樣法或機械抽樣法抽取所要調查的單位。這種方法實質上是把科學分組和抽樣原理相結合，以增強調查對象的代表性。

（4）分群抽樣法或分群隨機抽樣法。分群抽樣法與分層抽樣法不同。在調查單位分佈稀疏的地區，或總體的異質性很高且難度很大而不能訂立統一標準進行分層的情況下，我們只能採用調查若干區域的辦法，這就是分群隨機抽樣法。分群抽樣時，我們所選定的區域應保持某些共性，如人口數目、民族構成，但所調查的目標要廣泛一些。分群抽樣法方面，各群體之間應具有共性，而每個群體內部又具有差異性。因此，我們可以用隨機法選取群體，再對被選中的群體進行普查。

5. 實驗調查法

實驗調查法起源於自然科學的實際求證。當要推出一種新產品時，我們按照調查的項目情況選擇一定的地點、對象、規模，開展小範圍的實驗，對其結果進行全面分析和評價，看有無推廣價值及應如何改進等。此法的優點是能獲得比較正確的實驗資料，但其所耗時間長、費用高，同時還有一定的局限性，不利於實驗結果的比較。

第二節　投資項目市場預測

市場預測是運用科學理論和方法，以市場調查所獲得的市場信息為依據，對項目持續期內產品的市場供求狀況和發展趨勢進行的預測。市場預測的關鍵在於，通過對產品市場過去狀況的分析和判斷，把握該產品市場供求變化和發展的內在本質和規律，實現對其未來情況的預先瞭解，為投資者確定投資方向，為項目建設的決策提供客觀依據。

一、投資項目市場預測的種類

（一）按照預測範圍劃分為宏觀預測和微觀預測

在進行市場預測時，我們不僅要從局部考慮預測項目面臨的微觀環境，還應從總體上對項目發展的宏觀環境進行預測。這是因為國民經濟的發展和變動會影響一個具體項目的發展，項目所依據的一些國家制定的經濟評價參數必定會受到宏觀環境的

影響。

（二）根據預測時間劃分為長期預測、中期預測和短期預測

根據項目自身的持續時間及產品自身的生命週期，我們可以將市場預測分為長期預測、中期預測和短期預測。5年以上的預測為長期預測，3~5年的預測為中期預測，3年以下的預測為短期預測。項目評估中的市場預測一般是中期預測、長期預測。

（三）定性預測和定量預測

我們對於項目的預測應該結合經驗和實際證據進行綜合判斷，不僅要參考相關專家根據經驗所做出的主觀判斷和定性分析，還要採取一系列的數學公式和計量模型，做出切實可靠的數量分析。這兩者之間相輔相成、密不可分、互為補充。

具體而言，採用的預測方法根據其複雜程度可大致分為判斷預測、趨勢預測和模型預測。判斷預測是預測者結合調查資料根據自己的實踐經驗對未來需求做出的初步判斷，屬於定性預測的範疇；趨勢預測則需要結合擬合較好的曲線，找出其變動形態並進行趨勢延展；模型預測更為複雜，預測者需要分析各個影響因素及它們之間的數量關係，並構建合理的數學模型對這種動態關係進行描述，再由模型延伸為對未來需求的預測。

二、投資項目市場預測原理

預測工作是一門兼具科學性和藝術性的提高人們決策水準的手段，之所以能夠通過對現有規律的把握預測未來，是基於以下基本原理。

（一）連續性原理

基於對事物的發展變化具有合乎一定規律的連續性的認識，市場預測過程中的預測者將過去、現在、未來視作不可分割的整體，預測的過程就是利用過去推測未來，利用已知來推斷未知。

（二）系統性原理

縱觀客觀世界，任何事物都是一個有機系統，且系統內各元素之間、系統與外部存在著較強的相關性。因此，我們可根據系統的同構性，抽象預測模型，模擬預測系統。

（三）類推性原理

類推性原理認為事物之間存在某些類似的發展模式和結構。人們可以根據已知事物的某種類似的結構和發展模式類推未來某一預測目標的結構和發展模式。

（四）因果性原理

因果性原理認為客觀事物、現象之間存在一定的因果關係。人們可以從已知的原因，推出未知的結果。

三、投資項目的市場預測方法

市場預測的方法種類繁多，大體上可分為定性預測方法和定量預測方法兩大類。

（一）定性預測方法

定性預測方法是預測者依據經驗和分析能力，利用所掌握的信息資料，通過對影響市場變化的各種因素的分析、判斷和推理預測市場未來的發展變化。其特點是簡便

易行，不需要複雜的運算過程，特別是當不具備定量分析條件時，我們就要對市場發展變化性質進行分析，對未來的市場做出判斷，預測市場未來的發展趨勢。例如，消費者心理變化、國家方針政策的變化，都是無法或不容易用定量預測法的，只能用定性分析方法進行預測。定性預測方法的確定往往不能提供以精確數據為依據的市場預測值，只能提供未來發展的大致趨勢。

1. 專家調查法

專家調查法是在 20 世紀 40 年代由美國蘭德公司研究人員創立的一種定性預測方法，也稱德爾菲法。其是根據市場預測目的，由評估人員向有關專家提供一定的背景資料和調查表格，讓專家就市場未來發展變化做出判斷，最後匯總預測結果。

2. 相關預測法

市場上各種經濟現象之間是互相聯繫的，某一因素發生變化時，另一種因素也隨之改變，這兩種因素之間的關係被稱為相關關係，利用經濟因素之間的相關關係進行市場預測的方法被稱為相關預測法。市場的經濟因素之間有各種不同的相關關係。一是正相關，即一個經濟因素增加，另一個相關因素也增加；二是負相關，即一個經濟因素增加，另一個相關因素減少。若兩種商品的需求量呈正比例變化，則稱這兩種商品為正相關關係，如輪胎與汽車銷量之間為正相關關係。如果兩種商品需求量呈反比例，則稱為負相關關係，如尼龍襪和線襪、機製表和電子表均為負相關關係。在預測時，我們可根據已知經濟因素與未知經濟因素的正或負相關關係推測未知經濟因素的預測值。一般研究經濟因素之間的相關關係，收集的數據要在 30 組以上，我們只有利用大量的數據，才能推出經濟因素之間的相關關係。相關預測法計算簡單，結果準確，但適用範圍小，一般應結合其他預測方法共同應用。

3. 產品壽命期預測法

產品壽命期是指產品從開始投放市場到被市場淘汰的全過程。用研究產品的壽命期進行產品市場預測的方法稱為產品壽命期預測法，這是常用的一種市場預測方法，可以糾正其他預測方法的偏差。

(二) 定量預測方法

定量預測法也稱數量預測法，是根據歷史資料數據建立數學模型，借以推算將來的預測方法，如果歷史數據僅僅是預測對象自身的歷史數據，此種方法稱為趨勢預測法，也稱時序預測法。如果歷史數據不僅有預測對象的數據，還有其他相關因素的數據，此法稱迴歸預測法，是利用不同經濟因素之間的相關關係建立數學模型進行預測的。

第三節　投資項目建設規模評估

在一個項目的建設經營過程中，其規模水準的確定是否合理，直接關係其經營狀況的好壞和投資效益的高低，又因為規模的確定與企業的大小、技術水準等因素有直接聯繫，故其規模一旦確定，在長期內將難以更改。多種因素制約項目規模的確定，而項目規模的確定又影響諸多因素，因此，規模問題是項目規劃與投資決策中一個十分重要的課題，給項目確定一個經濟合理的規模的重要性不言而喻。

一、項目建設規模的概念

項目建設規模也稱生產規模，是指勞動力、勞動資料和勞動對象等生產要素與產品在一個經濟實體中的集中程度。由於不同行業具有不同的經營和盈利模式，衡量生產規模的指標也依行業變化而有所不同，但不管是什麼指標，其衡量的都是一個項目生產某種產品或服務的能力。對工業項目而言，生產規模是用擬建項目在一定生產技術條件下可能達到的最大年產量或年產值衡量的；而對於一些非工業項目，其生產規模則是以其提供的工程效益衡量的。例如，農林水利項目是以灌溉面積、供水能力等為衡量指標，交通運輸項目是以運輸能力、吞吐能力為指標。另外，對於機械化程度低的手工業或服務業，我們採取職工人數衡量其規模；固定資產價值也可以用來衡量項目的生產規模。

二、項目建設規模的影響因素

（一）項目產品的市場評估

對市場供需情況的準確預測是確定項目生產規模的前提，因為只有通過市場實現產品交換價值，項目的經濟和投資收益才能被實現。產品生產量基本由市場需求量決定，這裡的需求量具體指的是產品供需之間存在的缺口，如果市場預測未來供需缺口很大，項目的生產規模就應該安排大一些；反之，就應該縮小規模。另外，對產品生命週期等因素的考慮也是必要的。

（二）項目投資者的經濟實力和預期效益水準

投資者在選擇項目進行投資時不僅僅考慮該項目可能帶來的投資收益，還經常會受投資者資金狀況的約束。這是因為，我們申請設立一個項目，需要按照項目投資總額的一定比例繳納註冊資本，因此，無法按時繳納註冊資本的投資者可能會放棄投資收益率高的項目。也就是說，項目的生產規模越大，投資者繳納的資本額就越高，生產規模的確定受投資者資金狀況的制約，但在投資者資金狀況充裕的情況下，項目的預期效益越高，項目的生產規模越大。

（三）國家地區經濟發展規劃和戰略佈局

為了生產力的合理佈局和產業結構的合理化，國家會制定各種地區經濟發展規劃或是出抬各種產業政策。因此投資者在確定擬建項目的生產規模時，應充分考慮這些因素，滿足國家經濟發展的需要，確定生產規模符合國家政策規定。對於規劃中要求重點建設的項目，投資者可以適當擴大規模，反之則適當縮小規模。項目生產規模還需滿足產業政策中依不同行業而定的最低規模。

（四）項目所需資源的供應狀況

項目的建設不僅要依賴國家政策、技術水準及資金等的支撐，良好的物質基礎也是必不可少的。這裡的物質基礎指的是項目在建設、生產及投入營運過程中所需的原材料、能源、勞動力等基本投入物的供應狀況，以及土地使用權、交通運輸條件、設備供應等基本建設條件。如果物質基礎不充足，項目的生產規模就要受限。投入物的供應狀況取決於其數量和價格的穩定程度，企業要隨時保證投入物能夠持續供應並且價格保持在項目可負擔的水準，否則生產建設活動將不可持續。另外，項目也要有充

足的土地面積，交通運輸的通暢等生產建設條件也要具備，否則生產建設活動將無法開展。

(五) 項目所處行業的技術經濟特點

市場需求、資金供應狀況、國家政策及資源供應狀況等都是擬建項目生產規模的外在決定因素，而最終決定擬建項目生產規模的根本性內在因素是擬建項目的技術經濟特點。有些項目的成本隨著生產規模的擴大會逐漸降低，這類項目就適合進行集中化大規模的生產。重工業項目的建設就要求在滿足一定的技術和工藝水準的條件下，規模越大，經濟效益越高，如水電、火電、核電等電廠的建設，金屬冶煉及加工項目的建設，鋼鐵和基礎化工等項目的建設。生產食品、工藝品等產品的輕工業因其產品面對的市場需求變化頻繁不穩定，適合小規模生產，或是生產規模隨市場變動而變動。醫藥、化妝品等精密化工行業因對技術要求高適宜採用中等規模，規模過大則不能保證質量，規模過小又無法節約成本。

三、建設規模的確定方法

(一) 規模經濟理論

從工業項目角度談規模，一般是指工業企業的生產規模，衡量指標主要有產量、生產能力、產值、職工人數和資產價值等。探討工業企業的規模經濟問題，一般採用工業產量和生產能力指標。

規模經濟理論就是研究各種類型的工業企業在目前的技術經濟條件下，要求達到什麼樣的規模，才能最好地發揮效率，取得最佳的效益。我們可以把規模經濟理解為：在一定的規模下或者一定的規模區間內，企業可以取得較好的效益，或者企業因採用一定的生產規模可獲得經濟上的利益。規模經濟可以區分為生產上的規模經濟和經營上的規模經濟。前者主要是指實行專業化生產或者流水作業擴大了生產批量，或者採用大型高效設備擴大了生產規模，從而使得單位產品成本隨著生產批量的擴大或者生產規模的擴大而降低；後者主要是指擴大經營規模節省了經營費用，生產要素得到綜合利用，從而使得產品和技術開發能力提高，抵禦經營風險的能力增強。工業生產上的規模經濟多與企業的規模有關，但這並不意味著單一企業的規模可以無限擴大，深化分工、小而專的企業同樣能夠擴大生產批量，獲取規模效益；經營上的規模經濟通常與工業企業的規模有關，但也可以通過企業之間的橫向聯合實現。

規模經濟分為規模的內部經濟性和外部經濟性。內部經濟性中的規模是指生產裝置系統和企業在生產經營要求最佳組合時的生產能力或者產量，產生規模經濟的原因不僅與工藝系統的技術經濟特點有關，而且還與工藝系統和企業大規模經營的節約效益有關，工藝系統的規模經濟是企業規模經濟的技術基礎，一定規模的企業則是實現技術規模經濟性的組織保證。規模經濟企業不一定是大企業、專業化水準高的規模經濟企業，也可能是小企業，這決定於行業和國情。從行業來看，冶金、化工、汽車製造等行業適合建大型企業，食品、工藝品等行業適合建中小型企業。規模的外部經濟形式是指實現規模內部經濟性所需要的外部條件，如市場的規模及其分佈、資源條件、運輸條件、資金籌措條件等。如果市場廣闊、資源豐富、運輸方便、資金易籌措，企業容易實現規模經濟。

與規模經濟相對應的是規模不經濟。規模不經濟是指一定經濟實體的規模過小或者過大而引起的規模不經濟性。規模不經濟意味著資源配置的不合理，有限的資源不能得到有效的利用。規模不經濟可以分為生產規模上的不經濟和經營上的不經濟，也可以分為規模的內在不經濟和外在不經濟。

（二）經濟規模的確定

對於項目生產規模的確定我們通常採用以下幾種方法：

1. 線性盈虧平衡分析法

假設產量等於銷量，產品價格、生產成本不變，企業的最低生產規模為

$$Q = F / (P - V)$$

其中，Q 表示盈虧平衡點的產量，F 表示固定成本，P 表示單位產品價格，V 表示單位可變成本。

2. 非線性盈虧平衡分析法

我們把更符合實際情況的生產總成本和銷售總收入繪製成同一坐標軸的兩條曲線，這兩條曲線之間圍成的區域為盈利區，最佳生產規模為最大盈利點，而這點正好是這兩條曲線之間垂直距離最大的點。

3. 最小費用法

這是把單位產品的投資、生產成本和運輸、銷售費用結合起來考慮的一種方法，目標是使其總費用最小。合理生產規模的計算可選擇年計算費用最小的方案，公式為

$$A = CN + Cr + En_k$$

其中，A、CN、Cr、K 分別表示單位產品的年計算費用、生產成本、平均運輸銷售費用和投資額；En 表示部門的投資效果系數，為投資回收期的倒數。

4. 分步法

分步法步驟如下：

第一步是確定項目的最小經濟規模，分為以下幾種情況：①如果產品是國內銷售且無法用進口產品替代，最小經濟規模的決定因素為技術和設備，我們可利用規模效果曲線對可供選擇的工藝、技術和設備進行分析，選定其中不至於造成虧本的工藝、技術和設備能力；②如果產品可用進口產品替代，則應將生產成本與進口成本進行比較，常用項目單位產品成本與進口單位產品成本進行比較；③如果產品是進口的，則應將項目生產成本與換匯收入相比較，項目單位產品成本與換匯收入相等的點為最小生產規模。

第二步是確定最大經濟規模。選定影響生產規模的決定性因素（如技術水準、設備能力、市場需求、資源條件、資金條件等），並據以確定最大的經濟規模。

第三步是確定合理經濟規模。先要根據確定的項目最小經濟規模和最大經濟規模，制訂不同規模的比較方案，其中起決定作用的是設備能力，可在最小和最大規模之間選擇具有不同能力的設備，或對設備的不同組合與價格等做出分析。最後以規模經濟效益好壞作為標準，對各個方案的生產成本與經濟效益進行分析和計算，其中成本最低、經濟效益最好的那個方案，為合理的經濟規模方案。此外還有決策樹絡分析、目標規劃、線性規劃等方法，在此從略。

第四節 案例分析

為了更好地理解項目市場分析及建設規模評估的內涵，直觀地感受對項目進行市場分析及確定其生產規模時的步驟，本節選取兩個案例進行具體分析。

案例一　上海 LH 公司珠海生物醫藥基地項目市場分析

上海 LH 公司是國內生物醫藥領域集研發、生產、銷售為一體，並廣泛覆蓋傳統疫苗、新型疫苗、單抗藥物等諸多領域的創新驅動型生物制藥企業。多年來，該公司獨立承擔了數十項國家及省市各級重大科技專項項目的研究和開發工作，新產品研發和產業化能力備受業界矚目。目前，該公司有多個產品上市銷售，並有多個產品處於研發階段。該公司已經形成了具有廣闊市場前景的後續產品梯隊，品種儲備充足，積澱深厚。在從疫苗領域向全面的大生物領域拓展的戰略轉型過程中，該公司成功地實現了產業價值鏈的延伸，基本完成了大生物戰略的產業佈局。

新版 GPM 的要求大大提高了生物醫藥行業生產標準，提高了工藝核心區級別和要求，同時廠房設備驗證、工藝驗證等新的要求也成為新增內容。為保證符合國家新的標準，生產出更高要求的產品，並實現向大生物醫藥產業戰略轉型和佈局，上海 LH 公司原有的疫苗研發平臺已經不能滿足單抗和基因藥物的研發技術。公司需要招聘及培訓相關新延伸領域的人才，並建立新的符合新技術、新工藝的技術平臺。因此，上海 LH 公司依據自身產業發展趨勢及規劃，結合珠海國家級高新技術產業開發區的產業定位，擬在珠海市投資建設生物醫藥產業基地。現階段一期項目的 3 個子產品進展順利，正按照投資計劃穩步推進；二期項目包括兩個新藥產品，包括 BF 單抗和重組 RX 生成素。接下來將對新藥產品 BF 單抗進行市場分析。

一、BF 單抗概述

BF 單抗是單克隆 I_gG_1 抗體，經過重組的人源化，通過抑制人類血管內皮生長因子（VEGF）的生物學活性產生作用，包含人源抗體的結構區，以及可結合人類血管內皮生長因子（VEGF）的鼠源單抗的互補決定區兩部分。BF 單抗是通過中國倉鼠卵巢細胞表達系統生產的，是羅氏制藥基因泰克（Roche/Genentech）推出的暢銷抗腫瘤藥物。

二、BF 單抗的市場分佈

目前全球已有約 80 萬名患者接受過 BF 單抗的治療。2004 年 BF 單抗被批准上市，上市第二年（2005 年）的銷售額達到 16.65 億瑞士法郎（1 瑞士法郎約等於 7.426 人民幣，下同）；2006—2010 年，其銷售額一直增長。在 2010 年 12 月，藥品監管部取消了 BF 單抗用於治療乳腺癌的適應症，導致其 2011 年銷售額有所下降，為 52.92 億瑞士法郎。2012 年的全球市場銷售額為 57.64 億瑞士法郎。就市場銷售範圍而言，BF 單抗已在全球 120 多個國家和地區進行銷售，主要銷售地區為美國、西歐和日本，美國是其主要市場。BF 單抗 2011 年、2012 年全球市場分佈情況如表 5-1 所示。

表 5-1　BF 單抗 2011 年、2012 年全球市場分佈情況

	2012 年銷售額（百萬瑞士法郎）	2011 年銷售額（百萬瑞士法郎）	變化率（%）	占 2012 年總銷售額比例（%）	占 2011 年總銷售額的比例（%）
美國	2,475	2,343	0	43	44
歐洲	1,510	1,448	6	26	27
日本	769	627	16	13	12
其他地區	1,010	874	16	18	17
全球銷售額	5,764	5,292	—	—	—

三、BF 單抗的國內市場需求

雖然靶向藥物在中國臨床還屬於二線用藥，但是靶向藥物數量的增長速度遠高於其他類藥物。目前臨床使用金額過億元的品種有吉非替尼、厄洛替尼、伊馬替尼、索拉非尼、利要昔單抗、曲要珠單抗、西要昔單抗、尼要珠單抗等。值得一提的是，BF 單抗自 2010 年 9 月在國內上市後，2011 年的國內銷售額就已經達到 1.35 億元，排在國內單抗類抗腫瘤藥物市場的第 5 位。

在 2012 年樣本醫院用藥中，BF 單抗銷售額同比上一年增長了 132%，其 2012 年在國內市場的銷售額約為 3.13 億元。100 mg/4mg 規格的 BF 單抗在國內的售價為 5,398 元/支，2012 年 BF 單抗在國內銷售了約 5.8 萬支，約有 1,500 人使用。

1. 直結腸癌的國內市場需求預測

20 世紀 70 年代初中國直結腸癌的發病率是的 12/100,000。近些年來，中國直結腸癌的發病率一直保持上升的態勢，增長到現在的 56/100,000，升速約為每年 4.2%，遠超 2% 的國際水準。在中國所有腫瘤發病率中，目前中國直結腸癌發病率排第 5 名，總發病數已超過美國。由於 BF 單抗的價格昂貴，所以其銷售對象主要集中在經濟較發達地區。按 2010 年中國第六次人口普查的 13.7 億人計算，中國目前有直結腸癌患者 767 萬人。中國經濟發這地區的人口占總人口數的 14.65%，BF 單抗的潛在使用人數為 11.2 萬人。假如 10% 的患者接受 BF 單抗治療，則市場使用人數為 1.12 萬人，年市場需求為 43.7 萬支（以 60 kg 體重計量，5 mg 次/2 週打，100 mg/支，治療期 6 個月）。我們預計公司產品的市場佔有率為 10%，年市場需求量為 4.4 萬支。

2. 老年性黃斑變性（AMD）的國內市場需求

在中國 40 歲以上的人群中，老年性黃斑變性（AMD）的發病率為 6.5%，平均患病率為 4.8%。隨著中國人口老齡化程度的加快，該病有明顯上升趨勢，按 2010 年中國第六次人口普查的 13.7 億人計算，中國目前有老年性黃斑變性（AMD）患者 6,576 萬人（發病率 4.8%）。美國現有 1,500 萬老年性黃斑變性（AMD）患者，按 170 萬就診人數概率計算 AMD 的就診率為 11.3%。中國老年性黃斑變性（AMD）就診人數為 743 萬。BF 單抗的使用人群範圍主要集中在經濟較發達地區，中國經濟發達地區的人口占總人口數的 14.65%，則 BF 單抗的潛在使用人數為 109 萬人。假如 10% 的患者接受 BF 單抗治療，市場使用人數為 10.9 萬人。BF 單抗治療老年性黃斑變性（AMD）的劑量為 15 毫克/年，以 BF 單抗在美國每次治療老年性黃斑變性（AMD）的費用折算，100 mg/4ml

規格的藥品，拆分使用的損耗係數為6，則BF單抗在中國的年市場需求量為9.8萬支（100 mg/4ml）。我們預計公司產品的市場佔有率為10%，年市場需求量為10,000支。

案例二　G公司印度尼西亞天然橡膠投資項目產品市場分析及預測

一、國際市場分析及預測

儘管前些年世界經濟增長速度緩慢，但隨著國際社會逐漸走出世界金融危機的陰影，世界經濟開始復甦和發展，天然橡膠作為世界各國生產所需的大宗原料，世界各國對其的需求必然會與日俱增。據統計，2016年全球的天然橡膠消費量達到1,258萬噸。在今後經濟發展的過程中，隨著天然橡膠新用途的開發，以及汽車工業的急速發展，天然橡膠原料需求量也將迎來一個新的高峰。據國際橡膠研究組織（IRSG）預測，2020年全球天然橡膠消費量將超過1,360萬噸。

從供需角度闡述，橡膠樹的種植對自然環境有著比較嚴格的要求，全球適合種植橡膠樹的地域集中在東南亞地區，種植面積占全球種植面積的90%以上。2010—2012年，九大產膠國橡膠樹新種植和重新種植面積創下近年來的新高，2013年以後新種植和重新種植面積大幅減少。橡膠樹屬於長期生長作物，在種植以後一般需要5~8年才能割膠，可以預見，2020年以後，天然橡膠的供應量增速將下降。然而天然橡膠需求量卻因全球經濟的復甦和新興產業的興起不斷攀升，全球供需之間將出現一個缺口，出現難以在短期內彌補的供不應求情況，天然橡膠產業有望步入上升通道。從價格角度闡述，近幾年國際天然橡膠價格最高值出現在2011年10月，達到5,745美元/噸，2016年1月為近幾年最低值1,040.9美元/噸。然而在2016年的下半年，由於國際大宗商品形勢回暖、天然橡膠主產地區遭遇氣候災害及輪胎製造企業的橡膠需求量大增等因素共同影響，天然橡膠價格持續攀升，2016年年末價格漲至1,882美元/噸，全年漲幅達80.8%。從中長期來看，國際天然橡膠價格也走出了下降通道，進入了上升通道，近三年價格從期初的1,385美元/噸左右上漲至2,000美元/噸左右，漲幅達44.4%。G公司在此時進入天然橡膠製造行業，可以占據先機，在產業復甦和橡膠價格上升的過程中分到一杯羹。

二、印度尼西亞市場分析及預測

印度尼西亞是世界上最大的天然橡膠生產國之一，其天然橡膠原料的供應量對國際市場影響巨大。印度尼西亞國內橡膠大多由小農場生產（大約占總量的80%），而政府和私人天然橡膠種植園在印度尼西亞國內的行業影響力較小。印度尼西亞天然橡膠主產區為廖內、西加里曼丹、南蘇門答臘、北蘇門答臘和占碑。

2015年，印度尼西亞國內橡膠種植園的面積達到365萬公頃，2016—2017年種植園面積仍有所增加。印度尼西亞國內天然橡膠的出口量占全國產量的85%左右，由表5-2可知，2015—2017年橡膠出口量穩步回升。而出口的橡膠近一半被運到亞洲其他國家，其次是北美和歐洲國家，而中國是進口印度尼西亞天然橡膠量較大的國家之一。印度尼西亞國內天然橡膠消費領域主要集中在輪胎製造業。

表 5-2　印度尼西亞天然橡膠的生產與出口情況

年份	2008	2009	2010	2011	2012	2013	2014	2015	2016	2017
生產（百萬噸）	2.75	2.44	2.73	3.09	3.04	3.20	3.18	3.11	3.16	3.23
出口（百萬噸）	2.30	1.99	2.20	2.55	2.80	2.70	2.60	2.30	2.63	2.70

G 公司選擇在印度尼西亞這個橡膠主產國投資橡膠製造項目，可以充分利用印度尼西亞原料資源優勢，以達到降低成本的目的。

三、中國國內市場分析及預測

中國的農業種植面積雖大，但適合橡膠種植的面積卻小，導致國內天然橡膠產量較低。近幾年，中國天然橡膠年平均產量大約在 80 萬噸，在 2013 年增長到 87 萬噸的最高點後，隨著天然橡膠價格的下降，國內生產積極性降溫，2014—2016 年產量逐步下降。

中國是製造業大國，天然橡膠作為工業原料之一，中國國內製造業對其需求強勁。全球輪胎生產有一大半都在中國完成，而輪胎行業是消耗天然橡膠量最大的行業，直接導致中國對天然橡膠的需求量十分龐大。據統計，中國 2016 年天然橡膠消費量達到 472 萬噸，而國內生產量僅有 76 萬噸，缺口將近 400 萬噸，導致中國的橡膠原料絕大部分靠進口彌補。近幾年國內每年供需缺口量基本維持不變，穩定在 400 萬噸左右。由於橡膠種植環境的約束，這種缺口將長期存在。

隨著社會經濟的發展和科技的進步，我們對天然橡膠的需求量呈上漲趨勢。人類尚未發明新的交通工具之前，對汽車的依賴度將繼續增加，而作為汽車配件的輪胎，生產量也會越來越大。在中國，70% 的天然橡膠原料供應於輪胎製造業，輪胎行業產量的增長，必將帶來天然橡膠的需求增長。近幾年來，中國輪胎市場行情變化巨大，國內重卡熱銷、共享單車擴張等因素帶來橡膠需求的突然升溫，使得天然橡膠消耗量急遽增加。

從價格方面來看，中國國內天然橡膠價格在 2011 年 10 月達到 42,895 元/噸，為近幾年最高值；2015 年 11 月為 9,305 元/噸，為近幾年最低值。2016 年年初由 9,760 元/噸漲到了年末的 16,380 元/噸，全年漲幅高達 67.83%。由以上分析可以看出，中國對天然橡膠的需求在不斷增加，橡膠價格也在逐步回暖，對於中國市場來說，天然橡膠消費潛力巨大。

复习思考题

1. 何謂市場評估？市場評估包括哪些內容？
2. 市場調查包括哪些內容？採用哪些步驟和常用方法？
3. 如何進行產品供需預測？可採用哪些預測和分析方法？
4. 何謂項目建設規模？
5. 項目建設規模的影響因素有哪些？
6. 項目生產規模的確定可採用哪幾種方法？

第六章

生產建設條件和技術條件評估

第一節 生產建設條件和技術條件評估概述

項目建設環境的評估是對投資項目實施的可能性進行評價。當對項目必要性進行評估並確認有必要之後，我們就要對項目的建設環境進行全面分析與評價，只有各方面條件均具備了，方能考慮實施項目；否則，必要性再強，條件不具備，項目也難以實施。項目的建設環境涉及各種條件的評估，主要分為項目的生產建設條件及技術條件。

一、生產建設條件評估概述

（一）生產建設條件評估的必要性

一個投資項目在經過建設必要性評估之後，對必要性能否成為現實，即項目實施的可能性，還需進一步研究並加以論證。對項目生產建設條件進行評估，實際上就是對項目實施的可能性進行預評。生產建設條件評估在項目評估中佔有極其重要的地位。首先，項目生產建設條件評估可以驗證投資項目生產規模與產品方案的可能性與合理性；其次，做好項目生產建設條件審查、分析和評價工作，對縮短建設工期、降低工程造價、保證項目順利建成、投產和正常生產經營、充分發揮設計生產能力、提高投資效益都起著十分重要的促進作用。因此，生產建設條件評估對於項目建設和生產經營是十分必要的。

（二）生產建設條件評估的主要內容

投資項目的生產建設條件評估，是審查、分析和評價擬建項目是否具備建設施工條件和生產經營條件，即對項目能否順利建成、能否投產和項目投產後能否順利生產經營的可靠性進行的技術經濟論證工作。對於不同的項目來說，其性質、類型及生產規模的不同都決定了其對生產建設條件有不同的需求。因此，針對每個具體的項目，我們應依據一定的評價標準從各個方面分析評估其生產建設條件是否滿足需求。

項目的生產條件的評估包括自然資源條件評估、原材料供應條件評估、燃料及動力供應條件評估、交通運輸和通信條件評估、外部協作配套條件評估及勞動力資源條件評估。項目的建設條件評估包括項目的廠址條件評估、環境影響評估、安全防護條件評估。

二、技術條件評估概述

（一）技術條件評估的含義

項目技術條件評估是可行性研究中的重要環節，是進行項目經濟效益評價的前提條件。具體而言，項目技術條件評估是對投資項目所採取的生產工藝、選用的設備及技術措施等技術方案和設計方案進行的分析評價。在項目評估中，在項目建設必要性和生產建設條件評估的基礎上，我們必須對項目的技術方案和設計方案進行分析、評價，才能達到保證產品質量，提高勞動生產率，增強項目產品在市場上的競爭能力，確保項目效益實現的目的。需要注意的是，項目技術條件評估是在項目可行性研究的基礎上，客觀、公正地進一步審查、分析與評價可行性研究報告推薦的技術方案和設計方案的可靠性和合理性，而不是對可行性研究的簡單重複，更不是代替設計單位或諮詢部門為項目所做的方案論證。

（二）技術條件評估的相關概念

1. 技術

技術是系統的科學知識、成熟的實踐經驗和操作技藝綜合在一起形成的一種從事生產的專門學問和技能、為實現一定目標所選擇的工藝技術方法，以及為落實工藝技術方法而採用的物質手段。它包括三個方面的內容：為完成某種目的的科學知識和技能，為實現一定目標所選擇的工藝技術方法，為落實工藝技術方法而採取的物質手段。按表現形式技術可分為有形技術（如工藝圖紙、廠房設備等）和無形技術（如人的知識、經驗、技能等）。

2. 技術條件

技術條件主要是指以項目工藝技術和設備為基礎的技術方案及其與它相適應的設計方案。

3. 技術條件評估

技術條件評估是一種技術政策研究，系統地考察了一種技術的引入擴散可能產生的社會影響，尤其是那些非預期的、間接的、滯後的負面效果。技術評估的目的是趨利避害。一個投資項目的經濟效益和社會效益都是在既定的項目設計、工藝、設備方案等前提下取得的。因此，只有在技術上被認為是可行的投資項目，我們才有必要進行財務評價和國民經濟評價。

（三）技術條件評估的主要內容

技術條件評估包括技術總體評估、工藝方案及設備條件評估、軟技術條件評估、工程設計方案評估等。

第二節　項目生產條件評估

項目生產條件評估要分析項目建成或交付使用後的生產條件是否具備，即項目所需要的資源、原材料及燃料動力是否滿足需求，交通運輸和通信條件是否完善，外部協作配套條件特別是基礎設施條件是否能滿足項目的需要，以及勞動力資源的保證程度和經濟性。

一、自然資源條件評估

在項目的所有生產條件中，自然資源條件是起基礎作用的生產條件，因為它構成了項目生存的物質基礎，只有具備充分的物質基礎，項目才可能得以開展。自然資源是指自然環境中的礦藏、農林、動物、土地、陽光、空氣及水資源等。比如，我們要建設一個大型鋁廠，就要有豐富的鋁土礦產資源和大量的電力，而大量的電力供應要依賴煤炭或者水力資源。這裡的鋁礦、煤炭、水資源等都是自然資源。人類在實現自身發展的過程中能夠將自然資源改造為滿足自身生產發展需要的產品。陽光、空氣等是取之不盡、用之不竭且無處不在的，但大多數自然資源是有限的，且具有開發過程複雜及分佈不均衡等特點。這就使得自然資源具備競爭性和一定程度的不可獲得性，在選擇生產項目及確定項目方案時，企業既要根據項目自身特點選取滿足項目所需求資源的合適地區，又要結合所在地自然資源的品質、儲量及開採條件，揚長避短，發揮自身優勢。

對於自然資源條件的評價主要遵循以下四個原則：一是環境保護原則，即盡可能地開發利用資源，並積極保護生態環境，維護生態平衡；二是綜合利用原則，即盡可能地綜合開發利用資源，節約資源；三是經濟開發原則，即在開發利用資源的同時必須注意經濟合理性，注意資源的供應數量、質量、使用年限、開發方式和利用條件等因素，注意技術進步對資源利用的影響，使其達到最佳的經濟開發利用程度；四是連續利用原則，對可再生資源，如森林、農、牧、漁等產品的開發利用，要注重連續作業，保證資源連續補償，使其能持續地被使用。依據以上原則，我們應從六個方面對自然資源條件進行評價。

（1）以礦產資源為原料的項目，必須向國家礦產委員會報告該資源的儲址、品質、開採價值及運輸條件，經批准後才能進行建設。

（2）分析項目投入物的性質和種類，確保其質量能夠滿足項目工藝設計方案和設備選型的基本要求。對於利用礦產資源的項目，我們需評價所需礦產資源的礦床規模（總產量和可採址）、類型特徵、礦體形態及其大小、礦石品位和結構、伴生的有用或有害之物、礦石的物理性能和化學性能，以及礦床開採技術和加工條件等；對於利用農業資源的項目，我們應根據過去農產品資源供應量及其部分分佈數據，估測有關農產品的當前供應情況及今後可能獲得的品種和數量，並注意農村經濟發展狀況及世界農產品市場的變化。

（3）分析自然資源的可供數量是否足夠、供給來源是否穩定、使用年限是否足夠。

有些自然資源在質量上能夠滿足項目的技術和設備要求，但數量上卻不夠充足；有些自然資源在數量上能夠滿足，但由於其開採方式或供應方式的特殊性，項目主管方不一定能對其進行高效合理的開採。另外，我們還要考察在項目的整個壽命期內自然資源的使用年限是否足夠。比如，當投資項目所投入物為海產品時，我們要估計海產品來源的潛力、產量和採集費用，因為海產品的來源不僅取決於生態因素，還取決於國內政策及國際間的雙邊、多邊協定，特別是官方對海上捕撈數量進行限制的情況下，我們要充分考慮投產後的營運可能性，考慮可能受到的限制。尤其是漁業加工方面的項目，我們更要充分考慮各種可能情況，分析海產品在項目壽命週期內供應的可靠性。

（4）分析技術進步對充分利用和發揮資源的作用和影響。有些自然資源在當前的技術條件下可能並沒有很高的利用率，但若採用更先進的科學技術手段，可以很大程度上提高資源的利用率，甚至發掘資源新的優勢和使用價值，顯著增加項目的經濟效益。針對這類自然資源，我們應更多考慮對其的利用。

（5）當項目投入物是稀缺資源或其數量供應具有很大的不確定性時，我們應該分析該資源是否有替代資源，提前做好資源供應緊張時的預備處理方案。比如，對於礦山資源開採來說，開採企業應注意尋找接替礦，以保持礦山開採的持續能力。

（6）工程地質和水文地質的評估。關於工程地質，企業應根據勘察的地質報告，選擇合理的地質環境，避開地震強度大、斷層、嚴重流沙等地段，以保證建築物的穩定性，以達到延長項目使用壽命的目的。另外，項目的所有設施應避免布置在具有工業開採價值的礦床上。在水文地質方面，我們要按照擬建項目用水的實際情況，對水源的可靠性做出分析，判明用水的保證程度。對水的保證程度的要求主要有兩個方面：一是水的質量，二是水的數量。我們尤其要注意有些對水的質量有特殊要求的項目。另外，我們還要根據項目所在地全年不同時期的水位變化、流向、流速和地下水等因素，分析建設項目是否搭建在洪水泛濫區、已採礦坑塌陷區範圍內及滑坡地區。我們也要分析廠址位置的地下水是否低於建築物的基準面，如果在基準面之上，我們要制訂可靠的措施及治理方案。

二、原材料供應條件評估

項目在生產建設期內只有得到足夠穩定的原材料供應，方能正常運行。由於原材料的有限性及原材料費用在成本中佔有較大比重，為使項目取得較好的經濟效益，項目必須合理選擇原材料利用途徑。原材料主要包括項目建設施工所需的建築材料和項目生產經營所需的原料材料、半成品等。不同類型的投資項目，所需的原材料品種和規格千差萬別，而且每一個投資項目的原材料需求也是多種多樣的。如果將一個項目所需的全部原材料都進行分析評估，其工作量必定是相當大的。在項目評估中我們只要選擇其中主要或關鍵性的原材料進行分析評估就可以了，通常是根據項目產品的類型、性質對原材料的要求，從原材料的數量、質量、價格及運輸條件等方面加以評估。

（一）原材料利用途徑的評價

對原材料進行合理而有效的利用，可降低產品成本，提高經濟效益。

（1）審查和分析對原材料是否進行了預處理。原材料經過預處理後，可以提純並取得精料，從而提高原材料利用水準，相應提高產品質量。

（2）審查和分析是否對原材料進行了綜合利用或回收利用。在工業生產過程中，企業利用某種原材料生產出主產品的同時，一些材料被當作廢棄物丟掉。隨著科技的發展和進步，我們應對這些廢棄物進行綜合利用，在獲得多種產品、提高資源利用率的同時，也有利於保護環境。

(二) 原材料供應條件評價

1. 對項目所需原材料的種類、數量、質量、規模的評價

不同項目所需原材料不盡相同，我們應根據項目產品的性質，確定所需原材料的種類、數量，進而再分析原材料的質量和規格；在認真研究原材料的物理性能和化學性能的基礎上，審查和分析原材料的質量和規格是否符合需要；對可以利用多種原材料生產的產品，則應進行技術經濟分析比較，選用經濟合理的原材料。

原材料供應的數量要滿足項目生產能力的需要。在評估時，我們應根據項目設計生產能力、選用的工藝設備估算所需原材料的數量，並分析原材料在加工過程中所發生的不可避免的損失。原材料的質量要適應生產工藝要求，滿足項目產品設計功能的需要。原材料質量性能有物理性能、機械性能、化學性能、電磁性能等表現形式，其質量性能直接影響投資項目的生產工藝、產品質量的資源利用程度。比如，煤炭是火力發電的重要原料，但是不同地點、不同礦井開採的煤炭的化學成分含量、熱值是不相同的，這對火電廠的技術、經濟代價、環境等都有直接影響。為了保證物盡其用，在進行評估時，我們要注意分析特定項目對各種投入物在質量和性能特徵上的各種要求，保證滿足項目產品設計功能的要求。

另外，為保證項目產品的連續生產，我們應重視材料存儲地的建設。特別是在投入物的來源和運輸容易發生困難，以至影響連續生產的情況下，這個問題更顯得重要。在原材料供應條件中要包括原材料的技術規格、供應規格和合理的儲備量，並計算出倉儲設施的費用和倉儲費用。

2. 對原材料需求量與供給量的評估

我們要根據年生產量和每個單位消耗原材料的數量核算原材料的需求量，進而分析評估市場原材料的供給量。同時分析供應渠道和採購方式，最後評價項目所需原材料的可靠性和保證程度。項目所需原材料可從多渠道獲得，從市場採購的原材料供應量、質量均不可靠，而且價格變動大、風險大。而把原材料的生產或種植企業作為項目的附屬單位，則風險小，且供應量和質量均可保證，價格合理穩定。對於國內市場沒有或生產不了的原材料，我們要要評價國外市場的供應量。

原材料的供應，首先要立足於國內。如果必須從國外進口，則應對需要進口的原材料和其他投入物進行說明。進口原材料一定要注意供應的穩定性和運輸環節，一旦國外供應來源有變化時我們需採取應變措施，並預測用國產原材料替代的前景。此外，對需要生產試驗的原材料，我們應按需要分別進行不同階段的生產試驗，以選擇工藝生產方法，確定技術參數和消耗指標，測定產品質量，取得主要設備選型等各項數據，並對試驗目的、試驗名稱和試驗要求、需要試驗的理由、試驗方法和試驗結果等相關問題進行說明。

原材料的價格及其變動趨勢是影響項目產品成本和項目經濟效益的關鍵因素。不同質量、不同來源的原材料，其價格是不一樣的。通常情況下，主要原材料的價格及

其來源的可靠保證，對項目的技術可行性、經濟合理性及合理經濟規模的確定都有決定性影響。分析基本材料的價格，依據過去價格變動趨勢預測未來的變化，估計材料供應價格彈性和互補性，是確立項目經濟性的關鍵。通過技術經濟分析認證，選擇更適用的材料或物美價廉的代用品，是保證資源優化利用的重要途徑。

三、燃料、動力供應條件評估

燃料和動力是項目建設與正常生產中極其重要的物質條件和保證。燃料主要包括煤、石油和天然氣等；動力主要包括電、水、壓縮空氣、蒸汽、氧氣及各種惰性氣體。燃料、動力供應條件評估主要包括以下內容：

（1）分析和評價燃料供應條件項目所需燃料的需求量能否得到滿足，首先要依據產品生產過程、成本、質量、區域環境對所用燃料的要求，選擇燃料種類。其次要分析燃料供應政策、供應數量、質量、來源及供應方式。如果是消耗大宗燃料的項目，我們還要落實燃料的運輸及儲存設施，合理選擇燃料供應來源和品種、數量、質量及運輸和倉儲條件等。至於選擇何種燃料比較合理，主要應分析所選燃料對生產佈局、生產過程、產品成本、產品質量及環保等的影響情況。

（2）要計算項目生產和建設所需用水量、供水價格對成本的影響，分析項目對水源和水質的要求；分析是否有節水的循環設施、污水淨化設施，並估算水源、供水泵站及管網等供水設施的費用。我們主要分析項目生產建設過程中的原料用水、工業用水、鍋爐用水、冷卻用水和生活用水等的用水量、水質要求、水源地及其供應設施和條件。

（3）分析和評價供電條件。電力是工業生產的主要動力，對於耗電量大而又要求連續生產的工業項目（如軋鋼項目），我們需要分析估算項目最大用電量、高峰負荷、備用量、供電來源，要按生產工藝要求計算日耗電量、年耗電量及對產品成本的影響，還需計算變電所、輸電線路及自備電廠的功率及其投資，要盡可能保證動力供應的穩定性；調查分析項目所在地區的電力供應情況及能否保證項目生產建設的穩定用電，還應對建設變電站、高壓輸電線路和自備電廠的可能性和可行性進行分析並做出結論。

（4）分析和評價其他動力供應條件。在評估時，我們要對產品生產中所需的其他動力（如蒸汽、煤氣等）的總需要量進行測算，並分析其對產品成本的影響，分析自備設施投資、規模及設備選型、管網布置的合理性；對項目生產建設中所需的壓縮空氣、蒸汽、氧氣、惰性氣體在分析需求數量、質量的基礎上，著重研究其生產方法、供應方式或協作配合要求等。

四、交通運輸與通信條件評估

（一）交通運輸條件評估

交通運輸是物資供應的先行官。它關係項目建設和生產所需的物資能否及時保證供應，也關係項目產品的生產成本和投資效益。因此，交通運輸條件是項目選址必須考慮的重要條件和關鍵環節。交通運輸條件評估主要是對運輸方式的選擇，運輸中的裝、卸、運、儲各環節的能力協調及運輸條件對生產過程、產品成本的影響所做的審查、分析和評價。運輸條件包括廠內運輸條件和廠外運輸條件兩方面。廠內運輸條件

是指原材料、半成品、產成品的水準和垂直運輸，由運輸設備和運輸環節的協調與組織管理，運輸載體的形狀、性質和生產工藝要求決定。廠外運輸條件是由廠外運輸的特性、數量和距離等因素決定。在項目建設條件評估中，我們主要分析評價項目的外部運輸條件，因為這是保證項目建設生產供應和產品銷售能否順利的環節。

1. 分析評價運輸方式選擇的經濟合理性

廠外運輸有鐵路、公路、水路、管道、航空運輸等方式。鐵路運輸條件包括車站的級別、鐵路對貨物流向的要求、通過能力、運輸能力、車站到廠址的距離、是否需建鐵路專用線等；公路運輸條件主要包括通達地點、距離、路面質量等狀況；水路運輸條件包括運輸航道的通航季節、上下游水深及可泊航船噸位、河流有無疏浚工程量、工廠到碼頭的距離等；航空運輸條件包括飛機場的通航地點、班次、時間、工廠到機場的距離等。對項目運輸方式的選擇要進行多方案比較，分析所採用的運輸方式是否經濟合理，在時間上有無保證。我們要分析所選擇的運輸方式對貨物流向的要求、通過能力及運輸性能情況，運輸設備要與運輸方式配套，並滿足運輸中的各種特殊要求，以確保安全可靠。

2. 分析評價運輸環節的續協調性

我們要分析運輸過程中的裝、運、卸、儲各個環節是否協調和便於組織管理，能否保證項目建設和生產活動正常進行；同時還要具體分析評價所選擇的運輸設備和運費的相關關係，尋找既快速又經濟的運輸方式。

3. 分析評價運輸距離的經濟合理性

項目的物資運輸包括原材料由採購地運進，產成品由項目地運出。由採購地到項目地、項目地到銷售地的運距對項目投資效益有很大影響，因此，我們要選擇合理的運距，做到經濟合理。

(二) 通信條件評估

通信是指電話和網絡系統。它們是現代生產系統順利運轉的保證條件之一，是項目建成後與外界進行聯絡和信息交流的重要手段。通信條件包括電信系統、網絡系統和郵電系統。評價通信條件時，我們要著重分析項目所在地的通信能否保證項目與外界信息的正常交流。如果當地通信條件落後，我們就應分析通信條件的發展趨勢及與主體項目同步建設通信項目的可能性。

五、其他生產條件評估

(一) 外部協作配套條件

在社會化大分工的現代社會，一個企業通常不會親自包攬項目的所有環節，在項目選址、自然資源勘探、交通與通信設施維護及銷售等全部工作中，企業只承擔這其中的某一個環節。參與產品生產每個環節的各個企業形成了一條產業鏈，產業鏈上的各個企業相互聯繫、相互制約。為項目生產提供半成品、零部件和包裝物的是上游企業，將原材料轉化為產品的是下游企業，除此之外，還有為項目建設提供電力、交通運輸及通信等設施維護的企業。這些企業共同構成了項目的外部協作配套條件。

對於上游協作企業，評估人員主要調查協作企業對項目所需零部件、半成品、包裝品的供應能力、規格型號、交貨期和運輸條件，以及協作廠的地址及技術力量，從

而分析協作企業的保證程度。此外，還要分析協作企業提供的貨物的質量、價格、運輸費用對項目產品質量和成本的影響。而對於下游協作企業，評估人員應在分析產品需求時考慮本項目與下游企業的配套問題，最好與其簽訂購銷合同，把供需關係固定下來，使產品能順利售出。

（二）同步建設條件

項目的同步建設條件是指項目在生產技術及生產進度方面與其上、下游企業的配合和協調程度。一方面，建設應保證產業鏈上的企業生產進度互相銜接，不浪費時間，保證生產建設的高效。另一方面，建設應在技術和設備條件上相適應。

（三）人力資源條件

人力資源是指項目生產建設過程中的各種工人、設計師、工程師及管理人員等勞動力。這些勞動力的數量、質量、能力等決定了一個企業人力資源條件的優劣。對於知識密集型項目，人力資源對其技術能力的影響更明顯，甚至直接決定了其創新能力。比如，華為作為一家創新型高科技企業，在人力資源上具有相當大的投入。人力資源條件評價要注意以下幾點：

（1）審查分析項目所需各類人員的數量、素質和技能；

（2）審查分析項目所需各類人員的來源是否得到保證，不符合要求的人員的培訓手段是否落實；

（3）分析各類人力成本。

第三節　項目建設條件評估

項目建設條件評估，是審查、分析和評價擬建項目是否具備建設施工條件和生產經營條件，即對項目實施的可能性和投產後能否順利地生產經營的可能性進行的分析評價工作。對於投資項目來說，具備一定的建設和生產條件是投資項目實現預期目標，取得預計經濟效益的保證，也是決定項目取捨的重要因素。因此，評估項目的建設和生產條件時我們必須進行全面的分析與評估。

一、項目廠址選擇評估

投資項目建設地址的選擇是一個事關全局性和長遠性的戰略問題，直接決定了項目當前的建設活動能否順利完成及項目後續的生產經營活動能否可持續。合理選擇項目建設地址，要對項目廠址的選擇方案進行評估。一般情況下，我們應該在國家經濟佈局和發展計劃的範圍內選擇幾個合適的項目建廠位置，再進一步根據所選建廠位置的自然地理屬性、運輸條件、供電給水條件等因素判斷其是否能最大限度地滿足建設與經營各方面的要求，使項目的建設達到技術上可行，經濟上合理，最終確定最佳廠址。項目廠址的選擇關係產業的合理佈局和區域社會經濟的發展，廠址選擇的好壞直接影響項目投資、建設速度、施工條件及未來的發展與競爭能力。因此，在項目的可行性研究中，大中型項目都要求編製選址報告，對選址做多方面的技術經濟論證。

(一) 廠址選擇的原則

在進行項目選址時我們要考慮很多方面的因素。首先是自然因素，項目廠址所在地的自然資源條件及地形地貌等地質條件對項目後續建設有決定性的影響；其次是經濟因素，主要包括廠址所在地區的經濟實力、技術水準等；最後是社會政治因素，國家經濟發展規劃、國家環境保護法案、財稅制度等因素都應考慮在內。結合這些因素，在進行項目廠址選擇評估時，我們應重點遵循以下原則：

（1）廠址的地區佈局應符合國家經濟佈局、區域經濟發展規劃、國土開發及管理的有關規定。

（2）廠址選擇應執行「控制大城市規模、合理發展中等城市、積極發展小城市」的方針。

（3）廠址選擇應按照指向原理，根據原材料、市場、能源、技術、勞動力等生產要素的相對區位綜合分析確定，即選擇生產要素可獲得性最高的廠址。比如，對在產品生產過程中原料失重程度較大，單位產品消耗原料數倍以上的，選擇靠近原料產地建廠，這樣原料的外運成本比工廠建在消費地而大量運輸原料要合算；對在項目的生產過程中，原料失重程度小，成品不便運輸或運輸過程損耗大的，一般選擇接近消費市場的地區建廠；對於耗電量大的項目，一般應選擇在動力基地附近建廠；對屬於勞動密集型、資金有機構成低、人工費在產品成本中占絕大部分的項目，應在勞動力供應充足的地區建廠；對屬於知識密集型、技術密集型的項目，應考慮技術協作條件，在靠近科技中心的地區建廠。

（4）廠址選擇要考慮交通運輸和通信設施等條件。

（5）廠址選擇要有利於專業化協作，專業化協作生產可以大大節約用地面積和建設投資，並採用先進的工藝技術和設備，提高生產率。

（6）廠址選擇要注意環境保護和生態平衡，注意保護自然風景區、名勝古跡和歷史文物。

（7）廠址選擇既要考慮保證生產的需要，還要考慮職工生活條件，盡可能處理好生產與生活的關係。

(二) 廠址選擇的步驟

確定建設項目的具體地址，我們應首先進行建設地區條件分析，其次再進行建設地址條件分析。地區條件分析又稱選點評估，是結合國家的宏觀計劃和生產力佈局的要求在較大範圍內研究與選擇項目的建設地理區域；建設地址條件分析又稱定址評估，是對擬建項目的具體施工建設地點的選擇。

1. 建設地區的選擇

一個項目很可能選擇數個不同地區進行建設，在項目評估報告中應說明選擇某些些建廠地區的理由。選擇建廠地區要考慮的因素既有政治方面的，也有經濟方面的；既有自然方面的，也有社會方面的。具體來說，有以下幾個方面：

（1）自然條件。在地理、地形、地貌方面，我們分析該地理位置對擬建項目的投入產出、勞動力來源、經營管理、交通運輸、協作化等各種條件的利弊，研究當地各種地理條件和自然災害的歷史資料是否符合建廠條件；對區域地質、地震、防洪等資料進行分析，選擇防震、防洪、基礎工程屬於常規設施的地區；對水文地質條件進行

分析，選擇在項目有效期內有充分取水保證的地段；對氣象條件進行分析，選擇氣象條件對建廠投資和生產成本無過大影響的地區；有些項目對環境要求很高，如農產品加工項目明顯依賴使用的原材料，原材料被污染，會對項目效益帶來很大影響，因此對於這類項目還要進行環境分析，選擇環境對項目沒有影響的地區。

（2）經濟條件。經濟條件包括工農業生產水準與生產協作條件、經濟發展規劃、當地人口狀況及勞動力資源、交通運輸條件、基礎設施條件。根據擬建項目的特徵和需要，我們要分析生產的協作性、區域經濟發展規劃、勞動力資源狀況等條件能否滿足建廠要求；分析建設地區靠近原料、燃料產地或靠近銷售市場的利弊，說明擬建地點與原料、燃料供應點和產品銷售點的運輸距離；分析現有交通運輸能力及發展規劃，弄清需由擬建項目自建的運輸線、橋樑等工程規模，分析項目的承受能力；分析擬建地點現有的公用事業及基礎設施情況，分析可供利用的條件，如供電、供水、供熱、電信等可被利用的可能性，說明今後發展和建設規劃。

（3）社會政治條件。政治因素包括政治局面是否穩定、法制是否健全、稅負是否公平等。建廠尤其是在國外建廠時我們必須考慮政治因素，政治局面穩定是發展經濟的前提條件。根據具體項目的需要，企業還要分析公共政策方面的各種優惠政策、鼓勵或限制政策及土地管理和使用的有關規定。社會因素包括社會文化水準、環境保護等。跨國投資建廠，企業需要考慮文化對企業管理的影響。在國外投資設廠，職工文化背景影響管理者與職工的溝通與交流。即使是同一國家，文化發達的地區職工素質較高，有利於企業的發展；反之，文化落後的地區，職工文化素質低，不利於企業的發展。選址還應考慮環境保護問題，而且這個問題越來越重要，有「三廢」污染和噪聲、輻射等污染性的建設項目，不能選擇在人口密集的地方建廠。

2. 建設廠址的選擇

（1）廠區面積與地形應滿足廠內總體平面布置的需要，要滿足生產區、生活區、「三廢」處理場地及其設施的用地要求，並有適當發展空間和綠化美化用地，且土地費用低。

（2）廠址應盡量選在地形平坦或稍有自然坡度的地段，以減少場地平整的土石方量，並便於排水。

（3）廠址應鄰近鐵路、公路、航道等運輸幹線的停靠點，以減少運輸量；應靠近水源，便於引水。

（4）選擇廠址時，我們必須分析工程地質及水文地質條件，要避開斷層、岩溶、流沙和洪水地帶，並要根據項目生產特點考慮溫度、濕度、降水量、風向等氣候條件對生產的影響。

（5）廠址應靠近常有生產聯繫的企業和城鎮居民點，基礎設施好，以方便生產和生活的地段。

3. 綜合方案比選

如果項目可行性研究提供了幾個備選方案，我們應當根據上述的廠址選擇原則和要求，再對這幾個備選方案進行對比，最後選擇一個最合理的項目建設地址方案。如果項目可行性研究只提供一個確定的廠址方案，項目評估人員也應根據廠址選擇的原則和要求對其分析論證過程進行審查和評價，檢驗其是否是最佳廠址選擇方案。

(三) 廠址選擇方法

1. 最小運輸費用法

最小運輸費用法也稱重心法。其特點是將運輸費用作為廠址選擇的重要基點。運輸費用主要指原材料、燃料運輸費用和銷售產品運輸費用。假定生產所需要的多種原材料由不同地區供應，而產品又要銷售到若干地區用戶，要尋找運輸距離最短、運輸量最少、運輸費用最低的方案，廠址往往就是在重心的位置上。所以，此法也稱重心法。

2. 盈虧平衡法

選址盈虧平衡分析法用來對多個選址方案進行經濟比較，通過定義可變成本、固定成本，並為每個地址計算這兩種成本的相關數據並繪製圖表，再比較其總成本，選取成本最小的那一個作為廠址。這種圖表法也提供生產規模變動情況。

該方法分三個步驟：一是確定每個地址的固定成本與可變成本；二是繪出每個地址的成本，縱軸表示成本，橫軸表示年生產量；三是相對於期望產量，選擇總成本最小的廠址。

現舉例說明如何使用選址盈虧平衡分析法。

【例6-1】 一家汽車製造商考慮在北京、天津和上海中挑選一個設立新廠，其成本研究資料表明，三個地址每年的固定成本分別為 30,000 元、60,000 元和 110,000 元。另外，每單位產品的可變成本分別是 75 元、45 元和 25 元，生產出來的產品預期銷售價為 120 元。公司希望能為這個年預期生產規模為 2,000 輛的新廠尋找一個最經濟合適的廠址。對於各個地址，我們都能在圖中表示固定成本（產量為 0 時的成本）及達到預期生產規模時總成本（固定成本加可變成本），這些廠址的盈虧平衡分析圖見圖 6-1。

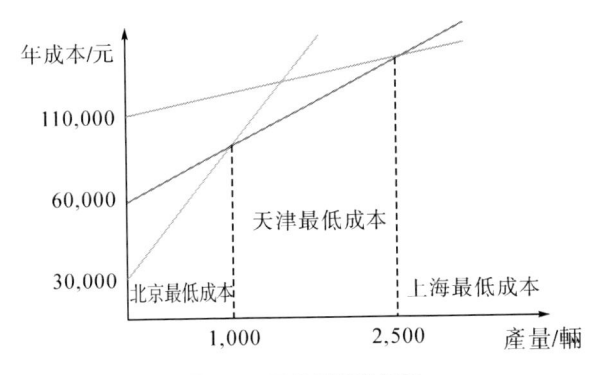

圖 6-1　盈虧平衡分析圖

解：對於各個地址，我們都能在圖中表示出它的固定成本（產量為 0 時的成本）及達到預期生產規模時的總成本（固定成本加可變成本）。這些成本的產量線見圖 6-1。

如果在北京建廠，總成本 = 30,000+75×2,000 = 180,000 元。
如果在天津建廠，總成本 = 60,000+45×2,000 = 150,000 元。
如果在上海建廠，總成本 = 110,000+25×2,000 = 160,000 元。

如果每年的預期生產量是 2,000 輛，那麼在天津建廠的總成本最小，而且每年預期利潤 = 總收入 − 總成本 = 120×2,000 − 150,000 = 90,000 元/年。

由圖6-1可知，當生產規模小於1,000輛時，在北京建廠為最優選擇；而當生產規模大於2,500輛時，在上海建廠的利潤最大，三條直線的兩個交叉點分別對應1,000輛和2,500輛的生產規模。

3. 評分優選法

評分優選法是一種將定性問題定量化分析的方法，是層次分析法的一種應用。通常情況下，每個方案都有優於其他方案的因素，對方案中的共同影響因素賦予權重，並對每種方案的每個因素進行打分，最後結合計算出的每個方案的總評分，便實現了對定性問題的量化分析。

4. 方案比較法

方案比較法的基本思路是從經濟上進行分析，以年折算費用（或成本）大小作為擇優標準。費用則是由投資和經營費用組成。一般地，在利用投資費用和經營費用比較法進行對比分析時，我們以年折算費用最小或追加投資回收期最短的方案為最佳方案。

年折算費用的計算公式為：

年折算費用=投資費用/折算年限（或者考慮資金的時間價值，將投資費用折算為等額年投資成本）+年經營費用

追加投資回收期的計算公式為：

$$T = (K_1 - K_2)/(C_1 - C_2)$$

式中：T——追加投資回收期；

K_1、K_2——方案的投資額；

C_1、C_2——方案的經營費用。

二、項目建設環境影響評估

環境問題已經成為當前人類社會面臨的最嚴重的問題之一，關係經濟社會是否能夠持續健康發展。目前，許多工業發達國家已經將環境保護措施由事後處理型升級到事前預防型。中國自2002年首次將環境影響評估納入法律體系，已經不斷頒發和修訂了多部相關法律法規，至今，中國已形成比較完整的建設項目環境影響法律法規體系。

環境影響評估是管理環境的一種有效手段。由於企業和政府進行的生產建設活動不可避免地會對環境造成不同程度的破壞，我們需要在這些生產建設活動開始前對其可能產生的影響及消除、減緩這些不良影響的措施有效性進行分析、預測、評價及跟蹤監測，最大限度地保證環境污染影響最小化。

（一）環境影響評估程序

對投資項目的環境影響進行評估時，我們應按照如下步驟依次展開：

（1）分析投資項目可能造成環境污染的因素；

（2）分析投資項目可能對環境造成的影響；

（3）評估投資項目預計採取的環境保護措施；

（4）分析投資項目環境影響的經濟損益；

（5）編製環境影響報告書。

（二）投資項目環境污染因素

從環境污染的影響對象來看，環境污染主要分為自然環境污染和社會環境污染兩個方面。自然環境污染主要是指人類社會生活對空氣、土壤、河流和森林等自然資源形成的不可改變或有害的破壞；而社會環境污染主要是指人類社會活動形成的城市膨脹、交通擁擠、垃圾堆積等影響人類健康發展的問題。

1. 自然環境污染

在投資項目的建設、生產及後續經營的整個生命週期內都有可能造成環境污染，總體來看大部分都是對自然環境造成的污染。

（1）投資項目建成以後在生產過程中投入物帶來的環境污染。投資項目建成投產後，只有投入物料才能進行生產，而投入的物料會對週日圍環境產生污染和影響。比如有毒或易爆的投入物，在沒有密封和安全設施的情況下，投料過程可能會污染自然環境；再比如一些危險投入物在存放過程中可能存在不安全的隱患，導致環境污染。

（2）投資項目建成以後生產期間所用能源導致的污染。一般工業項目的生產都會使用礦物能源，如煤、石油、天然氣等，這些能源在燃燒過程中會產生大量硫的氧化物、氮的氧化物、烴類、一氧化碳和顆粒粉塵等污染物。它們除危害人類呼吸系統外，還以酸雨形式返回地面，影響生物生長。

（3）投資項目建成以後在生產過程中直接排放「三廢」（廢水、廢氣、廢渣）造成的污染。廢水是工業生產過程中的液態排放物。例如，造紙工業、化學工業、電子工業等排放的廢水，都含有一種或多種對人體和其他生物有害的物質。廢氣是工業生產過程中的氣態排放物。廢氣污染主要指大氣環境受到有害氣體破壞，從而影響人類活動。儘管大氣環境本身有一定的淨化能力，但是當排放的氣體污染物的數量和濃度超過了大氣的淨化能力時，就會對人類活動和生物生存帶來不利影響。廢渣包括礦山的廢棄開採物、爐渣、粉煤灰等。廢渣的大量排放除直接影響排放地區人們的生活環境外，有些廢渣污染物隨河流、雨水沖刷滲入土壤，會造成更大範圍的污染。

（4）投資項目建成以後其產出物對環境的污染。一些工業產品在使用過程中或使用之後會對環境產生不利的影響或污染，比如某些化肥和農藥，在使用時若不遵守使用規則，會對環境產生不良影響。再比如電器產品在其使用價值喪失之後，都會對環境造成一定的污染。

（5）投資項目建成以後生產、管理人員生活對環境造成的生活污染。項目建成投產必然要提供生產、管理人員的生活場所，而生活垃圾可能成為環境污染的重要污染源。

2. 社會環境污染

（1）投資項目建成以後生產期間產生的噪聲污染和光污染。投資項目的生產過程常常伴隨著噪音和光電污染，比如重型機器所產生的瞬間或者連續的機器轟鳴聲，發光物對環境的光刺激等。噪聲和光污染現在已越來越引起人們的重視，其對人類的危害也是不容忽視的。

（2）投資項目建設期間對廠址所在地造成的不良影響。一些工業投資項目要在建設過程中利用一定的土地進行建廠，這個過程不僅需要改變建廠地址的地形地貌，對自然環境造成影響，還可能破壞附近居民的生活環境。另外，投資帶來的地區經濟佈

局的改變也會給人們的生存帶來很多潛在的影響。

(三) 投資項目預計採取的環境保護措施評估

環境保護措施評估應首先從擬建項目的實際情況出發，收集項目所在地有關地形、氣候、農業生產和城市規劃等基礎資料，根據項目涉及污染物的實際排放情況，分析項目對空氣、水質、土壤等自然環境的影響。瞭解可能產生的環境污染程度，然後對為消除和減輕這些影響，使其達到國家環境質量標準要求而採取的環境保護措施進行分析評估。在評估時，我們應著重分析評價這些環保措施是否能達到環境保護的目的。具體內容如下：

1. 審查環境影響報告書

對環境影響報告書的審查，可以從三個方面著手：一是審查可行性研究階段是否全面分析了項目建設對週日圍環境產生的影響，是否形成環境報告書；二是審查環境影響報告書是否經過環保部門批准；三是審查環境影響報告書中是否提出了具體的治理對策，特別是對生產過程中產生的污染源是否提出了科學可靠的控制方案。審查分析可行性研究報告的附件中是否有環境影響評價報告書和各級環保部門的審查意見。

2. 審查治理方案

對治理方案的審查，可從兩方面著手：一是審查對投入物、燃料和原材料的使用是否安排處理措施；二是審查設計任務書中的治理措施是否合理可靠，經治理的各種污染物的排放量是否低於國家環保部門規定的排放量，全面分析項目對環境的影響，並提出治理對策。在分析產生污染的種類、可能污染的範圍及程度的基礎上，對治理對策進行評估。尤其要注意為防止生產過程污染而進行的治理項目與建設的配套設施，是否做到了與土體工程同時設計、同時施工和同時投產。分析評價治理後能否達到有關標準要求。項目在規劃治理措施時，必須保證各種污染物的排放量低於國家環保部門規定允許的最大排放量。在評估時，以國家頒發的有關標準作為依據，檢測項目的治理是否達到這些標準要求的限度。對於國家尚未頒發標準的一些行業，則應根據項目的具體情況，分析其對環境造成的污染程度，並結合國家關於環境質量的一些標準，如大氣環境質量標準、城市噪音標準等，來判斷該項目的污染治理措施是否符合環境保護的要求。項目只有符合環保要求，才能進行建設。

3. 審查總投資與總設計

對總投資的審查，看是否包括了環保工程的相關投資，是否單獨列項，來源有無保證。對總設計的審查，看是否堅持了環保工程與主體工程同時設計、同時施工、同時使用的方針。分析評價投入環保工程的資金有無保證、是否落實。應貫徹環保工程與主體工程同時設計、同時施工、同時投產使用的方針，以達到控制環境污染和惡化的目的。

4. 分析項目環境影響的經濟損益

建設項目本身會對環境造成影響，因此必須採取合適的環境保護措施，但與此同時，環境保護措施的採取又會對項目本身的經濟效益產生影響。治理標準既要符合排放物不危害環境的要求，同時又要考慮治理投資的效益問題。治理費用並非越大越好，如果治理費用超出了項目可獲得的經濟效益，項目就不具備可行性。因此，應從項目社會效益、經濟效益、環境效益相統一的角度綜合評估項目的可行性，在治理環境所

獲成效和所付出的經濟代價之間進行對比和衡量，盡量用有限的資金獲取最大效益。

（四）編製環境影響報告書

根據《中華人民共和國環境影響評價法》的規定，環境影響評價報告書的內容主要包括以下幾個方面：

（1）建設項目概況；

（2）建設項目週日圍環境現狀；

（3）建設項目對環境可能造成影響的分析、預測和評估；

（4）建設項目環境保護措施及其技術、經濟論證；

（5）建設項目對環境影響的經濟損益分析；

（6）對建設項目實施環境監測的建議；

（7）環境影響評價的結論。

三、項目勞動保護與安全防護條件評估

對環境污染的考察不應局限於項目對項目以外的對象造成的污染，項目內部的環境污染問題也應得到重視。因此，為了控制項目的內部環境，企業要遵照勞動部門和消防部門的有關法規及規範，制訂必要的勞動與安全防護方案，進行勞動保護與安全防護。

（一）勞動保護條件評估

在對項目的勞動保護條件進行評估時，我們主要審查和分析企業制訂的勞動保護方案是否符合標準。以下是勞動保護方案應包括的內容：

（1）說明生產過程中產生的粉塵和毒氣的成分、性質、濃度，並分析對人體可能造的影響，並說明國家規定該粉塵和毒氣排放的標準，從而判斷哪些粉塵和毒氣屬應治理的，指出重點治理內容。

（2）要確定採用什麼新工藝、新技術、新設備，如防塵設備、密封操作設備等，減少或消滅粉塵和毒氣的產生，並達到國家規定的排放標準。凡是從國外引進成套技術設備，在生產使用中產生塵毒危害的，必須同時引進或由國內製造相應配套的防塵防毒技術裝備，這些技術裝備若由國內配套製造，必須納入計劃，落實生產單位，與主體工種同時安裝和投產使用。

（3）擬建項目的外協項目在加工過程中產生塵毒問題的，要同主體項目同時制訂治理方案，不得將塵毒問題不加治理而轉嫁給其他企業。投資項目的塵毒治理必須與主體工程同時設計、審批，同時施工，同時驗收，並同時投入使用。

（二）安全防護條件評估

在對項目的勞動保護條件進行評估時，我們主要審查和分析其制訂的勞動保護方案是否符合標準。以下是勞動保護方案應包括的內容：

（1）應列明生產中使用和生產的易燃易爆物品的名稱、數量、性質（燃點、閃點、爆炸極限）和安全要求；明確需要防治的主要物品的名稱，並將其作為防護的重點對象。

（2）專設易燃易爆物品倉庫、自動控溫裝置、自動滅火裝置等，並建立必要的消防站、消防供水系統、消防通信、消防用車等。對項目生產建設中容易產生可燃性氣

體或液體的工序應設置儀器儀表控制系統，以便在爆炸極限前及時報警，消除爆炸危險。對有放射性污染的項目應審查分析項目是否採取防護設施，如設置防護網、防護屏等，以避免或減少放射性污染對人體和環境的危害。

（3）對採用的新材料、新設備、新工藝，必須瞭解其火災危險性的特點，並採取相應的消防安全措施。審查分析項目的有關防腐部分是否按有關規定要求採取措施進行防腐，以提高項目的使用壽命。

（4）廠房、倉庫、車間的距離要符合安全距離的要求，應按照安全防火的規定或規範，分析項目的耐火等級、防火間距等是否達到有關要求，對易爆工段進行隔絕或保持一定的安全距離等。建築設計需符合國家關於建築設計防火規範的規定。投資項目一般不應在9級以上地震強度區建設，對在地震區建設的項目應採取抗震措施，保證建築物在發生7~9級地震時不發生倒塌。

第四節　項目技術條件評估

一、項目技術總體評估

項目在運行過程中涉及許多技術的運用，對項目技術的評估不能只注重某項具體技術的優劣，而應按照一定的原則從全局的角度對各種技術進行綜合評價，以此來保證具體技術在整體方案中的協調性。項目技術總體評估應遵循協調性、先進性、適用性、可靠性、經濟性等原則。

首先，項目技術總體上要具備系統性，各個程序要相互配合、協調一致，這樣才能使整個項目運轉有序。統一協調的總體方案有助於管理層統籌管理，有利於提高生產效率。其次，項目技術總體上要滿足先進性的原則，採用先進的技術可以促進經濟發展，加快技術進步，使中國在國際經濟技術競爭中占據有利位置。在對投資項目進行技術評估時，我們應盡量選用先進技術，避免使用落後或淘汰的技術。對於投資擬建項目來說，若採用的是引進技術，在項目可以配套消化的基礎上，應該比國內現有的技術先進；如果投資項目採用的是國內技術，就應當是國內已經成熟的先進技術。而保證技術的經濟性是保證其先進性的前提，不講經濟性的先進性是盲目且不可靠的。所選技術的經濟性是指項目所採用的方案各項投資小、生產成本低、投入產出關係合理、能獲得較好的經濟效益。在評估方案的經濟性時我們應處理好局部經濟效益與整體經濟效益、直接經濟效益與間接經濟效益、當前效益與長遠效益的關係。最後，項目技術總體上還應滿足可靠性與適用性，即所採用技術在適應項目設備和建設環境的基礎上可以很快轉化為生產力，帶來明顯效益，並且該技術是經過實踐檢驗的可信賴的技術。

二、項目工藝方案評估

生產工藝是無形的，設備是有形的，在實際生產過程中，生產工藝和設備相互依存。生產工藝要借助設備實現其生產目的，而設備要採用一定的工藝才能發揮其應有

的功能。因此，我們對生產工藝和設備均要進行評估，以判斷投資項目是否可行。

生產工藝技術是指勞動者利用生產工具對各種原材料、半成品進行加工或處理，使之成為產品的方法，是人類在勞動中累積起來並經過總結的操作技術經驗。工藝技術是設計技術的核心內容，採用什麼樣的工藝，就會確定與之相適應的生產設備，所以工藝技術方案不僅涉及項目的投資多少、建設週期的長短，而且對未來的產品質量、產量和項目建成後的經濟效益都產生直接的影響。搞好項目的工藝技術評估，對整個項目的技術評估都有重要意義。可見，項目生產工藝評估的目的是確定生產全過程技術方法的可行性，因而做好項目工藝評估工作對項目的評估具有重要意義。

對於工業項目來說，選擇適當的工藝技術是一個關鍵問題。這種選擇應聯繫所選定的項目或投資戰略，聯繫社會經濟和生態條件，對各種工藝方案進行詳細考察、分析評價並選出最合適的工藝方案加以實施。工藝技術評估的內容主要有以下幾個方面：

1. 對工藝技術方案市場需求適應性的評估

隨著社會經濟的發展，市場對商品的需求無論在質量上還是數量上都在不斷變化，這就要求產品在品種、性能、規格等方面不斷適應社會需要。使用不同的生產工藝，企業可以得到不同質量、性能和品種的產品。投資項目所採用的工藝技術方案應具有一定的適應市場變化的能力，能夠做到隨著市場需求的變化，及時調整和改變原有的工藝路線。

2. 對工藝技術方案成本經濟性的評估

方案的成本經濟性具體表現在方案的工藝成本的高低上。工藝技術方案成本經濟性評估主要是審查、分析和評價工藝技術方案的成本。投資項目的工藝技術成本包括原材料消耗費、能源消耗費、運轉維護費、生產操作和管理人員的工資、工藝裝備及廠房的折舊費等，有時還包括無形資產及遞延資產的攤銷費，如各種研究費、培訓費、試運轉費等。在對項目的工藝技術成本進行評估時，我們可採用年折舊費用法將備選的各個工藝技術方案的上述費用匯總並加以比較，從中選出技術可靠、產品質量能滿足用戶要求、成本最低的工藝技術方案。在評價工藝經濟性時，我們要對各種工藝技術方案的年產品製造成本進行比較，選取年產品製造成本最低的方案。若只有一個方案，我們可把它的先進水準與同類項目的先進水準進行比較，以評價其經濟性。

3. 對工藝技術方案原材料適應性的評估

不同工藝往往要求不同質地的原材料，在評估工藝技術方案時，我們要充分考慮工藝對原材料規格型號、成分等方面的要求。例如，對於含有多種有用元素的礦產資源，我們就應根據礦物的物理和化學性質，選擇相應的多次選冶分離工藝，而選擇無切削工藝技術方案加工貴金屬也可節約和充分利用資源。應該注意的是，選擇對原材料質地性質要求較寬的工藝技術方案，可以減少項目風險。另外，我們也應該評估原材料供應量能否滿足需要及工藝技術方案能否適應原材料的供應狀況。

4. 對工藝技術方案工藝流程均衡協調性的評估

生產過程的均衡協調性是指生產過程的各階段、各工序之間在生產能力上應有適合產品生產要求的比例關係，也就是各工序配備的工人數量及其技術水準，配置的設備數量及其精度、效率，應和產品加工的技術要求和勞動量互相協調。一個企業，一般由若干車間或工段組成。例如，鋼鐵聯合企業有礦石準備、煉鐵、煉鋼、軋鋼等車

間。每個車間或工段都有自己獨特的工藝流程，在評估時我們應充分分析各車間或工段之間的生產能否均衡協調運轉；否則，有可能造成生產間斷、停工待料或中間產品積壓等矛盾。這樣項目在經濟上會產生損失。在評估工藝流程的均衡協調性時，我們應該分析每道工序、每個班組和每個車間的協調和生產能力平衡，保證整個工藝流程的公理性。

5. 對工藝技術過程連續性的評估

連續性是指產品在生產過程中的各個階段、各個工序之間的流動，在時間上是銜接的和連續的。工藝技術過程的連續性表現為從原材料的投入到成品產出的過程便捷，具有連續性，能夠提高勞動生產率和設備利用率，降低產品成本，保證產品質量。企業應用連續化生產縮短工藝流程，相應地減少設備和場地，適應現代化大生產的發展方向和趨勢。

6. 對工藝技術方案成熟性的評估

工藝的可靠性是指所選的工藝必須是成熟的，在實踐中能發揮預期效益。可靠性是工藝選擇的前提，項目的工藝不可靠，企業的生產經營活動就無法正常進行，甚至會造成重大的浪費和損失。新工藝必須經過實驗階段，基本解決了各種技術問題，並經有關部門鑒定後，才能進入生產階段。對危害性較大，但又必須採用的先進工藝，企業必須有可靠的防範措施，確保生產者的人身安全和環境不受污染後方可使用。為了保證可靠性，我們還應分析該工藝在國外有無成功的先例，在國內是不是第一次使用，有無使用經驗，可能會遇到什麼風險和困難，利弊大小等，才能確定能否採用。

工藝技術方案的成熟性包括兩方面的含義：一是工藝技術方案是經過實踐運用並證明是行之有效的，二是工藝技術方案已通過擴大試驗並經過鑒定認為是可靠的。一般來說，新工藝的採用必須經過實驗室研究、中間實驗、工業製造三個階段。根據基礎研究的成果而進行的實驗室研究，是以全新的工藝或產品為對象，進行的是應用的可行性研究；中間試驗是以實驗室研究成果為基礎，但未取得必要的技術參數，不能在實踐中立即採用，必須進行較長時間的試驗，以便驗證和改進實驗過程；工業製造階段則是新工藝完成實驗階段，進入工業生產的應用階段。因此，投資項目所採用的新工藝必須經過實驗階段基本解決各類技術難點並經權威機關鑒定之後，才能進入生產階段，否則不能被採用。

7. 對工藝技術方案滿足產品質量要求的評估

企業選擇工藝方案的優劣，決定了產品質量的好壞。隨著生產的發展，消費者或用戶對商品質量的要求越來越高。產品質量決定了企業的生存和發展。因此，投資項目所採用的工藝必須保證產品的質量。

8. 對工藝技術方案能否做到保護環境的評估

中國目前的環保方針是「以防為主，防治結合」，因此，在評估工藝方案時，我們要分析方案是否建立閉路循環系統，將工業「三廢」消滅在生產過程之中，而不是排放後再去治理；還應分析是否採用無污染工藝，以杜絕新污染源的形成，這也是工藝發展的方向。當然，對於在工藝生產過程中必須外排的污染物質，企業應該設計相應的處理辦法，達到國家允許排放的標準後才能排放。

9. 對合同條件和條款的評估

在評估時，我們需要著重分析和考察工藝合同的條款和條件。考察重點為：①說明。合同是否明確說明工藝的詳細情況，包括產品生產過程及提供的技術服務，考察文件是否齊全。②期限。工藝協定的期限是否符合項目要求。③擔保。合同是否說明工藝技術在協定期限內有擔保和保證。④付款。合同要明確付款方式，如一次付清或分期付款，還有改進後的工藝是否規定取得使用許可證。

三、項目設備評估

設備的選擇與工藝技術的選擇是緊密聯繫的，這是因為設備實際上就是工藝技術的物質表現形式，先進的工藝需要先進的設備作為物質基礎才能正常發揮其作用，而沒有先進的工藝，設備的效率和功能也無法得到最大效率的開發。因此，在工藝技術方案選定之後，我們就要根據所選工藝技術的水準和類型對設備進行選擇。

（一）設備類型

按照在生產過程中作用的不同，設備被劃分為生產工藝設備、輔助生產設備、服務性設備及備件和工具四類。

（1）生產工藝設備是直接作用於生產資料，改變其形狀和性能，使其成為半成品或成品的設備，如各種機械加工設備（車床、銑床、刨床、磨末、鑽床和鍛壓設備等）、各種專用機床（機器人、機器手）、電器設備、工序傳遞和運輸設備（傳送帶、電瓶車等）、質量檢驗器具等。

（2）輔助生產設備是指輔助車間內各種生產工藝性設備的正常運轉，保證其完成生產目標的設備，如各種供水、供暖、供氣的公用設施，運輸設備、通信設備、「三廢」處理設備、倉庫設備等。

（3）服務性設備是指間接為生產服務的各種管理、安全、生產、生活設備，如辦公過程中各種管理用的計算機、安全保衛設備、場地清潔設備、醫療衛生設施、住宅和其他福利設施等。

（4）備件和工具是指生產設備的一些易損易磨件的備用品和一般的通用和專用的器具。

（二）設備評估的原則

在對設備的選擇進行評估時，除了應滿足技術先進性、可靠性、適用性、協調性、靈活性和經濟合理性等基本原則，我們還應注意以下幾個方面的問題：

1. 項目設備應與生產能力相匹配

當生產過程中各工序、工段設備的額定生產能力恰好等於擬建項目的設計生產能力時，設備的利用率是最高的。現實中，由於設備的配置是以主導或主要設備的額定生產能力為標準確定的，並且各工序的設備配套不僅要考慮項目的設計生產能力，還要考慮市場的適應性及生產品種、生產能力的變化，所以，設備與生產能力的完全匹配難以實現。

2. 堅持優先適用國產設備

引進技術和進口設備，是為了增強中國自力更生的能力，提高中國的科學技術水準。企業必須對進口成套設備嚴格控制，著重引進設計、工藝和製造等方面的關鍵技

術、關鍵設備，以逐步提高中國自己的設計水準和製造能力。凡是國內能提供的設備，國內能夠承擔設計製造的或採取與國外廠商合作方式能夠解決的設備，都應該在國內安排解決，盡量採用國產設備，以提高國產設備的設計水準和製造能力，同時也可節約外匯資金。

（三）設備評估的步驟

設備評估的步驟如下：

（1）確定各主要設備的生產能力。

（2）選擇主要設備類型。首先列出主要設備可選類型清單，其次標明每種備選設備的類型、規格、數量、來源及單價等，最後經過對比選出所用設備。

（3）編製設備投資費用估算表，先以每個車間為單位編製，然後將全廠車間表格匯總。

（4）測算主要設備負荷均衡情況，並說明計算依據。

（5）編製項目整體設備一覽表及其主要設備連接圖或分佈圖，結合整體因素綜合評估設備選擇方案。

四、軟技術評估

（一）軟技術評估的含義

隨著經濟活動中的軟技術交流越來越頻繁，軟技術轉讓活動也變得十分普遍，而軟技術評估就是為了使軟技術能夠以合理的價格轉讓或引進，並提高項目的整體效益的活動。軟技術的轉讓活動主要包括工業產權的技術轉讓（如專利權、商標權）、技術服務性的轉讓（如工程合同、技術援助等）、銷售方面的軟技術轉讓（如專門營銷）等。一方面，通過國際上軟技術的轉讓，中國能夠得到並掌握先進的手段，從而推廣到經濟建設中去，推動了國民經濟的發展。另一方面，對軟件技術的引進及其評估也會提高項目的整體效益。因此，在項目評估中加強對軟技術轉讓的評估工作，具有重要的現實意義。

（二）軟技術評估的特點

軟技術評估相較於硬件技術而言具有一定難度，這是由軟技術本身具備的特點決定的。首先，同硬件技術相比，軟技術具有無形性，看不見也摸不著，這就導致交易的雙方往往對其估價相差很大，也給兩方協商談判增加了難度；其次，軟技術轉讓普遍具有不等價交換的特點，即其計價不取決於它的成本，而是取決於它能給使用者帶來的收益，即軟技術使用方實施該項技術後所能取得的總利潤額。但與此同時，軟技術所能提供的經濟效益往往具有很大的不確定性，這主要是因為軟技術往往還不太成熟，其使用效果難以單獨計量，必須和其他資源一起使用才能發揮作用。這種不確定性也增加了軟技術轉讓定價的難度。

（三）軟技術評估的內容

軟技術評估包括專利權評估、專有技術評估、技術幫助評估、商譽標準評估、特種經營權評估、版權轉讓評估、計算機軟件評估、集成電路布圖設計評估及土地使用權評估。

項目建設生產活動的進行，不僅要靠各種專業技術和設備支持，還要靠各種工程

設計方案來保證項目工程的建設。具體而言，對工程設計方案的評估主要包括三個步驟：對總平面布置方案的評估、建築工程方案的評估及對施工組織總設計的評估。

五、工程設計方案評估

(一) 總平面布置方案評估

總平面布置是指建設場地內各功能區之間、各建築物之間及各種通道之間的平面位置關係。總平面布置方案的設計要綜合考慮生產工藝流程、交通運輸條件及施工和管理等因素。在對總平面布置方案進行評估時，我們重點考慮以下內容：

(1) 要滿足生產工藝的要求，保證工藝流程順暢，使用方便；

(2) 符合土地管理、城市規劃及環境保護的要求，對散發粉塵、水霧、酸霧、有害氣體的廠房、倉庫、儲罐或堆場，應布置在常年最小頻率風向的上風側；

(3) 布置緊湊，滿足場內外運輸的要求，考察運輸路線的走向是否符合最短距離原則；

(4) 注意節約用地、節約投資、經濟合理，盡量考慮多層廠房和聯合廠房等合併建築，在考慮後期發展餘地時，要避免過早占用大片土地。

(二) 具體工程設計方案評估

在評估論證工程總體佈局合理性的基礎上，我們需要對每項工程的設計方案的合理性進行評估。工程設計方案一般包括如下內容：

(1) 地基工程，如對項目建設場地的平整、地基的處理等；

(2) 一般土建工程，一般包括廠房、倉庫、生活服務設施的建築物工程，礦井、鐵路、水塔等構築物工程，各種設備基礎工程，水利工程及其他特殊工程；

(3) 管道工程，如蒸汽、煤氣等的管道工程；

(4) 衛生工程，主要是指排水工程、採暖工程和通風工程等；

(5) 電氣及照明工程，包括線路架設工程、照明線路的安裝工程等。

(三) 施工組織總設計評估

施工組織總設計是對工程從施工準備開始，經過工程施工、設備安裝，直到試生產的整個施工過程的規劃與組織安排。其基本內容主要由四個部分組成：施工方案、施工進度計劃、建設材料供應計劃、施工總平面圖。對施工組織設計的分析與評估的目的，主要是確保工程建設建立在切實可行的基礎上，保證項目按期、保質、保量地完成。

第五節　案例分析

為了使讀者對生產建設條件評估及技術評估的概念有更直觀的瞭解，對評估過程及步驟有更直觀的感受，本節選取以下兩個案例進行介紹和分析。

一、H公司某410kW光伏發電項目生產建設條件評估

近現代社會的進步與發展，與能源的開發與利用關係密切，在發展進程中對化石

能源的依賴性非常大，但隨著化石能源的日益枯竭，風能、太陽能、地熱能等開發技術不斷發展，可再生能源在能源結構中的占比也在不斷遞增。尤其是太陽能資源具有取之不盡、用之不竭、零污染排放等優勢，在國家政策和科技進步的推動下，中國的光伏產業迎來了非常好的發展機遇。家用或小型分佈式光伏發電項目可以將發電規模和發電容量縮小到一個家庭、工廠等小型用電水準，所以只要在技術上具有可行性，實現一定的經濟效益和社會效益，將能促進光伏產品與產業的逐漸完善，促進太陽能資源的進一步開發和利用。但需要注意的是，由於光伏發電的前期投入比較大，發電成本相對較高，且對週日邊地理環境和氣象條件有著較高的要求，要想順利實現光伏發電項目的經濟效益、生態效益和社會效益，我們就必須重視光伏發電項目的生產建設條件評估工作，確保光伏發電項目的可行性，兼顧各個效益目標的實現。

H 公司創建於 2009 年，員工人數 150 人左右，位於山東省菸臺市海陽市，交通條件優越，生態環境優美，屬於區域內的優質外資企業，長期從事於蔬菜加工、水果加工和堅果加工工作。本著緊跟趨勢、穩中有進、不斷創新的企業發展精神，企業的產品質量穩定，市場信譽良好，市場規模不斷擴大，得到了市場和客戶的認可。H 公司將要建設一個 410kW 的光伏發電項目，接下來是對該項目的生產建設條件進行評估。

（一）項目建設評估

H 公司地處東經 121.15 度、北緯 36.78 度，位於山東省菸臺市海陽市的北部地區，距離海岸線 10 千米左右，所處地區地勢平坦，大氣條件良好，冬季多西北風，夏季多東南風，具備良好的光照條件和電網接入條件，非常適合進行小型光伏發電項目的投資建設。海陽市屬溫帶海洋性季風型氣候，屬於中國濕潤區的北延，四季分明，雨量充沛，冬無嚴寒，夏無酷暑，無霜期長達 200 餘天；年平均氣溫 12℃，年平均降水量 850 毫米左右，年日照時數為 2,500 小時左右。整體而言，海陽地區的氣象條件是非常適合發展光伏發電產業的，借助其豐富的太陽能資源和良好的氣象條件，H 公司的 410kW 光伏發電項目具有很好的經濟性和適應性，能夠很好地實現預期的經濟效益、社會效益和生態效益。需要注意的是，海陽地區離海岸線較近，夏季和冬季風力較大，光伏發電系統的安裝和施工需要加大抗風、防風的施工標準。

H 公司的 410kW 光伏發電項目的工程場址在地貌上屬於濱海平原地帶，地勢相對平坦，有較好的地質穩定性。首先，廠址內的建築物，在建設過程中是嚴格依據國家建築抗震標準進行設計和建設的，廠房、宿舍和冷庫等建築質量較高。其次，依據《中國地震動參數區劃圖》GB 18306-2015 查得，工程場區的地震動峰值加速度為 0.05g，對應的基本地震烈度為 VI 度。最後，廠址區域的覆蓋層厚度大於 50 米，依據中國現有的《建築抗震設計規範》，光伏發電項目依附的建築物位於抗震有利地段。由此可見，該光伏發電項目的地質條件相對優越，具有較好的穩定性，建築物依附條件也能夠滿足工程的施工需要。

本項目主要是在 H 公司的廠房房頂進行光伏發電系統安裝設計，系統總裝機功率為 410kW。H 公司的廠房主要有平屋面和斜屋面兩種結構，這兩種結構都具有成熟的施工條件。該項目在平面屋頂安裝 110kW 機器，斜面屋頂安裝 300kW 機器。

（二）項目技術評估

本項目選用了江蘇天合家用光伏科技有限公司光伏發電系統的產品，該光伏發電

系統具有極佳的空間利用率、超高的可靠性，應對複雜環境時有靈活的解決方案，擁有 10 年的產品質保，20 年以上的線性質保，所以可以保證光伏發電系統的使用壽命。在組件方面，該項目主要使用了錦浪及固德威的逆變器等。

H 公司的某 410kW 光伏發電項目中，光伏發電組件主要是安裝在廠區內的廠房屋頂、宿舍樓屋頂和冷庫屋頂，場內建築有平面屋頂和斜面屋頂兩種結構，由於週日圍沒有超高層建築物形成對屋面陽光照射的阻擋，所以受光條件是非常優越的。同時，海陽地區的空氣質量相對優越，霧霾天氣相對較少，條件要優於山東中西部地區，且近年來的天氣質量處於不斷改善階段，所以光伏發電項目的受光條件也是在不斷改善的。

二、遷安代莊 35kV 變電站工程項目

近年來遷安經濟發展較快，供電制約因素日益突出，特別是代莊地區，工業企業不斷增多且規模不斷擴大，當地線路供電情況緊張，經濟發展受到很大影響，用電緊張和安全供電問題日益突出，因此遷安迫切需要新建一座 35kV 變電站，以解決該地區用電緊張問題，為工農業生產和群眾生活用電提供可靠保證。

遷安代莊 35kV 變電站擔負代莊及週日邊地區的電力供應，項目設計安裝主變兩臺，容量均為 20 兆伏安。供電可靠性、電壓質量、線路損耗、安全經濟供電與設備可靠性等性能指標能夠滿足 N-1 供電要求。根據當地經濟發展與逐步完善基礎設施的要求，國家電力規範與國家電網公司要求，本工程符合通用設計、通用設備、通用造價、標準工藝，資源節約型、環境友好型、工業化變電建設的要求。接入系統方案注意節約土地資源，保護生態環境，並服從唐山市及遷安市電網規劃。

（一）遷安代莊 35kV 變電站工程項目技術評估

對該核電站的技術評估包括土建技術評估、電氣一次部分和電氣二次部分評估。此處省略電氣一次部分和電氣二次部分評估，下文主要介紹土建技術評估。

土建技術包括地址氣象條件、工程地質、消防設計及給水排水四個部分。

遷安代莊地處華北平原，屬於暖溫帶大陸性氣候，四季分明，春季多有風沙，夏季非常炎熱並且多降雨，秋季涼爽，冬季干寒。建築物設計立足於工業設計的基準，符合現行的有關規程規範，滿足工藝佈局及生產運行的要求，保證建築物內部的通道能夠便利順暢。建築風格簡約、大方，注意重點的突出。消防設計包括消防部分與採暖及通風。首先，消防部分。各建築物滿足火災危險性分類及耐火等級的要求，特殊情況採用防火牆或防火門等措施滿足防火要求。變、配電室採用向外開啓的丙級防火門。其次，採暖及通風。本站主控室、機械室、電容室一共安裝了 10 臺 5 匹空調。通風設計方面，35kV 配電室、10kV 配電室通風換氣次數為 6 次/小時；設置事故排風，兼做夏季排除餘熱；選用低噪音軸流風機，其他房間均為自然通風。按照變電所給水排水設計規程的相關標準與規範，本站屬於自然排水。

（二）遷安代莊 35kV 變電站工程項目環境影響評估

1. 環境影響評估

防止電纜著火延燃措施擬按《發電廠、變電所電纜選擇與敷設設計規程》進行設

計，結合《電力工程電纜設計規範》《電力設備典型消防規程》相關規定。具體落實以下措施：

（1）在電纜夾層與建築物的接口處，常用主電纜溝（隧道）和其他電纜溝之間的接口處，在屏幕、櫃體、箱體的底部，使用耐火材料進行密封。

（2）當電纜溝長度超過 60m 時，設置防火牆或在電纜局部粉刷防火塗料及局部採用防火帶。

（3）控制電纜與中間電力電纜設置層電纜之間耐火隔板的設置。

（4）直流電源、應急照明、消防報警系統的所有電纜，顯示屏、機櫃、箱底部的電纜，戶外電纜進入戶內後的電纜，阻火牆兩側的電纜，採用電纜防火塗料，按規定要求進行塗刷。

（5）使用埋管方式的電纜，該電纜接近一個含油軸承裝置（如變壓器、並聯電抗器、電流互感器），以及臨近電纜溝蓋板，用水泥漿作預密封處理。

遷安一直堅持實施「綠亮淨美」工程，已經通過國家級園林城市的審查，爭創全國文明城市，以綠色環保擴展城市空間，使人民享有舒適的生活環境，均衡發展社會事業，全面發展教育、衛生和社會保障事業。

變電站作為高效環保的能源運輸體系的重要組成部分，在能源生產、轉換、輸送和使用效率上起到了明顯的作用，能夠增強能源供給的安全性、經濟性、可靠性和環境友好性。其環境效益取決於智能電網在促進經濟發展節能減排的能力上。

所以，分析變電站的環境效益，首先應該分析這個地區節能減排的能力。遷安在這一方面堅持量力而行，因地制宜，注重推進城鎮組團和新型農村社區建設，保護農村環境，使其能保持長效的環境機制，讓人們在乾淨整潔的環境中生活。遷安下決心治理環境和修復生態，加大綜合治理的力度，改善生態環境，紮實地推進全國生態保護和創建設示範區工作，爭取營造良好的生態環境；狠抓重點行業污染治理工作，確保行業排放達標；狠抓大氣污染環境綜合治理工作，進一步改善空氣質量；狠抓地下水治理工作，推進農村污水的治理工作，改善地下水水質；加強環境監察工作，實施全天候的監測。

變電站節能減排的綜合能力表現在電源優化、電網增效、負荷整形和用戶節能四個方面。遷安各項社會事業進一步發展，把握京津冀協同發展和環渤海地區崛起的歷史性機遇，注重城市建設、環保治理、改革創新等方面的發展；充分發揮園區主陣地的作用，嚴格遵守市場化運作，將基礎設施工程有條不紊地實施，具體包括道路、給排水、供熱等；突破瓶頸的限制，在土地方面完成工礦廢棄地復墾不低於 2,900 畝（1 畝 = 0.066,7 公頃，下同），補充耕地 1,600 畝；實施道路建設，綠化升級 23 項工程，使城市的承載能力進一步提高。變電站的建設更好地滿足了居民的用電需求，減少了對生態環境的破壞，降低了地質災害發生的可能性，提高了資源的利用效率。

2. 社會影響評估

遷安是唐山的一個縣級市，變電站建設是能源基礎設施建設的重要內容，具有投資巨大、建設週期長、涉及產業廣、對上下游產業拉動明顯等特點。變電站的建設投資將通過乘數效應帶動經濟增長；與此同時，隨著社會現代化的程度不斷提高，電力在國民經濟發展中的重要性越來越突出，變電站的建設對經濟增長方式轉變和實現可

持續增長的支撐作用也越發明顯。

變電站的建設可以緩解遷安經濟發展過程中的電力供需緊張的局面，主要表現在兩個方面，一方面是通過提高電網的資源配置能力緩解電力失衡，另一個方面是通過側回應等優化需求結構。變電站的建設除了作為經濟發展的內在支撐之外，還具有較強的投資拉動效應，還可以帶動經濟增長，轉變經濟增長方式。

變電站建設項目對就業也有一定的促進作用，尤其是對其上下游產業的促進，比如變電設備製造、變電站設計及建設、設備養護維修等各個行業增加就業崗位。變電機組設備巨大，運輸費用高，設備最好能在當地採購，這就為當地機械製造產業提供了發展機會。經濟振興的突破口就是新興產業的推動和現代服務業的發展。

3. 環境影響評估結果

有關專家在對以上相關資料進行深入分析的基礎上，對該項目的社會效益及經濟效益進行主觀評估，相關的社會影響分析的評估結果如表 6-1 所示。

表 6-1　遷安代莊 35kV 變電站項目社會影響評估結果

二級指標	指標因素	等級比例			
		優	良	中	差
區域社會影響	對區域經濟的拉動作用	0.8	0.2	0	0
	對就業的拉動作用	0.7	0.3	0	0
區域環境影響	區域環境影響	0.8	0.2	0	0
	生活環境影響	0.6	0.3	0.1	0

復習思考題

1. 何謂生產建設條件評估？它應包括哪些內容？
2. 對自然資源條件的評價應遵循哪些原則？主要從哪幾個方面進行評價？
3. 交通運輸條件評估主要包括哪些內容？
4. 項目的廠址選擇應遵循哪些原則？主要步驟有哪些？
5. 項目的廠址選擇有哪些方法？各自有何特點？
6. 投資項目環境污染的因素有哪些？
7. 何謂項目的技術條件評估？都包括哪些內容？
8. 在進行設備評估時，應遵循哪些原則？
9. 何謂軟技術評估？它有哪些特點？

第七章

項目的財務數據估算

第一節　項目的總投資估算

一、項目總投資的構成

投資是指向某一項目中投入一定的資源以獲得未來收益的經濟行為。項目的總投資是指投資項目從前期準備工作開始到項目完全建成所發生的全部投資費用。投資投入的資源可以是人力、設備、技術、資金等。在計劃投資一項項目前，企業通過對項目總投資額度的準確估算，可以確定籌資金額，選擇合適的籌資方式，減少利息支出，提高投資的效益。

項目總投資包括項目的固定資產投資、建設期借款利息、無形資產投資、遞延資產投資和流動資金。通過對各個項目的估算最後加總企業可以得出項目總投資的估算額度。其中固定資產投資和建設借款利息形成企業的固定資產價值，無形資產投資形成企業的無形資產，開辦費形成企業的遞延資產部分，流動資金形成企業的流動資產。項目總投資構成內容如下。

（一）固定資產投資

固定資產是指企業為生產商品、提供勞務、出租或經營管理而持有的，使用壽命超過一個會計年度的有形資產，如使用期限超過一年的房屋、建築物、機器、運輸工具及其他與生產經營有關的設備、器具和工具等。固定資產投資是指用於項目固定資產的各種費用，包括工程費用、預備費用和其他費用。

工程費用是指直接形成固定資產的工程項目費用，包括安裝工程費用、建築工程費用和設備購置費用。安裝工程費用是指對需要安裝的設備進行安裝所發生的各種費用；建築工程費用主要是指土建工程、礦建工程等工程建設所發生的費用；設備購置費是指工程項目必須全部安裝的設備費用。

預備費用是指在初步設計和概算中難以預料的工程費用，包括基本預備費用和價差預備費用。基本預備費用是指為彌補項目設計規劃中難以預料而在項目規劃實施中

可能增加的工程量的費用；價差預備費又稱漲價預備費，是指項目在建設期由市場價格變化等因素引起工程造價變化的預留費用。

工程建設其他費用是指除建築安裝工程費用和設備工具購置費用以外的費用，包括土地和青苗等補償費、安置補助費、建設單位管理費、研究試驗費、生產職工培訓費、辦公生活家具購置費、聯合試運轉費、勘察設計費、供電貼費、施工機構遷移費、礦山巷道維修費、引進技術和進口設備項目的其他費用等。

(二) 建設期借款利息

建設期借款利息是指項目建設期間建設投資借款的應計利息，主要包括建設貸款、出口信貸、債券等的借款利息和融資費用。項目建設期的借款利息應計入項目總投資內，並攤入固定資產。

(三) 流動資金

流動資金是流動資產的表現形式，即企業可以在一年內或者超過一年的一個生產週期內變現或者耗用的資產合計，包括現金、存貨、應收帳款、有價證券、預付款等項目。生產過程中流動資金的事物形態會不斷變化，最終其價值會轉移到產品中去。

(四) 無形資產投資

無形資產投資是指形成企業無形資產的初始投資。無形資產指企業能長期使用而沒有實物形態的資產，代表企業所擁有的知識產權和其他法定權利，如專有技術、專營權、商標權等。

(五) 遞延資產投資

遞延資產投資又稱開辦費，指形成項目投產後的遞延資產會在項目投產後的前幾年內逐步攤銷。開辦費是企業在籌建期間發生的各種費用，包括籌建人員開支的費用、企業登記費、驗資費、稅務登記費、籌資支付的手續費及不計入固定資產和無形資產的匯兌損益、引進設備和技術需要消化吸收的費用、選派一些職工在籌建期間外出進修學習的費用或聘請專家進行技術指導和培訓的勞務費及相關的人員培訓費、企業資產的攤銷、報廢和毀損及籌建期間發生的辦公費、廣告費、交際應酬費。遞延資產實質上是一種費用，但由於這些費用的效益要期待於未來，並且這些費用支出的數額較大，是一種資本性支出，其受益期在一年以上，若把它們與支出年度的收入相配比，就不能正確計算當期經營成果，所以應把它們作為遞延處理，在受益期內分期攤銷。

二、項目固定資產投資評估

(一) 固定資產投資評估的目的與意義

固定資產投資是項目的重要投入和項目成本的重要組成部分，具有內容複雜、數量大、投入集中等特點。在項目評估中，固定資產投資是直接計算項目經濟效益的重要因素，也是估算產品生產成本、規劃資金來源和估算貸款還本付息等財務費用的主要依據。因此，準確地估算固定資產投資，對於保證項目其他財務數據的正確估算，真實地反應項目的經濟效果，避免投資決失誤有著重要的作用。固定資產投資的估算與評價，必須在生產建設條件和項目設計方案評估的基礎上進行，項目採用的生產設備和技術達到適用、可靠和先進的要求，項目構成和平面布置合理，這時評估投資支出才具有實際意義。

(二) 固定資產投資的估算方法

固定資產投資的估算方法有很多，有概略估算和詳細估算兩類。國外常用的單位生產能力投資估算法、生產規模指數法、分項按比例估算法等都屬於概略估算法。編製概算就是一種詳細估算方法。編製概算的方法是以單項工程為對象，利用各種概算指標精確地估算固定資產的一種方法，編製過程較複雜，但估算的精確度較高。下面分別介紹幾種常用的概略投資估算方法。

1. 單位生產能力投資估算法

單位生產能力投資估算法是指根據同類項目單位生產能力所耗費的固定資產投資額估算擬建項目固定資產投資額的一種方法，單位生產能力投資是指每單位的設計生產能力所需要的建設投資。該方法簡單地將同類項目的固定資產投資額與其生產能力的關係視為線性關係，與實際情況的差距較大。運用該方法時，我們應當注意擬建項目與同類項目的可比性，盡量減少誤差，一般是據行業設計部門或主管部門提供的資料，以已建成的可比建設項目的單位生產能力投資額，近似估算擬建項目固定資產投資額。計算公式如下

$$I_2 = N_2(I_1/N_1)P$$

其中：

I_2——擬建項目所需固定資產投資額；

I_1——可比項目實際固定資產投資額；

N_2——擬建項目生產規模；

N_1——可比項目生產規模；

P——物價換算係數。

【例7-1】 某項目年產量擬為100萬噸的鋼鐵，3年前國內同類鋼鐵產量為80萬噸，項目的固定資產投資規模為8,000萬元，現在的主要物資價格比3年前上升10%，則擬建鋼鐵投資額為

100×(8,000÷80)×(1+10%) = 11,000（萬元）

單位生產能力投資估算法是把建設項目的生產能力和建設投資額看作簡單的線性關係，一般適用於擬建項目與同類項目的生產能力比較接近的情況。否則，誤差較大。另外，我們要根據擬建項目與同類項目時間、裝備水準的差異進行調整，不能簡單套用。因為單位生產能力投資要受勞動生產率和市場物價變動的影響，所以不同地點、不同時間、不同裝備水準也會對投資產生很大影響。

2. 生產規模指數法

生產規模指數法又稱指數估算法，是指根據已建成的、性質類似的建設項目的投資額和生產能力與擬建項目的生產能力估算擬建項目的投資額的方法。計算公式為

該項目投資額 = 已知項目投資額×(已知項目/該項目規模)^n×調整係數

上式表明造價與規模呈非線性關係，且單位造價隨工程規模的增大而減小。運用這種方法估算項目投資的條件是要有合理的生產能力指數，不同生產率水準的國家和不同性質的項目中，生產能力指數是不相同的。若已建類似項目的規模和擬建項目的規模相差不大，生產規模比值為0.5~2，則指數 n 的取值近似1；若已建類似項目的規模和擬建項目的規模相差較大，但不大於50倍，且擬建項目規模的擴大僅靠增大設備

規模來達到時，n 取值為 0.6~0.7；若已建類似項目的規模和擬建項目的規模相差較大，但不大於 50 倍，且項目規模的擴大靠增加相同規格設備的數量時，n 取值為 0.8~0.9。下面舉例說明：

【例 7-2】 某擬建鋼廠，規劃設計生產能力為年產 600 萬噸鋼材，若某類似企業設計生產能力為年產 400 萬噸的鋼材，其固定資產投資為 200 億元，若不考慮物價上漲因素，則新鋼廠投資金額為

$$I = 200 \times (600 \div 400)^{0.6} = 255.084 \text{（億元）}$$

由以上計算可知，當 n 取值為 0.6 時，生產能力擴大 50% 時，固定資產投資只需增加 27.5%，這反應了生產能力與固定資產投資增加的比例關係。

生產規模指數法與單位生產能力估算法相比精確度略高，其誤差可控制在 -20%~20%，儘管估價誤差仍較大，但它有獨特的好處：這種估價方法不需要詳細的工程設計資料，只知道工藝流程及規模就可以；對於總承包工程而言，可作為估價的旁證，在總承包工程報價時，承包商大都採用這種方法估價。但要求類似工程的資料可靠，條件基本相同，否則誤差就會增大。生產能力指數法主要應用於擬建裝置或項目與用來參考的已知裝置或項目的規模不同的場合。採用生產能力指數法時，要求類似項目的資料可靠，條件與擬建項目基本相同，否則誤差就會增大。本方法不適用於已建類似項目的規模和擬建項目的規模相差大於 50 倍的情況。

單位生產能力投資估算法是把固定資產投資與其生產能力視作線性關係，然而，在一般的情況下固定資產投資與生產能力的增加並非完全線性關係，生產能力指數法就是考慮了二者的增長關係，以兩個類似項目或設備生產能力增長的比例為參照，用指數的乘方來調整其投資增長比例，以此估算擬建項目所需的投資就比較客觀些。生產能力指數一般是根據行業的經驗數據而定，國內沒有統一取值標準，一般根據工程項目規模的擴大方式不同而有所區別。

3. 比例估算法

比例法要先進行調查分析，找出主要設備投資或主要生產車間投資占整個項目建設總投資的比例，作為投資估算的基礎，然後比較細緻地計算擬建項目中主要設備或主要生產車間的投資數，以此推算擬建項目的總投資額，其計算公式為

$$I_2 = Y_2 / (I_1 / Y_1)$$

Y_1——已建成項目總投資額；
Y_2——擬建項目總投資額；
I_1——已建成同類項目的主要設備或主要生產車間投資額；
I_2——擬建項目的主要設備或主要生產車間投資額。

例如，已知同類已建項目的主要生產設備投資占建成項目總投資額的 60%，擬建項目的主要生產設備投資為 100 萬元，則擬建項目總投資額為

$$100 \div 60\% = 166.67 \text{（萬元）}$$

4. 係數法

係數法是以擬建項目的主體工程費或主要設備購置費為基數，以其他工程費與主體工程費的百分比為係數估算項目的靜態投資的方法。這種方法簡單易行，但是精度較低，一般用於項目建議書階段。係數估算法的種類很多，在中國常用的方法有設備

係數法和主體專業係數法，朗格係數法是世界銀行項目投資估算常用的方法。

(1) 設備係數法。

設備係數法以擬建項目的設備購置費為基數，根據已建成的同類項目的建築安裝費和其他工程費等與設備價值的百分比，求出擬建項目建築安裝工程費和其他工程費，進而求出項目的靜態投資。其計算公式為

$$C = E(1 + f_1 P_1 + f_2 P_2 + f_3 P_3 + \cdots\cdots) + I$$

式中，C 為擬建項目的靜態投資，E 為擬建項目根據當時當地價格計算的設備購置費，P_1、P_2、P_3 為已建項目中建築安裝工程費及其他工程費等與設備購置費的比例，f_1、f_2、f_3 為由時間因素引起的定額、價格、費用標準等變化的綜合調整係數，I 為擬建項目的其他費用。

(2) 主體專業係數法。

主體專業係數法以擬建項目中投資比重較大，並與生產能力直接相關的工藝設備投資為基數，根據已建同類項目的有關統計資料，計算擬建項目各專業工程（總圖、土建、採暖、給排水、管道、電氣、自控等）與工藝設備投資的百分比，據以求出擬建項目各專業投資額，然後加總即為擬建項目的靜態投資。其計算公式為

$$C = E(1 + f_1 P_1 + f_2 P_2 + f_3 P_3 + \cdots\cdots) + I$$

式中，P_1、P_2、P_3 為已建項目中各專業工程費用與工藝設備投資的比重。其他符號含義同設備係數法公式符號。

(3) 朗格係數法。

朗格係數法是以設備購置費為基數，乘以適當係數推算項目的靜態投資。這種方法在國內不多見，是世行項目投資估算常採用的方法。該方法的基本原理是分別計算項目建設的總成本費用中的直接成本和間接成本，再合為項目的靜態投資。其計算公式為

$$C = E\left(1 + \sum K_i\right) K_c$$

式中，K_i 為管線、儀表、建築物等費用的估算係數，K_c 為管理費、合同費、應急費等間接費在內的總估算係數，其他符號含義同設備係數法公式符號。

5. 分項類比估算法

分項類比估算法是比例估算法與分項估算法結合運用的一種方法。它是通過分項類比已有類似項目各組成部分的實際投資指標，對擬建項目建設投資進行估算。先分別計算出已有同類項目土建工程費和其他基建費占設備費用的比例，估算擬建項目設備費，再分別將求出的已有同類項目的有關比例乘以擬建項目設備費、擬建項目的土建工程費和其他基建費的估算值，然後將三部分的總和乘以預備費係數，得出擬建項目固定資產投資的估算值。分項類比估算法的表達式為

$$I = (I_A + I_B + I_D) \times (1 + S)$$

$$I_A = I_a \times I_{A1} / I_{B1}$$

$$I_B = \sum_{i=1}^{n} [Q_i \times P_i \times (1 + L_i)]$$

$$I_D = I_d \times I_{D1} / I_{B1}$$

其中，I 為擬建項目固定資產投資估算值，I_A 為擬建項目土建工程估算值，I_B 為擬建

項目設備估值，I_D 為擬建項目其他基建費估算值，S 為預備費系數，I_{A1} 為已有同類項目的土建工程費，I_{D1} 為已有同類項目的其他基建費，I_{B1} 為已有同類項目的設備費，Q_i 為同類項目第 i 種設備的數量，P_i 為同類項目第 i 種設備的單價，L_i 為同類項目第 i 種設備的運輸安裝費系數。

【例7-3】 現企業計劃用一年時間建設一個農產品加工車間，已知某同類企業的土建工程費與其他基建費分別占其設備費的 200% 與 150%。預測擬建項目的設備費用為 100 萬元。預備費系數取 10%（基本預備 4%、漲價預備費 6%），估算期為建設期的前一年，試計算擬建項目的固定資產投資是多少？

解：先計算擬建項目土建工程投資與其他基建投資再加總，擬建項目固定資產投資估算值為

$I_A = 100 \times 2 = 200$ （萬元）

$I_D = 100 \times 1.5 = 150$ （萬元）

$I =$（100+200+150）$\times$（1+0.1）= 495（萬元）

分項類比估算法充分考慮了項目內容的組成情況，估算精度較高。但確定項目固定資產投資的關鍵在於正確地選定工程項目各部分投資的百分比。而估算方法中的百分比是隨企業的性質和具體條件而變化的，目前國內各行業還沒有規範的標準數據，各部門和行業往往根據實際經驗確定百分比。

6. 單項工程投資估算法

單項工程投資估算法是將一個綜合項目劃分為多個單項工程，分別計算各單項工程建設費用，最後將各單項工程的建設投資相加所得總額就是該項目建設投資總額。項目單項工程建設投資，一般包括以下幾個方面的內容：

（1）建築工程投資。它是指項目單項工程建造中所必須投資的建築物和構築物，如房屋、水電、道路、通信等土建工程設施所需要的費用投資。

（2）設備、工具、儀器等購置費用投資，如加工機械、運輸機械、測量儀器等所需的費用投資。

（3）設備安裝費用。它是指安裝各種設備、儀器、機械所需的費用投資。

（4）其他基建投資。它主要包括土地徵用和補償、勘察設計、籌建管理、生產準備、項目區域綠化、人員培訓、技術轉讓和專利購置等費用。

（5）不可預見費用。不可預見費用是指由於在估算時對某些工程內容、費用開支及項目執行期物價上漲，事先很難估計的支出費用。

（三）固定資產投資的評價

第一，項目固定資產投資估算的內容是否完整，項目的投資構成是否符合設計和有關部門的規定要求，有無漏項或重複計算，估算的價值是否準確無誤。

第二，對項目固定資產投資的各項工程費用估算的方法和依據，是否符合工程概預算規定和要求，各項費用計算是否符合財稅部門和其他有關部門的規定。例如，對漲價預備費的審查分析，要考察物價上漲指數選用得是否合適，是否切合國內物價水準的實際；匯率的選用是否考慮外匯匯率的變動與通貨膨脹的因素等。

第三，對建築工程投資的評價，應參照同類項目建築物和構築物的建築面積造價，結合項目的工藝技術要求，分析建築工程設計方案中所提出的各項建築物和構築物的

面積和結構是否合理，是否符合工藝技術和設備的操作要求，然後，用近期各類建築物、構築物的單位面積造價指標測算其造價是否合適。在評估造價時，應考慮建築材料和人工費用的價格變化情況。

第四，對安裝工程投資費用的評價主要審查其估算依據是否合理可靠，而後再審查其安裝費用是否估算得正確。

第五，對固定資產投資方向調節稅的審查分析主要考察調節稅率、稅目和調節稅的計算方法是否符合國家規定及投資方向調節稅額的計算是否準確無誤。

第六，對建設期利息的考察分析，首先應審查利息的計算期是否與項目建設期一致，利息的計算基數是否與分年投資用款計劃一致；其次再考察分析利率的選用是否與投資的來源和貸款的種類相吻合，以及貸款利息的計算方法是否正確。

三、無形資產投資估算與評估

（一）無形資產的概念

無形資產是指企業擁有或者控制的沒有實物形態的可辨認非貨幣性資產。無形資產主要包括專利權、專有技術、商標權、著作權、土地使用權、特許權等。

專利權是指政府有關部門向發明人授予的在一定期限內生產、銷售或以其他方式使用發明的排他權利。專利分為發明、實用新型和外觀設計三種。專有技術又稱秘密技術或技術訣竅，是指從事生產、管理和財務等活動領域的一切符合法律規定條件的秘密知識、經驗和技能，其中包括工藝流程、公式、配方、技術規範、管理和銷售的技巧與經驗等。商標權是商標專用權的簡稱，是指商標使用人依法對所使用的商標享有的專用權利，是商標註冊人依法支配其註冊商標並禁止他人侵害的權利，包括商標註冊人對其註冊商標的排他使用權、收益權、處分權、續展權和禁止他人侵害的權利。著作權是指文學、藝術、科學作品的作者依法對他的作品享有的一系列的專有權。著作權是一種特殊的民事權利，與工業產權構成知識產權的主要內容。在廣義上，它也包括法律賦予表演者、音像製作者、廣播電臺、電視臺或出版者對其表演活動、音像製品、廣播電視節目或版式設計的與著作權有關的權利。根據中國的著作權制度，著作權是一種包含若干特殊的人身權和財產權的混合權利，行使著作權中的財產權往往涉及其中的人身權。例如，作者將他的作品首次交給出版社出版時，不僅是在行使出版權，往往也是在行使發表權。土地使用權是指國家機關、企事業單位、農民集體和公民個人，以及三資企業，凡具備法定條件者，依照法定程序或依約定對國有土地或農民集體土地所享有的佔有、利用、收益和有限處分的權利。土地使用權是外延比較大的概念，這裡的土地包括農用地、建設用地、未利用地。特許權指由政府部門授予或通過協議由一方授予另一方行使某一特定功能或銷售某一產品的權利。專營權包括專賣和專買權。政府授予的專營主要是具有壟斷性質的服務或某些特殊權利，如郵電等公用事業、菸草專賣、進口權等特許經營權。常見的公司間的專營權是公司授予另一公司使用商標、專利、專有技術，如飲食業的肯德基、旅館業的假日飯店。

（二）無形資產投資估算的意義

無形資產投資估算可以培養品牌意識和加強品牌維護。市場經濟下，知識就是財富，知識產權就是財富，客觀上的評價標準之一就是其市場化的價值。在市場經濟的

作用下，各行各業都在想方設法對自身現有的無形資產進行挖掘、開發、整合，通過評估將各種附加值體現出來。品牌已經成為主體宣傳自己，開展競爭的有力武器。另外，品牌的維護比創建更加重要，對無形資產進行價值評估可以在客觀上說明評估對象的市場價值，但如果缺乏對其內涵的維護，就會出現品牌的市場價值和其需求背道而馳的情況。無形資產的價值也不是一成不變的，會隨著市場因素發生起伏。當前，無形資產交易越來越廣泛，促成無形資產交易成功的不僅僅是其技術水準和應用後創造的經濟效益，公正的交易價格也是極為重要的因素之一。無形資產的交易不像有形資產那樣有可參考的市場價格，作為仲介的無形資產評估機構可以依據無形資產的綜合因素，合理公正地做出評估，為無形資產經營交易提供價格依據。無形資產的價格如果能夠很好地與其所帶來的經濟效益和社會效益相適應，就會促進無形資產經營的進行，這樣就可以促進知識產品向現實生產力轉化，提高無形資產運用效果。

(三) 無形資產投資估算的方法

1. 市場價值法

市場價值法根據市場交易確定無形資產的價值，適用於專利、商標和版權等，一般是根據交易雙方達成的協定以收入的百分比計算上述無形資產的許可使用費。該方法存在的主要問題是：首先，大多數無形資產並不具有市場價格，有些無形資產是獨一無二的，難以確定交易價格；其次，無形資產一般都是與其他資產一起交易，很難單獨分離其價值。

2. 收益法

收益法根據無形資產的經濟利益或未來現金流量的現值計算無形資產價值，如商譽、特許代理等。使用此方法的關鍵是確定適當的折現率或資本化率。這種方法同樣存在難以分離某種無形資產的經濟收益問題。此外，當某種技術尚處於早期開發階段時，其無形資產可能不存在經濟收益，因此不能應用此方法進行計算。

3. 成本法

成本法是計算替代或重建某類無形資產所需的成本，適用於那些能被替代的無形資產的價值計算，也可估算無形資產使生產成本下降，原材料消耗減少或價格降低，浪費減少和更有效利用設備等所帶來的經濟收益，從而評估這部分無形資產的價值。但受無形資產獲得替代技術或開發替代技術的能力及產品生命週期等因素的影響，無形資產的經濟收益很難被確定，此法在應用上受到限制。

四、流動資金的估算與評價

(一) 流動資金的構成

項目流動資金是項目建成後保證其生產經營活動得以正常進行所必需的資金。由於這部分資金需要在投產前後集中使用以形成企業的流動資產，在項目整個生產期內長期保持和週轉使用，因此流動資金投資是項目投資的重要組成部分。流動資金根據其在再生產過程的價值形態，可由儲備資金、生產資金、成品資金、結算資金和貨幣資金五部分組成。儲備資金包括生產準備階段購置的各種原材料、輔助材料、燃料、包裝物、外購半成品、低值易耗品、修理備件等；生產資金是指生產階段投入的各項在製品、自製半成品的費用和待攤費用；成品資金包括產出後待銷售的各種庫存產成

品及外購商品；結算資金是指正在結算中的各種款項，如發出商品後應收的帳款、預付的購料款及短期負債等；貨幣資金是指庫存現金、備用金及銀行存款。

（二）流動資金估算方法

不同類型的項目，其流動資金的需要量差異較大，一般可根據項目的類型與同類項目的經驗數據加以估算。流動資金常用的估算方法主要有以下幾種：

1. 擴大指標計算法

擴大指標估算法是根據類似企業的實際資料，求出各種資金率指標，依次估算項目流動資金需要量的一種方法。

（1）銷售收入資金率估算法。

銷售收入資金率是指項目流動資金需要量與一定時期內的銷售收入的比率。用該比率計算流動資金需要量的公式如下：

$$流動資金需要量 = 項目年銷售收入 \times 銷售收入資金率$$

上式中，項目年銷售收入取項目達到設計生產能力時的數值，銷售收入資金率根據同類項目的經驗數據加以確定。一般加工工業項目多採用該法進行流動資金估算。

（2）總成本資金率法。

總成本（或經營成本）資金率是指項目流動資金需要量與一定時期內總成本的比率。用該比率計算流動資金需要量的公式如下：

$$流動資金 = 項目總成本 \times 總成本資金率$$

上式中，項目年總成本取達到生產能力時的數值，總成本資金率根據同類項目的經驗數據加以確認。

（3）固定資產價值資金率法。

固定資產價值資金率是指項目流動資金的需要量與固定資產價值的比率。用該比率計算流動資金需要量的公式如下：

$$流動資金需要量 = 固定資產價值 \times 固定資產價值資金率$$

上式中，固定資產價值根據前述方法得出，固定資產價值資金率根據同類項目的經驗數據加以確定。某些特定的項目（如火力發電廠、港口項目等）可採用該法進行流動資金估算。

（4）單位產量資金率法。

單位產量資金率是指項目單位產量所需的流動資金金額。用該比率計算流動資金需要量的公式如下：

$$流動資金需要量 = 年產量 \times 單位產量資金率$$

上式中，單位產量資金率根據同類項目經驗數據加以確定。某些特定的項目可採用該法進行流動資金估算。

2. 分項詳細估算法

分項詳細估算法是指在分項估算儲備資金、生產資金和成品資金的基礎上加以匯總，進而得出流動資金需要量的一種估算方法。

（1）儲備資金估算。

儲備資金是指為保證生產經營活動的正常進行，需要儲備一定數量的材料、商品等物資而占用的那部分流動資金。對於占用資金較多的材料、商品等，要按品種類別

逐項分別計算。儲備資金估算的公式如下：

某投入物流動資金需要量＝（該投入物的價格×年耗用量）÷360×儲備天數

儲備天數＝在途天數＋（平均供應間隔天數×供應間隔係數）＋驗收天數＋整理準備天數＋保險天數

上式中，供應間隔係數取50%～60%。各項投入物流動資金除以其所占儲備資金的百分比，即為項目的儲備資金需要量。

(2) 生產資金估算。

生產資金是指從投入生產到產品完成這一階段所占用的那部分流動資金。其計算公式如下：

生產資金在產品每日需要量＝平均生產費用×生產週期天數

在產品成本係數＝（單位產品成本中的材料費＋單位產品成本在產品中的其他費用）÷2÷單位產品成本

上式中，在產品成本係數是指在產品平均單位成本與產成品單位成本的比值。產品的生產費用是在生產過程中逐漸形成的，隨著生產的進行而不斷累積，因此，在產品成本係數根據生產費用逐漸增加的程度而定。如果生產費用集中在生產開始時投入，在產品成本係數就大；反之亦然。如果生產費用在生產過程中均衡發生，在產品成本係數可以按照50%計算。在上式中，假定原材料費用在生產開始時發生，其他費用在生產過程中均衡發生。

(3) 成品資金估算。

成品資金是指從生產完成到產品售出這一階段所占用的流動資金。成品資金應按品種類別分別計算後匯總。其計算公式為

成品資金需要量＝產品平均日銷售量×工廠單位產品成本×定額天數

(4) 非定額流動資金估算。

非定額流動資金可按定額流動資金的一定比例估算，也可按下述方法進行估算：

非定額流動資金＝現金＋應收帳款－應付帳款－應付工資

上式中，現金包括備用金、庫存現金和銀行存款，應收帳款主要是發出商品到收回貨款所墊支的資金。由於這兩類資金經常發生變化，很難準確地確定其每日資金需要量和占用天數，我們可按下述方法進行簡略估算。

現金＝（年經營成本－外購原材料、燃料、動力成本－年維修費用）÷360×週轉天數

應收帳款是銷售產品所形成的墊付資金，但同時要考慮在投入物供應過程中購買原材料、燃料和外購動力時所形成的應付帳款，以及工資發放形成的應付工資等抵補資金來源。因此，我們既要計算應收帳款，也要計算應付帳款及應付工資所形成的抵補資金。各項資金量的計算方法為

應收帳款＝年經營成本÷360×結算天數（週轉天數）

應付帳款＝年外購原材料、燃料、動力費用÷360×結算天數

應付工資＝年工資總額÷360×發放工資間隔天數

上式中，應收及應付帳款的結算天數，取30～60天，發放工資間隔天數可按15天或30天估算。上述兩類資金需要量的總和減去應付帳款及應付工資就是項目非定額流動資金總額。

（三）流動資金的審查與評價

流動資金是保證項目建成後，維持企業正常經營活動必須占用的資金。對流動資金需要量的估算與決策將直接影響企業的盈利水準與清償能力。因為評價項目清償能力的主要指標是流動比率，即流動資產與流動負債的比率。流動資金也影響企業的流動負債成本，也將影響企業的資金結構和資金預算。因此，項目的流動資金的審查和評價需要注意審查流動資金估算總額能否滿足項目的正常生產經營活動的基本要求，即應審核流動資金的占用量與週轉期是否符合企業經營要求。若有缺口，我們應予以調整。同時，流動資金的定額指標能達到行業的平均水準要求。企業在審查、評價中發現問題時要及時修改調整，並編製流動資金估算表。

第二節　項目生產成本與費用的估算

一、測算成本與費用的意義

生產成本與費用是指以貨幣形式表示的一定時期內在產品生產和銷售過程中所消耗的物化勞動和活勞動的總和，是維持企業正常生產經營活動不斷進行的重要條件，構成了產品價格的重要基礎。企業發生的成本和費用是企業生產經營活動的綜合性質量指標。項目投資後企業產量的多少、質量的好壞、設備利潤的好壞、勞動生產率的高低、物質消耗的節約或者浪費都會通過成本、費用指標綜合表現出來。因此，費用、成本預測提供的資料能綜合反應項目投產後的生產經營水準和工作質量，是確定和計量盈利的基礎。同時，成本和費用是定價的最低界限，成本費用預測提供的資料是定價決策的重要依據。

二、總成本費用的構成

總成本費用由生產成本和期間費用兩部分構成。

（一）生產成本的構成

生產成本亦稱製造成本，是指企業生產經營過程中實際消耗的直接材料、直接工資、其他直接支出和製造費用。

1. 直接材料

直接材料包括企業生產經營過程中實際消耗的原材料、輔助材料、設備配件、外購半成品、燃料、動力、包裝物、低值易耗品及其他直接材料。

2. 直接工資

直接工資包括企業直接從事產品生產人員的工資、獎金、津貼和補貼。

3. 其他直接支出

其他直接支出包括直接從事產品生產人員的職工福利費等。

4. 製造費用

製造費用是指企業各個生產單位（分廠、車間）為組織和管理生產所發生的各項費用，如管理人員工資、職工福利費、折舊費、維簡費、修理費、物料消耗費、低值

易耗品攤銷、勞動保護費、水電費、辦公費、差旅費、運輸費、保險費、租賃費（不包括融資租賃費）、設計制圖費、試驗檢驗費、環境保護費及其他製造費用。

(二) 期間費用的構成

期間費用是指在一定會計期間發生的與生產經營沒有直接關係和關係不密切的管理費用、財務費用和銷售費用，期間費用不計入產品的生產成本，直接體現為當期損益。

1. 管理費用

管理費用是指企業行政管理部門為管理和組織經營活動發生的各項費用，包括公司經費（工廠總部管理人員工資、職工福利費、差旅費、辦公費、折舊費、修理費、物料消耗費、低值易耗品攤銷及其他公司經費）、工會經費、職工教育經費、勞動保險費、董事會費、諮詢費、顧問費、交際應酬費、稅金（企業按規定支付的房產稅、車船使用稅、土地使用稅、印花稅等）、土地使用費（海域使用費）、技術轉讓費、無形資產攤銷、開辦費攤銷、研究發展費及其他管理費用。

2. 財務費用

財務費用是指企業為籌集資金而發生的各項費用，包括企業生產經營期間的利息淨支出、匯兌淨損失、調劑簿記手續費、金融機構手續費及籌資發生的其他財務費用等。

3. 銷售費用

銷售費用是指企業在銷售產品、自制半成品和提供勞務等過程中發生的各項費用及專設銷售機構的各項經費，包括應由企業負擔的運輸費、裝卸費、包裝費、保險費、委託代銷費、廣告費、展覽費、租賃費（不包括融資租賃費）和銷售服務費用、銷售部門人員工資、職工福利費、差旅費、辦公費、折舊費、修理費、物料消耗費、低值易耗品攤銷及其他經費。

三、總成本費用的估算

為便於計算，在總成本費用中，我們將工資及福利費、折舊費、修理費、攤銷費、利息支出進行歸並後分別列出，該表中的「其他費用」是指在製造費用、管理費用、財務費用和銷售費用中扣除工資及福利費、折舊費、修理費、攤銷費、維簡費、利息支出後的費用。按照總成本費用估算表的內容，總成本費用的計算公式為

總成本費用＝外購原材料費＋外購燃料動力費＋工資及福利費＋折舊費＋修理費＋維簡費＋攤銷費＋利息支出＋其他費用＋經營成本＋固定成本與可變成本

(一) 外購原材料成本的估算

原材料成本是總成本費用的重要組成部分，其計算公式為

$$原材料成本＝全年產量×單位產品原材料成本$$

上式中，全年產量可根據測定的設計生產能力和生產負荷加以確定，單位產品原材料成本是依據原材料消耗定額及單價確定的。工業項目生產所需要的原材料種類繁多，在評估時，我們可根據具體情況，選取耗用量較大的、主要的原材料為估算對象，依據國家有關規定和經驗數據估算原材料成本。

（二）外購燃料動力成本的估算

外購燃料動力成本估算公式為

外購燃料動力成本＝全年產量×單位產品燃料動力成本

（三）工資及福利費的估算

如前所述，工資及福利費包括在製造成本、管理費用和銷售費用之中。為便於計算和進行項目經濟評估，我們需將工資及福利費單獨估算。

1. 工資的估算

工資的估算可採取以下兩種方法：

一是按全廠職工定員數和人均年工資額計算年工資總額。其計算公式為

年工資成本＝全廠職工定員數×人均年工資數

二是按照不同的工資級別對職工進行劃分，分別估算同一級投資項目評估中職工的工資，然後再加以匯總。一般可分為五個級別：高級理人員、中級管理人員、一般管理人員、技術工人和一般工人。若有國外的技術和管理人員，我們要單獨列出。

2. 福利費的估算

職工福利費主要用於職工的醫藥費、醫務經費、職工生活困難補助及按國家規定開支的其他職工福利支出，不包括職工福利設施的支出，一般可按照職工工資總額的一定比例提取。

（四）折舊費的估算

折舊費包括在製造成本、管理費用和銷售費用中。為便於進行項目的經濟評估，我們可將折舊費單獨估算和列出。所謂折舊，就是固定資產在使用過程中，通過逐漸損耗（包括有形損耗和無形損耗）而轉移到產品成本或商品流通費中的那部分價值。計提折舊是企業回收其固定資產投資的一種手段。按照國家規定的折舊制度，企業把已發生的資本性支出轉移到產品成本費用中去，然後通過產品的銷售，逐步回收初始的投資費用。根據國家有關規定，計提折舊的固定資產範圍是：企業的房屋、建築物、在用的機器設備、儀器儀表、運輸車輛、工具器具、季節性停用和修理停用的設備、以經營租賃方式租出的固定資產、以融資租賃方式租入的固定資產。結合中國的企業管理水準，我們可將企業固定資產分為三大部分、二十二類，按大類實行分類折舊評估時，我們可分類計算折舊，也可綜合計算折舊，要視項目的具體情況而定。中國現行固定資產折舊方法一般採用平均年限法或工作量法。

1. 平均年限法

平均年限法亦稱直線法，即根據固定資產的原值估計的淨殘值率和折舊年限計算折舊。其計算公式為

年折舊率＝（1−預計淨殘值率）/預計使用年限×100%

月折舊率＝年折舊率÷12

月折舊額＝固定資產原價×月折舊率

上述計算的折舊率是按個別固定資產單獨計算的，稱為個別折舊率，即某項固定資產在一定期間的折舊額與該固定資產原價的比率。通常，企業按分類折舊計算折舊率，計算公式為

$$某類固定資產年折舊額 = \frac{某類固定資產原值 - 預計殘值 + 清理費用}{該類固定資產的使用年限}$$

$$某類固定資產月折舊額 = 某類固定資產年折舊額 \div 12$$

$$某類固定資產年折舊率 = \frac{該類固定資產年折舊額}{該類固定資產原價} \times 100\%$$

採用分類折舊率計算固定資產折舊，計算方法簡單，但準確性不如個別折舊率。採用平均年限法計算固定資產折舊雖然簡單，但也存在一些局限性。例如，固定資產在不同使用年限提供的經濟效益不同，平均年限法沒有考慮這一事實。又如，固定資產在不同使用年限發生的維修費用不一樣，平均年限法沒有考慮這一因素。因此，只有當固定資產各期的負荷程度相同，各期應分攤相同的折舊費時，採用平均年限法計算折舊才是合理的。

（1）固定資產原值是根據固定資產投資額、預備費和建設期利息計算求得的。

（2）預計淨殘值率是預計的企業固定資產淨殘值與固定資產原值的比率，根據行業會計制度規定，企業淨殘值率按照固定資產原值的3%~5%確定。特殊情況下，淨殘值率低於3%或高於5%時，企業自主確定淨殘值率，並報主管財政機關備案在項目評估中，折舊年限是由項目的固定資產經濟壽命期決定的，因此固定資產的殘餘價值較大，淨殘值率一般可選擇為10%，個別行業如港口等可選擇高於此數的數值。

（3）折舊年限。國家有關部門在考慮現代生產技術發展快、世界各國實行加速折舊的情況下，為適應資產更新和資本回收的需要，對各類固定資產折舊的最短年限做出了規定：房屋、建築物為20年，火車、輪船、機器、機械和其他生產設備為10年，電子設備和火車、輪船以外的運輸工具及與生產、經營業務有關的器具、工具、家具等為5年。若採用綜合折舊，項目的生產期即為折舊年限。在項目評估中，對輕工、機械、電子等行業的折舊年限可確定為8~15年，有些項目的折舊年限可確定為20年，對港口、鐵路、礦山等項目的折舊年限可超過30年。

2. 工作量法

工作量法是指以固定資產能提供的工作量為單位計算折舊額的方法。工作量可以是汽車的總行駛里程，也可以是機器設備的總工作臺班、總工作小時等。對於下列專用設備，我們可採用工作量法計提折舊。

（1）按照行駛里程計算折舊，其計算公式如下：

單位里程折舊額 = 原值 × (1 - 預計淨殘值率) ÷ 總行駛進程

（2）按工作小時計算折舊，其計算公式如下：

每工作小時折舊額 = 原值 × (1 - 預計淨殘值率) ÷ 工作總小時

（3）按臺班計算折舊的公式：

每臺班折舊額 = 原值 × (1 - 預計淨殘值率) ÷ 工作總臺班數年折舊額
= 每工作小時折舊額 × 年工作小時

根據規定，企業專業車隊的客、貨運汽車、大型設備及大型建築施工機械可採用工作量法計提折舊。由於各種專業設備具有不同的工作量指標，因而，工作量法又有行駛里程折舊法和工作小時折舊法之分。工作量法假定折舊是一項變動的，而不是固定的費用，即假定資產價值的降低不是由於時間的推移，而是由於使用。對於許多種

資產來講，工作量法這一假定是合理的，特別是有形磨損比經濟折舊更為重要。因而，如果某項資產在年度內沒有使用，就不應計列折舊費用，因為資產的服務價值並沒有降低。即使折舊是確定資產預期使用年限的一個重要因素，如其折舊是可以被預見的，並且，資產的大概使用狀況是可以被估計的，就可以使用以經營活動為依據的折舊方法，使用這種折舊方法的主要目的是按每個服務單位分配投入價值，對服務價值降低的計量則是次要的。

3. 加速折舊法

加速折舊法又稱遞減折舊費用法，是指在固定資產使用前期提取折舊較多，在後期提得較少，使固定資產價值在使用年限內盡早得到補償的折舊計算方法。它是一種鼓勵投資的措施，國家先讓利給企業，加速回收投資，增強還貸能力，促進技術進步，因此只對某些確有特殊原因的企業，才准許採用加速折舊。加速折舊的方法很多，有雙倍餘額遞減法和年數總和法等。

（1）雙倍餘額遞減法。

雙倍餘額遞減法是以平均年限法確定的折舊率的雙倍乘以固定資產在每一會計期間的期初帳面淨值，從而確定當期應提折舊的方法。其計算公式為

$$年折舊率 = 2 \div 折舊年限 \times 100\%$$
$$年折舊額 = 年初固定資產帳面原值 \times 年折舊率$$

實行雙倍餘額遞減法的固定資產，應當在其固定資產折舊年限到期前兩年內，將固定資產淨值扣除預計淨殘值後的淨額平均攤銷。

（2）年數總和法。

年數總和法是以固定資產原值扣除預計殘值後的餘額作為計提折舊的基礎，按照逐年遞減的折舊率計提折舊的一種方法。採用年數總和法的關鍵是每年都要確定一個不同的折舊率。其計算公式為

$$折舊年限 = 已使用年數$$
$$年折舊額 = 折舊年限 \times (折舊年限+1) \div 2 \times 100\%$$
$$年折舊額 = (固定資產原值 - 預計淨殘值) \times 年折舊率$$

（五）修理費的估算

修理費與折舊費相同，修理費包括在製造成本、管理費用和銷售費用之中。進行項目經濟評估時，我們可以單獨計算修理費。修理費包括大修理費用和中小修理費用。在現行財務制度中，修理費按實際發生額計入成本費用中。其當年發生額較大時，可計入遞延資產在以後年度攤銷，攤銷年限不能超過5年。但在項目評估時無法確定修理費具體發生的時間和金額，一般是按照折舊費的一定比例計算的。該比率可參照同類行業的經驗數據加以確定。

（六）維簡費的估算

維簡費是指採掘、採伐工業按生產產品數量（採礦按每噸原產量，林區按每立方米原木產量）提取的固定資產更新和技術改造資金，即維持簡單再生產的資金，簡稱維簡費。企業發生的維簡費直接計入成本，其計算方法和折舊費相同。

（七）攤銷費的估算

攤銷費是指無形資產和開辦費在一定期限內分期攤銷的費用。無形資產的原始價

值和開辦費也要在規定的年限內，按年度或產量轉移到產品的成本之中，這一部分被轉移的無形資產原始價值和開辦費，稱為攤銷。企業通過計提攤銷費，回收無形資產及開辦費的資本支出。攤銷方法：不留殘值，採用直線法計算。無形資產的攤銷關鍵是確定攤銷期限，無形資產應按規定期限分期攤銷，即法律和合同或者企業申請書分別規定有法定有效期和受益年限的，按照法定有效期與合同或者企業申請書規定的收益年限孰短的原則確定；沒有規定期限的，按不少於10年的期限分期攤銷。開辦費按照不短於5年的期限分期攤銷，無形資產和開辦費發生在項目建設期或籌建期間，而應在生產期分期平均攤入管理費用中，在經濟評估時，也可單獨列出。若各項無形資產攤銷年限相同，可根據全部無形資產的原值和攤銷年限計算出各年的攤銷費；若各項無形資產攤銷年限不同，則要根據無形及遞延資產攤銷估算表計算各項無形資產的攤銷費，然後將其相加，即可得到生產期各年的無形資產攤銷費，開辦費的攤銷費計算與無形資產攤銷費的計算同理。

（八）利息支出的估算

利息支出是指籌集資金而發生的各項費用，包括生產經營期間發生的利息淨支出，即在生產期發生的建設投資借款利息和啟動資金借款利息之和。建設投資借款在生產期發生的利息計算公式為

$$每年支付利息 = 年初累計借款餘額 \times 年利率$$

為簡化計算，還款當年按年末償還，全年計息。

流動資金借款利息計算公式為

$$流動資金利息 = 流動資金累計借款額 \times 年利率$$

（九）其他費用的估算

如前所述，其他費用是指在製造費用、管理費用、財務費用和銷售費用中扣除工資及福利費、折舊費、修理費、攤銷費、利息支出後的費用。在項目評估中，其他費用一般是根據總成本費用中前七項（外購原材料成本、外購燃料動力成本、工資及福利費、折舊費、修理費、維簡費及攤銷費）之和的一定比率計算的，其比率應按照同類企業經驗數據加以確認。根據總成本費用估算表將上述各項合計，即得出生產期的總成本費用。

（十）經營成本的估算

經營成本是指項目總成本費用扣除折舊費、維簡費、攤銷費和利息支出以後的成本費用。

$$經營成本 = 總成本費用 - 折舊費 - 維簡費 - 攤銷費 - 利息支出$$

經營成本是工程經濟學特有的概念，涉及產品生產及銷售、企業管理過程中的物料、人力和能源的投入費用，反應企業生產和管理水準。同類企業的經營成本具有可比性，在項目評估的經濟評估中，被應用於現金流量的分析之中。之所以要從總成本費用中剔除折舊費、維簡費、攤銷費和利息支出，原因主要有兩點：一是現金流量表反應項目在計算期內逐年發生的現金流入和流出。與常規會計方法不同，現金收支何時發生，就在何時計算，不做分攤。投資已按其發生的時間作為一次性支出被計入現金流出，所以，不能再以折舊、提取維簡費和攤銷的方式計為現金流出，否則會發生重複計算。因此，作為經常性支出的經營成本中不包括折舊費和攤銷費，同理也不包括

維簡費。二是因為全部投資現金流量表以全部投資作為計算基礎，不分投資資金來源，利息支出不作為現金流出，也有資金現金流量表將利息支出單列。因此，經營成本中不包括利息支出。

（十一）固定成本與可變成本的估算

從理論上講，成本可分為固定成本、可變成本和混合成本三大類。

（1）固定成本是指在一定的產量範圍內不隨產量變化而變化的成本費用，如按直線法計提的固定資產折舊費、計時工資及修理費等。

（2）可變成本是指隨著產量的變化而變化的成本費用，如原材料費用、燃料動力費用等。

（3）混合成本是指介於固定成本和可變成本之間，既隨產量變化又不成正比例變化的成本費用，又被稱為半固定成本或半可變成本，即同時具有固定成本和可變成本的特徵。在線性盈虧平衡分析時，要求對混合成本進行分解，以區分其中的固定成本和可變成本，並分別計入固定成本和可變成本總額之中。在項目評估中，我們將總成本費用中的前兩項（外購原材料費用和外購燃料動力費用）視為可變成本，而其餘各項均被視為固定成本。劃分的主要目的就是為盈虧平衡分析提供前提條件，經營成本、固定成本和可變成本根據總成本估算表直接計算。

第三節　項目收益與利潤估算

一、項目銷售收入估算

項目銷售收入估算是指測算擬建項目投產後，出售各種產品和副產品或提供勞務所能獲得的貨幣收入。銷售收入的預測是評估項目經濟效益的前提。銷售稅金的測算和貸款償還期的預測，都要以預測的銷售收入為基本數據。準確地預測銷售收入取決於正確地確定各類產品的銷售數量與銷售價格。確定銷售量首先要確定擬建項目達到設計能力的時間。項目建成投產後通常並不能立即達到設計的生產能力，技術設備的調試、生產技藝的熟練和管理經驗的累積等都要經歷一定的時日。項目銷售收入估算公式為

$$銷售收入 = 產品銷售單價 \times 產品年銷售量$$

投資項目評估式中，產品銷售單價一般是經過測算的不變價格，也可根據需要採用不同的價格，如現行價格產品銷售量等於年產量，這樣年銷售收入等於年產值，在現實的經濟生活中產值不一定等於銷售收入。但在項目評估中，一般運用這種假設，可以根據投產後各年的生產負荷確定銷售量。如果項目的產品比較單一，用產品的單價乘以產量可以得到每年的銷售收入；如果項目的產品品種比較多，要根據銷售收入和銷售稅金及附加估算表進行估算，即首先計算每一種產品的銷售收入，然後再匯總到一起，求出項目生產期的各年銷售收入。如果產品部分銷往外國，應計算外匯收入，並按外匯牌價折算成人民幣，然後再計入項目的年銷售收入總額中。

二、稅費及附加的估算

稅費及附加指在項目評價時需按規定計入項目投資，從成本或效益中直接扣除的稅金、費用及附加費，根據中國稅制改革實施方案，一般計徵的稅費及附加包括消費稅、城市維護建設稅、教育費附加、資源稅、環境保護稅、土地增值稅、房產稅、城鎮土地增值稅、車船稅、印花稅、耕地占用稅、契稅、車輛購置稅等。

(一) 增值稅

1. 增值稅定義

增值稅是以商品（含應稅勞務）在流轉過程中產生的增值額作為計稅依據而徵收的一種流轉稅。增值稅是對銷售商品或者勞務過程中實現的增值額徵收的一種稅。它是中國現階段稅收收入規模最大的稅種。

2. 增值稅徵稅範圍

增值稅的徵稅範圍包括在中華人民共和國境內銷售貨物和提供加工、修理修配勞務和進口貨物。下面主要列出六種常用的徵稅範圍。

(1) 銷售貨物。

在中國境內銷售貨物，是指銷售貨物的起運地或者所在地在中國境內。

銷售貨物是指有償轉讓貨物的所有權。貨物是指有形動產，包括電力、熱力、氣體在內。有償是指從購買方取得貨幣、貨物或者其他經濟利益。

(2) 銷售勞務。

在中國境內銷售勞務，是指提供的勞務發生地在中國境內。

銷售勞務是指有償提供加工、修理修配勞務。單位或者個體工商戶聘用的員工為本單位或者雇主提供加工、修理修配勞務不包括在內。

加工是指受託加工貨物，即委託方提供原料及主要材料，受託方按照委託方的要求，製造貨物並收取加工費的業務；修理修配是指受託對損傷和喪失功能的貨物進行修復，使其恢復原狀和功能的業務。

(3) 銷售服務。

銷售服務是指提供交通運輸服務、郵政服務、電信服務、建築服務、金融服務、現代服務、生活服務。

交通運輸服務是指利用運輸工具將貨物或者旅客送達目的地，使其空間位置得到轉移的業務活動，包括陸路運輸服務、水路運輸服務、航空運輸服務和管道運輸服務。

郵政服務是指中國郵政集團公司及其所屬郵政企業提供郵件寄遞、郵政匯兌和機要通信等郵政基本服務的業務活動，包括郵政普遍服務、郵政特殊服務和其他郵政服務。

電信服務是指利用有線、無線的電磁系統或者光電系統等各種通信網絡資源，提供語音通話服務，傳送、發射、接收或者應用圖像、短信等電子數據和信息的業務活動，包括基礎電信服務和增值電信服務。

建築服務是指各類建築物、構築物及其附屬設施的建造、修繕、裝飾、線路、管道、設備、設施等的安裝及其他工程作業的業務活動，包括工程服務、安裝服務、修繕服務、裝飾服務和其他建築服務。

金融服務是指經營金融保險的業務活動，包括貸款服務、直接收費金融服務、保險服務和金融商品轉讓。

現代服務是指圍繞製造業、文化產業、現代物流產業等提供技術性、知識性服務的業務活動，包括研發和技術服務、信息技術服務、文化創意服務、物流輔助服務、租賃服務、鑒證諮詢服務、廣播影視服務、商務輔助服務和其他現代服務。

生活服務是指為滿足城鄉居民日常生活需求提供的各類服務活動，包括文化體育服務、教育醫療服務、旅遊娛樂服務、餐飲住宿服務、居民日常服務和其他生活服務。

（4）銷售無形資產。

銷售無形資產是指轉讓無形資產所有權或者使用權的業務活動。無形資產是指不具有實物形態，但能帶來經濟利益的資產，包括技術、商標、著作權、商譽、自然資源使用權和其他權益性無形資產。

技術包括專利技術和非專利技術。

自然資源使用權包括土地使用權、海域使用權、探礦權、採礦權、取水權和其他自然資源使用權。

其他權益性無形資產包括基礎設施資產經營權、公共事業特許權、配額、經營權（包括特許經營權、連鎖經營權、其他經營權）、經銷權、分銷權、代理權、會員權、席位權、網絡游戲虛擬道具、域名、名稱權、肖像權、冠名權、轉會費等。

（5）銷售不動產。

銷售不動產是指轉讓不動產所有權的業務活動。不動產是指不能移動或者移動後會引起性質、形狀改變的財產，包括建築物、構築物等。

建築物包括住宅、商業用房等可供居住、工作或者進行其他活動的建造物。

構築物包括道路、橋樑、隧道、水壩等建造物。

（6）進口貨物。

進口貨物是指申報進入中國海關境內的貨物。根據《中華人民共和國增值稅暫行條例》，只要是報關進口的應稅貨物，均屬於增值稅的徵稅範圍，除享受免稅政策外，在進口環節繳納增值稅。

3. 增值稅稅率

（1）納稅人銷售貨物、勞務、有形動產租賃服務或者進口貨物，除《中華人民共和國增值稅暫行條例》第二條第 2 項、第 4 項、第 5 項（下列第 2、4、5 項）另有規定外，稅率為 13%。

（2）納稅人銷售交通運輸、郵政、基礎電信、建築、不動產租賃服務，銷售不動產，轉讓土地使用權，銷售或者進口農產品（含糧食）、食用植物油、食用鹽、自來水、暖氣、天然氣、圖書、報紙、雜誌、飼料、農機等貨物及國務院規定的其他貨物時，稅率為 9%。

（3）納稅人銷售服務、無形資產，除《中華人民共和國增值稅暫行條例》第二條第 1 項、第 2 項、第 5 項（上述第 1、2 項和下列第 5 項）另有規定外，稅率為 6%。

（4）納稅人出口貨物，稅率為 0，國務院另有規定的除外。

（5）境內單位和個人跨境銷售國務院規定範圍內的服務、無形資產，稅率為 0，包括國際運輸服務、航天運輸服務、向境外單位提供的完全在境外消費的服務（如研發

服務、合同能源管理服務、設計服務等）及國務院規定的其他服務。

4. 增值稅估算

(1) 一般納稅人計算公式為

$$應納稅額=當期銷項稅額-當期進項稅額$$
$$銷項稅額=銷售額×稅率$$
$$銷售額=含稅銷售額÷（1+稅率）$$

(2) 小規模納稅人計算公式為

$$應納稅額=銷售額×徵收率$$
$$銷售額=含稅銷售額÷（1+徵收率）$$

(二) 企業所得稅

企業所得稅是對中國內資企業和經營單位的生產經營所得和其他所得，徵收的一種稅。納稅人範圍比公司所得稅大。企業所得稅納稅人即所有實行獨立經濟核算的中華人民共和國境內的內資企業或其他組織，包括以下企業：國有企業、集體企業、私營企業、聯營企業、股份制企業、有生產經營所得和其他所得的其他組織。企業所得稅的徵稅對象是納稅人的所得。包括銷售貨物所得、提供勞務所得、轉讓財產所得、股息紅利所得、利息所得、租金所得、特許權使用費所得、接受捐贈所得和其他所得。

企業所得稅實行比例稅率。居民企業及在中國境內設立機構、場所且取得的所得與其所設機構、場所有實際聯繫的非居民企業，應當就其來源於中國境內、境外的所得繳納企業所得稅，適用稅率為25%；非居民企業在中國境內未設立機構、場所的，或者雖設立機構、場所但取得的所得與其所設機構、場所沒有實際聯繫的，應當就其來源於中國境內的所得繳納企業所得稅，適用稅率為20%。

應納稅額計算公式為

$$企業所得稅應納稅所得額=收入總額-不徵稅收入-免稅收入-抵扣項目-允許彌補的以前年度的虧損$$
$$應納稅額=應納稅所得額×適用稅率-減免稅額-抵免稅額$$

(三) 城市維護建設稅

城市維護建設稅是以納稅人實際繳納的流通轉稅額為計稅依據徵收的一種稅，納稅環節確定在納稅人繳納的增值稅、消費稅的環節上，從商品生產到消費流轉過程中只要發生增值稅、消費稅的當中一種稅的納稅行為，就要以這種稅為依據計算繳納城市維護建設稅。

稅率按納稅人所在地區的不同設置了兩檔比例稅率：納稅人所在地在市區的，稅率為7%；納稅人所在地不在市區的，稅率為5%。計算公式為

$$應納稅額=（實際繳納的增值稅+消費稅稅額和出口貨物+勞務或者跨境銷售服務+無形資產增值稅免抵稅額）×適用稅率$$

(四) 教育費附加

教育費附加是由稅務機關負責徵收，同級教育部門統籌安排，同級財政部門監督管理，專門用於發展地方教育事業的預算外資金。其徵費範圍同增值稅、消費稅的徵收範圍相同，計算公式為

$$應納教育費附加=（實際繳納的增值稅+消費稅）×3\%$$

三、項目銷售利潤估算

利潤是企業一定期間的經營成果，反應了企業的生產經營效益，首先表現為銷售利潤，其計算公式為

銷售利潤＝銷售收入－銷售稅金及附加－總成本費用

銷售利潤用於計算所得稅及所得稅後利潤。

四、項目稅後利潤及其分配

利潤分配是企業在一定時期內對所實現的利潤總額及從聯營單位分得的利潤，按規定在國家與企業、企業與企業之間的分配。利潤分配的程序一般分為三個階段：以企業實現的利潤總額加上從聯營單位分得的利潤，即企業全部所得額，以此為基數，在繳納所得稅和調節稅前，按規定對企業的聯營者、債權人和企業的免稅項目，採取扣減的方法進行初次分配。所扣除的免稅項目主要有：分給聯營企業的利潤、歸還基建借款和專用借款的利潤、歸還借款的利潤、提取的職工福利基金和獎勵基金、彌補以前年度虧損的利潤及企業各種單項留利等。對於實行承包經營責任制的企業，在進行稅前利潤分配後，應在承包經營期內按承包合同規定的形式上交承包利潤，不再計徵所得稅和調節稅。全部所得額扣除初次分配後的餘額，即為企業應稅所得額。以企業應稅所得額為基數，按規定的所得稅率和調節稅率計算應交納的稅額，在國家和企業之間進行再次分配。應稅所得額扣除應納稅額後的餘額，即為企業留利，以企業留利為基數，按規定比率將企業留利轉作各項專用基金。

第四節　項目的籌資與使用方案評估

一、項目籌資方案評估的意義

資金籌措方案是確定籌資方式，解決資金來源的具體計劃方案。投資資金是項目建設和生產經營活動的重要前提。任何投資項目在規劃初期均需要考慮籌措資金的問題，項目籌資方案只是根據可能提供的資金來源提出籌措資金的設想，僅是一種意向性的安排。當項目進入可行性研究階段，資金的籌措應作為一項重要任務，在項目投資估算的基礎上，與設想中可能提供資金的部門或機構商談，確定為項目提供資金的可能性與條件，據以擬訂各項費用最低、風險最小的方案。項目只有通過一系列的籌資工作，確定了資金來源及籌資方式的條件下，項目的可行性研究與評估才具有實際意義；否則，設計方案再合理，但資金不能落實。項目在市場經濟條件下，國內外的物價、匯率、利率等因素均會發生變動，籌資工作是一項既複雜又充滿風險的工作。這就要求在制訂籌資方案時考慮諸多影響因素。總之，企業應比較各種籌資渠道，制訂科學的資金籌措方案與資金使用計劃。

二、項目籌資來源

項目的籌資渠道主要有兩大類：一是投資者自有資金，可作為資本金投入；二是

外部籌資，通常採用借貸或發行債券的方式。

(一) 資本金

根據中國《企業財務通則》規定：「設立企業必須有法定的資本金。資本金是指企業在工商行政管理部門登記的註冊資金。」《中華人民共和國公司法》實行認繳資本制，即實繳資本與註冊資金不一致的原則。資本金在不同類型的企業中的表現形式有所不同。股份有限公司的資本金被稱為股本，股份有限公司以外的一般企業的資本金被稱為實收資本。

項目資本金的出資方式，即項目投資資本金可以用貨幣出資，也可以用實物、工業產權、非專利技術、土地使用權等出資，但必須經過有資格的資產評估機構依照法律、法規評估作價。以工業產權、非專利技術作價出資的比例不得超過投資項目資本金總額的20%，國家對採用高新技術成果有特別規定的除外。根據2015年《國務院關於調整和完善固定資產投資項目資本金制度的通知》，各行業固定資產投資項目的最低資本金比例按以下規定執行。城市和交通基礎設施項目：城市軌道交通項目為20%，港口、沿海及內河航運、機場項目為25%，鐵路、公路項目為20%；房地產開發項目：保障性住房和普通商品住房項目維持20%，其他項目為25%；產能過剩行業項目：鋼鐵、電解鋁項目為40%，水泥項目為35%，煤炭、電石、鐵合金、燒鹼、焦炭、黃磷、多晶硅項目維持為30%；其他工業項目：玉米深加工項目為20%，化肥（鉀肥除外）項目為25%；電力等其他項目為20%；城市地下綜合管廊、城市停車場項目，以及經國務院批准的核電站等重大建設項目，可以在規定最低資本金比例基礎上適當降低。

(二) 外部資金來源

1. 國內資金來源

(1) 銀行信貸。

銀行信貸是國內銀行利用信貸資金向建設項目發放的固定資產貸款或流動資金貸款，是項目國內籌資的重要來源，主要分為政策性銀行借款和商業銀行貸款。

政策性銀行借款一般是指執行國家政策性借款業務的銀行向企業發放的貸款。政策性貸款是目前中國政策性銀行的主要資產業務。一方面，它具有指導性、非營利性和優惠性等特殊性，在貸款規模、期限、利率等方面提供優惠；另一方面，它明顯有別於可以無償占用的財政撥款，而是以償還為條件，與其他銀行貸款一樣具有相同的金融屬性——償還性。例如，國家開發銀行為滿足企業承建國家重點建設項目的資金需要提供貸款，進出口銀行為大型設備的進出口提供買方或賣方信貸。

商業銀行貸款是指由商業銀行向企業發放的貸款。目前企業銀行貸款類型有流動貸款、固定資產貸款、信用貸款、擔保貸款、股票質押貸款、外匯質押貸款、單位定期存單質押貸款、黃金質押貸款、銀團貸款、銀行承兌匯票、銀行承兌匯票貼現、商業承兌匯票貼現、買方或協議付息票據貼現、有追索權國內保理、出口退稅帳戶託管貸款等十幾種。最常見的企業銀行貸款類型是公司信用貸款。它是指公司貸款申請無須提供抵押，銀行根據公司的信用放款。公司信用是由信用評級機構對公司進行信用調查、信用分析和信用建模確定的，按貸款期限，分短期貸款、中期貸款和長期貸款。

(2) 發行股票。

股票融資是指資金不通過金融仲介機構，借助股票這一載體直接從資金盈餘部門

流向資金短缺部門，資金供給者作為所有者享有對企業控制權的融資方式。股票融資具有永久性、無到期日、不需歸還、沒有還本付息的壓力等特點，因而籌資風險較小。股票市場可促進企業轉換經營機制，真正成為自主經營、自負盈虧、自我發展、自我約束的法人實體和市場競爭主體。一方面，股票市場為資產重組提供了廣闊的舞臺，優化了企業組織結構，提高了企業的整合能力。另一方面，股票融資也有以下弊端。上市時間跨度長，競爭激烈，無法滿足企業緊迫的融資需求；當企業發行新股時，出售新股票，引進新股東，會導致公司控制權的分散；新股東分享公司未發行新股前累積的盈餘，會降低普通股的淨收益，從而可能引起股價的下跌。

(3) 發行債券。

企業債券也稱公司債券，是企業依照法定程序發行、約定在一定期限內還本付息的有價證券，表示發債企業和投資人之間是一種債權債務關係。債券持有人不參與企業的經營管理，但有權按期收回約定的本息。在企業破產清算時，債權人優先於股東享有對企業剩餘財產的索取權。企業債券與股票一樣，同屬有價證券，可以自由轉讓。債券融資和股票融資是企業直接融資的兩種方式，在國際成熟的資本市場上，債券融資往往更受企業的青睞，企業的債券融資額通常是股權融資的3~10倍。之所以會出現這種現象，是因為企業債券融資同股票融資相比，在財務上具有許多優勢。

首先是債券融資的稅盾作用。債券的稅盾作用來自債務利息和股利的支出順序不同，世界各國稅法基本上都準予利息支出在稅前列支，而股息則在稅後支付。這對企業而言相當於債券籌資成本中的相當一部分是由國家負擔的，因而負債經營能為企業帶來稅收節約價值。中國企業所得稅稅率為25%，也就意味著企業舉債成本中有將近1/4是由國家承擔，因此，企業舉債可以合理地避稅，從而使企業的每股稅後利潤增加。

其次是債券融資的財務槓桿作用。財務槓桿是指企業負債對經營成果具有放大作用。股票融資可以增加企業的資本金和抗風險能力，但股票融資同時也使企業的所有者權益增加，其結果是通過股票發行籌集資金所產生的收益或虧損會被全體股東均攤。債券融資則不然，企業發行債券除了按事先確定的票面利率支付利息外，其餘的經營成果將被原來的股東分享。如果納稅付息前利潤率高於利率，負債經營就可以增加稅後利潤，從而形成財富從債權人到股東之間的轉移，使股東收益增加。

最後是債券融資的資本結構優化作用。羅斯的信號傳遞理論認為，企業的價值與負債率正相關，越是高質量的企業，負債率越高。

(4) 非銀行金融機構的貸款。

非銀行金融機構貸款是指向除銀行之外從事金融業務的機構借入的用於企業自身經營的各項貸款。中國的非銀行金融機構包括城市信用社、農村信用社、保險公司、金融信託投資公司、證券公司、財務公司、金融租賃公司、融資公司等。

(5) 融資租賃。

融資租賃是指由租賃公司預先墊付資金，購買項目所需的主要技術設備並租給企業，在租賃期間企業按期交付資金，租賃期滿，承租人有權續租、退租或作價購買。這種融資性租賃業務在西方比較發達，是項目建設中常用的一種籌資形式。它的具體內容是指出租人根據承租人對租賃物件的特定要求和對供貨人的選擇，出資向供貨人

購買租賃物件，並租給承租人使用，承租人則分期向出租人支付租金，在租賃期內租賃物件的所有權屬於出租人所有，承租人擁有租賃物件的使用權。租期屆滿，租金支付完畢並且承租人根據融資租賃合同的規定履行完全部義務後，租賃物件所有權即轉歸承租人所有。儘管在融資租賃交易中，出租人也有設備購買人的身分，但購買設備的實質性內容如供貨人的選擇、對設備的特定要求、購買合同條件的談判等都由承租人享有和行使，承租人是租賃物件實質上的購買人。融資租賃是集融資與融物、貿易與技術更新於一體的新型金融產業。由於其融資與融物相結合的特點，出現問題時租賃公司可以回收、處理租賃物，因而在辦理融資時對企業資信和擔保的要求不高，所以非常適合中小企業融資。此外，融資租賃屬於表內融資（資產負債表），不體現在企業財務報表的負債項目中，不影響企業的資信狀況。這對需要多渠道融資的中小企業而言是非常有利的。

　　融資租賃的主要特徵是：由於租賃物件的所有權只是出租人為了控制承租人償還租金的風險而採取的一種形式所有權，在合同結束時最終有可能轉移給承租人，因此租賃物件的購買由承租人負責，維修保養也由承租人負責，出租人只提供金融服務。租金計算原則是：出租人以租賃物件的購買價格為基礎，按承租人占用出租人資金的時間為計算依據，根據雙方商定的利率計算租金。它實質是依附於傳統租賃上的金融交易，是一種特殊的金融工具。

　　融資租賃的種類有簡單融資租賃、槓桿融資租賃、委託融資租賃、項目融資租賃。①簡單融資租賃是指由承租人選擇需要購買的租賃物件，出租人通過對租賃項目進行風險評估後出租租賃物件給承租人使用。在整個租賃期間承租人沒有所有權但享有使用權，並負責維修和保養租賃物件。出租人對租賃物件的好壞不負任何責任，設備折舊在承租人一方。②槓桿租賃的做法類似銀團貸款，是一種專門做大型租賃項目的有稅收好處的融資租賃，主要是由一家租賃公司牽頭作為主幹公司，為一個超大型的租賃項目融資。首先成立一個脫離租賃公司主體的操作機構——專為本項目成立資金管理公司，提供項目總金額20%以上的資金，其餘部分資金來源主要是吸收銀行和社會閒散遊資，利用100%享受低稅的好處，「以二博八」的槓桿方式，為租賃項目取得巨額資金。其餘做法與融資租賃基本相同，只不過合同的複雜程度因涉及面廣而隨之增大。由於可享受稅收好處、操作規範、綜合效益好、租金回收安全、費用低，該做法一般用於飛機、輪船、通信設備和大型成套設備的融資租賃。③委託融資租賃是指擁有資金或設備的人委託非銀行金融機構從事融資租賃，第一出租人同時是委託人，第二出租人同時是受託人。出租人接受委託人的資金或租賃標的物，根據委託人的書面委託，向委託人指定的承租人辦理融資租賃業務。在租賃期內租賃標的物的所有權歸委託人，出租人只收取手續費，不承擔風險。這種委託租賃的一大特點就是讓沒有租賃經營權的企業，可以「借權」經營。電子商務租賃即依靠委託租賃作為商務租賃平臺。④項目融資租賃是指承租人以項目自身的財產和效益為保證，與出租人簽訂項目融資租賃合同，出租人對承租人項目以外的財產和收益無追索權，租金的收取也只能以項目的現金流量和效益確定。出賣人（租賃物品生產商）通過自己控股的租賃公司採取這種方式推銷產品，擴大市場份額。通信設備、大型醫療設備、運輸設備甚至高速公路經營權都可以採用這種方法。其他還包括返還式租賃（售後租回融資租賃）和

融資轉租賃（轉融資租賃）。

2. 國外資金的籌集方式

項目國外資金的籌資方式，主要是借貸和吸收外國直接投資，主要有以下幾種形式：

（1）外國政府貸款。

外國政府貸款是指一國政府向另一國政府提供的，具有一定贈予性質的優惠貸款。它具有政府間開發援助或部分贈予的性質，在國際統計上又叫雙邊貸款，與多邊貸款共同組成官方信貸。其資金來源一般分兩部分：軟貸款和出口信貸。軟貸款部分多為政府財政預算內資金，出口信貸部分為信貸金融資金。雙邊政府貸款是政府之間的信貸關係，由兩國政府機構或政府代理機構出面談判，簽署貸款協議，確定具有契約性償還義務的外幣債務。

外國政府貸款一般根據貸款國的經濟實力、經濟政策和具有優勢的行業，確定貸款投向範圍和項目。經濟發達的國家，如法國、英國、德國等，貸款一般投向能源、交通、通信、原材料及其他工業項目。某些行業比較先進的發達國家則側重於該行業的項目貸款，如丹麥重點選擇其先進的乳品加工、制糖、冷凍設備方面的項目貸款，盧森堡側重鋼鐵工業的項目貸款，瑞士選擇精密機械、機床項目貸款，奧地利側重於水電、火電等項目貸款。

（2）國際金融機構貸款。

國際金融機構貸款是指世界銀行、國際貨幣基金組織、亞洲開發銀行等國際金融機構提供的貸款。這種貸款是附有一定的貸款條件的。例如，國際貨幣基金組織一般只對其會員國或地區，提供短期或中期貸款，利率隨期限遞增，對數額較大的貸款，要求借款國提供其國際收支情況的報表。世界銀行的貸款，也只對其會員，而且貸款必須由借款方的政府擔保，且貸款的使用要由該行的代表監督。國際金融組織的貸款一般利率較低，期限較長。例如，國際開發協會主要是對低收入的貧困國家提供開發項目及文教建設方面的長期貸款，最長期限可達 50 年，只收 0.75% 的手續費。國際金融組織的貸款審查嚴格，從項目申請到獲得貸款，往往需要很長的時間。

（3）出口信貸。

出口信貸是指工業發達的國家，為促進和擴大本國產品出口，加強國際貿易競爭，為本國商業銀行設立的一種貸款方式。一般出口信貸的利率低於商業信貸利率，其差額由政府補貼。根據提供貸款的對象不同，出口信貸有賣方信貸和買方信貸兩類。

賣方信貸是指外國銀行向外商提供的貸款，外商向我方提供技術設備，我方則延期付款。關於這種貸款方式，一方面，出口商和出口銀行要承擔一定風險；另一方面，出口商將一切費用加在產品售價中，轉價給買方。因此，有些國家已不用這種信貸方式。

買方信貸是指外國銀行直接向買方（進口商或進口國銀行）提供貸款。採用此方式時，買賣雙方簽約後由買方先預付 15% 定金，其餘 85% 由出口國銀行貸給進口國銀行，以後再轉給買方，買方則今後分期以現匯支付貸款。通常是在設備投產後，買方通過其銀行分期向出口國銀行歸還本息，使用買方信貸，進口廠家易於瞭解技術設備的真實價格，便於比較選擇。

（4）外國銀行貸款。

外國銀行貸款，即一般商業借貸或自由外匯貸款。這種貸款不必與一定的進口項目聯繫，也不受使用地點和用途的限制，可以自由運用，其貸款利率通常較高，隨行就市。一般是按倫敦銀行同業拆放利率再加上一定費用計息。歐洲貨幣市場是國際貨幣市場的中心。歐洲貨幣市場上的商業銀行貸款分為短、中、長期三種。短期一般不超過1年，其中以30~90天的短期借貸較多。借貸利率經雙方商定，一般低於國內商業銀行對客戶的放款利率，借入單位的資信條件對借款額度、期限、利率均有影響。存放款利率相差0.25%~1%。中、長期信貸的期限一般為2年、3年、5年、7年，最高為10年。貸款額度較大、期限較長的長期貸款有時由多家銀行組成銀團聯合貸放，這樣既可加強資金供應能力，又可分擔可能的風險。貸款利率還要附加利率，大多定為浮動利率，每3個月或半年調整一次，把利率定死不變的雖然有，但為數極少。

（5）補償貿易。

補償貿易由外商提供技術設備，我方用本項目的產品或雙方商定的其他產品歸還，其性質與出口信貸類似。按照償付標的不同，補償貿易大體上可分為直接產品補償、其他產品補償、勞務補償三類。

直接產品補償，即雙方在協議中約定，由設備供應方向設備進口方承諾購買一定數量或金額的，由該設備直接生產出來的產品。這種做法的局限性在於，要求生產出來的直接產品及其質量必須是對方所需要的，或者在國際市場上是可銷的，否則不易為對方所接受。

其他產品補償指當所交易的設備本身並不生產物質產品，或設備所生產的直接產品並非對方所需或在國際市場上不好銷時，可由雙方根據需要和可能進行協商，用回購其他產品來代替的補償方式。

勞務補償常見於同來料加工或來件裝配相結合的中小型補償貿易中。具體做法是：雙方根據協議，往往由對方代為購進所需的技術、設備，貨款由對方墊付。我方按對方要求加工生產後，從應收的加工費中分期扣還所欠款項。

上述三種做法還可結合使用，即進行綜合補償。有時，根據實際情況的需要，我們還可以部分用直接產品或其他產品或勞務補償，部分用現匯支付等。

（6）國際租賃。

國際租賃是指一國承租人以支付一定租金的方式向他國出租人，租用所需生產設備的交易活動，為克服價值巨大商品在國際貿易中面臨困難而產生的一種商品信貸和金融信貸同時進行的籌措資金的特殊形式，是利用外資的方式之一。在這種安排下，租賃公司墊付資金，購買設備，租給用戶使用，用戶支付租金，取得設備使用權，期滿後，承租人有權退租、續租或留購。國際租賃又分為融資性租賃和經營性租賃。目前國際較多採用的槓桿租賃和出售與返租式租賃即是融資性租賃派生出來的兩種特殊形式。槓桿租賃大多涉及較大資本項目。出租人一般只出全部設備金額的20%~40%資金，其餘資金以出租設備為抵押，由金融機構貸款。出售與返租租賃是企業將所擁有設備出售給租賃公司，再向租賃公司將設備租回繼續使用。

（7）國外直接投資。

國外直接投資包含舉辦中外合資企業、中外合作經營企業，以及建立外商獨資企

業等形式，這是中國改革開放以來，引進技術、設備和資金的重要途徑。中外合資經營企業，是由中外雙方的企業、公司或個人，按照中國法律規定，共同組建的有限責任公司，其特點是中外雙方將各自的出資額作為股權，共同投資、共同管理，按註冊資金比例分配利潤和分擔風險。

(8) 證券市場籌資。

發行外幣債券和股票，是建設項目籌集和利用外資的一條重要渠道。目前在國際證券市場上，政府機構、企業集團、公司和民營企業等均可發行債券。發行外幣債券具有期限長、利率費用合理、方便靈活、易於操作等優點，中國建設單位發行國際債券，要經主管部門批准，並由國家授權的金融機構（如中國銀行、中國國際信託投資公司等）負責辦理。發行股票分為兩種，一種是在中國的證券市場上發行外幣股票，另一種是直接在國外證券市場發行股票籌資。

三、資金成本計算與籌資方案的選擇

(一) 資金成本的含義和作用

企業籌資需付出一定代價，資金成本就是企業使用資金所需支付的費用，包括資金占用費和資金的籌集費用。資金占用費用包括股息、利息、資金占用稅等；資金籌集費用是指資金籌措過程中所發生的費用，包括註冊費、代辦費、手續費、承諾費等。資金成本又稱資金成本率，是企業使用資金所負擔的費用與籌集資金的淨額之比率，其表達式為

$$資金成本率 = \frac{資金占用費用}{資金成本率籌集資金總額 - 資金籌集費用} \times 100\%$$

資金成本是資金使用者向資金所有者和仲介人支付的占用費和籌資費，是市場經濟條件下資金所有權和使用權分離的產物。資金成本是企業的耗費，企業使用資金要付出代價，但這種代價最終要作為企業收益的扣除額得到補償。首先，資金成本是確定項目基準收益率的重要因素，而項目基準收益率是評價方案取捨的標準，只有當方案的預期收益足以彌補資金成本時，方案才可以被接受，因此資金成本是影響項目可行性的重要經濟參數；其次，資金成本是選擇資金來源，擬定籌資方案的依據，不同的籌資方式，其資金成本各不相同，分析比較各種資金來源的成本，合理調整資本結構，就可以達到以最低的綜合資金成本籌集項目所需資金的目的。

(二) 資金成本計算

資金成本是企業或項目業主為取得和使用各種來源的資金需要付出的綜合費用，即各種單項來源資金成本的加權平均值。由於現實條件的制約，企業不可能只從某一種資金成本較低的來源中籌集全部資金，一般都是從多種來源取得資金以形成各種籌資方式的組合。因此，為了籌資決策，企業首先應廣開財源，計算各種資金籌措方式的單項資金成本率，其次計算各個資金籌措方案的綜合資金成本率，最後通過比較各方案的綜合資金成本率選出最佳籌資方案。下面簡略介紹西方企業計算資金成本的幾個常用公式：

1. 借貸資金成本

借貸資金一般採取銀行借款、公司債券等形式，但無論哪種形式都要按照契約利

率（借據或債券上所註明的利率）向資金借出者支付報酬，借貸資金的成本主要來自利息的支出。但是，契約利率不一定就是實際的資金成本率，資金成本率應該是借債企業支付的實際利率。實際利率是根據具體情況對契約利率進行調整、修正後的利率。調整、修正的因素包括：債券的折價或溢價發行的影響、債券不同類型的影響、借款契約的限定條件及所得稅、資金籌集費的影響。稅法規定應徵所得稅額為應納稅收入所得稅率乘以應納稅收入，是公司部分收入扣除規定支出項目後的淨收入。在所得稅率一定的條件下，應納稅收入越少，應納稅額越少。公司為借貸資金支付的利息屬於應扣除的支出項目，把它從總收入中扣除後，必然要減少應納稅收入，並帶來稅金的節約。借貸資金的成本率，即公司為借貸資金支付的實際利率，公式如下：

$$K = i \times (1 - T)$$

式中，K為借貸資金成本率，i為契約利率，T為所得稅率。

2. 股票籌資的成本

當企業通過發行股票籌資時，股東將以股票形式投資，並以股利形式獲得報酬，所以股利是計算股票籌資成本的基礎。股票的種類雖多，但主要可分為優先股與普通股。優先股是享有優先權的股票。優先股的股東對公司資產、利潤分配等享有優先權，其風險較小。但是優先股股東對公司事務無表決權。優先股股東沒有選舉及被選舉權，一般來說對公司的經營沒有參與權，優先股股東不能退股，只能通過優先股的贖回條款被公司贖回，但是能穩定分紅。普通股是享有普通權利、承擔普通義務的股份，是公司股份的最基本形式。普通股的股東對公司的管理、收益享有平等權利，根據公司經營效益分紅，風險較大。在公司的經營管理和盈利及財產的分配上享有普通權利的股份，代表滿足所有債權償付要求及優先股東的收益權與求償權要求後，對企業盈利和剩餘財產的索取權。它構成公司資本的基礎，是股票的一種基本形式，也是發行量最大、最為重要的股票。

普通股票的成本計算公式：

$$K = D/P(1 - f) + G$$

式中，K為普通股資金成本率，D為第一年發放的普通股總額的股利，P為普通股股金總額，f為籌資費率，G為普通股股利預計每年增長率。

優先股成本率計算公式：

$$K = \frac{D}{V(1 - f)}$$

式中，K為優先股成本率，D為優先股股利，V為每股的發行價格，f為發行有限股的手續費。

3. 保留盈餘的成本

保留盈餘是指企業從稅後利潤總額中扣除股利之後的剩餘部分。它是企業經營的直接成果，屬於企業主或股東。使用保留利潤的資金成本的計算，要根據機會成本原則。在資金總額有限的條件下投資人往往不得不放棄一部分有利的投資機會及與之相應的利潤，故可認為企業所採納的投資項目是以放棄其他項目的盈利機會為代價的，一般把這種代價稱為機會成本。故機會成本率等於企業所放棄的最有利的投資機會的利潤率，所以，從機會成本的觀點來看，即使項目使用的是自有資金，也是付出了代

價的，故也應計算其成本。站在股東立場分析，公司用於固定資產投資的那一部分保留利潤也可作為股利支付給股東，並由他們自行進行其他有利的投資。可見企業保留利潤是以股東放棄上述盈利機會為前提的，因此，我們應按照機會成本原則確定保留利潤的成本。保留盈餘的機會成本可按下式計算：

$$K = R(1 - T)(1 - B)$$

式中，K 為保留利潤的資金成本率，R 為保留盈餘可獲得的利潤率，B 為經紀人手續費率，T 為投資者應繳納的所得稅率。

4. 綜合資金成本的計算

綜合資金成本率，即籌資方案中各種資金籌措方式的單項資金成本率的加權平均值。其計算公式為

$$K = \sum_{i=1}^{n} P_i K_i$$

式中，K 為綜合資金成本率，P_i 為第 i 種來源資金占全部資金比重，K_i 為第 i 種來源資金的成本率，n 為籌資方式的種類。

【例7-4】甲公司的長期資本總額為1,000萬元，其中長期借款為300萬元，長期債券為200萬元，普通股為300萬元，保留盈餘為200萬元，長期借款利率為6%，長期債券利率為7%，公司普通股資金成本為8%，保留盈餘成本為6%，該公司綜合資本成本率是多少？

解：綜合資本成本率=6%×30%+7%×20%+8%×30%+6%×20%=6.68%

籌資方案的優化選擇，就是從諸多籌資方案中尋求綜合資金成本率最低的籌資方案。其步驟如下：其一，計算各種資金籌措方式的單項資金成本率。其二，分別計算每個籌資方案的各種籌資方式籌集資金占各方案全部資金的比重。其三，通過加權求和，計算各個資金籌措方案的加權平均資金成本率（方案的綜合資金成本率）。其四，比較各方案的綜合資金成本率，選取最小者為最佳籌資方案。

四、籌資方案綜合分析評價

（一）籌資方式的分析評價

在資本金的籌措上，國家預算撥款、地方財政撥款、專業投資公司的投資，是必須爭取的最可靠的資金來源；對其他法人企業的參股控股的投資，我們應評價其資金的合法性和可靠性，借入資金應注意其籌資成本。國內借資，我們首先要爭取有政府貼息的政策性貸款，如國家優先發展的能源、電力交通運輸和基礎產業項目，但這是有政策限制的；在銀行信貸融資性租賃和發行債券上我們應比較其籌資成本和其他籌資條件。在利用外資方面，外國政府和國際金融組織的優惠貸款，一般不易爭取；在一般商業銀行貸款、國際融資租賃、補償貿易和債券發行上，我們既要比較其籌資條件，也要考慮國際金融市場形勢。一般商業信貸，因利率高，不宜採用中長期投資借款。至於出口信貸，常與提供技術設備相聯繫，通常以買方信貸方式為宜，便於瞭解技術設備的真實籌資條件，也要考慮國際金融市場形勢。

項目需要引進先進技術，則可選擇現匯引進或合資經營方式；項目如果需要擴大出口，增加外匯，則可採用合資、合作、補償貿易等方式；若項目投資大、見效慢、

利潤低，則可申請外國政府低息貸款或國際金融機構貸款等。固定資產投資需驗證資金落實證件，貸款要有貸款銀行意見，自籌或滾動投資要有測算依據，並分析其資金來源的合理性和籌資能力的可靠性。利用外資項目，我們需復核外匯來源和外匯額度是否被落實和是否可靠，外匯數額能否滿足項目的要求。

(二) 籌資結構的分析評價

在分析各籌資方案的組合結構中，重要的是考慮自有資金與貸款的比例。自有資金（或股本）與借款資金是兩種性質不同的資金，自有資金經過經營而分取利潤，借款資金用以經營後要按期還本付息。通常情況下，當投資項目的收益率大於借款利率時，企業通過適度舉債，可以提高企業的自有資金利潤率，但借款太多，也必然承擔更大的利息負擔。一旦企業經營不利，將難以承受利息負擔。因此，貸款和自有資金應選擇合適的比例。西方國家和日本的企業中，貸款往往大於自有資金，必須保證投資收益率高於資金成本，負債多少要與企業資金結構及償債能力相適應。

(三) 籌資數量及投放時間的分析評價

在籌資方案評價中，對於投資需要量的測算，應從市場價格變化、籌資費用及建設期借款利息等方面進一步分析核查，以評價籌措的資金數量能否保證建設方案的順利進行。同時，要注意年度資金的投入量，以便合理安排資金投放和回收，減少資金占用，加快資金週轉。

(四) 利率和匯率風險分析評價

特別是項目的國外貸款籌資方案，應重點對國外貸款利率和匯率的變化可能引起項目投資效益下降的風險進行分析。我們應充分估計利率與匯率的變化趨勢，選擇理想的籌資方案，避免重大的風險和損失。總之，對籌資方案的分析評價，主要是對其安全性、經濟性和可靠性進一步地分析論證。安全性是指籌資風險對籌資目標的影響程度；經濟性是指籌資成本最低；可靠性是指籌資渠道有無保證，是否符合國家政策規定。最後我們對資金籌措方案進行綜合分析，提出最優投資方案建議。

五、資金使用規劃評估

(一) 資金使用計劃編製依據

資金使用計劃應根據項目實施進度與資金來源渠道進行編製，合理安排資金的使用，保證投入的資金與需要完成的工作量相符，使其銜接，保證在資金使用過程中能滿足項目實施的進度。在編製資金使用計劃時我們需要注意各項投資支出，應根據項目設計方案和其他有關數據資料，經過分析、審查和調整後，結合項目的實施規劃確定分年支出額。投資需用外匯支付各種款項時，各年的投資支付應分別以外匯與人民幣計算，便於確定不同貨幣的資金來源和計算外匯投資效益。流動資金支出，應根據投產後的年產量計算，並隨產量的增加，分年度安排流動資金增加額，以盡量減少資金的占用和流動資金的貸款利息支出。

(二) 資金平衡表

資金平衡表由「資金來源」「資金使用」「資金結餘」和「累計資金結餘」四項組成。編製資金平衡表的基本公式是：

資金來源+資金使用+資金結餘+累計資金結餘＝上年累計資金結餘+本年資金結餘

注意：上年的累計資金結餘，不作為本年資金來源中的項目。若累計資金結餘為正時，則項目有盈利；若其為負值時，則項目虧損，當某些年份累計資金結餘出現負值時，則表明收入不足，難以支付費用，此時，企業必須籌集資金彌補缺口，直到該年累計資金結餘不為負值。否則，即使全部累計資金結餘為正，項目投資效益很好，也是無法實施的，在財務上是不可行的。

編製資金平衡表時也需要注意一些問題。有時某年度會出現資金不足，即使加上上年累計資金結餘也仍不足，通過短期貸款可彌補資金缺口，累計資金結餘全部等於或大於零，財務上方可行。注意不能將銷售收入的全部作為資金來源，而只能將折舊和利潤作為資金來源。同理在資金使用項中，也沒有出現經營成本、流動資金貸款利息，這樣就簡化了分析。此外，我們還可編製外匯平衡表，反應項目外匯平衡能力，即項目在計算期內以其外匯收入抵消償付外匯支出的能力。

（三）資金使用規劃方案的分析評估

對項目資金使用規劃方案的分析與評價，應重點考慮項目的實施進度規劃是否能與籌資規劃相吻合，有無調整和修改的建議；資金使用規劃能否與項目的實施進度規劃相銜接；各項資金來源的使用是否合理，是否符合國家政策規定，資金的使用特別是外匯的使用要考慮未來的償還和還貸安排；投資使用規劃的安排是否科學合理，是否能保證項目順利實施和達到資金的最佳利用目的。

第五節　案例分析

某城市建設一條免費通行的道路工程，與項目相關的信息如下：

（1）根據項目的設計方案及投資估算，該項目建設投資為100,000萬元，建設期2年，建設投資全部形成固定資產。

（2）該項目擬採用PPP模式投資建設，政府與社會資本出資人合作成立了項目公司。項目資本金為項目建設投資的30%。其中，社會資本出資人出資90%，占項目公司股權90%；政府出資10%，占項目公司股權10%，政府不承擔項目公司虧損，不參與項目公司利潤分配。

（3）除項目資本金外的項目建設投資由項目公司貸款，貸款年利率為6%（按年計息）。貸款合同約定的還款方式為項目投入使用後10年內等額還本付息。項目資本金和貸款均在建設期內均衡投入。

（4）該項目投入使用（通車）後。前10年年均支出費用2,500萬元，後10年年均支出費用4,000萬元，用於項目公司經營、項目維護和修理，道路兩側的廣告收益權歸項目公司，預計廣告業務收入每年為800萬元。

（5）固定資產採用直線折舊，項目公司適用的企業所得稅稅率為25%，為簡化計算，不考慮銷售環節相關稅費。

（6）PPP項目合同約定，項目投入使用（通車）後連續20年內，在達到項目營運績效的前提下，政府每年給項目公司等額支付一定的金額作為項目公司的投資回報，項目通車20年後，項目公司需將該道路無償移交給政府。

解答以下問題：

(1) 計算項目建設期貸款利息和固定資產投資額。
(2) 計算投入使用第1年項目公司應償還銀行的本金和利息。
(3) 計算投入使用第1年的總成本費用。
(4) 項目投入使用第1年，政府給予項目公司的款項至少達到多少萬元時，項目公司才能除廣告收益外不依賴其他資金來源，仍滿足項目營運和還款要求？
(5) 若社會資本出資人對社會資本的資本金淨利潤率的最低要求為：以貸款償還完成後的正常年份的數據計算不低於12%，則社會資本出資人能接受的政府各年應支付給項目公司的資金額最少應為多少萬元？

解：
(1) 計算項目建設期貸款利息和固定資產投資額。
建設期貸款額 = 100,000×70% = 70,000（萬元）
第1年建設期貸款利息 = 70,000×50%×1/2×6% = 1,050（萬元）
第2年建設期貸款利息 =（1,050+70,000×50%+70,000×50%×1/2）×6%
                    = 3,213（萬元）
建設期貸款利息 = 1,050+3,213 = 4,263（萬元）
固定資產投資額 = 100,000+4,263 = 104,263（萬元）

(2) 計算投入使用第1年項目公司應償還銀行的本金和利息。
我們採用等額還本付息計算投入使用第1年項目公司應償還銀行的本金和利息。
項目投入使用第1年項目公司應償還銀行的本利和
=（70,000+4,263）(A/P,6%,10) = 10,089.96（萬元）
項目投入使用第1年項目公司應償還銀行的利息 =（70,000+4,263）×6%
                                          = 4,455.78（萬元）
項目投入使用第1年項目公司應償還銀行的本金 = 10,089.96-4,455.78
                                          = 5,634.18（萬元）

(3) 計算投入使用第1年的總成本費用。
政府出資 = 100,000×30%×10% = 3,000（萬元）
固定資產折舊費 =（104,263-3,000）/20 = 5,063.15（萬元）
總成本費用 = 經營成本+折舊+攤銷+利息+維持營運投資
          = 2,500+5,063.15+4,455.78
          = 12,018.93（萬元）

(4) 設政府給予的補貼應至少為 X 萬元。
淨利潤 =（800 + X - 12,018.93）×（1 - 25%）
淨利潤+折舊+攤銷>該年應償還的本金
（800 + X - 12,018.93）×（1 - 25%）+ 5,063.15 > 5,634.18

計算得：X >11,980.30 萬元。故項目投入使用第1年，政府給予項目公司的款項至少達到11,980.30萬元時，項目公司才能除廣告收益外不依賴其他資金來源，仍滿足項目營運和還款要求。

（5）假設政府各年應支付的金額為 Y 萬元。

正常年份的每年總成本費用＝4,000+5,063.15＝9,063.15（萬元）

正常年份的淨利潤＝[(800＋Y)－9063.15]×(1－25%)

社會資本出資人的資本金＝30,000－3,000＝27,000（萬元）

資本金淨利潤率＝正常年份的淨利潤/資本金×100%

[(800＋Y)－9,063.15]×(1－25%)/27,000×100%＝12%

Y＝12,583.15（萬元）

故社會資本出資人能接受的政府各年應支付給項目公司的資金額最少應為 12,583.15 萬元。

复习思考题

1. 試述項目的總投資構成？
2. 固定資產投資的估算方法有哪些？各有何特點？
3. 流動資金的估算方法有哪些？各有何特點？
4. 總成本費用的估算包括哪些內容？
5. 如何進行折舊費的估算？主要有哪幾種方法？
6. 項目的籌資渠道有哪些？
7. 試述股票融資和債券融資各自的優缺點。
8. 某家電科技產業公司擬投資9,500萬元，從事新建微型磁記錄設備和磁療器項目。經主管部門批准，公司採用股份制形式，除發行公司債券融資外，還向社會公開發行人民幣個人股進行融資。項目的長期投資資金構成情況是：①向銀行申請固定資產貸款2,500萬元，年貸款利率為10.8%，並且採用擔保方式，擔保費總額100萬元，擔保期限為4年。②發行一次還本付息的單利公司債券1,900萬元，委託某證券公司代理發行，發行費用總額40萬元，5年期，年利率為15.5%。③向社會公開發行個人普通股300萬股，每股發行價格12元，每股股利為0.9元，每年預期增長率為5%。④接受海外某慈善機構捐贈的現金100萬美元，折合人民幣總額約700萬元。⑤企業留存收益資金1,000萬元，企業建成投產後的所得稅稅率為25%。問該項目的綜合資本成本是多少？

第八章

項目的財務評估

項目財務評估是在國家現行財稅制度和有關法律法規的基礎上，鑒定、分析項目可行性研究報告提出的投資、成本、收入、稅金和利潤等財務費用和效益，從項目（企業）出發測算項目建成投產後的獲利能力、清償能力和財務外匯效果等財務狀況，以評價和判斷項目財務上是否可行，是項目評估的重要組成部分。本章首先從項目財務評估的定義、內容和程序入手，全面詳細地介紹了各部分的主要分析內容和方法。關於財務評估部分重點講述了基本財務報表的預測；關於財務效益評估部分，主要圍繞財務盈利能力、外匯效果和清償能力三方面進行了詳細介紹。

第一節 項目財務評估的內容

一、項目財務評估的意義

項目財務評估是對擬建項目可行性研究報告中的財務分析部分，進行分析審核和再評價，即從企業的財務角度出發，按照國家現行的財稅制度和價格體系分析、論證項目投入的費用和產出的收益，進而考察項目的財務盈利水準、貸款的償還能力，以及項目的外匯效果等狀況，據以評估項目的財務可行性。項目財務評估僅從項目或企業角度進行分析，預測投入的費用、產出的收益，從而計算項目的經濟效果。也就是說，項目的財務評估只分析由項目的直接費用和直接收益產生的內部效果，不考慮由項目引起的但不能在財務效果上反應的間接費用與間接收益，即項目的外部效果問題。例如，項目開工後，對週日圍空氣、水源及生態環境的污染給其他企業或社會造成一定的影響，屬於項目的間接費用，是不能計入項目的費用項；由於項目的投產，增加了對某種產品的需求，生產該產品的企業銷售量增加，從而提高了企業收益，這屬於項目帶來的間接收益，也不能計入項目的收益項。項目財務評估對企業投資決策有重要意義，是判斷項目是否可行的重要決策過程。

二、財務評估的主要內容與步驟

（一）財務評估的主要內容

1. 財務分析預測

在對投資項目進行總體瞭解和對市場、環境、技術方案進行充分調查、研究、掌握的基礎上，收集、預測財務分析所需的基礎數據資料，這一步驟可稱為財務分析預測。財務分析預測是整個財務分析的基礎，是決定項目財務分析質量和成敗的關鍵環節。財務分析預測的結果可歸納整理為若干輔助計算用表，以便進一步地分析。

2. 制訂資金規劃

這一步驟包括：壽命期內各年度資金需要量預測；對可能的資金來源與數量進行調查和估算；制訂債務償還計劃；在此基礎上編製項目壽命期內資金來源與運用計劃，這個計劃可用資金平衡表表示出各年度資金的來源與使用情況。一個好的資金規劃要能滿足資金平衡的需要，即在每年度的資金來源方案中挑選最經濟、效益最優的方案。一個項目的盈利能力越大、清償能力越強，外匯效果越佳，該方案越優。在財務效果計算與分析中最重要的是編製現金流量表，然後計算一系列評價指標，進行分析。此項內容常常和資金規劃交叉進行，利用財務效果分析的結果可反過來分析、調整資金規劃，以達到進一步的優化。

3. 財務效益的計算與分析

我們要根據財務基礎數據及資金規劃，計算項目的財務盈利能力，分析其清償能力。若項目涉及產品出口創匯或替代進口節匯，我們還需分析外匯效果。

（二）財務評估的步驟

1. 分析與評價項目的財務基礎數據

分析與評價項目的財務基礎數據是指對項目總投資、資金規劃、銷售成本、銷售收入、銷售稅金和銷售利潤，以及其他與項目有關的財務基礎數據進行分析與評價。這些財務數據主要都來自可行性研究報告的投資、成本、估算、資金規劃、利潤估算等部分，幾乎涉及項目可行性研究的所有實際環節，因此對項目財務數據的分析、審查與評價，離不開對項目實體部分的考察與評價。因此，對於財務數據的評價不僅要分析各種數據及輔助報表的準確性，還應注意審查財務數據與各實際環節的協調與一致性。

2. 分析審查項目的財務基本報表

財務基本報表包括資產負債表、損益表和現金流量表。它是計算反應項目的盈利水準、償債能力和外匯平衡分析等各種評價指標的依據，對基本報表的審查，主要是審查其格式是否規範，表中所填列的數據是否準確。

3. 審查與評價項目財務效益指標

在分析與審查項目財務基礎數據和財務基本報表的基礎上，審查項目財務效果指標計算方法是否正確，指標體系和基準折現率等評價參數的選擇是否合理，各種財務效果指標的計算是否準確。有必要注意一下，在項目的財務評估中，財務數據的分析、整理、測算和財務報表的編製等工作是項目財務分析成敗的關鍵所在，因此，在財務數據的預測與估算中應力求測算方法科學、數據準確、財務報表客觀。項目評估的財

務報表可分為兩類，一類是基本報表，另一類是輔助報表。基本報表有資金來源與運用表、現金流量表、利潤表、資產負債表和對外平衡表等；輔助報表有固定資產投資估算表、流動資金估算表、投資計劃與資金籌措表、主要投入產出物價格表、單位產品生產成本估算表、固定資產折舊估算表、無形資產及遞延資產攤銷估算表、總成本費用估算表、銷售收入和資金估算表、借款還本付息計算表等。

三、財務數據評估的原則

財務數據估算是一項政策性、技術性和科學性很強的工作，在進行這項工作的過程中，我們必須遵循以下原則：

(一) 合法性原則

在進行財務數據的估算時，我們必須嚴格執行國家現行的法律法規，不應以項目評估人員的主觀想像作為財務數據估算的依據。這一原則的目的在於保證財務數據估算工作的合法性和可行性。隨著中國社會主義市場經濟的不斷發展和經濟體制改革的不斷深入，國家的各項經濟法規也會不斷完善。因此，項目評估人員應該隨時注意收集和掌握有關的法規和制度。

(二) 真實性原則

財務數據估算必須體現嚴肅性、科學性和現實性的統一，應本著實事求是的精神，真實地反應客觀情況。對於比較重要的數據和參數，評估人員應該從不同的方面進行調查和核實，根據各種可靠的數據，測算基礎數據，不應以假設為測算的基礎。

(三) 科學性原則

科學適用的估算技術和方法是財務數據估算順利進行的基本要求。在財務估算中，我們既要保證估算的數學模型、計算公式、技術方法的科學性，又要從實際出發，堅持簡明適用的原則。

(四) 準確性原則

財務數據估算的各項數據準確與否直接關係經濟評估正確與否，因此，評估人員必須把握準確性原則：在數據的選擇上，要注意客觀性；在預測和分析時，要注意防止主觀性和片面性；還應考慮比較重要的基礎數據和參數的變動趨勢，以保證財務數據估算和經濟評估結果的準確性。

四、基本財務報表預測

(一) 財務預測方法

財務預測使用的方法一般為銷售百分比法。預測的時間範圍涉及預測基期和預測期。基期是指作為預測基礎的時期，通常是預測工作的上一年度。確定基期數據的方法有兩種：一種是以上年實際數據作為基期數據庫，另一種是以修正後的上年數據作為基期數據。通過分析歷史財務報表，如果上年財務數據具有可持續性，我們則以上年實際數據作為基期數據；如果上年財務數據不具有可持續性，我們就應適當調整，使之適合未來情況。預測期數據按計劃期的長短確定，一般為3～5年，通常不超過10年。

任何方法都是建立在一定的假設基礎上的，銷售百分比法也不例外。歸納起來，

銷售百分比法的假設條件有以下幾個：

（1）資產負債表的各項目可以劃分為敏感項目與非敏感項目。凡是隨銷售變動而變動並呈現一定比例關係的項目，稱為敏感項目；凡不隨銷售變動而變動的項目，稱為非敏感項目。敏感項目在短時期內隨銷售的變動而發生比例變動，其隱含的前提是：現有的資產負債水準對現在的銷售是最優的，即所有的生產能力已經被全部使用。這個條件直接影響敏感項目的確定。例如，只有當固定資產利用率已經達到最優狀態，產銷量的增加將導致機器設備、廠房等固定資產的增加，此時固定資產淨值才應被列為敏感資產；如果當前固定資產的利用率並不完全，則在一定範圍內的產量增加就不需要增加固定資產的投入，此時固定資產淨值不應被列為敏感項目。

（2）敏感項目與銷售額之間呈正比例關係。這一假設又包含兩方面意義：一是線性假設，即敏感項目與銷售額之間為正相關；二是直線過原點，即銷售額為零時，項目的初始值也為零。這一假設與現實的經濟生活不相符，比如現金的持有動機除了與銷售有關的交易動機外，還包括投機動機和預防動機，所以即使銷售額為零也應持有一部分現金。又如存貨應留有一定數量的安全庫存以應付意外情況，這也導致存貨與銷售額並不總呈現正比例關係。

（3）基期與預測期的情況基本不變。這一假設包含三重含義：一是基期與預測期的敏感項目和非敏感項目的劃分不變；二是敏感項目與銷售額之間呈固定比例，或稱比例不變；三是銷售結構和價格水準與基期相比基本不變。由於實際經濟情況總是處於不斷變動之中，基期與預測期的情況不可能一成不變。一般來說，各個項目的利用不可能同時達到最優，所以基期與預測期的敏感項目與非敏感項目的劃分會發生一定的變化，同樣，敏感項目與銷售額的比例也可能發生變化。

（4）企業的內部資金來源僅包括留用利潤，或者說，企業當期計提的折舊在當期全部用來更新固定資產。但是，企業固定資產的更新是有一定週期的，各期計提的折舊在未使用以前可以作為內部資金來源使用，與之類似的還有無形資產和遞延資產的攤銷費用。

（5）銷售預測比較準確。銷售預測是銷售百分比法應用的重要前提之一，只有銷售預測準確，我們才能比較準確地預測資金需要量。但是，產品的銷售受市場供求、同業競爭及國家宏觀經濟政策等的影響，銷售預測不可能是一個準確的數值。

（二）預計資產負債表

1. 資產負債表

資產負債表是反應企業在某一特定日期全部資產、負債和所有者權益情況的會計報表，是企業經營活動的靜態體現，根據「資產＝負債＋所有者權益」這一平衡公式，依照一定的分類標準和一定的次序，將某一特定日期的資產、負債、所有者權益的具體項目予以適當的排列編製而成。它表明權益在某一特定日期所擁有或控制的經濟資源、所承擔的現有義務和所有者對淨資產的要求權。它是一張揭示企業在一定時點財務狀況的靜態報表。資產負債表利用會計平衡原則，將合乎會計原則的「資產、負債、股東權益」交易科目分為「資產」和「負債及股東權益」兩大區塊，在經過分錄、轉帳、分類帳、試算、調整等會計程序後，以特定日期的靜態企業情況為基準，濃縮成一張報表。其報表功用除了企業內部除錯、顯現經營方向、防止弊端外，也可讓所有

閱讀者在最短時間瞭解企業經營狀況。資產負債表的作用如下：

（1）反應企業資產的構成及其狀況，分析企業在某一日期所擁有的經濟資源及其分佈情況，可以揭示公司的資產及其分佈結構。流動資產方面，我們可瞭解公司在銀行的存款及變現能力，掌握資產的實際流動性與質量；長期投資方面，我們掌握公司從事的是實業投資還是股權債權投資及是否存在新的利潤增長點或潛在風險；通過瞭解固定資產工程物資與在建工程及與同期比較，我們可以掌握固定資產消長趨勢；通過瞭解無形資產與其他資產，我們可以掌握公司資產潛質。

（2）可以反應企業某一日期的負債總額及其結構，揭示公司的資產來源及其構成。根據資產、負債、所有者權益之間的關係，如果公司負債比重高，相應的所有者權益即淨資產就低，說明主要靠債務「撐大」了資產總額，真正屬於公司自己的財產（所有者權益）不多。我們還可進一步分析流動負債與長期負債，如果短期負債多，若對應的流動資產中貨幣資金與短期投資淨額與應收票據、股利、利息等可變現總額低於流動負債，說明公司不但還債壓力較大，而且借來的錢成了被他人占用的應收帳款與滯銷的存貨，反應了企業經營不善、產品銷路不好、資金週轉不靈。

（3）可以反應企業所有者權益的情況，瞭解企業現有投資者在企業投資總額中所占的份額。實收資本和留存收益是所有者權益的重要內容，反應了企業投資者對企業的初始投入和資本累計的多少，也反應了企業的資本結構和財務實力，有助於報表使用者分析、預測企業生產經營安全程度和抗風險的能力。

（4）可以解釋、評價和預測企業的長期償債能力和資本結構。企業的長期償債能力主要指企業以全部資產清償全部負債的能力。一般認為資產越多，負債越少，其長期償債能力越強；反之，若資不抵債，則企業缺乏長期償債能力。資不抵債往往由企業長期虧損、蝕耗資產引起，還可能是舉債過多所致。所以，企業的長期償債能力一方面取決於它的獲利能力，另一方面取決於它的資本結構。資本結構通常指企業權益總額中負債與所有者權益，負債中流動負債與長期負債，所有者權益中投入資本與留存收益或普通股與優先股的關係。負債與所有者權益的數額表明企業所支配的資產有多少為債權人提供，又有多少為所有者提供。這兩者的比例關係，既影響債權人和所有者的利益分配，又牽涉債權人和所有者投資的相對風險，以及企業的長期償債能力。資產負債表為管理部門和債權人信貸決策提供重要的依據。

2. 預計資產負債表編製程序

預計資產負債表是依據當前的實際資產負債表和全面預算中的其他預算所提供的資料編製而成的總括性預算表格，可以反應企業預算期末的財務狀況。編製預計資產負債表的程序如下：

（1）區分敏感項目與非敏感項目（針對資產負債表項目）。所謂敏感項目是指直接隨銷售額變動的資產、負債項目，如現金、存貨、應付帳款、應付費用等項目。所謂非敏感項目是指不隨銷售額變動的資產、負債項目，如固定資產、對外投資、短期借款、長期負債、實收資本、留存收益等項目。

（2）計算敏感項目的銷售百分比＝基期敏感項目／基期銷售收入。

（3）計算預計資產、負債、所有者權益。

預計資產：非敏感資產不變，敏感資產＝預計銷售收入×敏感資產銷售百分比。

預計負債：非敏感負債不變，敏感負債＝預計銷售收入×敏感負債銷售百分比。
預計所有者權益：實收資本不變，留存收益＝基期數＋增加留存收益。
（4）預算需從外部追加資金＝預計資產－預計負債－預計所有者權益。

（三）預計現金流量表

1. 現金流量表

現金流量表是財務報表的三個基本報告之一，所表達的是在一固定期間（通常是每月或每季）內，一家機構的現金的增減變動情形。作為一個分析的工具，現金流量表的主要作用是決定公司短期生存能力，特別是繳付帳單的能力。它是反應一家公司在一定時期現金流入和現金流出動態狀況的報表。其組成內容與資產負債表和利潤表相一致。現金流量表可以概括反應經營活動、投資活動和籌資活動對企業現金流入流出的影響，對於評價企業的實現利潤、財務狀況及財務管理，要比傳統的利潤表提供更好的基礎。現金流量表提供了一家公司經營是否健康的證據。如果一家公司經營活動產生的現金流無法支付股利與保持股本的生產能力，從而它得用借款的方式滿足這些需要，那麼這就給出了一個警告，這家公司從長期來看無法維持正常情況下的支出。現金流量表通過顯示經營中產生的現金流量的不足和不得不用借款來支付無法永久支撐的股利水準，從而揭示了公司內在的發展問題。

一個正常經營的企業，在創造利潤的同時，還應創造現金收益，通過對現金流入來源分析，就可以對創造現金能力做出評價，並可對企業未來獲取現金能力做出預測。現金流量表所揭示的現金流量信息可以從現金角度對企業償債能力和支付能力做出更可靠、更穩健的評價。企業的淨利潤是以權責發生制為基礎被計算出來的，而現金流量表中的現金流量表是以收付實現制為基礎的。通過對現金流量和淨利潤的比較分析，我們可以對收益的質量做出評價。投資活動是企業將一部分財力投入某一對象，以謀取更多收益的一種行為，籌資活動是企業根據財力的需求，進行直接或間接融資的一種行為，企業的投資和籌資活動和企業的經營活動密切相關，因此，對於現金流量中所揭示的投資活動和籌資活動所產生的現金流入和現金流出信息，我們可以結合經營活動所產生的現金流量信息和企業淨收益進行具體分析，從而對企業的投資活動和籌資活動做出評價。

2. 預計現金流量表

預計現金流量表是反應企業一定期間現金流入和現金流出的一種財務預算。它是從現金的流入和流出兩個方面，揭示企業一定期間經營活動、投資活動和籌資活動所產生的現金流量。預計現金流量表是按照現金流量表主要項目內容和格式編製的反應企業預算期內一切現金收支及其結果的預算。它以業務預算、資本預算和籌資預算為基礎，是其他預算有關現金的匯總，主要作為企業資金頭寸調控管理的依據，是企業能否持續經營的基本保障預算。

編製預計現金流量表可以彌補編製現金預算的不足，有利於瞭解計劃期內企業的資金流轉狀況和企業經營能力，而且能突出表現一些長期的資金籌集與使用的方案對計劃期內企業的影響。預計現金流量表的編製以銷售收入的收現數為起算點，然後分別列出其他收入與費用項目的收現數、付現數，以直接反應最終的現金淨流量。

（四）預計利潤表

1. 利潤表

利潤表是反應企業在一定時期內經營成果的報表。利用利潤表，我們可以評價一個企業的經營成果和投資效率，分析企業的盈利能力及未來一定時期的盈利趨勢。利潤表屬於動態報表。利潤表反應的會計信息，可以用來評價一個企業的經營效率和經營成果，評估投資的價值和報酬，進而衡量一個企業在經營管理上的成功程度。具體來說有以下幾個方面的作用：

（1）利潤表可作為經營成果的分配依據。利潤表反應企業在一定期間的營業收入、營業成本、營業費用、各項期間費用和營業外收支等項目，我們據此最終計算出利潤綜合指標。利潤表上的數據直接影響許多相關集團的利益，如國家的稅收收入、管理人員的獎金、職工的工資與其他報酬、股東的股利等。正是由於這方面的作用，利潤表的地位曾經超過資產負債表，成為最重要的財務報表。

（2）利潤表能綜合反應生產經營活動的各個方面，可以有助於考核企業經營管理人員的工作業績。企業在生產、經營、投資、籌資等各項活動中的管理效率和效益都可以從利潤數額的增減變化中綜合地表現出來。通過將收入、成本費用、利潤與企業的生產經營計劃進行對比，我們可以考核生產經營計劃的完成情況，進而評價企業管理當局的經營業績和效率。

（3）利潤表可用來分析企業的獲利能力、預測企業未來的現金流量。利潤表揭示了經營利潤、投資淨收益和營業外的收支淨額的詳細資料，我們可據以分析企業的盈利水準，評估企業的獲利能力。同時，報表使用者關注的各種預期的現金來源、金額、時間和不確定性，如股利或利息、出售證券的所得及借款的清償，都與企業的獲利能力密切相關，因此，收益水準在預測未來現金流量方面具有重要作用。

2. 預計利潤表

預計利潤表是以貨幣形式綜合反應預算期內企業經營活動成果（包括利潤總額、淨利潤）計劃水準的一種財務預算。該預算需要在銷售預算、產品成本預算、應交稅金及附加預算、製造費用預算、銷售費用預算、管理費用預算和財務費用預算等日常業務預算的基礎上編製。

（1）預計利潤表中，營業成本這部分內容是編製的重點，包括耗用的主要材料、輔助材料、直接人工、製造費用。每一部分內容根據企業成本費用的特點，列示出其重要項目。

（2）在預計利潤表中加入每個項目占銷售收入的比例，簡稱銷售百分比。在生產比較穩定，產品品種比較穩定的情況下，每個項目占銷售收入的比例是基本保持不變的，企業在剛開始編製預算時需根據歷史水準做一個合理的估計，之後再根據實際數據逐月更新，一般取最近半年或三個月的平均數。比如，關於原材料部分，如果當前管理層覺得原材料價格偏高，可以加入對採購部業績的考核指標；如果當前產品結構發生變化，可以加入對某個原材料的考核指標等。關於直接人工部分，生產員工的排班情況將影響直接人工中加班費的數據，任何對員工的福利變動或整體薪資的變動都會影響直接人工。因此，這些重要因素都可以作為考核指標被加在調整項裡。關於製造費用部分，固定資產的投資會影響折舊總額，生產能力的不足會影響外發加工的成

本，生產線的大修或保養支出會影響修理費等，廠房或大型設施的維修會影響設施維修費，還有水、電的價格及日常消耗性物資的使用量或價格都會影響製造費用。因此，根據企業的費用特點，我們可以將需要進行重點管控的內容加進來作為月末考核各項業績的指標。

（3）數據的填列。一個企業開始編製預算利潤表時首先必須確定每一項目占銷售收入的比例，這個比例正如上文所說先根據歷史水準做一個合理的估計之後，再根據實際數據逐月更新，一般取最近半年或三個月的平均數。如果產品結構變化、技術更新或市場價格波動較大影響比例時，我們需對預期比例做出適當的調整。確定了這個比例之後，我們根據公式可以很快計算每一項目的金額並得出一個初步的營業利潤。如果此營業利潤沒有達到企業的預計利潤目標，我們再對相關項進行調整。每一個調整項都是企業成本控制的目標，月末時企業將調整項分解到具體項目上與實際數進行對比，分析預算與實際的差異從而評價每一個執行部門的業績。通過此方法編製的滾動預計利潤表，不僅可以反應企業預期最近一年的利潤目標及公司的戰略目標，同時也可以反應企業成本控制的內容。

（五）財務外匯平衡表

外匯平衡表是指專門反應項目計算期內各年外匯收支及餘缺程度的一種報表。該表可用於外匯平衡分析，適用於有外匯收支的項目財務數據分析。外匯平衡表由外匯來源、外匯運用和外匯餘缺額三部分構成。外匯來源包括產品外銷的外匯收入、外匯貸款和自籌外匯等，自籌外匯包括在其他外匯收入項目中。外匯運用主要是進行投資、進口原料及零部件、支付技術轉讓費和清償外匯借款本息及其他外匯支出。外匯餘缺額直接反應了項目計算期內外匯平衡程度。對於外匯不能平衡的項目，企業應根據外匯餘缺程度提出具體解決方案。

第二節　財務效益評估

一、財務效益評估的內容

（一）清償能力分析

投資項目的清償能力包括兩個部分：一是項目的財務清償能力，即項目全部收回投資的能力，回收的時間越短，說明項目清償能力越好，這是投資者考察投資效果的依據；二是項目的債務清償能力，即項目清償建設投資借款的能力，這主要是貸款銀行考察項目的還款期限是否符合銀行的有關規定。

（二）盈利能力分析

盈利能力分析是項目財務效益評估的最主要部分，也是項目能否成立的先決條件。投資項目的盈利主要是指項目建成投產後所產生的利潤、稅金與淨現金流量。

（三）財務外匯效果分析

對於項目建設營運利用了國外資源、產品出口創匯、替代進口節匯等涉及外匯收支的投資項目，除了以上兩方面的指標外，我們還需要單獨考慮項目外匯使用的財務

效益，保證有限的外匯資金被配置到最優的項目中去。

二、財務效益評估的程序

（一）分析估算項目財務數據

在整理基礎財務數據時，我們已經測算了項目總投資、資金籌措方案、產品成本費用、銷售收入及利潤等數據。項目評估的任務是對這些數據進行分析審查，並與自己所掌握的信息資料進行對比分析，必要時需要重新估算。

（二）建立財務基本報表

基礎財務報表包括現金流量表、利潤表、資產負債表等，在利用這些報表的數據進行項目財務效益評估之前，我們需要進行以下工作：一是審查報表的格式是否符合規範要求，二是審查所填列的數據是否準確。如果要求不符合，我們需重新編製表格，按評估人員估算的數據填列。

（三）評價財務效益指標

投資項目評估評價財務效益指標包括三個方面內容：盈利能力指標，包括靜態指標和動態指標，其中靜態指標包括投資利潤率、投資利稅率、資本金淨利潤率等；動態指標包括財務內部收益率、財務淨現值、財務淨現值率等。清償能力指標，包括投資回收期、借款償還期、資產負債率、流動比率和速動比率等。外匯效果指標，包括財務外匯淨現值與財務換匯成本兩個指標。項目評估主要從可行性研究所採用的方法與分析結果兩方面的正確性入手。

（四）提出財務評估結論

我們將評估結果與國家或行業的基準指標進行對比，從財務角度做出項目是否可行的決定。

（五）不確定性分析

不確定性分析主要包括盈虧平衡分析、敏感性分析與概率分析三個方面，主要分析項目的抗風險能力。

三、項目盈利能力分析

（一）靜態盈利能力指標

靜態盈利能力指標是指不考慮資金的時間價值進行計算的，反應項目在生產期內某個代表年份或平均年份的盈利能力的技術經濟指標，主要有投資利潤率、投資利稅率和資本金利潤率三種。

1. 投資利潤率

投資利潤率是指項目達到設計生產能力後的一個正常生產年份的年利潤總額（所得稅前利潤或者所得稅後利潤）或生產期內年平均利潤總額占總投資額的比率。計算公式為

$$總投資利潤率 = 息稅前利潤 / 總投資 \times 100\%$$

式中，年利潤總額通常為項目達到正常生產能力的息稅前利潤，也可以是生產期平均年息稅前利潤，即：

$$息稅前利潤 = 年利潤總額 + 利息支出$$

$$總投資＝建設投資＋流動資金投資＋建設期借款利息$$

2. 投資利稅率

投資利稅率是指項目達到設計生產能力後的一個正常生產年份的，銷售利潤與銷售稅金及附加之和（或項目生產期內的平均銷售利潤與銷售稅金及附加之和）與靜態總投資的比率。計算公式為

$$投資利稅率＝年利稅總額或平均利稅總額／總投資×100\%$$

式中，年利稅總額可以是正常生產年份的年利潤總額與銷售稅金之和，也可以是生產期平均年利潤總額與銷售稅金之和，即：

年利稅總額＝年利潤總額＋年銷售稅金及附加＝年產品銷售收入－年總成本費用

總投資包括建設投資、建設期利息及流動資金。

投資利稅率是將政府作為項目的淨受益者來考慮項目的盈利能力，將計算出的項目投資利稅率與行業的平均或標準投資利稅率進行比較，在項目的投資利稅率大於或等於後者時項目才是可行的。投資利稅率高於或等於行業基準投資利稅率時，項目可以被採納。

投資利稅率和投資利潤率不同，在效益中較多考慮稅金。這是因為在財務效益分析中，為了從國家財政收入的角度衡量項目為國家所創造的累積，特別是一些稅大利小的企業，用投資利潤率衡量往往不夠準確，用投資利稅率能較合理地反應項目的財務效益。在市場經濟條件下，使用投資利稅率指標更具有現實意義。

3. 資本金利潤率

資本金利潤率是指項目達到設計生產能力後的一個正常生產年份的年利潤總額（所得稅後）或生產期內年平均利潤總額占資本金的比率。該指標反應投入項目的資本金的盈利能力，計算公式如下：

$$資本金利潤率＝年利潤總額或年平均利潤總額／資本金×100\%$$

資本金利潤率與企業財務分析中的關鍵指標淨資產收益率很相似，只是資本金利潤率的分子是利潤總額，而淨資產利潤率的分子為稅後淨利潤。

其中，項目總投資是建設投資、建設期借款利息和流動資金之和。項目總投資是靜態概念下的總投資，即由各年投資簡單加起來而形成，與動態的總投資概念是不同的，動態的現值總投資是各年投資折現之後加起來形成的。前面三個指標都是靜態收益指標，分子是靜態的年利潤（利稅）或年平均利潤，分母是靜態概念的總投資或資本金，完全符合靜態指標的本質。靜態指標只是考慮了價值的一部分，時間價值被忽略了，因此，只作為項評估中的輔助指標，而不是決定性指標。自有資金是一部分，另一部分是資本溢價。一般情況下，資本金與註冊資本一致。很明顯，資本金收益率並不能真實反應權益資本的收益率，因為權益資本包含資本溢價，而有時資本溢價的數額是很大的。但前面已經提到，資本金收益率只是一個輔助指標，這一指標能否真實反應權益資本收益率，並不影響項目投資的決策。

靜態財務效益指標在項目評估的作用主要體現在，這些效益指標一般要高於或等於同行業的平均效益指標，從而有利於做出決策。下面舉例說明靜態財務效益指標。

【例8-1】某一項目建設期為3年，第一年投入自有資金1,000萬元，第二年投入自有資金800萬元，第三年投入銀行貸款1,000萬元。投資貸款利率為10%，該項目

可使用20年，從生產期第三年開始，達到設計能力的100%。正常年份生產某產品10,000噸，總成本費用為1,500萬元，銷售稅金為產品銷售收入的10%。產品銷售價格為2,000元/噸，並且當年沒有庫存。流動資金為600萬元。該項目的靜態盈利指標是多少？

解：總投資＝建設投資利息＋建設投資總額＋流動資金
$$= 1,000 \times 10\% + 1,000 + 800 + 1,000 + 600 = 3,500 \text{（萬元）}$$

正常年份利潤＝年產品銷售收入－年總成本－年銷售稅金
$$= (2,000 - 1,500 - 2,000 \times 10\%) \times 10,000 = 300 \text{（萬元）}$$

正常年份利稅＝年產品銷售收入－年總成本費用
$$= (2,000 - 1,500) \times 10,000 = 500 \text{（萬元）}$$

投資利潤率＝正常年份利潤總額/總投資×100%
$$= 300 \div 3,500 \times 100\% = 8.57\%$$

投資利稅率＝正常年份利稅/總投資×100%
$$= 500 \div 3,500 \times 100\% = 14.29\%$$

資本金利潤率＝正常年份利潤總額/資本金總額×100%
$$= 300 \div 1,800 \times 100\% = 16.67\%$$

(二) 動態盈利能力指標

1. 財務淨現值

財務淨現值（FNPV）亦稱累計淨現值。擬建項目按部門或行業的基準收益率或設定的折現率，將計算期內各年的淨現金流量折現到建設起點年份的現值累計數，是企業經濟評價的輔助指標。當財務淨現值大於或等於零的時候，表明項目的盈利率不低於投資機會成本的折現率，項目被認為是可以接受的。而當財務淨現值為負值時，項目在財務上不可行。在進行投資額相等的項目方案選擇時，企業應選財務淨現值大的方案；當各方案的投資額不等時，企業需用財務淨現值率來比選方案。計算公式為

$$FNPV = \sum_{t=1} (CI - CO)_t (1 + i)^{-t}$$

式中，CI為現金流入，CO為現金流出，$(CI - CO)_t$為第t年淨現金流量，i為基準收益率。

FNPV>0，表示項目實施後，除保證可實現預定的收益率外，企業尚可獲得更高的收益，項目可行；

FNPV<0，表示項目實施後，未能達到預定的收益率水準，企業可能已虧損，項目不可行；

FNPV=0，表示項目實施後的投資收益率正好達到預期，而不是投資項目盈虧平衡，一定條件下項目可行。

很顯然，在用財務淨現值進行評估時，我們選擇的折現率不同，得到的結果就不同。確定項目評估中的折現率一般有下面幾種方法：

（1）銀行利率。銀行利率可以代表資金使用的機會成本，因此可以使用銀行相同期限的利率作為折現率。

（2）加權平均成本。根據企業不同的資金來源確定的加權平均資金成本反應了企業使用資金的平均成本水準，因此我們也可以使用加權平均成本計算項目的財務淨現值。

（3）國家或行業主管部門規定的行業基準收益率。為了指導項目評估工作，國家計委與建設部制定並頒布了各行業的基準收益率，作為不同行業的統一的標準進行實行。

【例8-2】甲、乙兩個方案每年淨現金流量如表 8-1 所示，已知基準收益率為 10%，試求兩方案的淨現值。

表 8-1　甲、乙兩個方案淨現金流量表　　　　　　　單位：萬元

時間(年)	0	1	2	3	4	5
甲方案淨現金流量	-1,000	300	300	300	300	300
乙方案淨現金流量	-1,000	100	200	300	400	500

解：

甲方案現金流量圖（見圖 8-1）及淨現值計算過程如下：

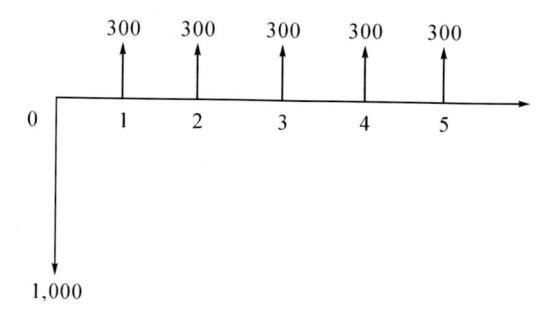

圖 8-1　甲方案現金流量圖

$$FNPV_{甲} = A\left(\frac{P}{A}, 10\%, 5\right) - P = A\frac{(1+i)^n - 1}{i(1+i)^n} - P = 137.24(萬元)$$

乙方案現金流量圖（見圖 8-2）及淨現值計算過程如下：

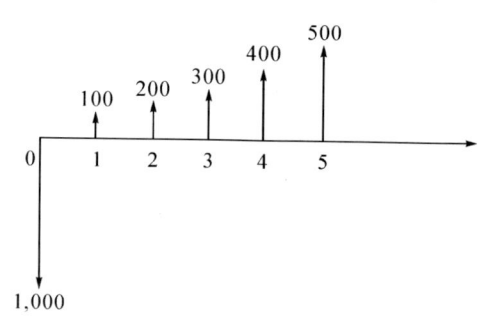

圖 8-2　乙方案現金流量圖

$$\begin{aligned}FNPV_{乙} &= 100(P/F, 10\%, 1) + 200(P/F, 10\%, 2) + 300(P/F, 10\%, 3) + \\ &\quad 400(P/F, 10\%, 4) + 500(P/F, 10\%, 5) - 1,000 \\ &= 65.25(萬元)\end{aligned}$$

2. 財務淨現值率

財務淨現值率又稱內部收益率、企業內部收益率、貼現金流量回收率，是使擬

建項目在計算期內各年淨現金流量貼現值的累計數（項目淨現值 FNPV）等於零的貼現率。它是對投資項目進行企業經濟評價，判斷投資項目盈利能力及其財務上是否可行的主要指標。計算公式為

$$FNPVR = FNPV/I_p$$

其中，I_p 表示投資現值，即總投資；FNPV 為項目淨現值。

財務淨現值率是一個衡量投資方案獲利水準的指標，常見於投資項目的財務評價，表示單位投資現值所能帶來的財務淨現值，是一個考察項目、單位投資所能帶來盈利的指標。淨現值率是在淨現值基礎上發展來的，可作為淨現值的補充標準，反應了淨現值與投資現值的關係。淨現值率的最大化，有利於實現優先投資的淨貢獻最大化，在多方案選擇中有重要作用。

3. 財務內部收益率

財務內部收益率（FIRR），是指項目在整個計算期內各年財務淨現金流量的現值之和等於零時的折現率，也就是使項目的財務淨現值等於零時的折現率。

$$\sum_{t=1}^{n}(CI-CO)_t \cdot (1+FIRR)^{-t} = 0$$

式中，FIRR 為財務內部收益率，CI 為現金流入量，CO 為現金流出量，$(CI-CO)_t$ 為第 t 期的淨現金流量，n 為項目計算期。

若建設項目期初一次投資，項目各年淨現金流量相等時，財務內部收益率的計算過程如下：

（1）計算年金現值系數 $(p/A, FIRR, n) = K/R$；

（2）查年金現值系數表，找到與上述年金現值系數相鄰的兩個系數 $(p/A, i_1, n)$ 和 $(p/A, i_2, n)$ 及對應的 i_1、i_2，滿足 $(p/A, i_1, n) > K/R > (p/A, i_2, n)$；

（3）用插值法（內插法）計算 FIRR：

$(FIRR - I)/(i_1 - i_2) = [K/R - (p/A, i_1, n)]/[(p/A, i_2, n) - (p/A, i_1, n)]$

若建設項目現金流量為一般常規現金流量，財務內部收益率的計算過程為：

（1）首先根據經驗確定一個初始折現率 i_c。

（2）根據投資方案的現金流量計算財務淨現值 FNPV(i)。

（3）若 FNPV$(i) = 0$，則 FIRR $= i$；

若 FNPV$(i) > 0$，則繼續增大 i；

若 FNPV$(i) < 0$，則繼續減小 i。

（4）重複步驟 3，直到找到這樣兩個折現率 i_1 和 i_2，滿足 FNPV$(i_1) > 0$，FNPV$(i_2) < 0$，其中 $i_2 - i_1$ 一般為 2%~5%。

（5）$(FIRR - i_1)/(i_2 - i_1) = NPV_1/(NPV_1 - NPV_2)$

財務內部收益率（FIRR）指標考慮了資金的時間價值及項目在整個計算期內的經濟狀況，不僅能反應投資過程的收益程度，而且 FIRR 的大小不受外部參數影響，完全取決於項目投資過程淨現金流量系列的情況。這樣避免了像財務淨現值之類需事先確定基準收益率這個難題，而只需要知道基準收益率的大致範圍即可。但財務內部收益率計算比較麻煩，對於具有非常規現金流量的項目來講，其財務內部收益率在某些情況下甚至不存在或存在多個內部收益率。

四、項目外匯效果分析

(一) 財務外匯淨現值

財務外匯淨現值 (financial net present value of foreign exchange，FNPVF) 是指把項目壽命期內各年的淨外匯流量用設定的折現率 (一般取外匯借款綜合利率) 折算到第零年的現值之和。它是分析、評估項目實施後對國家外匯狀況影響的重要指標，用以衡量項目對國家外匯的淨貢獻。

$$\text{FNPVF} = \sum_{t=0}^{n} (FI - FO)_t \cdot (1 + i_s)^{-t}$$

式中，FI 表示外匯流入量；FO 表示外匯流出量；$(FI-FO)_t$ 為第 t 年的淨外匯流量；i_s 為折現率，一般取外匯借款綜合利率；n 為項目壽命期。

(二) 財務換匯成本

項目財務換匯成本是指項目投產為換取一個貨幣單位的外匯所需要的以人民幣計量抵償的代價，亦稱換匯率。評估生產出口產品的項目是否值得興建，其產品在國際市場上是否有競爭能力，必須做項目財務換匯成本的預測，即計算項目整個壽命期內為生產出口產品所投入的國內資源 (包括投資、原材料、工資及其他投入) 的現值與產品出口創匯的淨現值之比。在評估時，評估人員將項目的換匯成本與法定匯率比較。財務換匯成本的計算公式為

$$FC_E = \frac{\sum_{t=0}^{n} DR_t (1+i_c)^{-t}}{\sum_{t=0}^{n} (FI - FO)_t (1+i_c)^{-t}}$$

式中，FC_E 為財務換匯成本；DR_t 為項目在第 t 年生產出口產品投入的國內資源價值 (包括工資、原材料和投資等)。

一般說，低於或等於法定匯率的項目才是可取的。不然，除非項目必不可少，國家要採取相應的保護措施以外，項目將是缺乏競爭力和不合算的。

五、項目清償能力分析

(一) 項目資金流動性分析

在企業財務評價中，反應項目資金流動比率的主要指標有：資產負債比率、流動比率和速動比率，評估人員可根據資產負債表中的有關數據進行計算。

1. 資產負債率

資產負債率又稱舉債經營比率，是用以衡量企業利用債權人提供資金進行經營活動的能力，以及反應債權人發放貸款的安全程度的指標。這項指標不僅在項目籌集資金時具有重要作用，也是衡量投資者承擔風險程度的尺度。這一比率越小，則說明回收借款的保障就越大；反之，投資風險程度就越高。因此投資者希望這一比率接近於 1。這項指標不僅能衡量企業利用債權人提供的資金進行投資和生產經營活動的能力，而且也能反應債權人發放借款的安全程度。此比率按下式計算：

資產負債率 = 負債總額 / 資產總額 × 100%

公式中，負債總額是指公司承擔的各項負債的總和，包括流動負債和長期負債；

資產總額指公司擁有的各項資產的總和，包括流動資產和長期資產。

關於企業資產負債率，首先要看企業當年實現的利潤是否較上年同期有所增長，利潤的增長幅度是否大於資產負債率的增長幅度。如果大於，給企業帶來的是正面效益，這種正面效益使企業所有者權益變大，隨著所有者權益的變大，資產負債率就會相應降低。其次要看企業淨現金流入情況。當企業大量舉債，實現較高利潤時，就會有較多的現金流入，這說明企業在一定時間內有一定的支付能力，能夠償債和保證債權人的權益，同時說明企業的經營活動是良性循環的。

2. 流動比率

流動比率是流動資產對流動負債的比率，用來衡量企業流動資產在短期債務到期以前，可以變為現金用於償還負債的能力。一般說來，比率越高，說明企業資產的變現能力越強，短期償債能力亦越強；反之則弱。一般認為流動比率應在 2 以上，表示流動資產是流動負債的 2 倍，即使流動資產有一半在短期內不能變現，也能保證全部的流動負債得到償還。其計算公式為

$$流動比率 = 流動資產合計 / 流動負債合計 \times 100\%$$

項目能否償還短期債務，要看有多少債務，以及有多少可變現償債的流動資產。因此流動比率越高，償債能力越強。一般認為，生產項目合理的最低流動比率是 2。這是因為流動資產中變現能力最差的存貨總額約占流動資產總額的一半，餘下的流動性較大的流動資產至少要等於流動負債，企業的短期償債能力才會有保證。這項指標也有其缺點：流動性代表企業運用足夠的現金流入以平衡所需現金流出的能力，而流動比率各項要素都來自資產負債表的時點指標，只能表示企業在某一特定時刻一切可用資源及需償還債務的狀態或存量，與未來資金流量並無因果關係。因此，流動比率無法用以評估企業未來資金的流動性。

3. 速動比率

速動比率又稱酸性測驗比率，是指企業速動資產與流動負債的比率。速動資產是企業的流動資產減去存貨和預付費用後的餘額，主要包括現金、短期投資、應收票據、應收帳款等項目。它是衡量企業流動資產中可以立即變現，用於償還流動負債的能力，可以在較短時間內變現。而流動資產中存貨及 1 年內到期的非流動資產不應計入。

$$速動比率 = 速動資產 / 流動負債$$

$$速動資產 = 流動資產 - 存貨 - 預付帳款 - 待攤費用$$

計算速動比率時，流動資產中扣除存貨，是因為存貨在流動資產中變現速度較慢，有些存貨可能滯銷，無法變現。至於預付帳款和待攤費用根本不具有變現能力，只是減少企業未來的現金流出量，所以理論上也應加以剔除。但實際中，它們在流動資產中所占的比重較小，計算速動資產時也可以不扣除。

傳統經驗認為，速動比率維持在 1∶1 較為正常，表明企業的每 1 元流動負債就有 1 元易於變現的流動資產來抵償，短期償債能力有可靠的保證。速動比率過低，企業的短期償債風險較大；速動比率過高，企業在速動資產上占用資金過多，會增加企業投資的機會成本。但以上評判標準並不是絕對的。實際工作中，我們應考慮企業的行業性質。例如，商品零售行業採用大量現金用於銷售，幾乎沒有應收帳款，速動比率大大低於 1，也是合理的；相反，有些企業速動比率雖然大於 1，但速動資產中大部分是

應收帳款,並不代表企業的償債能力強,因為應收帳款能否收回具有很大的不確定性。因此,在評價速動比率時,我們還應分析應收帳款的質量。

速動比率的高低能直接反應企業短期償債能力的強弱,是對流動比率的補充,並且比流動比率反應得更加直觀可信。如果流動比率較高,但流動資產的流動性卻很低,則企業的短期償債能力仍然不高。在流動資產中有價證券一般可以立刻在證券市場上被出售,轉化為現金、應收帳款、應收票據等項目,可以在短時期內變現;而存貨、預付帳款、待攤費用等項目變現時間較長,特別是存貨很可能發生積壓、滯銷、殘次、冷背等情況,其流動性較差。因此,流動比率較高的企業,償還短期債務的能力並不一定很強,速動比率就避免了這種情況的發生。速動比率一般應保持在100%以上。

(二) 借款償還期

借款償還期是指在有關財稅規定及企業具體財務條件下,項目投產後可以用作還款的利潤、折舊及其他收益償還建設投資借款本金和利息所需要的時間,一般以年為單位表示。該指標可由借款償還計劃表推算。不足整年的部分可用線性插值法計算。指標值應能滿足貸款機構的期限要求。項目償還借款的方式有以下幾種:

1. 等本償還

等本償還是指每年償還的本金相同、利息遞減的一種償還方式。等本償還時,應在投產開始年份將借款本息總額(包括建設期利息)平攤到預計的償還年限中,每年償還的利息以年初的本息合計為基數結合年利率計算。其計算公式如下:

$$A_t = \frac{I_p}{n} + I_p\left(1 - \frac{t-1}{n}\right)i$$

式中,A_t 為第 t 年的還本付息額,I_p 為建設期末投資借款本息和,n 為借款方要求的還款年限,i 為借款利率。

選擇等本償還方式時,具體的償還時間要根據投產後的實際還款來源確定。

2. 等額償還

等額償還是指每年償還的總金額相同,本金遞增,利息遞減的一種償還方式。每期償還的金額由下式確定:

$$A_t = I_p(A/p, i, n)$$

式中,A_t 為第 t 年的還本付息額,I_p 為建設期末投資借本息和,i 為借款利率,n 為借款方要求的借款償還年限。

每期償還利息=期初本總合計×每期利率

每期償還金額與每期償還利息之差就是每期償還的本金。

與選擇等本償還方式一樣,選擇等額償還方式也要根據項目投產後的實際還款資金來源,確定償還的開始年和償還的年數。

3. 最大可能還款

最大可能還款是指每年償還的金額等於企業每年所有可以用來還款的資金來源,償還總額中超過利息的部分是本年償還的本金。按照最大可能法,借款償還期是不固定的,要根據項目營運的不同而有所變化。估計的借款償還期的計算公式如下:

借款償還期=借款償還後出現盈餘的年份-開始借款的年份+當年應償還借款額/
     當年可用於還款的資金來源

由於最大可能還款會根據項目的收益情況改變還款期，對借款銀行不利，因此現在一般使用前兩種方法，由借款雙方協商確定還款期。

(三) 項目投資回收期分析

1. 靜態投資回收期

投資回收期是以項目的淨收益抵償全部投資（包括建設投資與流動資金）所需的時間。投資回收期是反應項目投資回收能力的重要指標。全部投資回收期的計算假定了全部投資都是由投資者的自有資金完成的，因此所有的利息，包括固定資產貸款利息與流動資金利息都不被考慮。投資回收期的計算也要以全部投資的現金流量表為基礎。計算靜態投資回收期方法有公式法和列表法。

(1) 公式法。

如果某一項目的投資均集中發生在建設期內，投產後一定期間內每年經營淨現金流量相等，且其合計大於或等於原始投資額，我們可按以下簡化公式直接求出不包括建設期的投資回收期：

不包括建設期的投資回收期＝原始投資合計／投產後前若干年每年相等的淨現金流量
包括建設期的投資回收期＝不包括建設期的投資回收期＋建設期

(2) 列表法。

列表法指通過列表計算「累計淨現金流量」的方式，來確定包括建設期的投資回收期，進而再推算出不包括建設期的投資回收期的方法。因為不論在什麼情況下，我們都可以通過這種方法確定靜態投資回收期，所以此法又稱為一般方法。該法的原理是：按照回收期的定義，包括建設期的投資回收期滿足以下關係式，即：這表明在財務現金流量表的「累計淨現金流量」一欄中，包括建設期的投資回收期恰好是累計淨現金流量為零的年限。無法在「累計淨現金流量」欄上找到零，我們必須按下式計算包括建設期的投資回收期：

包括建設期的投資回收期＝最後一項為負值的累計淨現金流量對應的年數＋最後一項為負值的累計淨現金流量絕對值÷下年淨現金流量

靜態投資回收期的優點是能夠直觀地反應原始總投資的返本期限，便於理解，計算也比較簡單，可以直接利用回收期之前的淨現金流量信息因方式不同對項目產生的影響；缺點是沒有考慮資金時間價值因素和回收期滿後繼續發生的現金流量，不能正確反應投資項目是否具有財務可行性。

2. 動態全部投資回收期

動態投資回收期也稱現值投資回收期，指按現值計算的投資回收期。動態投資回收期法克服了傳統的靜態投資回收期法不考慮貨幣時間價值的缺點，即考慮時間因素對貨幣價值的影響，使投資指標與利潤指標在時間上具有可比性條件下，計算投資回收期。計算公式如下：

動態全部投資回收期＝累計財務淨現值出現正值的年份－1＋上年累計財務淨現值的絕對值／當年財務淨現值

【例8-3】項目的建設期為三年，第一年投資150萬元，第二年投資100萬元，第三年投資50萬元，第四年開始生產。第四年銷售收入為150萬元，隨後每年的銷售收入為200萬元，經營成本與銷售稅金之和為100萬元，第八年項目結束，有50萬元的

殘值收入。不考慮所得稅，求項目的投資回收期。

解：根據題意得到項目各年現金流量表，如表 8-2 所示。

表 8-2　項目各年現金流量表

時間（年）	1	2	3	4	5	6	7	8
現金流入（萬元）	—	—	—	150	200	200	200	250
現金流出（萬元）	150	100	50	100	100	100	100	100
淨現金流量（萬元）	-150	-100	-50	50	100	100	100	150
累計淨現金流量（萬元）	-150	-250	-300	-250	-150	-50	50	200

從建設期開始的項目投資回收期為

投資回收期 = 7 - 1 + 50 ÷ 100 = 6.5（年）

與靜態投資回收期相比，動態投資回收期考慮了現金收支的時間因素，能夠反應資金的時間價值，而比靜態投資回收期能夠更科學地反應資金的回收情況；但是動態投資回收期的計算比較麻煩，而且在折現率比較小時，與靜態投資回收期相差不大。不管是靜態回收期法還是動態回收期法，計算出投資回收期後，我們還應將計算結果與企業對該投資預先設定的投資回收年限 N 加以比較，且符合以下決策規則：

（1）在只有一個備選方案的採納決策中，如果計算出的投資回收期小於或等於 N 時，則投資方案可行，應予採納；反之，則拒絕。

（2）在有多個備選方案的互斥的擇優決策中，應在計算出的各備選方案的回收期短於預計回收期 N 的有關方案中，選最短回收期方案為最優方案；而計算出的回收期長於預計回收期 N 的方案都是捨棄方案，投資決策中不予考慮。

第三節　案例分析

某國際公司擬投資建廠，生產某種化工產品，年產量為 2.3 萬噸。已知條件如下。

一、項目建設實施進度計劃

該項目第一年完成投資計劃的 20%，第二年完成投資計劃的 55%，第三年完成全部投資，第四年投產，當生年產負荷達到設計能力的 70%，第五年達設計能力的 90%，第六年達產。項目生產期按 15 年計算。

二、建設投資估算

本項目固定資產投資估算額為 52,000 萬元，其中需外匯 300 萬美元（當時外匯牌價為：1 美元約等於 8.3 元人民幣）。本項目無形與遞延資產額為 180 萬元，預備費用為 5,000 萬元，按國家規定，本項目的固定資產投資方向調節稅稅率為 5%。

三、建設投資資金來源

該公司投資本項目的自有資金為 2,000 萬元，其餘為貸款。貸款額為 4,000 萬元，

其中外匯貸款為 2,300 萬美元。貸款的人民幣部分從中國建設銀行獲得，年利率為 12.48%（名義利率，按季結息）。貸款的外匯部分從中國銀行獲得，年利率為 8%（實際利率）。

四、生產經營費用估計

達產後，全廠定員為 1,100 人，工資及福利費按每人每年 7,200 元估算，每年其他費用為 860 萬元。存貨占用流動資金估算為 7,000 萬元。年外購原材料、燃料及動力費估算為 19,200 萬元。年經營成本約為 2,100 萬元。各項流動資金的最低週轉天數為：應收帳款 30 天，現金 40 天，應付帳款 30 天。

試進行下列投資估算：
(1) 使用分項估算法計算流動資金；
(2) 估算建設期利息；
(3) 估算總投資。

解：
(1) 流動資金估算。

應收帳款＝年經營成本/週轉次數＝1,750（萬元）

存貨＝7,000（萬元）

現金＝（工資及福利費＋年其他費用）/週轉次數＝183.56（萬元）

流動資產＝應收帳款＋存貨＋現金＝1,750＋7,000＋183.56＝8,993.56（萬元）

流動負債＝應收帳款＝1,600（萬元）

流動資金＝流動資產－流動負債＝8,933.56－1,600＝7,333.56（萬元）

(2) 建設期利息估算。

項目建設期各年應計利息計算表如表 8-3 所示。

人民幣貸款年實際利率 $= \left(1 + \dfrac{12.48\%}{4}\right)^4 - 1 = 13.08\%$

每年應計利息 $=\left(\text{年初借款本息累計}+\dfrac{\text{本年借款額}}{2}\right)\times\text{年實際利率}$

建設期利息＝國內銀行貸款利息＋外匯貸款利息＝3,629.2＋238.6＋8.3
　　　　　　＝5,609.58（萬元）

表 8-3　項目建設期各年應計利息計算表

		第一年（20%）	第 2 年（55%）	第 3 年（25%）	合計
銀行貸款（萬元）	本金部分	4,182	11,500.5	5,527.5	20,901
	利息部分	273.5	1,334.9	2,020.8	3,629.2
	本利合計	4,455.5	12,835.4	7,248.3	24,539.2
外匯貸款（萬美元）	本金部分	460	1,265	575	2,300
	利息部分	18.4	88.9	131.3	238.6
	本利合計	478.4	1,353.9	706.3	2,538.6

（3）總投資估算。

建設投資＝固定資產投資＋無形與遞延資產投資＋預備費

固定資產投資方向調節稅＝固定資產投資額×稅率

項目總投資＝52,000+180+5,000+5,200×5%+（3,629.2+238.6×8.3）+7,333.56

＝72,723.14（萬元）

复习思考题

1. 請簡述項目財務評估的主要內容及意義。
2. 基本的財務報表預測都包括哪些報表？每一部分的作用和特點是什麼？
3. 對項目進行財務評估，主要包括對哪些參數的測算與選用？應當如何進行評估？
4. 項目盈利能力分析評估需要參考哪些評估指標？應根據哪個財務報表數據進行計算和判別？
5. 項目清償能力分析評估需要參考哪些評估指標？應根據哪個財務報表數據進行計算和判別？
6. 請舉例說明投資回收期的應用。
7. 某房地產投資項目投資450萬元，建成租給某公司，第一年淨收入為75萬元，以後每年淨收入為120萬元，第十年年末殘值為50萬元，折現率12%，該項目從財務效益上講是否可行？
8. 某項目各年財務數據如表8-4所示，基準折現率為10%，

（1）分別計算靜態投資回收期和動態投資回收期。

（2）若基準動態回收期為8年，試評價方案。

表8-4　某項目各年財務數據表

序號	目錄	時間（年）						
		0	1	2	3	4	5	6
1	投資支出（萬元）	20	500	100				
2	其他支出（萬元）				300	450	450	450
3	收入（萬元）				450	700	700	700
4	淨現值流量（萬元）							
5	累計淨現值流量（萬元）	-20	-520	-620	-470	-220	30	280
6	淨現值流量折現值（萬元）							
7	累計折現值（萬元）							

第九章 項目的融資方案

眾所週日知，資本是企業經濟活動的第一動力和持續動力。企業能否順利地進行經營和發展，往往很大程度上取決於企業能否獲得穩定的資金來源，並及時籌集生產要素組合所需的資金。項目融資方案是確定籌資方式，解決資金來源的具體計劃方案，其是以項目的名義籌措一年期以上的資金，以項目營運收入承擔債務償還責任的融資形式。彼德‧內維特在其《項目融資》一書中為項目融資做出如下定義：項目融資是「為一個特定經濟實體所安排的融資，其貸款人在最初考慮安排貸款時，滿足於使用該經濟實體的現金流量和收益作為償還貸款的資金來源，並且滿足於使用該經濟實體的資產作為貸款的安全保障」。本章首先介紹了相關項目融資的法律文件，繼而對項目融資主體的概念、來源進行闡述，最後是對項目融資中的成本及其中存在的風險進行分析，並講述如何制訂資金籌措方案及如何使用資金。

第一節　政策解讀

一、法律法規

《中國銀監會關於印發〈項目融資業務指引〉的通知》銀監發〔2009〕71號文件內容抄錄如下：

機關各部門，各銀監局，各政策性銀行、國有商業銀行、股份制商業銀行，中國郵政儲蓄銀行：

為加強項目融資業務風險管理，促進項目融資業務健康發展，銀監會制定了《項目融資業務指引》，現印發給你們，請遵照執行。

請各銀監局將本通知轉發至轄內銀監分局和銀行業金融機構。

中國銀行業監督管理委員會

二〇〇九年七月十八日

項目融資業務指引

第一條 為促進銀行業金融機構項目融資業務健康發展，有效管理項目融資風險，依據《中華人民共和國銀行業監督管理法》《中華人民共和國商業銀行法》《固定資產貸款管理暫行辦法》以及其他有關法律法規，制定本指引。

第二條 中華人民共和國境內經國務院銀行業監督管理機構批准設立的銀行業金融機構（以下簡稱貸款人）開展項目融資業務，適用本指引。

第三條 本指引所稱項目融資，是指符合以下特徵的貸款：

（一）貸款用途通常是用於建造一個或一組大型生產裝置、基礎設施、房地產項目或其他項目，包括對在建或已建項目的再融資；

（二）借款人通常是為建設、經營該項目或為該項目融資而專門組建的企事業法人，包括主要從事該項目建設、經營或融資的既有企事業法人；

（三）還款資金來源主要依賴該項目產生的銷售收入、補貼收入或其他收入，一般不具備其他還款來源。

第四條 貸款人從事項目融資業務，應當具備對所從事項目的風險識別和管理能力，配備業務開展所需要的專業人員，建立完善的操作流程和風險管理機制。貸款人可以根據需要，委託或者要求借款人委託具備相關資質的獨立仲介機構為項目提供法律、稅務、保險、技術、環保和監理等方面的專業意見或服務。

第五條 貸款人提供項目融資的項目，應當符合國家產業、土地、環保和投資管理等相關政策。

第六條 貸款人從事項目融資業務，應當充分識別和評估融資項目中存在的建設期風險和經營期風險，包括政策風險、籌資風險、完工風險、產品市場風險、超支風險、原材料風險、營運風險、匯率風險、環保風險和其他相關風險。

第七條 貸款人從事項目融資業務，應當以償債能力分析為核心，重點從項目技術可行性、財務可行性和還款來源可靠性等方面評估項目風險，充分考慮政策變化、市場波動等不確定因素對項目的影響，審慎預測項目的未來收益和現金流。

第八條 貸款人應當按照國家關於固定資產投資項目資本金制度的有關規定，綜合考慮項目風險水準和自身風險承受能力等因素，合理確定貸款金額。

第九條 貸款人應當根據項目預測現金流和投資回收期等因素，合理確定貸款期限和還款計劃。

第十條 貸款人應當按照中國人民銀行關於利率管理的有關規定，根據風險收益匹配原則，綜合考慮項目風險、風險緩釋措施等因素，合理確定貸款利率。貸款人可以根據項目融資在不同階段的風險特徵和水準，採用不同的貸款利率。

第十一條 貸款人應當要求將符合抵質押條件的項目資產或項目預期收益等權利為貸款設定擔保，並可以根據需要，將項目發起人持有的項目公司股權為貸款設定質押擔保。貸款人應當要求成為項目所投保商業保險的第一順位保險金請求權人，或採取其他措施有效控制保險賠款權益。

第十二條 貸款人應當採取措施有效降低和分散融資項目在建設期和經營期的各類風險。貸款人應當以要求借款人或者通過借款人要求項目相關方簽訂總承包合同、

投保商業保險、建立完工保證金、提供完工擔保和履約保函等方式，最大限度降低建設期風險。貸款人可以以要求借款人簽訂長期供銷合同、使用金融衍生工具或者發起人提供資金缺口擔保等方式，有效分散經營期風險。

第十三條　貸款人可以通過為項目提供財務顧問服務，為項目設計綜合金融服務方案，組合運用各種融資工具，拓寬項目資金來源渠道，有效分散風險。

第十四條　貸款人應當按照《固定資產貸款管理暫行辦法》的有關規定，恰當設計帳戶管理、貸款資金支付、借款人承諾、財務指標控制、重大違約事項等項目融資合同條款，促進項目正常建設和營運，有效控制項目融資風險。

第十五條　貸款人應當根據項目的實際進度和資金需求，按照合同約定的條件發放貸款資金。貸款發放前，貸款人應當確認與擬發放貸款同比例的項目資本金足額到位，並與貸款配套使用。

第十六條　貸款人應當按照《固定資產貸款管理暫行辦法》關於貸款發放與支付的有關規定，對貸款資金的支付實施管理和控制，必要時可以與借款人在借款合同中約定專門的貸款發放帳戶。採用貸款人受託支付方式的，貸款人在必要時可以要求借款人、獨立仲介機構和承包商等共同檢查設備建造或者工程建設進度，並根據出具的、符合合同約定條件的共同簽證單，進行貸款支付。

第十七條　貸款人應當與借款人約定專門的項目收入帳戶，並要求所有項目收入進入約定帳戶，並按照事先約定的條件和方式對外支付。貸款人應當對項目收入帳戶進行動態監測，當帳戶資金流動出現異常時，應當及時查明原因並採取相應措施。

第十八條　在貸款存續期間，貸款人應當持續監測項目的建設和經營情況，根據貸款擔保、市場環境、宏觀經濟變動等因素，定期對項目風險進行評價，並建立貸款質量監控制度和風險預警體系。出現可能影響貸款安全情形的，應當及時採取相應措施。

第十九條　多家銀行業金融機構參與同一項目融資的，原則上應當採用銀團貸款方式。

第二十條　對文化創意、新技術開發等項目發放的符合項目融資特徵的貸款，參照本指引執行。

第二十一條　本指引由中國銀行業監督管理委員會負責解釋。

第二十二條　本指引自發布之日起三個月後施行。

二、中央有關文件

2019年6月10日，中共中央辦公廳、國務院辦公廳印發了《關於做好地方政府專項債券發行及項目配套融資工作的通知》。全文如下：

為貫徹落實黨中央、國務院決策部署，加大逆週期調節力度，更好發揮地方政府專項債券（以下簡稱專項債券）的重要作用，著力加大對重點領域和薄弱環節的支持力度，增加有效投資、優化經濟結構、穩定總需求，保持經濟持續健康發展，經中央領導同志同意，現就有關事項通知如下。

一、總體要求和基本原則

（一）總體要求。以習近平新時代中國特色社會主義思想為指導，全面貫徹黨的十

九大和十九屆二中、三中全會精神，認真落實黨中央、國務院決策部署，堅決打好防範化解重大風險攻堅戰。堅持以供給側結構性改革為主線不動搖，堅持結構性去槓桿的基本思路，按照堅定、可控、有序、適度要求，進一步健全地方政府舉債融資機制，推進專項債券管理改革，在較大幅度增加專項債券規模基礎上，加強宏觀政策協調配合，保持市場流動性合理充裕，做好專項債券發行及項目配套融資工作，促進經濟運行在合理區間。

（二）基本原則

——堅持疏堵結合。堅持用改革的辦法解決發展中的矛盾和問題，把「開大前門」和「嚴堵後門」協調起來，在嚴控地方政府隱性債務（以下簡稱隱性債務）、堅決遏制隱性債務增量、堅決不走無序舉債搞建設之路的同時，加大逆週期調節力度，厘清政府和市場邊界，鼓勵依法依規市場化融資，增加有效投資，促進宏觀經濟良性循環，提升經濟社會發展質量和可持續性。

——堅持協同配合。科學實施政策「組合拳」，加強財政、貨幣、投資等政策協同配合。積極的財政政策要加力提效，充分發揮專項債券作用，支持有一定收益但難以商業化合規融資的重大公益性項目（以下簡稱重大項目）。穩健的貨幣政策要鬆緊適度，配合做好專項債券發行及項目配套融資，引導金融機構加強金融服務，按商業化原則依法合規保障重大項目合理融資需求。

——堅持突出重點。切實選準選好專項債券項目，集中資金支持重大在建工程建設和補短板並帶動擴大消費，優先解決必要在建項目後續融資，盡快形成實物工作量，防止形成「半拉子」工程。

——堅持防控風險。始終從長期大勢認識當前形勢，堅持推動高質量發展，堅持舉債要同償債能力相匹配。專項債券必須用於有一定收益的重大項目，融資規模要保持與項目收益相平衡。地方政府加強專項債券風險防控和項目管理，金融機構按商業化原則獨立審批、審慎決策，堅決防控風險。

——堅持穩定預期。既要強化宏觀政策逆週期調節，主動預調微調，也要堅持穩中求進工作總基調，精準把握宏觀調控的度，穩定和提振市場預期。必須堅持結構性去槓桿的改革方向，堅決不搞「大水漫灌」。對舉借隱性債務上新項目、鋪新攤子的要堅決問責、終身問責、倒查責任。

二、支持做好專項債券項目融資工作

（一）合理明確金融支持專項債券項目標準。發揮專項債券帶動作用和金融機構市場化融資優勢，依法合規推進專項債券支持的重大項目建設。對沒有收益的重大項目，通過統籌財政預算資金和地方政府一般債券予以支持。對有一定收益且收益全部屬於政府性基金收入的重大項目，由地方政府發行專項債券融資；收益兼有政府性基金收入和其他經營性專項收入（以下簡稱專項收入，包括交通票款收入等），且償還專項債券本息後仍有剩餘專項收入的重大項目，可以由有關企業法人項目單位（以下簡稱項目單位）根據剩餘專項收入情況向金融機構市場化融資。

（二）精準聚焦重點領域和重大項目。鼓勵地方政府和金融機構依法合規使用專項債券和其他市場化融資方式，重點支持京津冀協同發展、長江經濟帶發展、「一帶一路」建設、粵港澳大灣區建設、長三角區域一體化發展、推進海南全面深化改革開放

等重大戰略和鄉村振興戰略,以及推進棚戶區改造等保障性安居工程、易地扶貧搬遷後續扶持、自然災害防治體系建設、鐵路、收費公路、機場、水利工程、生態環保、醫療健康、水電氣熱等公用事業、城鎮基礎設施、農業農村基礎設施等領域以及其他納入「十三五」規劃符合條件的重大項目建設。

(三)積極鼓勵金融機構提供配套融資支持。對於實行企業化經營管理的項目,鼓勵和引導銀行機構以項目貸款等方式支持符合標準的專項債券項目。鼓勵保險機構為符合標準的中長期限專項債券項目提供融資支持。允許項目單位發行公司信用類債券,支持符合標準的專項債券項目。

(四)允許將專項債券作為符合條件的重大項目資本金。對於專項債券支持、符合中央重大決策部署、具有較大示範帶動效應的重大項目,主要是國家重點支持的鐵路、國家高速公路和支持推進國家重大戰略的地方高速公路、供電、供氣項目,在評估項目收益償還專項債券本息後專項收入具備融資條件的,允許將部分專項債券作為一定比例的項目資本金,但不得超越項目收益實際水準過度融資。地方政府要按照一一對應原則,將專項債券嚴格落實到實體政府投資項目,不得將專項債券作為政府投資基金、產業投資基金等各類股權基金的資金來源,不得通過設立殼公司、多級子公司等中間環節註資,避免層層嵌套、層層放大槓桿。

(五)確保落實到期債務償還責任。省級政府對專項債券依法承擔全部償還責任。組合使用專項債券和市場化融資的項目,項目收入實行分帳管理。項目對應的政府性基金收入和用於償還專項債券的專項收入及時足額繳入國庫,納入政府性基金預算管理,確保專項債券還本付息資金安全;項目單位依法對市場化融資承擔全部償還責任,在銀行開立監管帳戶,將市場化融資資金以及項目對應可用於償還市場化融資的專項收入,及時足額歸集至監管帳戶,保障市場化融資到期償付。市場化轉型尚未完成、存量隱性債務尚未化解完畢的融資平臺公司不得作為項目單位。嚴禁項目單位以任何方式新增隱性債務。

三、進一步完善專項債券管理及配套措施

(一)大力做好專項債券項目推介。地方政府通過印發項目清單、集中公告等方式,加大向金融機構推介符合標準專項債券項目力度。金融管理部門積極配合地方政府工作,組織和協調金融機構參與。金融機構按照商業化原則、自主自願予以支持,加快專項債券推介項目落地。

(二)保障專項債券項目融資與償債能力相匹配。地方政府、項目單位和金融機構加強對重大項目融資論證和風險評估,充分論證項目預期收益和融資期限及還本付息的匹配度,合理編製項目預期收益與融資平衡方案,反應項目全生命週期和年度收支平衡情況,使項目預期收益覆蓋專項債券及市場化融資本息。需要金融機構市場化融資支持的,地方政府指導項目單位比照開展工作,向金融機構全面真實及時披露審批融資所需信息,準確反應償還專項債券本息後的專項收入,使項目對應可用於償還市場化融資的專項收入與市場化融資本息相平衡。金融機構嚴格按商業化原則審慎做好項目合規性和融資風險審核,在償還專項債券本息後的專項收入確保市場化融資償債來源的前提下,對符合條件的重大項目予以支持,自主決策是否提供融資及具體融資數量並自擔風險。

（三）強化信用評級和差別定價。推進全國統一的地方政府債務信息公開平臺建設，由地方政府定期公開債務限額、餘額、債務率、償債率以及經濟財政狀況、債券發行、存續期管理等信息，形成地方政府債務統計數據庫，支持市場機構獨立評級，根據政府債務實際風險水準，合理形成市場化的信用利差。加快建立地方政府信用評級體系，加強地方政府債務風險評估和預警結果在金融監管等方面的應用。

（四）提升地方政府債券發行定價市場化程度。堅持地方政府債券市場化發行，進一步減少行政干預和窗口指導，不得通過財政存款和國庫現金管理操作等手段變相干預債券發行定價，促進債券發行利率合理反應地區差異和項目差異。嚴禁地方政府及其部門通過金融機構排名、財政資金存放、設立信貸目標等方式，直接或間接向金融機構施壓。

（五）豐富地方政府債券投資群體。落實完善相關政策，推動地方政府債券通過商業銀行櫃臺在本地區範圍內向個人和中小機構投資者發售，擴大對個人投資者發售量，提高商業銀行櫃臺發售比例。鼓勵和引導商業銀行、保險公司、基金公司、社會保險基金等機構投資者和個人投資者參與投資地方政府債券。合理確定地方政府債券櫃臺發售的定價機制，增強對個人投資者的吸引力。適時研究儲蓄式地方政府債券。指導金融機構積極參與地方政府債券發行認購，鼓勵資管產品等非法人投資者增加地方政府債券投資。積極利用證券交易所提高非金融機構和個人投資地方政府債券的便利性。推出地方政府債券交易型開放式指數基金，通過「債券通」等機制吸引更多境外投資者投資。推動登記結算機構等債券市場基礎設施互聯互通。

（六）合理提高長期專項債券期限比例。專項債券期限原則上與項目期限相匹配，並統籌考慮投資者需求、到期債務分佈等因素科學確定，降低期限錯配風險，防止資金閒置。逐步提高長期債券發行占比，對於鐵路、城際交通、收費公路、水利工程等建設和營運期限較長的重大項目，鼓勵發行10年期以上的長期專項債券，更好匹配項目資金需求和期限。組合使用專項債券和市場化融資的項目，專項債券、市場化融資期限與項目期限保持一致。合理確定再融資專項債券期限，原則上與同一項目剩餘期限相匹配，避免頻繁發債增加成本。完善專項債券本金償還方式，在到期一次性償還本金方式基礎上，鼓勵專項債券發行時採取本金分期償還方式，既確保分期項目收益用於償債，又平滑債券存續期內償債壓力。

（七）加快專項債券發行使用進度。地方政府要根據提前下達的部分新增專項債務限額，結合國務院批准下達的後續專項債券額度，抓緊啟動新增債券發行。金融機構按市場化原則配合地方政府做好專項債券發行工作。對預算擬安排新增專項債券的項目通過先行調度庫款的辦法，加快項目建設進度，債券發行後及時回補。各地要均衡專項債券發行時間安排，力爭當年9月底前發行完畢，盡早發揮資金使用效益。

四、依法合規推進重大項目融資

（一）支持重大項目市場化融資。對於部分實行企業化經營管理且有經營性收益的基礎設施項目，包括已納入國家和省市縣級政府及部門印發的「十三五」規劃並按規定權限完成審批或核准程序的項目，以及發展改革部門牽頭提出的其他補短板重大項目，金融機構可按照商業化原則自主決策，在不新增隱性債務前提下給予融資支持，保障項目合理資金需求。

（二）合理保障必要在建項目後續融資。在嚴格依法解除違法違規擔保關係基礎上，對存量隱性債務中的必要在建項目，允許融資平臺公司在不擴大建設規模和防範風險前提下與金融機構協商繼續融資。鼓勵地方政府合法合規增信，通過補充有效抵質押物或由第三方擔保機構（含政府出資的融資擔保公司）擔保等方式，保障債權人合法權益。

（三）多渠道籌集重大項目資本金。鼓勵地方政府通過統籌預算收入、上級轉移支付、結轉結餘資金，以及按規定動用預算穩定調節基金等渠道籌集重大項目資本金。允許各地使用財政建設補助資金、中央預算內投資作為重大項目資本金，鼓勵將發行地方政府債券後騰出的財力用於重大項目資本金。

五、加強組織保障

（一）嚴格落實工作責任。財政部、國家發展改革委和金融管理部門等按職責分工和本通知要求，抓緊組織落實相關工作。省級政府對組合使用專項債券和市場化融資的項目建立事前評審和批准機制，對允許專項債券作為資本金的項目要重點評估論證，加強督促檢查。地方各級政府負責組織制定本級專項債券項目預期收益與融資平衡方案，客觀評估項目預期收益和資產價值。金融機構按照商業化原則自主決策，在不新增隱性債務前提下給予融資支持。

（二）加強部門監管合作。在地方黨委和政府領導下，建立財政、金融管理、發展改革等部門協同配合機制，健全專項債券項目安排協調機制，加強地方財政、發展改革等部門與金融單位之間的溝通銜接，支持做好專項債券發行及項目配套融資工作。財政部門及時向當地發展改革、金融管理部門及金融機構提供有關專項債券項目安排信息、存量隱性債務中的必要在建項目信息等。發展改革部門按職責分工做好建設項目審批或核准工作。金融管理部門指導金融機構做好補短板重大項目和有關專項債券項目配套融資工作。

（三）推進債券項目公開。地方各級政府按照有關規定，加大地方政府債券信息公開力度，依託全國統一的集中信息公開平臺，加快推進專項債券項目庫公開，全面詳細公開專項債券項目信息，對組合使用專項債券和市場化融資的項目以及將專項債券作為資本金的項目要單獨公開，支持金融機構開展授信風險評估，讓信息「多跑路」、金融機構「少跑腿」。進一步發揮主承銷商作用，不斷加強專項債券信息公開和持續監管工作。出現更換項目單位等重大事項的，應當第一時間告知債權人。金融機構加強專項債券項目信息應用，按照商業化原則自主決策，及時遴選符合條件的項目予以支持；需要補充信息的，地方政府及其相關部門要給予配合。

（四）建立正向激勵機制。研究建立正向激勵機制，將做好專項債券發行及項目配套融資工作、加快專項債券發行使用進度與全年專項債券額度分配掛鉤，對專項債券發行使用進度較快的地區予以適當傾斜支持。適當提高地方政府債券作為信貸政策支持再貸款擔保品的質押率，進一步提高金融機構持有地方政府債券的積極性。

（五）依法合規予以免責。既要強化責任意識，誰舉債誰負責、誰融資誰負責，從嚴整治舉債亂象，也要明確政策界限，允許合法合規融資行為，避免各方因擔心被問責而不作為。對金融機構依法合規支持專項債券項目配套融資，以及依法合規支持已納入國家和省市縣級政府及部門印發的「十三五」規劃並按規定權限完成審批或核准

程序的項目，發展改革部門牽頭提出的其他補短板重大項目，凡償債資金來源為經營性收入、不新增隱性債務的，不認定為隱性債務問責情形。對金融機構支持存量隱性債務中的必要在建項目後續融資且不新增隱性債務的，也不認定為隱性債務問責情形。

（六）強化跟蹤評估監督。地方各級政府、地方金融監管部門、金融機構動態跟蹤政策執行情況，總結經驗做法，梳理存在問題，及時研究提出政策建議。國務院有關部門要加強政策解讀和宣傳培訓，按職責加大政策執行情況監督力度，尤其要對將專項債券作為資本金的項目加強跟蹤評估，重大事項及時按程序請示報告。

第二節　項目融資相關理論

一、項目融資主體

項目融資主體是指進行融資活動，並承擔融資責任和風險的項目法人單位。確定項目融資主體應該考慮項目投資的規模和行業的特點、項目自身的盈利能力等因素。它主要包括家庭、企業及特定的政府部門，如個人和家庭通過辦理住房儲蓄業務或購買房地產金融市場上的各類有價證券，而成為房地產金融市場的資金供給者，或者為了購、建、修住房向房地產金融機構申請貸款而成為資金的需求者。項目融資主體主要分為既有法人融資主體和新設法人融資主體。

（一）既有法人融資主體適用條件

（1）既有法人為擴大生產能力而新建的擴建項目或原有生產線的技術改造項目。

（2）既有法人為新增生產經營所需水、電、氣等動力供應及環境保護設施而興建的項目。

（3）項目與既有法人的資產及經營活動聯繫密切。

（4）現有法人具有為項目進行融資和承擔全部融資責任的經濟實力。

（5）項目盈利能力較差，但項目對整個企業的持續發展具有重要作用，需要利用既有法人的整體資信獲得債務資金。

（二）新設法人融資主體適用條件

（1）項目發起人希望擬建項目的生產經營活動相對獨立，且一些擬建項目與既有法人的經營活動聯繫不密切。

（2）擬建項目的投資規模較大，既有法人財務狀況較差，不具有為項目進行融資和承擔全部融資責任的經濟實力，需要新設法人募集股本金。

（3）項目自身具有較強的盈利能力，依靠項目自身未來的現金流量可以按期償還債務。

二、項目籌資來源

投資資金能否按期足額地投入，是保證項目得以順利實施的基本前提。在總投資估算和年度投資計劃估算的基礎上，企業應根據資金供應者的條件分析比較各種投資渠道，制訂科學的資金籌措方案與資金使用計劃。項目的籌資渠道主要有兩大類：一是投

資者自有資金可作為資本金投入；二是外部籌資，通常採用借貸或發行債券的方式。

(一) 資本金

資本金是投資者自身投入的資金，中國《企業財務通則》規定，資本一般指企業在工商行政管理部門登記的註冊資金，根據《國務院關於固定資產投資項目試行資本金制度的通知》（以下簡稱《通知》），從1996年開始，對各種經營性項目，包括國有單位的基本建設、技術改造、房地產開發項目和集體投資項目，試行資本金制度，投資項目必須首先落實資本金才能建設。投資項目資本金，是指在項目總投資中，由投資者認繳的出資額，是項目的非債務性資本金。資本金投資能夠幫助投資者增強風險意識，促進投資效益的提高。

根據《通知》規定，項目資本金可以用貨幣出資，也可以用實物、工業產權、非專利技術、土地使用權作價出資。對於後者，必須經過有資格的資產評估機構依照法律法規評估作價。以工業產權、非專利技術作價出資比例不得超過資本金總額的20%，國家對採用高新技術成果有特別規定的除外。投資者以貨幣方式認繳的資本金，其資金來源有：中央和地方各級政府預算內資金；國家批准的各種專項建設資金；「撥改貸」和經營性基本建設基金回收的本息；土地批租收入；國有企業產權轉讓收入；地方政府按國家有關規定收取的各種規費及其他預算外資金；國家授權的投資機構及企業法人的所有者權益（包括資本金、資本公積金、盈餘公積金、未分配利潤、股票上市收益等）；企業折舊基金及投資者按照國家規定從資本市場上籌措的資金；經批准，發行股票或可轉換債券；國家規定的其他可用作項目資本金的資金。

資本金占總投資的比例，根據項目所在行業的不同和項目的經濟效益等因素確定。其中，交通運輸、煤炭項目，資本金比例為35%及以上；鋼鐵、郵電、化肥項目、資本金比例為25%及以上；電力、機電、建材、石油加工、有色金屬、輕工、紡織、商貿及其他行業的項目，資本金比例為20%及以上。項目資本金的具體比例，由項目審批單位根據項目經濟效益、銀行貸款意願與評估意見的情況，在審批可行性研究報告時核定。經國務院批准，對於個別情況特殊的國家重點建設項目，我們可適當降低資本金比例。

(二) 外部資金來源

1. 國內資金來源

（1）銀行貸款。銀行貸款是指銀行採取有償的方式向建設單位提供的資金。從中國的現實情況來看，銀行貸款是項目籌資的主要渠道。

銀行貸款優點：目前銀行貸款優惠政策比較多，尤其是對於中小企業的扶持政策還是非常多的，很多銀行也回應國家的號召，因而對企業而言減緩了經濟壓力；銀行貸款速度加快，企業只要按照銀行的要求提交貸款資料，就可以快速獲得所需資金；利率成本低，相比較民營貸款機構及小額貸款公司來說，銀行利率肯定要低很多，這對於借款人來說可以降低還款成本；費用少，一般可以說是目前市面上貸款成本最低的一個渠道，一般貸款的利率是根據具體情況定的，對於信用高的企業一般貸款利率低，對於信用低的企業貸款利率相對會高；資金來源穩定，對於銀行，其實力是非常有優勢的，並且資金充足，對於中小企業申請的貸款，只要這些企業通過了審查，那麼就能和銀行簽訂合同，銀行隨即進行貸款發放。

銀行貸款的缺點：辦理手續繁瑣，在銀行辦理貸款業務相對來講手續比較多；抵押物要求較為嚴格，銀行貸款對於中小企業來講需要抵押物或第三方擔保，而且銀行對抵押物要求嚴格；對信用要求較高，企業及企業法人需要具有較高的信用記錄，否則很難通過審核。

（2）國家預算貸款。國家預算貸款是指由國家預算撥交政策性銀行作為貸款資金，由政策性銀行對實行獨立核算、有償還能力的事業單位和更新改造的企業發放的有償貸款。

（3）國家預算撥款。它是指由國家預算直接撥付給建設部門、建設單位等企業無償使用的建設資金。這種撥款包括中央預算撥款和地方預算撥款兩種。隨著中國社會主義市場經濟體制的不斷完善，對於項目（尤其是盈利性項目）來說，預算撥款已經不再是主要的資金來源。

（4）發行債券。債券是籌資者為籌措一筆數額可觀的資金，向眾多的出資者出具的表明債務金額的憑證。這種憑證由發行者發行，由投資者認購並持有。債券是表明發行者與認購者雙方債權債務關係的具有法律效力的契據。

債券籌資的優點：資本成本較低，與股票的股利相比，債券的利息允許在所得稅前支付，公司可享受稅收上的利益，故公司實際負擔的債券成本一般低於股票成本；可利用財務槓桿，無論發行公司的盈利多少，持券者一般只收取固定的利息，若公司用資後收益豐厚，增加的收益大於支付的債息額，則會增加股東財富和公司價值；保障公司控制權，持券者一般無權參與發行公司的管理決策，因此發行債券一般不會分散公司控制權；便於調整資本結構，在公司發行可轉換債券及可提前贖回債券的情況下，便於公司主動地合理調整資本結構。

債券籌資的缺點：財務風險較高，債券通常有固定的到期日，企業需要定期還本付息，財務上始終有壓力；在公司不景氣時，還本付息將成為公司嚴重的財務負擔，有可能導致公司破產。限制條件多，發行債券的限制條件較長期借款、融資租賃的限制條件而言多且嚴格，從而限制了公司對債券融資的使用，甚至會影響公司以後的籌資能力。籌資規模受制約，公司利用債券籌資一般受一定額度的限制。《中華人民共和國公司法》規定，發行公司流通在外的債券累計總額不得超過公司淨產值的40%。

2. 國外資金來源

（1）外國政府貸款。

外國政府貸款是指一國政府利用財政資金向另一國政府提供的援助性貸款。目前，儘管政府貸款在國際間接投資中並不占主導地位，但其獨特的作用和優勢是其他國際間接投資形式無法替代的。外國政府貸款一般具有貸款期限長特點及經濟援助的性質，並且一般都要規定特定的使用範圍。它的優點是利率較低，項目應該盡量爭取這種貸款。但同時也應當看到，投資國的政府貸款也是其實現對外政治經濟目標的重要工具，特別是西方發達國家往往打著對外經濟援助的旗號干涉別國內政，我們要警惕。政府貸款除要求貸以現匯（可自由兌換外匯）外，有時還要附加一些其他條件。

（2）外國銀行貸款。

外國銀行貸款又叫商業信貸，是指為項目籌措資金而在國際金融市場上向國外銀行借入的資金。外國銀行貸款的利率主要決定於世界經濟中的平均利潤率和國際金融

市場上的借貸供求關係，並處於不斷變化之中。從實際運行情況來看，外國銀行貸款利率比政府貸款和國際金融機構貸款的利率要高，依據貸款國別、貨款幣種和貸款期限的不同而又有所差異。

對於中長期貸款，一般採取加息的方法，即在倫敦銀行同業拆放利率的基礎上，加一個附加利率。附加利率一般不固定，參考貸款金額、期限長短、貸款風險、資金供求狀況、借款者信譽等因素，由借貸雙方商定。中長期貸款的利息在計息期末（三個月或六個月的期末）支付一次。

外國銀行貸款可劃分為短期貸款、中期貸款和長期貸款，其劃分的標準是：短期貸款的期限在一年以內，有的甚至為幾天；中期貸款的期限為一到五年；長期貸款的期限在五年以上。銀行貸款的償還方法主要有到期一次償還、分次等額償還、分次等本償還和提前償還四種方式。銀行貸款所使用的貨幣是銀行貸款條件的重要組成部分。在貸款貨幣的選擇上，借貸雙方難免有分歧。就借款者而言，在其他因素不變的前提下，更傾向於使用匯率取向貶值的貨幣，以便從該貨幣未來的貶值中受益，而貸款者則相反。

（3）出口信貸。

出口信貸又稱長期貿易信貸，是指商品出口國的官方金融機構或者商業銀行以優惠利率向本國出口商、進口商銀行或者進口商提供的一種貼補性貸款，是爭奪國際市場的一種融資手段。第二次世界大戰以後，隨著大型成套設備進出口的增長，世界出口信貸的規模也得到了極大的發展。目前，各國較為普遍採用的出口信貸主要有賣方信貸、買方信貸和福費廷三種方式。

賣方信貸只針對大型設備出口，為便於出口商以延期付款的方式出口設備，由出口商本國的銀行向出口商提供的信貸。賣方信貸的具體操作程序是：出口商與出口方銀行簽訂信貸合同，取得為進口商墊付的資金；進口商在訂貨時，只支付一定比例的定金（一般為合同貨價的 10%～15%），其餘貨款在設備全部交付或投產後陸續償還，同時支付延期付款利息；出口商收到貨款後，歸還出口方銀行信貸。出口商要向出口方銀行支付利息、管理費和保險費。從出口方銀行提供貨款給出口商的行為來講，出口信貸屬於銀行信用；從出口商賒銷商品給進口商的行為來講，出口信貸屬於商業信用。因此，從本質上講，出口信貸是一種以銀行信用為後盾的國際商業信用。

買方信貸是由出口方銀行直接向進口商或進口方銀行提供的信貸。信貸額度一般為進出口商品額的 85%，其餘 15% 為定金。簽訂合同時進口商支付 10% 的定金，第一次交貨時再付 5% 的定金。進口商或進口方銀行則於進口貨物全部交清後的一段時間內，分次償還借款本金，並支付利息。

福費廷是指在延期付款的大型設備進出口貿易中，出口商將進口商承兌的、期限為半年到六年的遠期匯票，無追索權地售與出口商所在國的銀行或大型金融公司，以便提前取得現款的一種資金融通形式。這裡所講的無追索權是指出口商將遠期匯票出售後，該匯票是否遭到拒付，與出口商無關，亦即在出售匯票的同時，將拒付風險也轉移給銀行。

（4）混合貸款、聯合貸款和銀團貸款。

混合貸款又稱政府混合貸款，是指政府貸款、出口信貸和商業銀行貸款混合組成

的一種優惠貸款形式。目前各國政府向發展中國家提供的貸款，大都採用這種形式。

聯合貸款是指商業銀行與世界性、區域性國際金融組織及各國的發展基金、對外援助機構共同聯合起來，向某一國家提供資金的一種形式。此種貸款比一般貸款具有更大的靈活性和優越性。其特點是政府與商業金融機構共同經營；援助與融資互相結合，利率比較低，貸款期限比較長；有指定用途。

銀團貸款又稱辛迪加貸款，是指由一家或幾家銀行牽頭，多家國際商業銀行參加，共同向一國政府、企業的某個項目（一般是大型的基礎設施項目）提供金額較大、期限較長的貸款。其特點是：必須有一家牽頭銀行，該銀行與借款人共同協定一切貸款的初步條件和相關文件，然後再由其安排企業與其他銀行協商貸款額，達成正式協議後，即把下一步工作移交代理銀行，當然牽頭銀行也可以轉化為代理銀行；必須有一家代理銀行，代表銀團嚴格按照貸款協議，履行其權利和義務，並按各行份額比例提款、計息和分配收回等；貸款管理十分嚴密，貸款利率比較優惠，貸款期限也比較長，並且沒有指定用途。

(5) 國際金融機構貸款。

國際金融機構貸款是指為了達到共同目標，有數國聯合興辦的在各國間從事金融活動的機構貸款。根據業務範圍和參加國的數量，我們可將國際金融機構劃分為全球性國際金融機構和地區性國際金融機構兩大類。前者主要有國際貨幣基金組織和世界銀行，後者主要有國際經濟合作銀行、國際投資銀行、國際清算銀行、亞洲開發銀行、泛美開發銀行、非洲開發銀行、阿拉伯貨幣基金組織等。就中國而言，主要利用世界銀行、國際貨幣基金組織和亞洲開發銀行的貸款。

3. 融資租賃

融資租賃又稱金融租賃或資本租賃，是指不帶維修條件的設備租賃業務。融資租賃與分期付款購入設備相類似，實質上是承租者向設備租賃公司籌措設備投資的一種方式。融資租賃獲得的設備的租賃費總額構成投資額，實際付款則是在設備使用後，根據租賃合同分期進行的。融資租賃既是一種籌措國內資金的方式，又是一種利用外資的方式。

在融資租賃方式下，設備（租賃物件）是由出租人完全按照承租人的要求選定的，所以出租人對設備的性能、物理性質、老化風險及維修保養不負任何責任。在大多數情況下，出租人在租期內分期回收全部成本、利息和利潤，租賃期滿後，出租人通過收取名義貨價的形式，將租賃物件的所有權轉移給承租人。

融資租賃的方式很多，主要有以下三種：

(1) 自營租賃。自營租賃亦稱直接租賃，是融資租賃的典型形式。其一般程序為：用戶根據自己所需設備，先與製造廠商或經銷商洽談供貨條件，然後向租賃公司申請租賃預約，經租賃公司審查合格後，雙方簽訂租賃合同，由租賃公司支付全部設備款，並讓供貨者直接向承租人供貨，貨物經驗收並開始使用後，租賃期即開始，承租人根據合同規定向租賃公司分期交付租金，並負責租賃設備的安裝、維修和保養。

(2) 回租租賃。回租租賃亦稱售出與回租，是先由租賃公司買下企業正在使用的設備，然後再將原設備租賃給該企業的租賃方式。

(3) 轉租賃是指國內租賃公司在國內用戶與國外廠商簽訂設備買賣合同的基礎上，

選定一家國外租賃公司或廠商，以承租人身分與其簽訂租賃合同，然後再以出租人身分將該設備轉租給國內用戶，並收取租金，轉付給國外租賃公司的一種租賃方式。

融資租賃是一種融通資金的全新途徑，是以金融、貿易和工業三者相結合，租賃設備的所有權與使用權相分離為特徵的新型信貸方式。就全世界而言，融資租賃已成為僅次於貸款的信貸方式。

三、融資成本與風險分析

（一）融資成本分析

融資成本是資金所有權與資金使用權分離的產物，融資成本的實質是資金使用者支付給資金所有者的報酬。由於項目融資是一種市場交易行為，所以有交易就會有交易費用，資金使用者為了能夠獲得資金使用權，就必須支付相關的費用，如委託金融機構代理發行股票、債券而支付的註冊費和代理費，向銀行借款時需支付的手續費等。企業融資成本實際上包括兩部分，即融資費用和資金使用費。

融資費用是企業在資金籌集過程中發生的各種費用；資金使用費是指企業因使用資金而向其提供者支付的報酬，如股票融資向股東支付股息、紅利，發行債券和借款支付的利息，借用資產支付的租金，等等。需要指出的是，上述融資成本的含義僅僅只是項目融資的財務成本，或稱顯性成本。除了財務成本外，項目融資還存在機會成本或隱性成本。機會成本是經濟學的一個重要概念，是指把某種資源用於某種特定用途而放棄其他各種用途中的最高收益。我們在分析企業融資成本時，機會成本是一個必須考慮的因素，特別是在分析企業自有資金的使用時，機會成本非常關鍵。因為，企業使用自有資金一般是無償的，無須實際對外支付融資成本。但是，如果從社會各種投資或資本所取得平均收益的角度看，自有資金也應在使用後取得相應的報酬，這和其他融資方式是沒有區別的，不同的只是自有資金不需對外支付，而其他融資方式必須對外支付。

一般情況下，融資成本指標以融資成本率表示：融資成本率＝資金使用費÷（融資總額－融資費用）。這裡的融資成本是資金成本，是一般企業在融資過程中著重分析的對象。但從現代財務管理理念看，這樣的分析和評價不能完全滿足現代理財的需要，我們應該從更深層次的意義上考慮融資的幾個其他相關成本：

首先是項目融資的機會成本。就企業內源融資來說，一般是無償使用的。它無須實際對外支付融資成本（這裡主要指財務成本）。但是，如果從社會各種投資或資本所取得平均收益的角度看，內源融資的留存收益也應於使用後取得相應的報酬，這和其他融資方式是沒有區別的，不同的只是內源融資不需對外支付，而其他融資方式必須對外支付，以留存收益為代表的企業內源融資的融資成本應該是普通股的盈利率，只不過它沒有融資費用而已。

其次是風險成本。企業融資的風險成本主要指破產成本和財務困境成本。企業債務融資的破產風險是企業融資的主要風險，與企業破產相關的企業價值損失就是破產成本，也就是企業融資的風險成本。財務困境成本包括法律、管理和諮詢費用。其間接成本包括財務困境影響企業經營能力，市場對企業產品需求減少，以及沒有債權人許可不能做決策，管理層花費的時間和精力，等等。

最後，企業融資還必須支付代理成本。資金的使用者和提供者之間會產生委託代理關係，這就要求委託人為了約束代理人行為而必須進行監督和激勵，如此產生的監督成本和約束成本便是所謂的代理成本。另外，資金的使用者還可能進行偏離委託人利益最大化的投資行為，從而發生整體的效率損失。

(二) 融資成本計量模型

在公司資本成本計量方面，從20世紀90年代以來，西方公司財務研究基本上認可了資本資產定價模型（CAPM），確定風險調整之後其在所有者權益成本中的主流地位。在借鑑相關研究的基礎上，顧銀寬等（2004）建立了中國上市公司的債務融資成本、股權融資成本和融資總成本的計量模型。

1. 資本計算

融資資本包括債務融資資本和股權融資資本，DK代表債務融資資本，EK代表股權融資資本，分別有：

$$DK = SD_1 + SD_2 + LD$$

其中，SD_1代表短期借款，SD_2代表一年內到期的長期借款，LD代表長期負債合計。

$$EK = \sum_{j=1}^{5} EK_j + \sum_{j=1}^{5} ER_j$$

式中，EK_1代表股東權益合計，EK_2代表少數股東權益，EK_3代表壞帳準備，EK_4代表存貨跌價準備，EK_5代表累計稅後營業外支出，ER_1代表累計稅後營業外收入，ER_2代表累計稅後補貼收入。

2. 債務成本

對上市公司來說，債務融資應該是一種通過銀行或其他金融機構進行的長期債券融資，而股權融資應屬長期融資。根據大多數上市公司募集資金所投資項目的承諾完成期限為3年左右，我們可以將債務融資和股權融資的評估期限定為3年。以DC代表債務融資成本，DC可直接按照3~5年中長期銀行貸款基準利率計算。

3. 股權成本

股權融資成本E_c必須根據資本資產定價模型（CAPM）計算。CAPM模型為

$$r_i = r_f + \beta(r_m - r_f)$$

式中，r_i為股票i的收益率，r_f為無風險資產的收益率，r_m為市場組合的收益率，β_i代表股票i收益率相對於股市大盤的收益率。

【例9-1】 假設你個人認為IBM的預期回報率是12%，如果它的β值是1.25，無風險利率為3.5%，市場期望收益率是10.5%。則根據CAPM模型，對IBM的估價是過高、過低還是公正的？

解：CAPM模型預測的IBM的回報率為

3.5% + 1.25 × (10.5% − 3.5%) = 12.25%

市場預期IBM的回報率是12.25%，高於我個人認為的回報率12%，因此市場的估值偏高。

4. 總成本

上市公司的總成本是債務融資與股權融資成本的加權平均，公式為

$$C = DC \cdot (DK/V) \cdot (1 - T) + EC \cdot (EK/V)$$

其中，C 代表融資總成本，T 代表所得稅率，V 代表上市公司總價值。並且有

$$V = E + D_S + D_L$$

式中，E 代表上市公司股票總市值，D_S 代表上市公司短期債務帳面價值，D_L 代表上市公司長期債務帳面價值。

5. 實際計算中的若干技術性處理

（1）無風險收益率的確定。在中國股市目前的條件下，關於無風險收益率的選擇，實際上並沒有什麼統一的標準。從上市公司角度來看，在實際計算中我們可以採用當年在上海證券交易所掛牌交易的期限最長的國債的內部收益率（折成年收益率）。

（2）市場風險溢價的估計。在明確了無風險收益率的計算依據之後，計算市場風險溢價的關鍵就是如何確定股票市場的市場組合收益率，實際中我們可以採用自上市公司實施股權融資之後的三年時間內上證綜合指數累計收益率（折成年收益率）。

（3）融資總成本中的上市公司總價值 V 的計算。由於中國上市公司的市值存在總市值和流通市值之分，而債務資本的帳面值的確定也存在不確定因素，因此，直接計算上市公司總價值是有困難的，在實際計算時我們可以採用總投入資本即債務融資資本與股權融資資本之和 $1(= EK + DK)$ 代替上市公司總價值 V。

（4）項目融資的風險分析。融資風險亦稱財務風險，是非系統風險的一種。股票發行公司的融資方式可以有多種，如可以發行股票或舉債經營（發行債券或優先股）。當公司在舉債經營的情況下，公司必須要按期付出固定數量的利息。這樣，當經營狀況良好時，經營的資本報酬率大大高於舉債利率，舉債經營可為公司帶來較高的收益，該類公司的股票持有者也由此獲得較高的報酬。但如果經營狀況不好甚至虧損時，公司也必須照樣付出這筆利息。因此，公司的收益下降幅度更大，股票持有者也因此受到損失。這樣，融資方式的不同造成了資本結構的不同，給公司及該公司的股票持有者帶來了融資風險。這種風險並非是每個公司都會遇到的，而是取決於不同公司的經營戰略，因此，融資風險是非系統風險，是可避免的風險。

1. 表現類型

（1）信用風險。信用風險又稱違約風險，是指借款人、證券發行人或交易對方因種種因素，不願或無力履行合同條件而構成違約，致使銀行、投資者或交易對方遭受損失的可能性。項目融資所面臨的信用風險是指項目有關參與方不能履行協定責任和義務而出現的風險。與提供貸款資金的銀行一樣，項目發起人也非常關心各參與方的可靠性、專業能力和信用。

（2）完工風險。完工風險是指項目無法完工、延期完工或者完工後無法達到預期運行標準而帶來的風險。項目的完工風險存在於項目建設階段和試生產階段，是項目融資的主要核心風險之一。完工風險對項目公司而言意味著利息支出的增加、貸款償還期限的延長和市場機會的錯過，主要指項目不能按照預定的目標，按時、按量、按質地投入生產。其表現形式主要為：項目建設期的拖延；項目建設成本的超支；或者達不到設計要求的技術經濟指標；由於資金、技術或者其他不可控的外部因素，完全放棄項目。項目出現完工風險的直接表現是投資成本的增加。項目不能產生預期的現金流量，從而影響銀行貸款的如期歸還。

（3）生產風險。生產風險是指在項目試生產階段和生產營運階段中存在的技術、資源儲量、能源和原材料供應、生產經營、勞動力狀況等風險因素的總稱。它是項目融資的另一個主要核心風險。生產風險主要表現在以下方面：①原材料。原材料持續、穩定的供給應能得到保證，要防止原材料價格的變化對生產可能帶來的不利影響。②生產設備。企業現有的生產設備能否滿足新產品生產的要求，以及企業能否獲得新產品生產所必需的專用設備，是決定企業生產能否正常進行的關鍵。生產設備的正確選擇對產品的生產效率及成本預算有重大影響。③生產工藝。產品的生產工藝應根據產品具體的性能要求，同時也應考慮經濟效益指標的情況而制定，如果生產工藝不適合，可能使產品的次品率升高，產品質量下降。④技術人員的獲得。高新技術產品的生產一般對技術人員要求比較高，能否獲得滿足企業要求的技術人員是生產能否順利進行的關鍵。

（4）市場風險。市場風險是指在一定的成本水準下能否按計劃維持產品質量與產量，以及產品市場需求量與市場價格波動所帶來的風險。市場風險主要有價格風險、競爭風險和需求風險，這三種風險之間相互聯繫，相互影響。

（5）金融風險。金融風險指的是與金融有關的風險，如金融市場風險、金融產品風險、金融機構風險等。一家金融機構發生的風險所帶來的後果，往往超過對其自身的影響。金融機構在具體的金融交易活動中出現的風險，有可能對該金融機構的生存構成威脅。一家金融機構因經營不善而出現危機，有可能對整個金融體系的穩健運行構成威脅。一旦發生系統風險，金融體系運轉失靈，必然會導致全社會經濟秩序的混亂，甚至引發嚴重的政治危機。

項目的金融風險主要表現在項目融資中利率風險和匯率風險兩個方面。項目發起人與貸款人必須對自身難以控制的金融市場上可能出現的變化加以認真分析和預測，如匯率波動、利率上漲、通貨膨脹、國際貿易政策的趨向等，這些因素會引發項目的金融風險。

（6）政治風險。政治風險是東道國的政治環境或東道國與其他國家之間政治關係發生改變而給外國投資企業的經濟利益帶來的不確定性。給外國投資企業帶來經濟損失的可能性的事件包括：沒收、徵用、國有化、政治干預、東道國的政權更替、戰爭、東道國國內的社會動盪和暴力衝突、東道國與母國或第三國的關係惡化等。

項目的政治風險可以分為兩大類：一類是國家風險，如借款人所在國現存政治體制的崩潰，對項目產品實行禁運、聯合抵制、終止債務的償還等；另一類是國家政治、經濟政策穩定性風險，如稅收制度的變更、關稅及非關稅貿易壁壘的調整、外匯管理法規的變化等。在任何國際融資中，借款人和貸款人都承擔政治風險，項目的政治風險可以涉及項目的各個方面和各個階段。

（7）環境保護風險。環境保護風險是指由於滿足環保法規要求而增加的新資產投入或迫使項目停產等風險。隨著公眾愈來愈關注工業化進程對自然環境的影響，許多國家頒布了日益嚴厲的法令控制輻射、廢棄物、有害物質的運輸及低效使用能源和不可再生資源。「污染者承擔環境債務」的原則已被廣泛接受。因此，我們也應該重視項目融資期內有可能出現的任何環境保護方面的風險。

2. 融資風險的內因分析

（1）負債規模。負債規模是指企業負債總額的大小或負債在資金總額中所占比重

的高低。企業負債規模大，利息費用支出增加，收益降低導致喪失償付能力或破產的可能性也增大。同時，負債比重越高，企業的財務槓桿系數[稅息前利潤/(稅息前利潤-利息)]越大，股東收益變化的幅度也隨之增加。所以負債規模越大，財務風險也越大。

（2）負債的利息率。在同樣負債規模的條件下，負債的利息率越高，企業所負擔的利息費用支出就越多，企業面臨破產危險的可能性也隨之增大。同時，利息率對股東收益的變動幅度有影響，因為在稅息前利潤一定的條件下，負債的利息率越高，財務槓桿系數越大，股東收益受影響的程度也越大。

（3）負債的期限結構。負債的期限結構是指企業所使用的長短期借款的相對比重。如果負債的期限結構安排不合理，如應籌集長期資金卻採用了短期借款，或者相反，都會增加企業的籌資風險。原因在於：第一，如果企業使用長期借款籌資，利息費用在相當長的時期內將固定不變；但如果企業用短期借款籌資，利息費用可能會有大幅度的波動。第二，如果企業大量舉借短期借款，並將短期借款用於長期資產，當短期借款到期時，可能會出現難以籌措足夠的現金償還短期借款的風險。此時，若債權人由於企業財務狀況差而不願意將短期借款展期，企業有可能被迫宣告破產。第三，長期借款的融資速度慢，取得成本通常較高，而且還會有一些限制性條款。

3. 融資風險的外因分析

（1）經營風險。經營風險是企業生產經營活動本身所固有的風險，其直接表現為企業稅息前利潤的不確定性。經營風險不同於籌資風險，但又影響籌資風險。當企業完全用股本融資時，經營風險即為企業的總風險，完全由股東均攤。當企業採用股本與負債融資時，由於財務槓桿對股東收益的擴張性作用，股東收益的波動性會更大，所承擔的風險將大於經營風險，其差額即為籌資風險。企業如果經營不善，營業利潤不足以支付利息費用，股東收益會化為泡影，還要用股本支付利息，嚴重時企業會喪失償債能力，被迫宣告破產。

（2）預期現金流入量和資產的流動性。負債的本息一般要求以現金（貨幣資金）償還，因此，即使企業的贏利狀況良好，但其能否按合同、契約的規定按期償還本息，還要看企業預期的現金流入量是否足額及時和資產的整體流動性如何，現金流入量反應的是現實的償債能力，資產的流動性反應的是潛在償債能力。如果企業投資決策失誤，或信用政策過寬，不能足額或及時地實現預期的現金流入量，以支付到期的借款本息，就會面臨財務危機。此時企業為了防止破產可以變現其資產，但各種資產的流動性（變現能力）是不一樣的，其中庫存現金的流動性最強，而固定資產的變現能力最弱。企業資產的整體流動性不同，即各類資產在資產總額中所占比重不同，對企業的財務風險關係甚大。當企業資產的總體流動性較強，變現能力強的資產較多時，其財務風險就較小；當企業資產的整體流動性較弱，變現能力弱的資產較多時，其財務風險就較大。很多企業破產不是因為沒有資產，而是因為其資產不能在較短時間內變現，結果不能按時償還債務，只好宣告破產。

（3）金融市場。金融市場是資金融通的場所。企業負債經營要受金融市場的影響，如負債利息率就取決於取得借款時金融市場的資金供求情況，而且金融市場的波動，如利率、匯率的變動，都會導致企業產生籌資風險。當企業主要採取短期貸款方式融資時，如遇到金融緊縮、銀根抽緊、短期借款利率大幅度上升等情況，就會引起利息

費用劇增，利潤下降，更有甚者，一些企業由於無法支付高漲的利息費用而破產清算。

融資風險的內因和外因相互聯繫、相互作用，共同誘發籌資風險。一方面受經營風險、預期現金流入量和資產的流動性及金融市場等因素的影響，只有在企業負債經營的條件下，才有可能導致企業產生籌資風險，而且負債比率越大，負債利息越高，負債的期限結構越不合理，企業的籌資風險越大。另一方面，雖然企業的負債比率較高，但企業已進入平穩發展階段，經營風險較低，並且金融市場的波動不大，那麼企業的籌資風險相對就較小。

四、制訂資金籌措方案與資金使用方案

（一）制訂資金籌措方案

資金籌措方案的編製依據主要是總投資額和年度投資支出額，測算的內容主要包括項目的籌資渠道和每一種渠道所提供的資金數量。

在制訂資金籌措方案時，我們應注意以下問題：

（1）嚴格按照投資的支出計劃確定籌資方案，既要防止留缺口，又要避免高估冒算。

（2）根據資金來源渠道的供應條件（如使用期限、使用範圍、可靠程度）和供應成本（籌資成本），實現籌資方案的最優組合，以達到降低籌資風險和籌資成本的目的。

（3）利用國外資金時，應考慮不同幣種可能發生的匯率風險。

（二）制訂資金使用計劃

資金使用計劃應根據項目實施進度與資金來源渠道進行編製，合理安排資金的使用，保證投入的資金與需要完成的工作量相符。

第三節 案例分析

BOT投融資模式是在20世紀80年代投資衰退的大背景下，發展起來的一種主要用於公共基礎設施建設的項目投融資模式。其典型形式是：項目所在地政府授予一家或幾家私人企業所組成的項目公司特許權利——就某項特定基礎設施項目進行籌資建設，在約定的期限內經營管理，並通過項目經營收入償還債務和獲取投資回報；約定期滿後，項目設施無償轉讓給所在地政府。簡而言之，BOT一詞是對一個項目投融資建設、經營回報、無償轉讓的經濟活動全過程典型特徵的簡要概括。馬來西亞南北高速公路建設項目對BOT融資的應用是一個典型的成功案例，本文對其BOT項目融資的實踐進行深入分析，以求更全面地認識BOT項目融資，更好地指導項目融資的實踐工作。

一、項目背景

馬來西亞南北高速公路項目全長912千米，最初是由馬來西亞政府所屬的公路管理局負責建設，但是在公路建成400千米之後，由於財政方面的困難，政府無法將項

目繼續建設下去，採取其他融資方式完成項目成為唯一可取的途徑。在眾多方案中，馬來西亞政府選擇了 BOT 融資模式。

經過兩年左右的談判，馬來西亞聯合工程公司（UEM）在 1989 年完成了高速公路項目的資金安排，使得項目得以重新開工建設。BOT 項目融資模式在馬來西亞高速公路項目中的運用，在國際金融界獲得了很高的評價，被認為是 BOT 模式的一個成功的範例。

二、項目融資結構

從 1987 年年初開始，經過為期兩年的項目建設、經營、融資安排的談判，馬來西亞政府與當地的馬來西亞聯合工程公司簽署了一項有關建設經營南北高速公路的特許權合約。馬來西亞聯合工程公司為此成立了一家項目子公司——南北高速公路項目有限公司。以政府的特許權合約為核心組織起來項目的 BOT 融資結構由三部分組成：政府的特許權合約、項目的投資者和經營者及國際貸款銀團。

（一）政府的特許權合約

馬來西亞政府是南北高速公路項目的真正發起人和特許權合約結束後的擁有者。政府通過提供一項為期 30 年的南北高速公路建設經營特許權合約，不僅使得該項目由於財政困難未能動工的 512 千米得以按照原計劃進行建設並投入使用，而且通過項目建設和營運帶動了週日邊經濟的發展。

對於項目的投資者和經營者及項目的貸款銀行，政府的特許權合約是整個 BOT 融資的關鍵核心。這個合約的主要內容包括以下幾個方面：

（1）南北高速公路項目公司負責承建 512 千米的高速公路，負責經營和維護高速公路，並有權根據一個雙方商定的收費方式對公眾收取公路的使用費。

（2）南北高速公路項目公司負責安排項目建設所需的資金。但是，政府將為項目提供一項總金額為 1.65 億馬來西亞林吉特（1 馬來西亞林吉特約等於 1.659 人民幣，下同）的從屬性備用貸款，作為對項目融資的信用支持；該項貸款可在 11 年內分期提取，利率 8%，並具有 15 年的還款限期，最後的還款期是在特許權協議結束的時候。

（3）政府將原已建好的 400 千米高速公路的經營權益在特許權期間轉讓給南北高速公路項目公司。但是，項目公司必須根據合約對其公路設施加以改進。

（4）政府向項目公司提供最低公路收費的收入擔保，即在任何情況下，如果公路交通流量不足，公路的使用費用收入低於合約中規定的水準，政府負責向項目公司支付其差額部分。

（5）特許權合約期為 30 年。在特許權合約的到期日，南北高速公路項目公司將無償地將南北高速公路的所有權轉讓給馬來西亞政府。政府的特許權合約不僅構成了 BOT 項目融資的核心，也構成了項目貸款的信用保證結構核心。

（二）項目的投資者和經營者

項目的投資者和經營者是 BOT 模式的主體，在這個案例中，是馬來西亞聯合工程公司所擁有的馬來西亞南北高速公路項目公司。

在這個總造價為 57 億馬來西亞林吉特的項目中，南北高速公路項目公司作為經營者和投資者除股本資金投入之外，還需要負責項目建設的組織，與貸款銀行談判安排

項目融資，並在 30 年的時間內經營和管理這條高速公路。

馬來西亞聯合工程公司作為工程的總承包商，負責組織安排由 40 多家工程公司組成的工程承包集團，在為期 7 年的時間內完成 512 千米高速公路的建設。

（三）項目的國際貸款銀團

英國投資銀行——摩根格蘭福（Morgan Grenfell）作為項目的融資顧問，為項目組織了為期 15 年總金額為 25.35 億馬來西亞林吉特的有限追索項目貸款，占項目總建設費用的 44.5%，其中 16 億馬來西亞林吉特來自馬來西亞的銀行和其他金融機構，是當時馬來西亞國內銀行提供的最大的一筆項目融資貸款，9.35 億馬來西亞林吉特來自十幾家國外銀行組成的國際銀團。對於 BOT 融資模式，這個金額同樣也是一個很大的數目。

項目貸款是有限追索的，貸款銀團被要求承擔項目的完工風險和市場風險。然而，政府特許權合約提供項目最低收入擔保，項目的市場風險相對減輕了，並在某種意義上轉化成為一種政治風險，因而貸款銀團所承擔的主要商業風險為項目的完工風險。項目的延期將在很大程度上影響項目的收益。但是，與其他項目融資的完工風險不同，公路項目可以分段建設，分段投入使用，從而相對減少了完工風險對整個項目的影響。項目建設所需要的其他資金將由項目投資者在 7 年的建設期內以股本資金的形式投入。

三、項目融資方案評析

採用 BOT 模式為馬來西亞政府和項目投資者及經營者帶來了很大的利益。

從政府的角度，採用 BOT 模式可以使南北高速公路按原計劃建成並投入使用，有益於促進國民經濟的發展；同時，可以節省大量的政府建設資金，並且在 30 年特許權合約結束以後，可以無條件收回公路。

從項目投資者和經營者的角度，BOT 模式的收入是十分可觀的。馬來西亞聯合工程公司可以獲得兩個方面的利益：第一，根據預測分析，在 30 年的特許權期間南北高速公路項目公司可以獲得大約兩億美元（1 美元約等於 7.09 人民幣，下同）的淨利潤；第二，作為工程總承包商，在 7 年的建設期內從承包工程中可以獲得大約 1.5 億美元的淨稅前利潤。

四、對 BOT 融資模式中的風險問題的分析

採用 BOT 模式的基礎設施項目，在項目的風險方面具有自己的特殊性。這些特殊性對 BOT 模式的應用具有一定的影響。

第一，基礎設施項目的建設期比一般的項目要長得多。如果採用淨現值的方法（DCF）計算項目的投資收益，建設期過長會導致項目淨現值大幅度減少，儘管類似高速公路這樣的項目，可以分段建設，分段投入使用。然而，基礎設施項目的固定資產壽命比一般的工業項目要長得多，經營成本和維護成本按照單位使用量計算也比工業項目要低，從而經營期的資金要求量也相對比較低。因此，從項目融資的角度來看，項目建設期的風險比較高，而項目經營期的風險比較低。

第二，對於公路項目建設，有關風險因素的表現形式和對項目的影響程度與其他採用 BOT 模式的基礎設施項目有所不同。首先，公路項目的完工風險要低於其他採用

BOT 融資模式的基礎設施項目，如橋樑、隧道、發電廠等，這是因為在前面反覆提到的公路項目可以分段建設、分段投入使用、分段取得收益。如果項目的一段工程出現延期，或由於某種情況無法建設，雖然對整個項目的投資收益會造成一定的影響，但不會像橋樑、隧道等項目那樣顆粒無收。正因為如此，在馬來西亞南北高速公路的 BOT 項目融資中，貸款銀行同意承擔項目的完工風險。其次，公路項目的市場風險表現也有所不同。對於電廠、電力輸送系統、污水處理系統等基礎設施項目，政府的特許權協議一般是承擔百分之百的市場風險，即按照規定的價格購買項目生產的全部產品。這樣，項目融資的貸款銀行不承擔任何市場需求方面的風險，項目產品的價格是根據一定的公式（與產品的數量、生產、成本、通貨膨脹指數等要素掛勾）確定的。然而，對於公路、橋樑等項目，其面對的是公眾，面臨較大的不確定性因素。項目使用費價格的確定，不僅僅是與政府談判的問題，也必須考慮公眾的承受能力和心理因素。如果處理得不好，類似收費加價這樣的經濟問題就會演變為政治問題。因此，在公路建設這樣的項目中，政府在特許權合約中關於最低收益擔保的條款，成為 BOT 融資模式中非常關鍵的一個條件。

　　第三，項目所在國金融機構的參與對促成大型 BOT 融資結構起著很重要的作用。毋庸諱言，在 BOT 融資結構中，由於政府的特許權合約在整個項目融資結構中起著舉足輕重的作用，從項目貸款銀團的角度考慮，項目的國家風險和政治風險就變成十分重要的因素。

　　這方面包括政府違約、外匯管制等一系列問題。項目所在國的銀行和金融機構，通常被認為對本國政治風險的分析判斷比外國銀行要好得多和準確得多。從而，在大型 BOT 融資結構中，如果能夠吸引若干家本國的主要金融機構的參與，可以起到事半功倍的作用。國際金融界認為，在馬來西亞南北高速公路的項目融資安排中，這一做法是十分成功的。

五、結論

　　成功的 BOT 項目融資方案的結果是一個多贏的局面。從案例中我們知道項目的發起人（項目的最終所有者）、項目的直接投資者和經營者及項目的貸款銀行，都通過項目的建設和營運獲得了可觀的收益，這也正是一個融資模式能夠得以實施的最根本的動力。

　　BOT 項目融資方案成功實施的兩個關鍵點：一個是特許經營權合約，一個是項目所在國的投資環境。特許經營權合約不僅是項目建設和營運者進行投資核算的基礎，也是其獲得投資回報的保證。而項目所在國的投資環境對項目的完工風險有很大的影響。

复习思考题

1. 請簡述項目財務融資方案的任務。
2. 什麼是項目融資主體？如何確定？它的適用條件是什麼？
3. 項目籌資來源主要有哪些？它們各自的特點都是什麼？
4. 請簡述項目融資成本的概念，並區分與其相關的幾類成本。
5. 請簡述項目融資風險都有哪幾類，並對它們的成因進行分析。
6. 制訂資金籌措方案與資金使用方案需要注意的問題有哪些？
7. 在 2009 年，短期國庫券的收益率為 5%。假定 β 值為 1 的資產組合市場要求的期望收益率是 12%，根據 CAPM 模型計算：

（1）市場組合的期望收益率是多少？

（2）β 值為零的股票的期望收益率是多少？

（3）假定投資者正考慮買入 1 股股票，價格為 40 元，該股票預計第二年派發紅利 3 元。投資者預期可以 41 元賣出。股票的 β 值為 -0.5，該股票是被高估了還是被低估了？

第十章 項目的國民經濟效益及社會與環境影響評估

國民經濟效益評估是按照資源合理配置的原則，從國家整體角度考慮項目的效益和費用，用貨物影子價格、影子工資、影子匯率和社會折現率等經濟參數分析、計算項目對國民經濟的淨貢獻，評價項目的經濟合理性。項目的社會與環境影響評估，是指對規劃和建設項目實施後可能造成的環境影響進行分析、預測和評估，提出預防或者減輕不良環境影響的對策和措施，進行跟蹤監測的方法與制度。兩者均為項目評估的重要內容，是投資決策的主要依據。

本章首先介紹了相關國民經濟效益和環境評估的法律文件，繼而主要論述了項目國民經濟效益及社會與環境影響評估兩部分內容。其中，詳細介紹了國民經濟效益評估的概念、作用與程序，以及國民經濟評估的參數以及指標，簡要說明了項目經濟費用和項目社會與環境影響評估部分相關的內容。

第一節　政策解讀

一、關於國民經濟效益評估

國務院關於中國國民經濟核算體系（2016）的批復

國函〔2017〕91號

國家統計局：

你局《關於報請印發〈中國國民經濟核算體系（2016）〉的請示》（國統字〔2017〕5號）收悉。現批復如下：

一、原則同意《中國國民經濟核算體系（2016）》（以下簡稱《核算體系》），由國家統計局印發實施。

二、《核算體系》實施要全面貫徹黨的十八大和十八屆三中、四中、五中、六中全會精神，深入貫徹習近平總書記系列重要講話精神和治國理政新理念新思想新戰略，認真落實黨中央、國務院決策部署，統籌推進「五位一體」總體佈局和協調推進「四

個全面」戰略佈局，牢固樹立和貫徹落實創新、協調、綠色、開放、共享的發展理念，立足中國經濟社會發展實際，充分吸收借鑒國際經驗，遵循統計工作客觀規律，深化統計管理體制改革，充分發揮國民經濟核算體系在推進國家治理體系和治理能力現代化中的重要作用，著力增強統計工作科學性權威性和統計數據真實性準確性，更好服務宏觀調控和經濟社會發展。

三、國家統計局要牽頭做好《核算體系》的組織實施工作，加強跟蹤分析，做好綜合協調，及時發現和研究解決《核算體系》實施中出現的問題。有關核算方法改革事項要按程序向國務院請示報告。國務院各有關部門要充分認識實施《核算體系》的重要意義，密切協調配合，加強信息共享，及時提供核算所需的財務統計、業務統計和行政記錄資料，並按《核算體系》要求改革各自行業統計制度方法。地方各級人民政府要加強組織領導，切實負起責任，結合各自實際，紮實穩妥推進，並給予必要的人力、財力和物力保障。

國務院
2017 年 7 月 3 日

國務院關於加強國民經濟和社會發展規劃編製工作的若干意見

國發〔2005〕33 號

各省、自治區、直轄市人民政府，國務院各部委、各直屬機構：

國民經濟和社會發展規劃是國家加強和改善宏觀調控的重要手段，也是政府履行經濟調節、市場監管、社會管理和公共服務職責的重要依據。科學編製並組織實施國民經濟和社會發展規劃，有利於合理有效地配置公共資源，引導市場發揮資源配置的基礎性作用，促進國民經濟持續快速協調健康發展和社會全面進步。為推進國民經濟和社會發展規劃編製工作的規範化、制度化，提高規劃的科學性、民主性，更好地發揮規劃在宏觀調控、政府管理和資源配置中的作用，現提出以下意見：

一、建立健全規劃體系

（一）建立三級三類規劃管理體系。國民經濟和社會發展規劃按行政層級分為國家級規劃、省（區、市）級規劃、市縣級規劃；按對象和功能類別分為總體規劃、專項規劃、區域規劃。

國家總體規劃和省（區、市）級、市縣級總體規劃分別由同級人民政府組織編製，並由同級人民政府發展改革部門會同有關部門負責起草；專項規劃由各級人民政府有關部門組織編製；跨省（區、市）的區域規劃，由國務院發展改革部門組織國務院有關部門和區域內省（區、市）人民政府有關部門編製。

（二）明確總體規劃、專項規劃和區域規劃的定位。總體規劃是國民經濟和社會發展的戰略性、綱領性、綜合性規劃，是編製本級和下級專項規劃、區域規劃以及制定有關政策和年度計劃的依據，其他規劃要符合總體規劃的要求。專項規劃是以國民經濟和社會發展特定領域為對象編製的規劃，是總體規劃在特定領域的細化，也是政府指導該領域發展以及審批、核准重大項目，安排政府投資和財政支出預算，制定特定領域相關政策的依據。區域規劃是以跨行政區的特定區域國民經濟和社會發展為對象

編製的規劃，是總體規劃在特定區域的細化和落實。跨省（區、市）的區域規劃是編製區域內省（區、市）級總體規劃、專項規劃的依據。

國家總體規劃、省（區、市）級總體規劃和區域規劃的規劃期一般為5年，可以展望到10年以上。市縣級總體規劃和各類專項規劃的規劃期可根據需要確定。

（三）嚴格編製國家級專項規劃的領域。編製國家級專項規劃原則上限於關係國民經濟和社會發展大局、需要國務院審批和核准重大項目以及安排國家投資數額較大的領域。主要包括：農業、水利、能源、交通、通信等方面的基礎設施建設，土地、水、海洋、煤炭、石油、天然氣等重要資源的開發保護，生態建設、環境保護、防災減災，科技、教育、文化、衛生、社會保障、國防建設等公共事業和公共服務，需要政府扶持或者調控的產業，國家總體規劃確定的重大戰略任務和重大工程，以及法律、行政法規規定和國務院要求的其他領域。

（四）合理確定編製國家級區域規劃的範圍。國家對經濟社會發展聯繫緊密的地區、有較強輻射能力和帶動作用的特大城市為依託的城市群地區、國家總體規劃確定的重點開發或保護區域等，編製跨省（區、市）的區域規劃。其主要內容包括：對人口、經濟增長、資源環境承載能力進行預測和分析，對區域內各類經濟社會發展功能區進行劃分，提出規劃實施的保障措施等。

二、完善規劃編製的協調銜接機制

（五）遵循正確的規劃編製原則。堅持以人為本、全面協調可持續的科學發展觀；堅持從實際出發，遵循自然規律、經濟規律和社會發展規律；堅持科學化、民主化，廣泛聽取社會各界和人民群眾的意見；堅持統籌兼顧，加強各級各類規劃之間的銜接和協調；堅持社會主義市場經濟體制的改革方向，充分發揮市場配置資源的基礎性作用。

（六）做好規劃編製的前期工作。編製規劃前，必須認真做好基礎調查、信息搜集、課題研究以及納入規劃重大項目的論證等前期工作，及時與有關方面進行溝通協調。編製國家級專項規劃，編製部門要擬訂規劃編製工作方案，明確規劃編製的必要性、銜接單位、論證方式、進度安排和批准機關等，並送有關部門進行協調。需由國務院批准的專項規劃，要擬訂年度計劃，由國務院發展改革部門商有關部門報國務院批准後執行。編製跨省（區、市）區域規劃，由國務院發展改革部門會同有關省（區、市）人民政府提出申請，經國務院批准後實施。規劃編製工作所需經費，應按照綜合考慮、統籌安排的原則，由編製規劃的部門商同級財政部門後列入部門預算。

（七）強化規劃之間的銜接協調。要高度重視規劃銜接工作，使各類規劃協調一致，形成合力。規劃銜接要遵循專項規劃和區域規劃服從本級和上級總體規劃，下級政府規劃服從上級政府規劃，專項規劃之間不得相互矛盾的原則。編製跨省（區、市）區域規劃，還要充分考慮土地利用總體規劃、城市規劃等相關領域規劃的要求。

省（區、市）級總體規劃草案在送本級人民政府審定前，應由省（區、市）發展改革部門送國務院發展改革部門與國家總體規劃進行銜接，並送相關的相鄰省（區、市）人民政府發展改革部門與其總體規劃進行銜接，必要時還應送國務院其他有關部門與國家級專項規劃進行銜接。相鄰地區間規劃銜接不能達成一致意見的，可由國務院發展改革部門進行協調，重大事項報國務院決定。

專項規劃草案由編製部門送本級人民政府發展改革部門與總體規劃進行銜接，送上一級人民政府有關部門與其編製的專項規劃進行銜接，涉及其他領域時還應當送本級人民政府有關部門與其編製的專項規劃進行銜接。同級專項規劃之間銜接不能達成一致意見的，由本級人民政府協調決定。

跨省（區、市）的區域規劃草案由國務院發展改革部門送國務院其他有關部門與相關專項規劃進行銜接。

各有關部門要積極配合規劃編製部門，認真做好銜接工作，並自收到規劃草案之日起30個工作日內，以書面形式向規劃編製部門反饋意見。

三、建立規劃編製的社會參與和論證制度

（八）建立健全規劃編製的公眾參與制度。編製規劃要充分發揚民主，廣泛聽取意見。各級各類規劃應視不同情況，徵求本級人民政府有關部門和下一級人民政府以及其他有關單位、個人的意見。除涉及國家秘密的外，規劃編製部門應當公布規劃草案或者舉行聽證會，聽取公眾意見。

國務院發展改革部門、省（區、市）人民政府發展改革部門在將國家總體規劃、省（區、市）級總體規劃草案送本級人民政府審定前，要認真聽取本級人民代表大會、政治協商會議有關專門委員會的意見，自覺接受指導。

（九）實行編製規劃的專家論證制度。為充分發揮專家的作用，提高規劃的科學性，國務院發展改革部門和省（區、市）人民政府發展改革部門要組建由不同領域專家組成的規劃專家委員會，並在規劃編製過程中認真聽取專家委員會的意見。規劃草案形成後，要組織專家進行深入論證。對國家級、省（區、市）級專項規劃組織專家論證時，專項規劃領域以外的相關領域專家應當不少於1/3。規劃經專家論證後，應當由專家出具論證報告。

四、加強規劃的審批管理

（十）規範審批內容。規劃編製部門向規劃批准機關提交規劃草案時應當報送規劃編製說明、論證報告以及法律、行政法規規定需要報送的其他有關材料。其中，規劃編製說明要載明規劃編製過程，徵求意見和規劃銜接、專家論證的情況以及未採納的重要意見和理由。

（十一）明確審批權限。總體規劃草案由各級人民政府報同級人民代表大會審議批准。關係國民經濟和社會發展全局、需要國務院審批或者核准重大項目以及安排國家投資數額較大的國家級專項規劃，由國務院審批；其他國家級專項規劃由國務院有關部門批准，報國務院備案。跨省（區、市）的區域規劃由國務院批准。

除法律、行政法規另有規定以及涉及國家秘密的外，規劃經法定程序批准後應當及時公布。未經銜接或專家論證的規劃，不得報請批准和公布實施。

五、建立規劃的評估調整機制

（十二）實行規劃評估制度。規劃編製部門要在規劃實施過程中適時組織開展對規劃實施情況的評估，及時發現問題，認真分析產生問題的原因，提出有針對性的對策建議。評估工作可以由編製部門自行承擔，也可以委託其他機構進行評估。評估結果要形成報告，作為修訂規劃的重要依據。有關地區和部門也要密切跟蹤分析規劃實施情況，及時向規劃編製部門反饋意見。

（十三）適時對規劃進行調整和修訂。經評估或者因其他原因需要對規劃進行修訂的，規劃編製部門應當提出規劃修訂方案（需要報批、公布的要履行報批、公布手續）。總體規劃涉及的特定領域或區域發展方向等內容有重大變化的，專項規劃或區域規劃也要相應調整和修訂。

各地區、各部門要結合本地區、本部門實際，認真做好貫徹落實工作。要不斷總結經驗教訓，改革規劃管理體制，創新規劃編製方式，規範規劃編製程序，使規劃編製工作更好地適應社會主義市場經濟體制的要求和經濟社會發展的需要。

國務院
二〇〇五年十月二十二日

二、關於環境評估及其影響

中華人民共和國環境影響評價法

（2002年10月28日第九屆全國人民代表大會常務委員會第三十次會議通過，根據2016年7月2日第十二屆全國人民代表大會常務委員會第二十一次會議《關於修改〈中華人民共和國節約能源法〉等六部法律的決定》第一次修正，根據2018年12月29日第十三屆全國人民代表大會常務委員會第七次會議《關於修改<中華人民共和國勞動法>等七部法律的決定》第二次修正）。

目　錄

第一章　總則
第二章　規劃的環境影響評價
第三章　建設項目的環境影響評價
第四章　法律責任
第五章　附則

第一章　總　則

第一條　為了實施可持續發展戰略，預防因規劃和建設項目實施後對環境造成不良影響，促進經濟、社會和環境的協調發展，制定本法。

第二條　本法所稱環境影響評價，是指對規劃和建設項目實施後可能造成的環境影響進行分析、預測和評估，提出預防或者減輕不良環境影響的對策和措施，進行跟蹤監測的方法與制度。

第三條　編製本法第九條所規定的範圍內的規劃，在中華人民共和國領域和中華人民共和國管轄的其他海域內建設對環境有影響的項目，應當依照本法進行環境影響評價。

第四條　環境影響評價必須客觀、公開、公正，綜合考慮規劃或者建設項目實施後對各種環境因素及其所構成的生態系統可能造成的影響，為決策提供科學依據。

第五條　國家鼓勵有關單位、專家和公眾以適當方式參與環境影響評價。

第六條　國家加強環境影響評價的基礎數據庫和評價指標體系建設，鼓勵和支持對環境影響評價的方法、技術規範進行科學研究，建立必要的環境影響評價信息共享制度，提高環境影響評價的科學性。

國務院生態環境主管部門應當會同國務院有關部門，組織建立和完善環境影響評

價的基礎數據庫和評價指標體系。

第二章 規劃的環境影響評價

第七條 國務院有關部門、設區的市級以上地方人民政府及其有關部門，對其組織編製的土地利用的有關規劃，區域、流域、海域的建設、開發利用規劃，應當在規劃編製過程中組織進行環境影響評價，編寫該規劃有關環境影響的篇章或者說明。

規劃有關環境影響的篇章或者說明，應當對規劃實施後可能造成的環境影響作出分析、預測和評估，提出預防或者減輕不良環境影響的對策和措施，作為規劃草案的組成部分一併報送規劃審批機關。

未編寫有關環境影響的篇章或者說明的規劃草案，審批機關不予審批。

第八條 國務院有關部門、設區的市級以上地方人民政府及其有關部門，對其組織編製的工業、農業、畜牧業、林業、能源、水利、交通、城市建設、旅遊、自然資源開發的有關專項規劃（以下簡稱專項規劃），應當在該專項規劃草案上報審批前，組織進行環境影響評價，並向審批該專項規劃的機關提出環境影響報告書。

前款所列專項規劃中的指導性規劃，按照本法第七條的規定進行環境影響評價。

第九條 依照本法第七條、第八條的規定進行環境影響評價的規劃的具體範圍，由國務院生態環境主管部門會同國務院有關部門規定，報國務院批准。

第十條 專項規劃的環境影響報告書應當包括下列內容：

（一）實施該規劃對環境可能造成影響的分析、預測和評估；

（二）預防或者減輕不良環境影響的對策和措施；

（三）環境影響評價的結論。

第十一條 專項規劃的編製機關對可能造成不良環境影響並直接涉及公眾環境權益的規劃，應當在該規劃草案報送審批前，舉行論證會、聽證會，或者採取其他形式，徵求有關單位、專家和公眾對環境影響報告書草案的意見。但是，國家規定需要保密的情形除外。

編製機關應當認真考慮有關單位、專家和公眾對環境影響報告書草案的意見，並應當在報送審查的環境影響報告書中附具對意見採納或者不採納的說明。

第十二條 專項規劃的編製機關在報批規劃草案時，應當將環境影響報告書一併附送審批機關審查；未附送環境影響報告書的，審批機關不予審批。

第十三條 設區的市級以上人民政府在審批專項規劃草案，作出決策前，應當先由人民政府指定的生態環境主管部門或者其他部門召集有關部門代表和專家組成審查小組，對環境影響報告書進行審查。審查小組應當提出書面審查意見。

參加前款規定的審查小組的專家，應當從按照國務院生態環境主管部門的規定設立的專家庫內的相關專業的專家名單中，以隨機抽取的方式確定。

由省級以上人民政府有關部門負責審批的專項規劃，其環境影響報告書的審查辦法，由國務院生態環境主管部門會同國務院有關部門制定。

第十四條 審查小組提出修改意見的，專項規劃的編製機關應當根據環境影響報告書結論和審查意見對規劃草案進行修改完善，並對環境影響報告書結論和審查意見的採納情況作出說明；不採納的，應當說明理由。

設區的市級以上人民政府或者省級以上人民政府有關部門在審批專項規劃草案時，

應當將環境影響報告書結論以及審查意見作為決策的重要依據。

在審批中未採納環境影響報告書結論以及審查意見的，應當作出說明，並存檔備查。

第十五條　對環境有重大影響的規劃實施後，編製機關應當及時組織環境影響的跟蹤評價，並將評價結果報告審批機關；發現有明顯不良環境影響的，應當及時提出改進措施。

第三章　建設項目的環境影響評價

第十六條　國家根據建設項目對環境的影響程度，對建設項目的環境影響評價實行分類管理。

建設單位應當按照下列規定組織編製環境影響報告書、環境影響報告表或者填報環境影響登記表（以下統稱環境影響評價文件）：

（一）可能造成重大環境影響的，應當編製環境影響報告書，對產生的環境影響進行全面評價；

（二）可能造成輕度環境影響的，應當編製環境影響報告表，對產生的環境影響進行分析或者專項評價；

（三）對環境影響很小、不需要進行環境影響評價的，應當填報環境影響登記表。

建設項目的環境影響評價分類管理名錄，由國務院生態環境主管部門制定並公布。

第十七條　建設項目的環境影響報告書應當包括下列內容：

（一）建設項目概況；

（二）建設項目週日圍環境現狀；

（三）建設項目對環境可能造成影響的分析、預測和評估；

（四）建設項目環境保護措施及其技術、經濟論證；

（五）建設項目對環境影響的經濟損益分析；

（六）對建設項目實施環境監測的建議；

（七）環境影響評價的結論。

環境影響報告表和環境影響登記表的內容和格式，由國務院生態環境主管部門制定。

第十八條　建設項目的環境影響評價，應當避免與規劃的環境影響評價相重複。

作為一項整體建設項目的規劃，按照建設項目進行環境影響評價，不進行規劃的環境影響評價。

已經進行了環境影響評價的規劃包含具體建設項目的，規劃的環境影響評價結論應當作為建設項目環境影響評價的重要依據，建設項目環境影響評價的內容應當根據規劃的環境影響評價審查意見予以簡化。

第十九條　建設單位可以委託技術單位對其建設項目開展環境影響評價，編製建設項目環境影響報告書、環境影響報告表；建設單位具備環境影響評價技術能力的，可以自行對其建設項目開展環境影響評價，編製建設項目環境影響報告書、環境影響報告表。

編製建設項目環境影響報告書、環境影響報告表應當遵守國家有關環境影響評價標準、技術規範等規定。

國務院生態環境主管部門應當制定建設項目環境影響報告書、環境影響報告表編製的能力建設指南和監管辦法。

接受委託為建設單位編製建設項目環境影響報告書、環境影響報告表的技術單位，不得與負責審批建設項目環境影響報告書、環境影響報告表的生態環境主管部門或者其他有關審批部門存在任何利益關係。

第二十條　建設單位應當對建設項目環境影響報告書、環境影響報告表的內容和結論負責，接受委託編製建設項目環境影響報告書、環境影響報告表的技術單位對其編製的建設項目環境影響報告書、環境影響報告表承擔相應責任。

設區的市級以上人民政府生態環境主管部門應當加強對建設項目環境影響報告書、環境影響報告表編製單位的監督管理和質量考核。

負責審批建設項目環境影響報告書、環境影響報告表的生態環境主管部門應當將編製單位、編製主持人和主要編製人員的相關違法信息記入社會誠信檔案，並納入全國信用信息共享平臺和國家企業信用信息公示系統向社會公布。

任何單位和個人不得為建設單位指定編製建設項目環境影響報告書、環境影響報告表的技術單位。

第二十一條　除國家規定需要保密的情形外，對環境可能造成重大影響、應當編製環境影響報告書的建設項目，建設單位應當在報批建設項目環境影響報告書前，舉行論證會、聽證會，或者採取其他形式，徵求有關單位、專家和公眾的意見。

建設單位報批的環境影響報告書應當附具對有關單位、專家和公眾的意見採納或者不採納的說明。

第二十二條　建設項目的環境影響報告書、報告表，由建設單位按照國務院的規定報有審批權的生態環境主管部門審批。

海洋工程建設項目的海洋環境影響報告書的審批，依照《中華人民共和國海洋環境保護法》的規定辦理。

審批部門應當自收到環境影響報告書之日起六十日內，收到環境影響報告表之日起三十日內，分別作出審批決定並書面通知建設單位。

國家對環境影響登記表實行備案管理。

審核、審批建設項目環境影響報告書、報告表以及備案環境影響登記表，不得收取任何費用。

第二十三條　國務院生態環境主管部門負責審批下列建設項目的環境影響評價文件：

（一）核設施、絕密工程等特殊性質的建設項目；

（二）跨省、自治區、直轄市行政區域的建設項目；

（三）由國務院審批的或者由國務院授權有關部門審批的建設項目。

前款規定以外的建設項目的環境影響評價文件的審批權限，由省、自治區、直轄市人民政府規定。

建設項目可能造成跨行政區域的不良環境影響，有關生態環境主管部門對該項目的環境影響評價結論有爭議的，其環境影響評價文件由共同的上一級生態環境主管部門審批。

第二十四條　建設項目的環境影響評價文件經批准後，建設項目的性質、規模、地點、採用的生產工藝或者防治污染、防止生態破壞的措施發生重大變動的，建設單位應當重新報批建設項目的環境影響評價文件。

建設項目的環境影響評價文件自批准之日起超過五年，方決定該項目開工建設的，其環境影響評價文件應當報原審批部門重新審核；原審批部門應當自收到建設項目環境影響評價文件之日起十日內，將審核意見書面通知建設單位。

第二十五條　建設項目的環境影響評價文件未依法經審批部門審查或者審查後未予批准的，建設單位不得開工建設。

第二十六條　建設項目建設過程中，建設單位應當同時實施環境影響報告書、環境影響報告表以及環境影響評價文件審批部門審批意見中提出的環境保護對策措施。

第二十七條　在項目建設、運行過程中產生不符合經審批的環境影響評價文件的情形的，建設單位應當組織環境影響的後評價，採取改進措施，並報原環境影響評價文件審批部門和建設項目審批部門備案；原環境影響評價文件審批部門也可以責成建設單位進行環境影響的後評價，採取改進措施。

第二十八條　生態環境主管部門應當對建設項目投入生產或者使用後所產生的環境影響進行跟蹤檢查，對造成嚴重環境污染或者生態破壞的，應當查清原因、查明責任。對屬於建設項目環境影響報告書、環境影響報告表存在基礎資料明顯不實，內容存在重大缺陷、遺漏或者虛假，環境影響評價結論不正確或者不合理等嚴重質量問題的，依照本法第三十二條的規定追究建設單位及其相關責任人員和接受委託編製建設項目環境影響報告書、環境影響報告表的技術單位及其相關人員的法律責任；屬於審批部門工作人員失職、瀆職，對依法不應批准的建設項目環境影響報告書、環境影響報告表予以批准的，依照本法第三十四條的規定追究其法律責任。

第四章　法律責任

第二十九條　規劃編製機關違反本法規定，未組織環境影響評價，或者組織環境影響評價時弄虛作假或者有失職行為，造成環境影響評價嚴重失實的，對直接負責的主管人員和其他直接責任人員，由上級機關或者監察機關依法給予行政處分。

第三十條　規劃審批機關對依法應當編寫有關環境影響的篇章或者說明而未編寫的規劃草案，依法應當附送環境影響報告書而未附送的專項規劃草案，違法予以批准的，對直接負責的主管人員和其他直接責任人員，由上級機關或者監察機關依法給予行政處分。

第三十一條　建設單位未依法報批建設項目環境影響報告書、報告表，或者未依照本法第二十四條的規定重新報批或者報請重新審核環境影響報告書、報告表，擅自開工建設的，由縣級以上生態環境主管部門責令停止建設，根據違法情節和危害後果，處建設項目總投資額百分之一以上百分之五以下的罰款，並可以責令恢復原狀；對建設單位直接負責的主管人員和其他直接責任人員，依法給予行政處分。

建設項目環境影響報告書、報告表未經批准或者未經原審批部門重新審核同意，建設單位擅自開工建設的，依照前款的規定處罰、處分。

建設單位未依法備案建設項目環境影響登記表的，由縣級以上生態環境主管部門責令備案，處五萬元以下的罰款。

海洋工程建設項目的建設單位有本條所列違法行為的，依照《中華人民共和國海洋環境保護法》的規定處罰。

第三十二條 建設項目環境影響報告書、環境影響報告表存在基礎資料明顯不實，內容存在重大缺陷、遺漏或者虛假，環境影響評價結論不正確或者不合理等嚴重質量問題的，由設區的市級以上人民政府生態環境主管部門對建設單位處五十萬元以上二百萬元以下的罰款，並對建設單位的法定代表人、主要負責人、直接負責的主管人員和其他直接責任人員，處五萬元以上二十萬元以下的罰款。

接受委託編製建設項目環境影響報告書、環境影響報告表的技術單位違反國家有關環境影響評價標準和技術規範等規定，致使其編製的建設項目環境影響報告書、環境影響報告表存在基礎資料明顯不實，內容存在重大缺陷、遺漏或者虛假，環境影響評價結論不正確或者不合理等嚴重質量問題的，由設區的市級以上人民政府生態環境主管部門對技術單位處所收費用三倍以上五倍以下的罰款；情節嚴重的，禁止從事環境影響報告書、環境影響報告表編製工作；有違法所得的，沒收違法所得。

編製單位有本條第一款、第二款規定的違法行為的，編製主持人和主要編製人員五年內禁止從事環境影響報告書、環境影響報告表編製工作；構成犯罪的，依法追究刑事責任，並終身禁止從事環境影響報告書、環境影響報告表編製工作。

第三十三條 負責審核、審批、備案建設項目環境影響評價文件的部門在審批、備案中收取費用的，由其上級機關或者監察機關責令退還；情節嚴重的，對直接負責的主管人員和其他直接責任人員依法給予行政處分。

第三十四條 生態環境主管部門或者其他部門的工作人員徇私舞弊，濫用職權，玩忽職守，違法批准建設項目環境影響評價文件的，依法給予行政處分；構成犯罪的，依法追究刑事責任。

第五章　附　則

第三十五條 省、自治區、直轄市人民政府可以根據本地的實際情況，要求對本轄區的縣級人民政府編製的規劃進行環境影響評價。具體辦法由省、自治區、直轄市參照本法第二章的規定制定。

第三十六條 軍事設施建設項目的環境影響評價辦法，由中央軍事委員會依照本法的原則制定。

第三十七條 本法自 2003 年 9 月 1 日起施行。

第二節　國民經濟效益評估

一、國民經濟評價的含義

國民經濟評價是按照資源合理配置的原則，從國家整體角度考察項目的效益和費用，用貨物影子價格、影子工資、影子匯率和社會折現率等經濟參數分析、計算項目對國民經濟的淨貢獻，評價項目的經濟合理性。它是項目評估的重要內容，是投資決策的主要依據。

二、國民經濟評價的作用

對投資項目進行國民經濟評價的重要作用，主要表現在以下三個方面：

(一) 經濟評價是宏觀上合理配置國家有限資源的需要

國家的資源（包括資金、外匯、土地、勞動力及其他自然資源）總是有限的，我們必須在資源的各種相互競爭的用途中做出選擇。而這種選擇必須借助於經濟評價，從國家整體的角度考慮。把國民經濟當作一個大系統，項目的建設作為這個大系統中的一個子系統，項目的建設與生產，要從國民經濟這個大系統中汲取大量的投入物（資金、勞力、物資、土地等），同時也向國民經濟這個大系統提供一定數量的產出（產品、服務等）。經濟評價就是評價項目從國民經濟中所汲取的投入與向國民經濟提供的產出對國民經濟這個大系統的經濟目標的影響，從而選擇對大系統目標優化最有利的項目或方案。

經濟評價是一種宏觀評價，對於建設社會主義市場經濟具有十分重要的意義。只有多數項目的建設符合整個國民經濟發展的需要，並充分合理利用有限資源，國家才能獲得最大的淨效益。

(二) 經濟評價是真實反應項目對國民經濟淨貢獻的需要

中國和大多數發展中國家一樣，不少商品的價格不能反應價值，也不能反應供求關係。在這種商品價格嚴重失真的條件下，按現行價格計算項目的投入或產出，不能確切地反應項目建設給國民經濟帶來的效益與費用支出。因此，我們就必須運用能反應資源真實價值的影子價格，計算投資項目的費用和效益，考察該項目的建設對達成國民經濟總目標的作用。

(三) 國民經濟評價是投資決策科學化的需要

國民經濟評價是投資決策科學化的需要，主要體現在以下三個方面：

(1) 有利於引導投資方向。國民經濟評價運用經濟淨現值、經濟內部收益率等指標及體現宏觀意圖的影子價格、影子匯率等參數，可以起到鼓勵或抑制某些行業或項目發展的作用，促進國家資源的合理分配。

(2) 有利於控制投資規模。最明顯的是國家可以通過調整社會折現率這個重要的參數調控投資總規模。當投資規模膨脹時，國家可以適當提高社會折現率，控制一些項目的通過率。

(3) 有利於提高計劃質量。項目是計劃的基礎，有了足夠數量、經過充分論證和科學評價的備選項目，各級計劃部門才便於從宏觀經濟角度對項目進行排隊和取捨。

三、國民經濟評價的程序

項目的國民經濟評價是在項目財務評價基礎之上進行的，其程序為：

(一) 收集整理數據資料

評估人員根據計算和分析的需要，收集有關的信息資料，然後進行整理、分類。在進行項目財務基礎數據測算和財務評價中收集到的有關方面的資料，是國民經濟評價的重要基礎資料，但僅這些還是不夠的，評估人員還需要收集更廣泛的信息資料。資料收集工作完成後，評估人員要根據評價的要求對資料進行分類，對一些資源進行

核實，力爭數據準確，來源可靠。

（二）調整價格

根據收集整理的資料和國家有關部門頒發的影子價格及調整方法，我們要對現行的價格進行調整。

（三）計算費用和效益

價格調整以後，我們要用調整過的價格度量項目分年的費用和效益，根據需要進行匯總。評估要求各類費用和效益盡可能地完全，不能漏項和加項。這就需要項目評估人員事先列好項目的費用和效益細目表，不但包括直接費用和效益，還要包括間接費用和效益，對定量和不可定量的分別列項處理，計算可定量的部分，不可定量的可作定性分析的依據。

（四）計算現金流量和評價指標

根據計算出來的費用和效益數據，評估人員首先要建立經濟現金流量表，然後根據此表計算經濟內部收益率、經濟淨現值等評價指標。另外，還可以計算有關靜態指標，如投資淨收益率等。

（五）分析評價

計算出評價指標以後，評估人員根據國家頒發的標準進行分析評價，達到或超過國家規定標準的就是可行的。

四、國民經濟效益評估與財務效益評估的關係

（一）聯繫

（1）評估目的相同，即以最小的投入獲得最大的產出。
（2）評價基礎相同。
（3）基本方法與主要指標的計算方法類同。

（二）區別

二者的主要區別是：由於兩者的出發點及角度不同，所以在評估的角度、目標、費用和效益範圍劃分、計算的基礎方面不同，以及評估的內容和方法方面不同。具體區別見表 10-1。

表 10-1　國民經濟效益評估與財務效益評估的區別

類別	項目財務效益評估	國民經濟效益評估
評估角度	考察項目的盈利能力	考察項目的經濟合理性
評估目標	以企業淨利潤為目標	對社會和國家發展的貢獻、資源的有效利用和分配情況
費用和效益範圍劃分	考察項目直接費用和直接效益	考察項目直接費用和直接效益及間接費用和間接效益
計算的基礎	現行市價、行業基準收益率、官方利率等	經濟合理性（影子價格）、社會折現率、國家調整匯率（影子匯率）
評估內容和方法	企業成本效益分析方法	費用效益分析、成本效益分析和多目標綜合分析等方法

第三節　項目經濟費用和效益的識別與劃分

項目的費用和效益是指國民經濟為項目所付出的代價和所獲得的經濟價值。因此，正確地鑑別和度量項目的費用和效益，是保證國民經濟評價正確的重要條件。

劃分投資項目的費用和效益，是相對於項目的目標而言的，國民經濟評價是從整個國民經濟增長的目標出發，以項目對國民經濟的淨貢獻大小考察項目。因此，鑑別費用和效益的基本原則就是：凡國民經濟為項目付出的代價，均計為項目的費用；凡項目對國民經濟所做出的貢獻，均計為項目的效益。在度量項目的費用和效益時，我們應遵循費用和效益計算範圍相對應的原則。項目的費用和效益均可分為直接費用和直接效益、間接費用和間接效益。

一、項目直接費用和直接效益

(一) 項目直接費用

項目的直接費用也稱內部費用，主要指國家為滿足項目投入的需要而付出的代價。這些投入物用影子價格計算的經濟價值即為項目的直接費用。項目直接費用的確定可分為以下幾種情況：

(1) 如果擬建項目的投入物來自國內供應量的增加，即增加國內生產來滿足擬建項目的需求，其費用就是增加國內生產所消耗的資源價值。

(2) 項目的投入本來用於其他項目，改用於擬建項目將減少對其他項目的供應，其費用為其他項目因此而減少的效益，也就是其他項目對該項投入物的支付意願。

(3) 增加進口或減少出口。當項目投入物來自國外，增加進口就是因為項目存在，國家不得不增加進口以滿足項目對投入物的需要。其費用可看作國家為增加進口而支付的外匯。當投入物本來可以出口，減少出口是因為項目使用了國家用來出口的商品作為投入物從而減少了國家的出口量，其費用是國家因減少出口而損失的外匯收入。

(二) 項目直接效益

項目直接效益也稱為內部效益，是由項目本身產生，由其產出物提供，並用影子價格計算的產出物的經濟價值，直接效益一般有以下幾種情況：

(1) 項目投產後增加總的供給量，即增加了國內的最終消費品或中間產品。從理論上講，這種情況下項目的效益用消費者或用戶的原支付價格計算，但在實際工作中，這種原支付價格不易確定，可以用口岸價格加或減運輸費用和貿易費用，或用國家統一價格加補貼或用國內市場價格代替。當然，對一些比較容易確定原支付價格的產出物，我們還是要用原支付價格度量。

(2) 項目產出物頂替了原有項目的生產，致使其減產或停產的，其效益為原有項目減產或停產向社會釋放出來的資源，其價值也就等於對這些資源的支付意願。

(3) 增加出口或減少進口。增加出口就是項目投產以後增加國家出口產品的數量。減少出口是指項目投產以後，其產品可以替代進口產品，減少國家等量產品的進口。在這種情況下，項目的效益都是外匯收入，增加出口是創造的外匯收入，減少進口是

節省的外匯。

二、間接費用和間接效益

項目的費用和效益不僅體現在它的直接投入物和產出物中，還會在國民經濟相鄰部門及社會中反應出來。這就是項目的間接費用（外部費用）和間接效益（外部效益），也統稱為外部效果。

外部費用指國民經濟為項目付出了代價，而項目本身並不實際支付的費用。外部效益指項目對社會做出貢獻，而項目本身並未得到的那部分效益。

（一）間接費用

間接費用是指國民經濟為項目付出了代價，而在項目直接費用中未得到反應的那部分費用。例如，項目產生的廢水、廢氣、廢渣引起的環境污染及造成的生態平衡破壞所需治理的費用；為新建投資項目的服務配套、附屬工程所需的投資支出和其他費用；為新建項目配套的郵政、水、電、氣、道路、港口碼頭等公用基礎設施的投資支出和費用。如果這些設施全部是為本項目服務的，則應作為項目的組成部分，其所有費用都應包括在項目總費用之內；如果這些設施不全部是為本項目服務的，即同時為多個項目提供服務，則應根據本項目所享受的服務量的大小、程度進行分攤，並把這部分費用計入項目的總費用中。

在經濟費用效益評估中，只有同時符合以下兩個條件的費用或效益才能稱作間接費用或間接效益：

（1）項目將對與其並無直接關聯的其他項目或消費者產生影響（產生費用或效益）；

（2）這種費用或效益在財務報表（如財務現金流量表）中並沒有得到反應，或者說沒有將其價值量化。

在某些特定條件下，我們需要考慮下面的外部效果：

（1）項目造成的環境污染對生態的破壞，是一種間接費用，一般較難計量，除環衛部門規定徵集的排污費計算外，可以參照同類企業所造成的損失計算，至少也應做定性的描述。

（2）技術擴散的效果。一個使用先進技術的項目的建設，由於技術人員的流動，技術得到擴散和推廣，整個社會都將受益。不過，這類外部效益常常由於計量的困難，只作定性的說明。

（3）對下游企業的效果。這主要是指生產初級產品的項目對以其產出物為原料的經濟部門產生的效果。就項目評估而言，如果能夠合理確定這些初級產品影子價格，就能正確計算這類項目的經濟效益，這樣就不再需要單獨考慮向前聯的效果了。

（4）對上游企業的效果。這主要是指一個項目的建設會刺激那些為該項目提供原材料或半成品的經濟部門的發展，從而引起向後聯效果。

（5）計算外部效果時，我們應注意區別其是否已經在項目投入物和產出物的影子價格中得到充分反應。項目使用投入物、提供產出物，引起上、下游企業效益或費用的變化，一般多在投入物、產出物的影子價格中得到反應，不必再計算間接效益或費用。

（6）乘數效果。乘數效果是指新建項目的實施刺激了對項目投入物的國內需求，可以使原來閒置的資源得到利用，從而產生的一種連鎖性的外部效果。以勞動力為例，若勞動力嚴重過剩，項目的實施利用了原來閒散的勞動力，引起勞動力消費的增加，促進了服務行業的發展，從而引起一系列的連鎖效果，但是，只有在滿足下列條件時才能把這種乘數效果歸因於某個具體項目：①資源閒置的原因是國內需求不足，且除實施該項目之外，沒有其他辦法來提高這種需求；②該項目所使用的資金沒有機會用於其他項目；③應考慮整個項目週期內這種閒置資源被利用的情況，一般情況下，我們在項目國民經濟評價中不考慮這種乘數效果，只有在評估不發達地區建設項目時，才有必要考慮這種乘數效果。

（二）間接效益

間接效益是指項目對社會做出的貢獻，而在項目的直接效益中未得到反應的那部分效益。它是由於項目的投資興建、經營，配套項目和相關部門因增加產量和勞務量而獲得的效益。例如，水利工程，除了發電外，還可以為當地農田灌溉、防洪、農產品加工等帶來收益；某水泵廠生產了一種新型節能水泵，用戶可得到較低的運行費用的好處，但由於種種因素，這部分效益未能在水泵的財務價格中被全部反應出來，因此這部分節能效益未能完全反應在水泵廠的直接效益中。這部分節能效益也就是水泵廠的間接效益。

第四節　國民經濟評估參數和影子價格

一、評估參數

國民經濟評估參數是國民經濟評估的基礎。正確理解和使用評估參數，對正確計算項目的效益、費用和評價指標，以及比選優化方案具有重要作用。國民經濟評估參數包括計算、衡量項目的經濟費用效益的各類計算參數和判定項目經濟合理性的判據參數。它主要可分為兩大類：一類是通用參數，如影子匯率（口岸價格綜合轉換系數）、社會折現率等，由國家行政主管部門統一測定並發布，在各類投資項目的國民經濟評估中必須使用。另一類是貨物影子價格等一般參數，如影子工資換算系數和土地影子價格等，由行業或者項目評價人員測定，在各類投資項目的國民經濟評估中可參考使用。需要說明的是，這些參數僅僅供投資項目評價及決策使用，並不在任何意義上暗示現行價格、匯率及利率的變動趨勢，也不作為國家分配投資、企業間進行商品交換的依據。另外，由於在現實經濟生活中，各方面的經濟情況是在發展變化的，所以從理論上講，參數具有一定的時效性，我們應根據具體情況隨時調整，但是在實踐過程中只能做到階段性調整。

國民經濟評估參數是用來計算和衡量項目投入費用和產出效益，並判斷項目宏觀經濟合理性的一系列數值依據。其目的是保證各類項目評價標準的統一性和評價結論的可比性。所以，項目評估工作人員在評價參數的取值時一定要注意其合理性，並能反應、符合客觀實際情況。一般地，項目國民經濟評估參數主要有以下幾種：

(一) 社會折現率

1. 社會折現率的含義

項目的國民經濟評估主要採用費用效益分析方法或者費用效果分析方法。在費用效益分析方法中，主要採用動態計算方法，計算經濟淨現值或者經濟內部收益率指標。在計算項目的經濟淨現值指標時，我們需要使用一個事先確定的折現率，而在使用經濟內部收益率指標時，需要用一個事先確定的基準收益率做對比，以判定項目的經濟效益是否達到了標準。為此，現實中通常將經濟淨現值計算中的折現率和經濟內部收益率判據的基準收益率統一起來，規定為社會折現率。

社會折現率（social discount rate）是資金的影子價格，也是資金的機會成本，反應國家對資金時間價值的估量和資金稀缺程度，是社會對項目佔用資金所要求達到的最低獲利標準。它是項目國民經濟效益評估的重要通用參數，作為計算經濟淨現值的折現率，並作為衡量經濟內部收益率的基準值，是項目經濟可行性和方案比優的主要判據。在宏觀上，社會折現率是國家調節控制投資活動的主要手段之一，可以起到控制投資規模、調節投資方向、優化投資結構和提高投資效益等作用。社會折現率低，滿足經濟要求的項目多，投資規模就會大；社會折現率高，滿足經濟要求的項目少，投資規模就會小。由於社會折現率的高低會影響整個國家的投資規模，從而影響整個國家的累積與消費比例，影響整個國家的總投資效果。因此，適當的社會折現率有利於正確引導投資，改變整個國家的資源配置情況，達到社會資源的最佳配置，調節資金的供求平衡。

2. 社會折現率的測定

目前公布的社會折現率，是以資本的社會機會成本與費用效益的時間偏好率二者為基礎進行測算的結果。

在項目評價中，社會折現率既代表了資金的機會成本，也是不同年份之間費用效益的折算率。理論上，如果社會資源供求在最優狀態平衡，資金的機會成本應當等於不同年份之間的折算率，但在現實經濟中，社會投資資金總是表現出一定的短缺，資金的機會成本總是高於不同年份之間的費用效率折算率。同時，由於投資風險的存在，資本投資所要求的收益率總是要高於不同年份折算率。因此，按照資金機會成本原則確定的社會折現率總是高於按照費用效益的時間偏好率原則確定的數值。社會折現率的測定主要有以下兩種方法：

（1）用投資項目經濟內部收益率排隊的方法測定。

用投資項目內部收益率排隊的方法制定社會折現率的原理是：在一定的時期內，國家和社會可用來投資的資金總額是一定的，而投資項目的數量則是不定的。將可供選擇的投資項目按其經濟內部收益率高低依次累計並計算項目投資額之和，直到累計投資額等於預計可供籌集的投資總額為止。最後一個投資項目的經濟內部收益率即為社會折現率。從這種意義上講，社會折現率的高低取決於一個國家資金供應總量和社會資源量的多少。一般地，投資資金供應量越多，社會折現率就越低；反之，社會折現率就越高。

但是，需要提出的是，這種方法從理論上講是成立的，但在實際中卻是很難計算的。這是因為：首先，現實中，投資項目的可行性研究、安排及決策是分別進行的，

並不具備這樣測定社會折現率的條件。其次，若能有效地按這種方式進行投資項目的排隊並進行決策，就沒有必要再測定社會折現率。現階段，中國的市場經濟還不完善，各行業之間的收益水準也很不平衡，考慮國民經濟綜合平衡的要求，也不可能按照這種方式安排投資項目並分配投資資金。如果這樣的話，投資收益水準較低的基礎性投資項目和公益性投資項目的投資資金就得不到保證。

(2) 根據現行價格下的投資收益率的統計數據測定。

這是一種根據投資收益率的統計值測定社會折現率的方法，即是利用國家統計局公開公布的有關統計資料，用一種簡化的方法測算社會平均投資收益率，從而確定社會折現率取值的方法。它的原理是在考慮資金時間價值的情況下，一定時期內的投資支出與可收回投資的收益額相等時的折現率。其計算公式如下：

$$(B+D)(P/A,i,n) = I/m(F/A,i,m)$$

式中：

B——年收益額；

D——每年提取的折舊額和無形資產攤銷額；

I——總投資額；

m——所有項目的平均建設期；

n——項目的平均計算期；

i——平均投資收益率（所求的社會折現率）。

總之，社會折現率應根據國家的社會經濟發展目標、發展戰略、發展優先順序、發展水準、宏觀調控意圖、社會成員的費用效益偏好、社會投資收益水準、資金供給狀況、資金機會成本等因素綜合測定。根據上述要求，結合當前的實際情況，中國在現階段的社會折現率的取值為8%。對於受益期長的建設項目，如果遠期效益較大，效益實現的風險較小，社會折現率可適當降低，但不應低於6%。

(二) 影子匯率

1. 影子匯率

影子匯率是外匯的影子價格，是把單位外幣換成人民幣的真實價值。一般發展中國家都存在外匯短缺情況，政府不同程度地對外匯實施管制，低估外匯價值，外匯市場匯率往往不能反應外匯的真實價值。因此，在進行項目的國民經濟效益評估時，我們需要採用影子匯率。外匯是一種稀缺資源，我們應該用機會成本測算其實際價值，影子匯率實際上等於外匯可自由兌換時的市場匯率。它是國民經濟效益評估中的重要通用參數，由國家統一測定並定期修正。它體現從國家角度對外匯價值的估量，在國民經濟評估中用於外匯與人民幣之間的換算。同時，它又是經濟換匯成本或經濟節匯成本的判據。影子匯率的高低，直接影響項目比選中的進出口決策，影響對產品進口替代型項目和產品出口型項目的決策。當項目需要國外進口投入物時，影子匯率影響進口物成本，從而影響項目的費用。當項目產出物出口時，影子匯率影響項目效益的計算，從而影響項目決策。因此，影子匯率的高低往往對項目的國民經濟評估具有決定性的作用。

2. 影子匯率換算系數

影子匯率換算系數是影子匯率與國家外匯牌價的比值系數，可以直觀反應外匯影

子價格相對於官方匯率的溢價比例，也可以反應國家外匯牌價對於外匯經濟價值的低估比率。在項目的經濟評價中，常用國家外匯牌價乘以影子匯率換算系數得到影子匯率，即

影子匯率＝官方匯率×影子匯率換算系數

影子匯率換算系數在項目國民經濟評估中用於計算外匯影子價格，直接或間接地影響項目的進出口貨物價值。

【例10-1】 假設中國的影子匯率換算系數取值為1.07，那麼當美國的外匯牌價是8.09美元時，美元的影子匯率為多少？

解：

美元的影子匯率＝美國的外匯牌價×影子匯率換算系數
$$=8.09\times1.07=8.66（元/美元）$$

3. 影子匯率的測定

在現有的外匯收支狀況下，國家在現有水準上增加一個單位的外匯收入，可以用於增加進口或者減少出口。一般認為，在邊際上，這一單位外匯中將有一部分用於增加進口，另一部分用於減少出口。有多少用於增加進口，多少用於減少出口，取決於國家外貿的進出口彈性。用於增加進口，可以增加國內消費或投資，獲得社會經濟效益；用於減少出口，可以減少國內生產出口產品的資源消耗，減少社會資源消耗費用。一個單位外匯的社會經濟價值，取決於其用於增加進口而獲得的社會經濟效益與減少出口獲得的社會資源消耗費用節省兩部分之和。增加進口的社會經濟效益應當以使用者的支付意願定價。減少出口節省的社會資源消耗費用由這些社會資源的社會經濟價值決定，應當也決定於這些資源的社會使用者的支付意願。基於這種理論，影子匯率可通過如下公式測算：

$$SER = \sum_{i=1}^{n} f_i PD_i/PC_i + \sum_{i=1}^{m} x_i PD_i/PF_i$$

式中：

SER——影子匯率；

f_i——邊際上增加單位外匯時將用於進口i貨物的那部分外匯；

x_i——邊際上增加單位外匯時將導致減少出口i貨物的那部分外匯；

PD_i——i貨物的國內市場價格（人民幣計價）；

PC_i——i貨物的進口到岸價格（人民幣計價）；

PF_i——i貨物的出口離岸價格（人民幣計價）。

f_i與x_i代表邊際上單位外匯使用與各種進出口貨物的分配權重，其總和為1。

如果外匯的邊際成本等於邊際貢獻，那麼國家的外匯收支應當處於可以由市場自動均衡的狀態，即外匯收支處於均衡狀態，這種可以使外匯收支平衡的匯率稱為均衡匯率。影子匯率的一種理論上的確定方法是以均衡匯率為基礎的。由於國家的外匯收支並沒有被市場自動平衡的狀態，國家外匯牌價相對於影子匯率存在差異。外匯牌價與影子匯率之間的差異，一方面來自外匯牌價對均衡匯率的扭曲，另一方面來自進出口關稅帶來的扭曲。採用均衡匯率理論測定影子匯率的方法的公式如下：

$$W_s + W_d = 1$$

$$W_s = -U_i^*(Q_i/Q_0)/\{U_0 - [U_i^*(Q_i/Q_0)]\}（外匯需求權重）$$

$$W_d = U_0/\{U_0 - [U_i^*(Q_i/Q_0)]\}（外匯供給權重）$$

式中：

T_0——出口補貼率；

T_1——出口稅率；

U_i——進口價格彈性；

U_0——出口價格彈性；

Q_i——進口總額；

Q_0——出口總額。

均衡匯率需要通過一定的模型進行估算。實踐中，影子匯率的測定還存在多種實用的簡化方法，如採用進出口平均關稅稅率確定影子匯率，採用進出口貿易逆差確定影子匯率，以出口換匯成本確定影子匯率等。

(三) 貿易費用率

在國民經濟評估中，貿易費用主要是指物資系統、外貿公司和各級商業批發站等部門花費在貨物流通過程中以影子價格計算的費用（長途運輸費用除外）。貿易費用率是反應這部分費用相對於影子價格的一個綜合比率。貿易費用率用以計算貨物的貿易費用。

一般地，貿易費用率取值為6%。對於少數價格高、體積與重量相對較小的貨物，我們可適當降低貿易費用率。以貿易費用率計算貨物的貿易費用時，我們可以使用以下公式：

進口貨物的貿易費用＝到岸價×影子匯率×貿易費用率

出口貨物的貿易費用＝離岸價×影子匯率×貿易費用率

非外貿貨物的貿易費用＝出廠影子價格×貿易費用率

不經商貿部門流轉而由生產廠家直接提供的貨物，不計算貿易費用。

二、影子價格

(一) 影子價格的含義

影子價格又稱最優計劃價格或核算價格，是20世紀三四十年代由荷蘭數理經濟學家、計量經濟學創始人之一簡·丁伯根和蘇聯數學家、經濟學家康托洛維奇分別提出來的，影子價格是指當社會經濟處於某種最優狀態下時，能夠反應社會勞動的消耗、資源稀缺程度和對最終產品需求情況的價格。也就是說，影子價格是人為確定的、比交換價格更為合理的價格。這裡所說的合理的標誌，從定價原則來看，應該能更好地反應產品的價值、市場供求狀況、資源稀缺程度；從定價的效果來看，應該能使資源配置向優化的方向發展。

影子價格是進行國民經濟評價時使用的價格。經濟費用效益（效果）評估目的是考察項目給國民經濟做出多大貢獻（效益）和國民經濟付出多少代價（費用）。所以，價格是否真實，決定了經濟費用效益評估的可信度，決定了資源配置是否能趨向優化。如果價格是合理的，或者說對效益和費用的衡量是真實的，那麼項目經濟評價就能夠正確指導投資決策以及有限資源的合理配置，從而使國民經濟獲得高效率、高速度的

增長；如果價格扭曲，對效益和費用的衡量失實，就必須導致錯誤的投資決策，浪費國家有限的資源，阻礙國民經濟的發展。所以，價格是否真實，決定了國民經濟評價的可信度，決定了資源配置是否能趨向優化。

（二）項目影子價格的類型及範圍

從本質上說，影子價格應該是運用線性規劃對偶解計算的最優計劃價格。從數學上看，影子價格即線性對偶規劃的最優解，是物品的邊際效用價值。但由於求解線性對偶規劃需要大量的參數，有些參數很難獲取；再加上中國仍然是發展中國家，整個經濟體系還沒有完成工業化過程，國際市場和國內市場的完全融合仍然需要一定時間等具體情況。我們將投入物和產出物區分為外貿貨物和非外貿貨物，並採用不同的思路確定其影子價格。一般符合以下條件的投入物和產出物應該進行價格調整：一是現行價格嚴重不合理，二是在費用或效益中所占比重較大。

項目的投入物和產出物按其類型可分為外貿貨物、非外貿貨物、特殊投入物、資金和外匯等。其中資金、外匯均按照國家頒發的影子價格即影子匯率和社會折現率加以確定。國民經濟評價價格調整的主要內容是貨物的價格調整，即影子價格的確定。要正確確定某種貨物的影子價格，首先必須正確區分貨物的類型。

根據中國的具體情況，區分外貿貨物與非外貿貨物的原則一般是：

（1）凡是直接進口的都看作外貿貨物。

（2）凡是符合下列情況的、間接影響進出口的貨物，按外貿貨物處理。

①雖然是供國內使用，但確實可以替代進口，項目投產後，可以減少進口數量；

②雖然不直接出口，但確實能頂替其他產品，使這些產品增加出口。

（3）符合下列情況的貨物，應視為非外貿貨物。

①天然非外貿貨物，如國內運輸項目、大部分電力項目、國內電信項目等基礎設施所提供的產品或服務；

②由於地理位置所限，國內運費過高，不能進行外貿的貨物；

③受國內國際貿易政策的限制，不能進行外貿的貨物。

（4）特殊投入物一般指勞務的投入和土地的投入。

（5）資金的影子價格——社會折現率。

（6）外匯的影子價格——影子匯率。

（三）項目影子價格的確定

1. 外貿貨物的影子價格

如果投入物或產出物是外貿貨物，在理論上，如果假設在完全的市場經濟條件下，國內市場價格應等於口岸價格，即進口貨物為到岸價格（CIF），出口貨物為離岸價格（FOB）。但在實際經濟生活中，由於關稅、進出口限額、補貼等因素，各類貨物存在供需矛盾，國內市場價格可能高於或低於口岸價格。因此，在國民經濟評價中要以口岸價格為基礎確定外貿貨物的影子價格。

（1）項目投入物影子價格（到廠價格）確定。

①直接進口產品（國外產品）的影子價格（SP）等於到岸價格乘以影子匯率，加國內運輸費用（T_1）和貿易費用（T_{r1}），其表達式為

$$SP = CIF \times SER + (T_1 + T_{r1})$$

②間接進口產品的影子價格等於到岸價格乘以影子匯率，加口岸到原用戶的運輸費及貿易費用，減去供應廠到用戶（原供應廠和用戶難以確定時，可按直接進口考慮）的運輸費用及貿易費用，再加上供應廠到擬建項目的運輸費用（T_6）及貿易費用（T_{r6}），其表達式為

$$SP = CIF \times SER + (T_5 + T_{r5}) - (T_3 + T_{r3}) + (T_6 + T_{r6})$$

③減少出口產品的影子價格等於離岸價格乘以影子匯率，減去供應廠（供應廠難以確定時，可按離岸價格計算）到口岸的運輸費用及貿易費用，再加上供應廠到擬建項目的運輸費用及貿易費用。其表達式為

$$SP = FOB \times SER - (T_2 + T_{r2}) + (T_6 + T_{r6})$$

（2）項目產出物影子價格（出廠價格）的確定。

①直接出口產品（外銷產品）的影子價格等於離岸價格（FOB）乘以影子匯率（SER），再減去國內運輸費用（T_1）和貿易費用（T_{r1}），其表達式為

$$SP = FOB \times SER - (T_1 + T_{r1})$$

②間接出口產品的影子價格等於離岸價格乘以影子匯率，減去原供應廠到口岸的運輸費用（T_2）及貿易費用（T_{r2}），再加上原供應廠到用戶（原供應廠和用戶難以確定時，可按直接出口考慮）的運輸費用（T_3）及貿易費用（T_{r3}），再減去擬建項目到用戶的運輸費用（T_4）及貿易費用（T_{r4}），其表達式為

$$SP = FOB \times SER - (T_1 + T_{r2}) + (T_3 + T_{r3}) - (T_4 + T_{r4})$$

③替代進口產品的影子價格等於原進口貨物的到岸價格（CIF）乘以影子匯率，加口岸到用戶（具體用戶難以確定時，可按到岸價格計算）的運輸費用（T_5）及貿易費用（T_{r5}）減去擬建項目到用戶的運輸費用，其表達式為

$$SP = CIF \times SER + (T_5 + T_{r5}) - (T_4 + T_{r4})$$

在計算外貿貨物的影子價格時，有一個問題需要注意，這裡的運費和貿易費用屬非貿易貨物，本身如果是財務價格，且占的比重較大時，就要按非貿易貨物首先調整為影子價格，再計算貿易貨物的影子價格。

外貿貨物影子價格的基礎是口岸價格。口岸價格可根據海關統計數據對歷年的口岸價格進行迴歸和預測，也可根據國際上一些組織機構編輯的出版物，分析一些重要貨物國際市場價格的變動趨勢。在確定口岸價格時，我們要注意剔除傾銷、暫時緊缺、短期波動等因素，同時還要考慮質量差價。

【例10-2】假定新建煤礦最近的煤的口岸價格為每噸50美元，匯率按8.40元計算。新建煤礦項目所在地最近口岸的距離為300千米，鐵路運費的影子價格為5.3分/噸·千米。貿易費用的影子價格按口岸價格的6%計算，則出口煤（產出物）的影子價格如下：

$50 \times 8.4 - [(300 \times 0.053) + 50 \times 8.4 \times 6\%] = 378.9$（元／噸）

若上述煤礦生產的煤供應給某地項目作為燃料，煤礦到項目所在地的鐵路運距為500千米，則項目使用可出口煤的影子價格如下：

$50 \times 8.4 - (300 \times 0.053) + 500 \times 0.053 = 409.4$（元／噸）

2. 非外貿貨物的影子價格

從理論上說，非外貿貨物的影子價格主要應從供求關係出發，按照機會成本加以確定，具體可參考表10-1。

表 10-1　非外貿貨物的影子價格的確定

	情況	定價基礎
產出物	增加國內供應	市場價格
	替代其他企業的產出	可變成本分解定價
投入物	挖掘原有企業生產能力	可變成本分解定價
	新增生產能力增加供應	全部成本分解定價
	擠占其他用戶	市場價格

（1）項目投入物影子價格的確定。

①通過挖掘原有企業生產能力增加供應。項目所需某種投入物，只要發揮原有生產能力即可滿足供應，不必新增投資。這說明貨物原有生產能力過剩，屬於長線物資。此時，我們可對它的可變成本進行分解，得到貨物出廠的影子價格，加上運輸費用和貿易費用，就是貨物到項目的影子價格。

②通過新增生產能力增加供應。項目所需的投入物必須通過投資擴大生產規模，從而滿足項目需求。這說明貨物的生產能力已被充分利用，不屬於長線物資。此時，我們可對它的全部成本進行分解，得到貨物出廠影子價格，加上運輸費用和貿易費用，就是貨物到項目的影子價格。

③無法通過擴大生產能力供應。項目需要的某種投入物，原有生產能力無法滿足供應，又不可能新增生產能力，只有去擠占其他用戶的用量才能得到。這說明貨物是極為緊缺的物資。此時，影子價格取計劃價格加補貼、市場價格、協議價格這三者之中最高者，再加上貿易費用和運輸費用。

（2）項目產出物影子價格的確定。

①增加國內供應數量，滿足國內需求者，產出物影子價格從計劃價格、計劃價格加補貼、市場價格、協議價格、同類企業產品的平均分解成本等價格中選取。選取的依據是供求狀況。供求基本均衡，取上述價格中低者；供不應求，取上述價格中高者；無法判斷供求關係，取低者。

②替代其他企業的產出，使這些企業減產甚至停產。這說明產出物是長線產品，項目很可能屬於盲目投資或重複建設。在這種情況下，如果產出物在質量、花色、品種等方面並無特色，我們應該分解被替代企業相應產品的可變成本作為影子價格；如果質量確有提高，我們可取國內市場價格為影子價格，也可參照國際市場價格定價，但這時該產出物可能已轉變成可實現進口替代的外貿貨物了。

（3）確定非外貿貨物影子價格的基本方法是成本分解法。

成本分解法是確定非外貿貨物影子價格的一種重要方法，基本思路是：如果某貨物為一項非外貿貨物，且找不到現成的影子價格，則可將構成該貨物價格的各要素如原料、燃料、動力等進行分解，分別求出其影子價格，加總後即可得到該貨物的影子價格。用成本分解法求取影子價格的最重要的調整是將原單位產品成本費用中的折舊及借貸資金利息項目調整為單位貨物總投資的資金回收費用。成本分解法原則上是對邊際成本而不是平均成本進行分解，如果缺乏資料，也可分解平均成本。必須用新增

投資增加所需投入物供應的，應按其全部成本進行分解；可以挖掘原有企業生產能力增加供應的，應按其可變成本進行分解。這種方法的具體步驟為：

①按照費用要素列出某種非外貿貨物的財務成本、單位貨物的固定資產投資額和流動資金，並列出該貨物生產廠的建設期限及建設期各年投資比例。

②剔除上述數據中包括的稅金。

③對外購原材料、燃料和動力等投入物的費用進行調整，其中有些可直接使用給定的影子價格或換算系數；對於重要的外貿貨物自行測算其影子價格；對於重要的非外貿貨物可留待第二輪分解，有條件時，也應對投資中某些占比例大的費用項目進行調整。

④工資及福利費和其他費用原則上不予調整。

⑤計算單位貨物總投資（包括固定資產和流動資金）的資金回收費用（M），對折舊和流動資金利息進行調整。其計算公式為

$$M = (I - S_V - W) \cdot \frac{i_s(1+i_s)^{n_2}}{(1+i_s)^{n_2} - 1} + (W + S_V)i_s$$

$$M = (I - S_V - W) \cdot \frac{i_s(1+i_s)^{n_2}}{(1+i_s)^{n_2} - 1} + (W + S_V)i_s$$

因 $I = I_f + W$

故 $M = (I_f - S_V)\frac{i_s(1+i_s)^{n_2}}{(1+i_s)^{n_2} - 1} + (W + S_V)i_s$

當 $S_V = 0$ 時，則 $M = I_f \frac{i_s(1+i_s)^{n_2}}{(1+i_s)^{n_2} - 1} + W i_s$

式中：I 為換算為生產期初的全部投資；I_f 為換算為生產期初的固定資產投資，按可變成本分解時 I_f 為 0；W 為流動資金占用額；S_V 為計算期末回收固定資產餘值；i_s 為社會折現率；n_2 為生產期。其中 I_f 可由下式求得：

$$I_f = \sum_{t=1}^{n_1} I_t (1+i_s)^{n_2-t}$$

式中：I_t 為建設期第 t 年調整後的固定資產投資，n_1、n_2 為建設期。

⑥必要時對上述分解成本中涉及非外貿貨物進行第二輪分解。

綜合以上各步之後，即可得到該種貨物的分解成本。

3. 特殊投入物的影子價格

(1) 人力資源的影子工資。

影子工資體現國家和社會為建設項目使用勞動力而付出的代價，勞動力的影子工資應該能夠反應該勞動力用於擬建項目而使社會放棄的效益，以及社會為此而增加的資源消耗。因此，影子工資由兩部分組成：勞動的邊際產出和勞動力就業或轉移引起的社會資源消耗。在國民經濟評價中，影子工資作為費用計入經營費用。

影子工資可通過財務評價時所用的工資與福利費之和乘以影子工資換算系數求得。影子工資換算系數是項目國民經濟評價的重要參數，根據中國勞動力的狀況、結構及就業水準，國家擬定一般建設項目的影子工資換算系數為 1，在建設期內使用大量民工的項目，如水利、公路項目，其民工的影子工資換算系數為 0.5。

項目評價可根據項目所在地區勞動力的充裕程度及所用勞動力的技術熟練程度，

適當提高或降低影子工資換算系數，對於就業壓力大的地區或占用大量非熟練勞動力的項目，影子工資換算系數可小於1；對於占用大量短缺的專業技術人員的項目，影子工資換算系數可以大於1。

(2) 土地的影子費用。

土地是項目的特殊投入物，土地的影子費用應該能夠反應該土地用於擬建項目而使社會為此放棄的效益，以及社會為此而增加的資源消耗。在國民經濟評價中，土地的影子費用包括擬建項目占用土地而使國民經濟為此放棄的效益，即土地的機會成本，以及國民經濟為項目占用土地而新增加的資源消耗。

土地機會成本按照擬建項目占用土地而使國民經濟為此放棄的該土地最好可行替代用途的淨效益測算。評估人員可根據土地的種類，項目計算期內技術、環境、適應性等多方面的約束條件，選擇該土地最可行的替代用途2~3種進行比較，以其最大者為計算基礎，適當考慮年平均淨收益的增長率，求出土地的機會成本，其計算公式為

$$OC = \sum_{t=1}^{n} NB_0 (1+g)^{t+\beta} (1+i_s)^{-t}$$

式中：OC為土地機會成本，n為項目占用土地期限，t為年序數，NB_0為基年土地的最好可行替代用途的單位面積年淨效益，β為基年（土地在可行替代用途中的淨效益測算年）距項目開工年數，g為土地最好可行替代用途的平均淨效益增長率。

在進行國民經濟評價時，如果土地費用是分年度支付的，則將土地的影子費用按等額回收因數計算每年應支付的影子費用，記入經營成本；如為一次性支付，則將影子費用全部記入固定資產投資。處理方法及範圍可與財務評價相一致，如搬遷費，若記入固定資產投資，則在影子費用計算時就不應重複計入經營費用。

4. 其他投入物的影子價格

如果項目的產出效果表現為對人力資本、生命延續或疾病預防等方面的影響，如教育項目、衛生項目、環境改善工程或交通運輸項目等，我們應根據項目的具體情況，測算人力資本增值的價值、可能減少死亡的價值，以及對健康影響的價值，並將量化結果納入項目經濟費用效益分析的框架之中。如果貨幣量化缺乏可靠依據，應採用非貨幣的方法進行量化。

(1) 對於項目的實施能夠引起人力資本增值的效果，如教育項目引起的人才培養和素質提高，在勞動力市場發育成熟的情況下，其價值應根據「有項目」和「無項目」兩種情況下的稅前工資率的差別進行估算。

(2) 對於項目的效果表現為增加或減少死亡的價值，應盡可能地分析由於死亡風險的增加或減少的價值，根據社會成員為避免死亡而願意支付的價格進行計算。在缺乏估算人們對生命的支付意願的資料時，我們可採用人力資本法，通過分析人員死亡所帶來的為社會創造收入的減少評價死亡引起的損失，以測算生命的價值，或者通過分析不同工種的工資差別測算人們對生命價值的支付意願。

(3) 對於項目的效果表現為對人們健康的影響時，一般應通過分析疾病發病率與項目影響之間的關係，測算發病率的變化所導致的收入損失，看病、住院、醫藥等醫療成本及其他各種相關支出的變化，並綜合考慮人們對避免疾病而獲得健康生活所願意付出的代價，測算其經濟價值。

第五節　國民經濟評估指標

一、經濟淨現值（ENPV）

經濟淨現值是指用社會折現率將項目計算期各年的淨效益流量折算到建設期初的現值之和。換言之，是用給定的社會折現率計算的項目全部效益現值減去全部費用現值的差額。其表達式為

$$ENPV = \sum_{t=1}^{n}(CI-CO)_t \cdot (1+i_s)^{-t}$$

式中：i_s 為社會折現率，CI 為經濟現金流入量，CO 為經濟現金流出量，$(CI-CO)_t$ 為第 t 年經濟淨現金流量。

經濟淨現值可行性判別標準為 ENPV ≥ 0，此時表明項目收益達到或超過了社會折現率的水準，因此，項目是可行的。ENPV > 0 時，也可以表述國家為擬建項目付出代價，除得到符合社會折現率的社會盈餘外，還可以得到以現值計算的超額社會盈餘；ENPV = 0 時，表明項目投資的淨貢獻剛好滿足社會折現率的要求。

【例10-3】 某農場擬於 2006 年年初在某河流上游植樹造林 500 公頃，需要初始投資 5,000 萬元。預計將於 2012 年年初擇伐林後將林地無償交地方政府。所伐樹木的銷售淨收入為每公頃 12 萬元。由於流域水土得到保持，氣候環境得以改善，預計流域內 3 萬畝農田糧食作物從 2007 年到擇伐樹木時，每年將淨增產 360 萬千克，每萬千克糧食售價為 1.5 萬元。財務基準收益率設定為 6%，社會折現率為 10%，不存在價格扭曲現象，且無須繳納任何稅收。

問題：在考慮資金時間價值的情況下，該林場 2012 年年初所伐樹木的銷售淨收入能否回收初始投資？要求採用淨現值予以判斷。

為了分析項目的經濟合理性，試計算項目的經濟淨現值，並做出該植樹造林項目是否具有經濟合理性的判斷（不考慮初伐以後的情況）。

解：

2012 年年初所伐樹木的淨收入 = 12×500 = 6,000（萬元）

按 6% 折現率計算的淨現值為

FNPV(6%) = −5,000 + 6,000 × (1 + 6%)$^{-6}$ = −770.24（萬元）

淨現值為負，說明 2012 年年初所伐樹木的銷售淨收入不能回收初始投資。從經濟分析角度來看，我們應將農作物增產的年淨收益流量作為效益流量，該項目的經濟效益應包括擇伐樹木的收入和農作物增產效益兩部分。

農作物增產年淨收益 = 1.5×360 = 540（萬元）

ENPV = −5,000+6,000×(1+10%)$^{-6}$+540×(1+10%)$^{-2}$+540×(1+10%)$^{-3}$+
　　　 540×(1+10%)$^{-4}$+540×(1+10%)$^{-5}$+540×(1+10%)$^{-6}$

　　　 = 247.76（萬元）

經濟現值為正，說明該項目具有經濟合理性。

二、經濟淨現值率

經濟淨現值率是經濟淨現值與投資現值之比。其表達式為

$$經濟淨現值率 = \frac{\text{ENPV}}{I_p}$$

式中：I_p 為調整後投資（包括固定資產和流動資金）的現值。

經濟淨現值率作為經濟淨現值的補充指標，其可行性判別標準為 $\frac{\text{ENPV}}{I_p} \geq 0$，此時方案可被接受。淨現值率的最大化有利於實現有限資金的最優利用。

三、經濟內部收益率（EIRR）

經濟內部收益率是項目在計算期內各年經濟淨效益流量的現值累計等於 0 時的折現率。其表達式為

$$\sum_{t=1}^{n} (\text{CI} - \text{CO})_t \cdot (1 + \text{EIRR})^{-t} = 0$$

經濟內部收益率可根據國民經濟效益費用流量表，利用試算法求解。為方便國民經濟效益費用流量表的編製，我們可將投資調整、銷售收入調整及經營費用的調整的結果用表格的形式反應出來，然後根據這些輔助報表直接編製國民經濟效益費用流量表。

經濟內部收益率可行性判別標準為 $\text{EIRR} \geq i_s$。此時表明項目投資對國民經濟的淨貢獻能力達到或超過了要求的水準。

四、外匯效果分析

涉及產品出口創匯及替代進口節匯的項目，我們應進行外匯效果分析，計算經濟外匯淨現值、經濟換匯成本或經濟節匯成本。

1. 經濟外匯淨現值（ENPV_F）

它是反應項目實施後對國家外匯收支直接或間接影響的重要指標，用以衡量項目對國家外匯真正的淨貢獻（創匯）或淨消耗（用匯）。其表達式為

$$\text{ENPV}_F = \sum_{t=1}^{n} (\text{FI} - \text{FO})_t \cdot (1 + i)^{-t}$$

式中：FI 為外匯流入量，FO 為外匯流出量，$(\text{FI} - \text{FO})_t$ 為第 t 年的淨外匯流量。經濟外匯淨現值可通過經濟外匯流量表計算求得。當有產品替代進口時，我們可按淨外匯效果計算經濟外匯淨現值。

2. 經濟換匯成本和經濟節匯成本

當有產品直接出口時，我們應計算經濟換匯成本。它是用貨物影子價格、影子工資和社會折現率計算為生產出口產品而投入的國內資源現值（以人民幣表示）與生產出口產品的經濟外匯淨現值（通常以美元表示）之比，即換取 1 美元外匯所需要的人民幣金額。它是分析評價項目實施後在國際上的競爭力，進而判斷其產品應否出口的指標。其表達式為

$$經濟換匯成本 = \frac{\sum_{t=1}^{n} DR_t (1+i_s)^{-t}}{\sum_{t=1}^{n} (FI' - FO')_t (1-i)^{-t}}$$

式中：DR_t 為項目第 t 年為生產出口產品投入的國內資源（包括投資、原材料、工資、其他投入和貿易費用），$(FI' - FO')_t$ 為項目生產出口產品第 t 年的外匯淨流量。

當有產品替代進口時，我們應計算經濟節匯成本。它等於項目計算期內生產替代進口產品所投入的國內資源的現值與生產替代進口產品的經濟外匯淨現值之比，即節約 1 美元外匯所需的人民幣金額。其表達式為

$$經濟節匯成本 = \frac{\sum_{t=1}^{n} DR_t' (1+i_s)^{-t}}{\sum_{t=1}^{n} (FI'' - FO'')_t (1-i)^{-t}}$$

式中：DR_t' 為項目第 t 年為生產替代進口產品投入的國內資源（包括投資、原材料、工資、其他投入和貿易費用），$(FI'' - FO'')_t$ 為項目生產替代產品第 t 年的外匯淨流量。

經濟換匯成本或經濟節匯成本（元/美元）小於或等於影子匯率，表明該項目產品出口或進行替代品進口是有利的，項目是可行的。

第六節 項目的環境影響評估

一、環境影響與環境影響評估的目的與作用

環境影響是指人類活動（包括經濟活動和社會活動）對環境的作用和因此產生的環境變化，以及由此引發的對人類社會和經濟發展的影響。投資項目的實施一般會對環境產生影響，且這種影響的後果有時會十分嚴重。因此，在投資項目實施之前，我們應該進行環境影響評價（EIA），充分調查項目涉及的各種環境因素，據此識別、預測和評價該項目可能對環境帶來的影響，並按照社會經濟發展與環境保護相協調的原則提出預防或降低不良環境影響的具體措施。對項目實施環境影響評估的目的與作用主要有：

（一）保障和促進國家可持續發展戰略的實施

當前，實施可持續發展戰略是中國國民經濟和社會發展的基本指導方針。實施可持續發展戰略的一個重要途徑，就是把環境保護納入綜合決策，轉變傳統的經濟增長模式。國家制定環境影響評估的法規，建立健全環境影響評估制度，就是為了在建設項目實施前就能夠綜合考慮環境保護問題，從源頭上預防或減輕對環境的污染和對生態的破壞，從而保障和促進可持續發展戰略的實施。

（二）預防因建設項目實施而對環境造成的不良影響

預防為主是環境保護的一項基本原則。如果等環境被污染後再去治理，我們不但在經濟上要付出重大代價，而且更多情況是，環境污染一旦發生，即使花費很大代價，

也難以恢復。因此，我們要對建設項目進行環境影響評估，使項目在動工興建之前，就能根據環境影響評估的要求，修改和完善建設設計方案，提出相應的環保對策和措施，從而預防和減輕項目實施對環境造成的不良影響。

（三）促進經濟、社會和環境的協調發展

經濟的發展和社會的進步要與環境相協調。為了實現經濟和社會的可持續發展，我們必須將經濟建設、城鄉建設、環境建設與資源保護同步規劃、同步實施，以達到經濟效益、社會效益和環境效益的統一。對建設項目進行環境影響評估在於避免或降低環境問題對經濟和社會的發展可能造成的負面影響，促進經濟、社會和環境協調發展。

二、環境影響評估的內容

（一）環境條件調查

環境條件主要調查以下幾個方面的狀況：

（1）自然環境。調查項目所在地的大氣、水體、地貌、土壤等自然環境狀況。其中，大氣環境主要包括風、沉降物、溫度、大氣質量等方面的內容；水體環境主要包括地表水的來源、總量、結構比例及其與動植物之間的關係，地下水狀況和排水形式，以及水體質量等方面的內容；地貌環境主要包括項目所在地的地形、地勢等方面的內容；土壤環境主要包括土壤特徵、土壤利用狀況等方面的內容。

（2）生態環境。調查項目所在地的森林、草地、濕地、動物棲息、水土保持等生態環境狀況。

（3）社會經濟環境。調查項目所在地居民生活、文化教育衛生、風俗習慣等社會環境狀況；調查項目週日圍地區的城鄉分佈及發展規劃要點，居民人口數量與密度、收入分配、就業與失業情況、人均收入水準與需求水準，項目所在地區的交通運輸條件，等等。

（4）特殊環境。調查項目週日圍地區名勝古跡、風景區、自然保護區等環境狀況。

（二）影響環境因素分析

影響環境因素分析主要是分析項目建設過程中破壞環境、生產營運過程中污染環境，從而導致環境質量惡化的主要因素。

1. 污染環境因素分析

污染環境因素分析主要分析項目在生產過程中產生的各種污染源，計算排放污染物數量及其對環境的污染程度。

（1）廢氣。分析氣體排放點，計算污染物產生量和排放量、有害成分和濃度，研究排放特徵及其對環境危害程度並編製廢氣排放一覽表。

（2）廢水。分析工業廢水（廢液）和生活污水的排放點，計算污染物產生量和排放量、有害成分和濃度，研究排放特徵及其對環境危害程度並編製廢水排放一覽表。

（3）固體廢棄物。分析計算固體廢棄物產生量和排放量、有害成分及其對環境的污染程度並編製固體廢棄物排放一覽表。

（4）噪聲。分析噪聲源位置，計算聲壓等級，研究噪聲特徵及其對環境危害程度並編製噪聲源一覽表。

（5）粉塵。調查粉塵排放點分佈情況，計算產生量和排放量，研究成分與特徵、排放方式及其對環境造成的危害程度並編製粉塵排放一覽表。

（6）其他污染物。分析生產過程中產生的電磁波、放射性物質等污染物發生的位置、特徵，計算強度值及其對週圍環境的危害程度。

2. 破壞環境因素分析

破壞環境因素分析主要分析項目建設施工和生產營運對環境可能造成的破壞因素，預測其破壞程度，主要包括以下方面：

（1）對地形、地貌等自然環境的破壞。

（2）對森林草地植被的破壞，如引起的土壤退化、水土流失等。

（3）對社會環境、文物古跡、風景名勝區、水源保護區的破壞。

(三) 環境影響因素的確定與影響程度的分析

在全面分析項目所在地環境信息的基礎上，我們就可以根據項目類型、性質分析預測該項目對環境的影響，從中找出主要影響因素，並進行環境影響程度分析。

1. 項目對自然環境的影響

項目對自然環境的影響主要表現為對水、大氣、土壤等環境要素的影響。第一，對水的影響，包括對地下水和地表水的影響。許多項目需要大量的水進行生產或冷卻，會嚴重影響水文特徵。另外，還需要考慮項目興建帶動的如服務業等產業的發展，特別是人口的增長，會帶來水的供求矛盾。第二，對大氣環境質量的影響，主要是指排放的氣體污染物對人類和動物的健康帶來的不利影響。第三，對土壤質量的影響，主要表現在三個方面：一是污染影響，二是可能引起的土壤沙化，三是造成土壤和土地資源破壞。

2. 項目對生態環境的影響

項目對生態環境的影響主要表現為對動植物種類的分佈和豐富度的影響。維持生物物種的多樣性，應是項目設計及選擇項目方案必須考慮的一個重要方面。

3. 項目對美學的影響

這主要是指項目對與美感有關事物的作用與影響。美感是人們對具有審美價值的客體（環境質量），從感官開始，通過想像、情感、道德等多種心理因素的相互作用，綜合而成的一種心理感受狀態，如項目的建設是否影響了原有清新的空氣、美麗的水景及空氣的能見度等。

4. 項目對社會經濟環境的影響

這種影響主要是指項目建設與營運可能對經濟、社會、人類健康和福利等產生的直接影響和通過改變環境因素帶來的間接影響。它主要從如下四個方面進行：第一，對人口的影響。由於工人的入住而引起項目所在地區人口大量增加，人口的組成、分佈等發生變化，以至於影響勞動力市場，影響本地居民就業。第二，對地區服務設施的影響。項目的投資建設與營運，無疑會加劇項目所在地各種服務設施的供求矛盾。第三，對經濟的影響。這種影響主要表現為項目所帶來的經濟利益是如何進行分配的，社會的受益、受害程度如何。第四，對價值觀的影響。這種影響主要表現在對生活方式和生活質量的影響。受項目建設的經濟活動影響，項目附近人群的居住習慣、文化水準及生活方式發生改變，生活質量發生變化。

(四) 環境保護措施

在分析環境影響因素及其影響程度的基礎上，按照國家有關環境保護法律、法規的要求，我們要提出治理方案。

1. 治理措施方案

我們應根據項目的污染源和排放污染物的性質，採取不同的治理措施。

(1) 關於廢氣污染治理，我們可採用冷凝、吸附、燃燒和催化轉化等方法。

(2) 關於廢水污染治理，我們可採用物理法（如重力分離、離心分離、過濾、蒸發結晶、高磁分離等）、化學法（如中和、化學凝聚、氧化還原等）、物理化學法（如離子交換、電滲析、反滲透等）、生物法（如自然氧池、生物過濾等）等方法。

(3) 關於固體廢棄物污染治理，有毒廢棄物可採用防滲漏池堆存方法；放射性廢棄物可採用封閉固化方法；無毒廢棄物可採用露天堆存方法；生活垃圾可採用衛生填埋、堆肥、生物降解或者焚燒等方法；無毒害固體廢棄物，我們可以將其加工製作為建築材料，或者作為建材添加物進行綜合利用。

(4) 關於粉塵污染治理，我們可採用過濾除塵、混式除塵、電除塵等方法。

(5) 關於噪聲污染治理，我們可採用吸聲、隔音、減震、隔震等措施。

(6) 關於建設和生產營運引起環境破壞的治理。對於岩體滑坡、植被破壞、地面塌陷、土壤劣化等，我們應提出相應治理方案。

在可行性研究中，我們應在環境治理方案中列出所需的設施、設備和投資。

2. 治理方案比選

我們要對環境治理的各局部方案和總體方案進行技術經濟比較，並做出綜合評價。比較評價的主要內容有：

(1) 技術水準對比。分析對比不同環境保護治理方案所採用的技術和設備的先進性、實用性、可靠性與可得性。

(2) 治理效果對比。分析對比不同環境保護治理方案在治理前和治理後環境指標的變化情況，以及能否滿足環境保護法律、法規的要求。

(3) 管理及監測方式對比。分析對比各環境保護治理方案採用的管理和監測方式的優缺點。

(4) 環境效益對比。將環境保護治理所需投資和環境保護運行費用與所獲得的效益相比較，效益費用比值較大的方案為優。

經比選治理方案後，我們要提出推薦方案，並編製環境保護治理設施和設備表。

第七節　案例分析

鐵路作為交通行業的重要樞紐，是推動經濟發展的重要行業，鐵路的投資和改革是重點項目。在「一帶一路」的推動下，鐵路建設顯得格外重要，尤其是口岸省份，鐵路建設推動和加速了中國與週日邊國家經濟的交流和發展。

然而多年來，黑龍江經濟的發展始終受到省內交通運輸能力的影響。雖然黑龍江省內鐵路的絕對長度超過了6,000千米，但結合實際土地面積測算出的路網密度在東

北三省中最少。20世紀80年代中期，黑龍江省內鐵路呈「一多一少三不足」特點，即「八一五」光復以來扒掉的鐵路多，新中國成立後新建的鐵路少，原有線路通過能力不足，樞紐、編組站作業能力不足。改革開放以來，隨著國民經濟的迅速發展，黑龍江省內鐵路運能與運量不匹配的問題突出，每年積壓待運的物資都在 1,500 萬噸以上。由於路網的不完善，大大制約了地方經濟的發展，僅僅依靠國家投資建設鐵路已不能滿足地方經濟的需求，新建成高子—賓西—大成玉米廠鐵路（以下簡稱成賓大鐵路）則在這個時期成為解決線路通過能力不足，加快發展哈爾濱西部地方經濟的有效辦法。

鐵路建設項目存在建設期長、投資大、回收期長的特點，因此項目經濟評價成為決定項目是否投資、怎樣投資的關鍵。為了優化資源配置，加強項目前期可行性論證，提高建設項目投資效益，確定投資決策，如何提供一套全面的、合理的項目經濟評價成為前期工作的重中之重。

哈爾濱東部城市賓縣以西的賓西經濟開發區於 2002 年 9 月經所在省政府批准成為黑龍江省級經濟開發區。經濟開發區距哈爾濱市 28 千米。一期規劃面積為 26.82 平方千米，二期建成後開發區總面積將達到 50 平方千米。自 2002 年以來，國家投入資金進行縱橫道路、供水、排水、通信、電力等基礎設施的配套建設，初具規模，並計劃繼續投入 30 億元，為入園企業提供更完善的基礎設施，創造更優越的環境。

本工程匯總投資估算總額為 41,432.5 萬元，技術經濟指標為 1,206 萬元/鋪軌千米；成高子接軌站改擴建工程投資估算總額為 4,257.7 萬元，技術經濟指標為 946.2 萬元/鋪軌千米；成高子站至賓西站區間工程估算總額為 16,436.5 萬元（含全線正線鋪軌費用），技術經濟指標為 575.5 萬元/正線千米；賓西站投資估算總額為 13,738.3 萬元，技術經濟指標為 1,597.5 萬元/鋪軌千米。賓西站至大成玉米廠區間新建鐵路工程估算總額為 3,759 萬元、技術經濟指標為 509.4 萬元/鋪軌千米。大成玉米廠站工程估算總額為 3,240.5 萬元，技術經濟指標為 946.2 萬元/鋪軌千米。

以上指標均比哈爾濱地區國鐵指標低，體現了成賓大鐵路「固本簡末，先通後備，逐步完善」的方針。徵地拆遷中充分體現了「政府重視，村鎮支持」方針。工程施工中就地取材，招標納賢，優質降造。

成賓大鐵路建設項目的財務評價是從成賓大鐵路沿線的具有鐵路運輸需求的企業角度出發，根據市場價格和國家現行財稅制度、價格體系，計算並分析鐵路建設項目在運行中直接發生的財務收益及費用，編製財務情況報表，計算財務評價的各項指標，考察項目的盈利、清償能力等，借以判斷鐵路建設項目在財務收益能力方面是否可行。

財務評價的費用主要包括項目投資費用、成本、營業外淨支出、貸款利息、稅金等，財務評價的效益主要包括客貨運輸收入。

鐵路建設項目產生的國民經濟費用如下：項目產生的土建工程費用、機車車輛購置費、項目增加的流動資金、營運成本、其他生態平衡保護費用、環境治理費用等。

鐵路建設項目產生的國民經濟效益如下：按照影子價格所得運輸收入，新建鐵路項目因分流公路運量而節省的公路運輸費用，因分流既有鐵路運量而節省的運輸費用，因分流公路貨運而節省的在途時間效益，因分流既有鐵路貨運而節省的在途時間效益，因項目建設而提高的運輸安全效益，因項目建設而提高的運輸質量效益，因建設項目而產生的週日邊土地增值的效益。

運價、運量、投資和經營成本對項目影響最大，以上四個因素向不利方向變化20%的時候，內部收益率依然大於6%的行業基準收益率，由此可見，本項目有較強的抗風險能力。

該項目的貨運運價率採用 0.245 元/噸·千米時，財務內部收益率為 12.41%，高於行業財務基準收益率 6%，財務淨現值為 23,764.2 萬元，說明項目財務盈利能力較強。貸款償還期為 8.24 年，能夠滿足國內銀行還貸的要求。

綜上所述，該項目的運量有穩定的增進能力，鐵路運輸通過能力較大，投資風險小，不存在財務危害性，各方面財務指標良好，屬於較為理想的投資項目。

該項目的社會效益如下。

（1）促進賓西經濟開發區的經濟發展。

開發區大型企業貨物運輸量大，原材料和產成品面向國內外，運輸是基礎。開發區內有了鐵路，經濟、便捷的運輸方式可大幅度降低運輸成本，提高運輸效率，使廣大企業受益，從而可以吸引更多的企業來開發區投資，進一步做大、做強開發區。

（2）促進地區新經濟增長。

哈爾濱賓西經濟開發區屬於哈爾濱都市圈生態經濟區規劃範圍，區位優勢良好，資源充足，主要發展工業經濟和服務經濟，發展定位為東北亞區域中心城市之一和哈爾濱東部衛星城。新建成賓大鐵路，提供經濟、方便、快捷的運輸方式，為入園企業創造良好條件，為促進哈爾濱賓西經濟開發區發展，打造哈爾濱新經濟增長點提供強大的運輸基礎設施支持。

（3）有利於區域經濟可持續發展。

開發區內有眾多企業，如果僅僅依靠公路運輸，勢必造成大量貨運汽車穿梭於城區，不僅影響市容，甚至會造成交通擁堵，影響正常的生產、生活秩序。鐵路貨運可以大大減少進入開發區的汽車數量，緩解交通壓力，有利於環境保護並實現可持續發展的目標。

通過財務評價分析，該項目在盈利能力、償還能力、項目生存能力及投資方盈利能力等方面的指標均可行，且具有抗風險能力。各項指標明確，基本能滿足政府、銀行和投資者對經濟評價的深度要求，能作為項目在經濟上是否可行的依據。國民經濟評價指標也能從國民經濟整體的角度反應該項目對國民經濟所做的貢獻。綜合來說，該項目可行，並且具有一定抵抗風險的能力。但在實施過程中，我們一定要注意落實運量及控制投資，以達到最佳投資效果。

复习思考题

1. 什麼是國民經濟效益評估？它的作用是什麼？
2. 國民經濟效益評估有哪些程序？包括哪些內容？
3. 如何對項目的經濟效益和費用進行識別、劃分？
4. 項目國民經濟評估的參數都有哪些？如何進行測定？
5. 什麼是影子價格？它的作用是什麼？如何對其進行計算和評估？
6. 請簡述經濟淨現值、經濟淨現值率和經濟內部收益率的主要含義及計算公式。
7. 項目環境影響評估的主要內容和作用是什麼？

第十一章

投資項目風險分析

隨著市場經濟體制的推行，全球經濟一體化風險管理日益成為投資項目管理的一個重要內容。風險分析是項目風險管理的前提與基礎，通過分析項目各個技術經濟變量（不確定因素）的變化對投資項目經濟效益指標的影響，確定投資項目對各種不確定性因素變化的承受能力及對應可能發生的內外條件變化的投資項目經濟效果的概率分佈，這個過程作為投資項目財務分析與國民經濟分析的必要補充，有助於加強項目風險管理與控制和項目決策的科學化。本章首先對風險進行了定性分析，其次介紹了三種定量分析方法，即盈虧平衡分析、敏感性分析和概率分析。

第一節 項目投資風險理論

一、項目投資風險的涵義

投資風險是市場經濟發展的必然產物。在市場經濟條件下項目投資活動十分複雜，從選擇項目到項目建成投產及項目產品銷售的整個過程中，風險始終存在。因此，研究項目投資風險問題，對於項目評估有著十分重要的意義。

項目投資風險是指為了獲得預期投資收益時的不確定性，或者說風險就是一種不確定性。進行一項投資活動，如果只有一種確定的結果，那麼，投資就沒有風險，如投資購買政府債券或參加儲蓄，投資者每年都可以取得固定的利息；如果投資活動有幾種可能的結果，風險就會發生。例如，投資項目創辦企業，有盈利、盈虧平衡、虧本三種結果，這種結果是不確定的，說明這項投資有風險。投資風險的不確定性有造成風險損失和獲得風險報酬兩種可能性，即收益和風險同在，收益越大，風險越大。

投資項目評估是在預測基礎上進行的，在選擇決策方案時，投資行為和過程並未開始，對於描述投資過程特性的各種參數，我們只能靠已有的歷史數據和信息進行估計和預測。同時，由於項目本身的特點（如建設的時間性等）和影響因素的多重性，評估人員對於項目未發生的各種變化不可能完全瞭解和控制。因而項目的預測評估值

與未來的實際過程必然會產生偏差。當這種偏差達到一定程度，就會發生風險。這種風險大都可以用數理知識進行描述和度量。

二、風險產生的原因

系統地分析產生風險與不確定性的原因有助於強化我們的風險觀念。(本章中所討論的風險不僅僅指某些災難性事故或經營失敗等，而是廣義地指預測與實際的偏離情況)。

(一) 從主觀上看，風險產生的原因有兩個

(1) 信息的不完全性與不充分性。信息在質和量兩個方面不能完全或充分地滿足預測未來的需要，而獲取完全或充分的信息要耗費大量金錢與時間，不利於及時地做出決策。信息問題在信息經濟學、決策理論中有詳盡的分析。

(2) 人的有限理性。人的有限理性決定了人不可能準確無誤地預測未來的一切。人的能力等主觀因素的限制再加上預測工具及工作條件的限制，決定了預測結果與實際情況肯定有或大或小的偏差。

(二) 從客觀上看，風險產生的原因有兩個

(1) 世界是永恆變化與發展的，未來絕不是過去和現在的簡單延伸。任何事物都處於變化之中，影響事物變化的因素紛繁複雜。社會、政治、文化、經濟等因素的變化會帶來不確定性，市場情況的變化會帶來不確定性，自然條件與資源的變化會帶來不確定性，工藝技術的變化同樣也會帶來不確定性。

(2) 生活在充滿隨機性的世界中，隨機性就不可避免地導致了風險。運用先進的方法與工具固然可以更好地預測未來，但隨機性、偶然性卻難以被消除，百分之百準確地預測未來是不可能的。總之，風險與不確定性是不可被避免的，我們所要做的是更好地分析風險與不確定性，研究應付風險的辦法，做出更優決策。

三、風險與收益的關係

依據概率論的觀點，收益是一個具有期望值和方差的隨機變量，方差可以衡量風險的大小。如果一個項目收益的方差較大（風險較大），我們當然要求其收益的期望值較大。平常所說的風險與收益成正比就是這個意思。在具有相同收益期望值和各個方案中，我們當然會選擇收益方差較小的方案。投資的風險決策就在於各個不同收益期望值、不同收益方差的方案中，對期望值與方差的矛盾做一定折中，這當然與決策者對待風險的態度及經營管理風格密切相關，從而就有了各種各樣的決策原則。

從風險與收益的關係角度我們可更好地理解一種稱為風險報酬率法的經驗方法。

風險報酬率是指風險投資應享有的額外報酬率，是根據這樣的事實提出來的：對於任何一個投資者來說，除非風險投資能比無風險投資獲得更高的盈利率，否則他是不願去冒險的。故風險投資的最低期望盈利率應高於無風險投資的最低期望盈利率。西方企業一般把購買政府發行的債券視作無風險投資，故政府債券的利率被看作無風險投資最低期望盈利率；而風險報酬率是由企業根據經驗和判斷按投資項目的風險級別確定的。具體做法是：按風險程度的差別將投資項目分成若干等級，風險大的規定高的風險報酬率，風險小的規定較低的風險報酬率。因此，風險報酬率既反應了投資項目風險程度的相對大小，也反應了風險投資者對額外報酬的要求。此法雖簡單明瞭，

但投資級別和相應的風險報酬率是企業憑藉實際經驗與主觀判斷劃分和確定的，是一種比較粗糙的經驗方法。

四、隨機現金流量

在不確定性條件下，一個項目的特徵，可以通過它的隨機現金流量進行說明。每個項目的現金流量可看作一個帶有均值和方差的隨機變量，我們稱這種現金流量為隨機現金流量。在項目的不確定性分析中，項目的現金流量系列在概念上恰好表示為一種隨機變量的時間序列，從而根據現金流計算的經濟效果也是一個具有均值和方差的隨機變量。

要完整地描述一個隨機變量，需要確定其概率分佈的類型和參數。我們通常借鑑已發生過的類似情況的實際數據資料，並結合對各種具體條件的判斷，確定一個隨機變量的概率分佈。在某些情況下，我們也可以根據典型分佈的條件，通過理論分析確定隨機變量的概率分佈類型。

我們注意到，影響方案經濟效果的大多數變量（如投資額、成本、銷售量、產品價格、項目壽命期等）都是隨機變量，投資方案的現金流量序列是由這些因素的取值決定的。換句話說，隨機現金流量要受許多已知或未知的不確定性因素的影響，在許多情況下近似服從正態分佈。有了隨機現金流量的概念，我們就可以在這些基礎上運用概率論與數理統計工具對風險與不確定性進行概率分析。當然，有時我們僅需找出影響方案取捨的不確定性因素的臨界值（盈虧平衡分析），或只需瞭解經濟效果指標對不確定性因素變化的反應敏感程度（敏感性分析），而不需要細緻的概率分析。

五、項目投資風險的分類

（一）按生產的原因不同可分為自然風險、行為風險、政治風險和經濟風險

自然風險是指水、火等自然災害所造成的風險，常出現在農業項目中。行為風險是指個人或團體的行為不當、過失及故意行為所造成的風險，如玩忽職守、責任事故、操作不當、決策失誤等。政治風險是指與政治局勢政策變化有關的風險，政治局勢變化如政治危機、戰爭、罷工等往往造成很大的損失。政策變化引起的風險包括稅收、價格、外貿等經濟政策變化及管理體制改變等。經濟風險有宏觀經濟風險和微觀經濟風險之分，對於微觀投資者來說，一般是指在項目經營過程中，市場變化或管理不善、市場預測失誤而造成的產品滯銷積壓、資金週轉等。

（二）按內容不同可分為市場風險、生產技術風險、環境風險和財務風險

市場風險是指項目產品進入市場後，由於市場供求、市場價格、市場行為、營銷信息、流通渠道等因素的變化使得產品價值無法實現而造成的風險。期貨市場的存在就是對市場風險的分散轉移。生產技術風險的根源在於生產技術體系不能正常發揮其效益。例如，新的生產工藝或新技術本身不完善、不穩定或生產技術環節錯位等導致項目減產或增加開支所帶來的風險，這類風險貫穿於整個生產過程。環境風險是指項目所處的外部環境變化所造成的風險。外部環境包括國內環境及國外環境，國內環境有國家的方針政策、法律法規、生活水準、科學技術、城市基礎設施、人文生態等。財務風險是項目各種風險的綜合反應，主要表現為在項目建設經營過程中，資金短缺

造成的資金風險，銀行貸款利率的上調造成的高額利息風險，項目經營管理不力造成的財務虧損，產品用戶不講信譽造成的債務拖欠和呆帳風險等。

(三) 按性質或形態可分為靜態風險和動態風險

靜態風險又稱為純粹風險，是指自然災害、意外事故等造成的風險。這種風險只有造成損失的可能，而無獲利的可能。動態風險發生的原因較靜態風險而言相對複雜，經常和經濟、政治、科學技術及社會變動有密切的聯繫。政局變動、經濟政策改變、重大的科學技術進步及市場等變動都是動態風險中的風險因素。動態風險既有造成損失的可能，又有獲利的可能。

上述分類，只是相對面言，對於某一具體投資項目風險的發生，往往是幾個風險因素共同作用的結果。一般來說，在項目投資過程中，各種風險之間存在交互效應和延遲效應。交互效應是同一生產週期中，甲風險對乙風險發生的影響。這兩種效應能導致項目投資發生虧損，形成新風險源。無論是交互效應還是延遲效應，都遵循時間序列發揮作用，即以某一風險已經發生為前提。

目前，在投資項目評估中，對風險的分析和處置主要是盈虧平衡分析、敏感性分析和概率分析三種方法，本書將在後邊的內容中詳細講述這三種方法。

第二節　投資項目盈虧平衡分析

一、盈虧平衡分析的目的

盈虧平衡分析是指就某一投資項目達到一定生產能力時，對其產量、成本、利潤三者關係進行定量描述的一種分析方法。其主要目的是通過確定和計算盈虧平衡點，以考察分析投資項目在不虧損的情況下所能承受風險的能力。具體來講，就是分析和評估項目產品產量、生產成本、銷售收入及銷售利潤之間相互制約的關係。盈虧平衡分析又稱產量—成本—利潤分析，簡稱量本利分析。

盈虧平衡點是指項目在正常生產條件下的盈利和虧損的分界點。在這點上，項目的銷售收入等於項目的總成本，項目既不盈利，也不虧損，且能繼續維持生產。圖 11-1 為盈利平衡分析圖，項目的成本函數線與項目的銷售收入函數線的交點 A 為項目的盈虧平衡點。

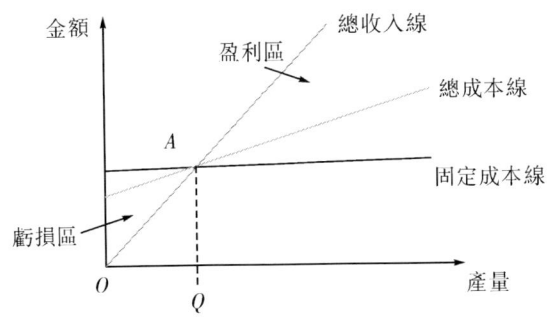

圖 11-1　盈利平衡分析圖

二、盈虧分析的基本假設

盈虧分析是基於下列基本假設進行。

(1) 價值是統一的。各種產品的銷售單價在各個時期、各種產量水準上都相同，銷售收入是銷售單價、銷售總量的線性函數。

(2) 銷量等於產量。

(3) 總成本由固定總成本和變動總成本構成。每批生產量的固定總成本是相等的；可變總成本與生產量成正比，即變動總成本是產量和單位變動成本的線性函數。

(4) 產品品種結構穩定。為了便於分析，對於生產多品種產品的項目，我們應把各種產品折合為統一的單位進行分析，或用營銷額計算。

以上假設是有條件的。在實際的經濟生活中，市場競爭激烈，價格是變量，銷售收入與銷量既有線性關係，又有非線性關係，可變成本與產量的關係也是如此。

根據以上假定，我們將盈虧平衡分析分成線性盈虧平衡分析和非線性盈虧平衡分析分別予以討論。

三、線性盈虧平衡分析

線性盈虧平衡分析主要是指項目的年總生產成本與產量和年總銷售收入與銷量都是假定的線性函數，如圖 11-1 所示。收入線與成本線的交點稱為盈虧平衡點或保本點。

盈虧平衡點可以用銷量、銷售額、生產能力利用率表示。對於不同的項目可以用不同的因素表示，下面介紹幾種盈虧平衡點。

1. 盈虧平衡點銷售量（BFP_x）

就生產單產品的項目而言，盈虧平衡點的計算比較簡單。當銷量增加時，銷售收入和銷售成本均增加，但增加的程度不同，當達到一定銷量時，扣除稅金的銷售收入正好與總收入與總成本相等，這時的銷售量就是盈虧平衡點的銷量，又稱為銷量。設固定成本總額為 F，銷售單價為 P，流轉稅率為 T_r，單位成本變動為 V，銷量為 X。

$$銷售收入 = PX(1 - T_r)$$

$$總成本 = F + VX$$

當銷售收入等於總成本或盈虧平衡時：

$$PX(1 - T_r) = F + VX$$

$$X = \frac{F}{P(1 - T_r) - V}$$

這時的銷量 X 為盈虧平衡點銷量（BEP_x）。對於有技術轉讓費、營業外淨支出及交納資源稅的項目，應從上式分母中扣除後計算。

2. 盈虧平衡點銷售額（BEP_i）

某一種產品的保本銷量乘以單價就是該種產品的保本銷售額，即

$$BEP_i = \frac{F}{1 - T_r - \dfrac{V}{P}}$$

$$盈虧平衡點銷售額 = 設計產量 \times 盈虧平衡點生產能力利用率$$
$$= 年產品銷售收入 \times 盈虧平衡點生產能力利用率$$

3. 盈虧平衡點生產能力利用率（BEP_n）

$$盈虧平衡點生產能力利用率 = （盈虧平衡點產量/設計年產量）\times 100\%$$
$$= 年固定成本/（年產品銷售收入-年變動成本總額-年銷售稅金）\times 100\%$$

$$盈虧平衡點產銷量 = 年產品銷售收入 \times 盈虧平衡點生產能力利用率$$

【例 11-1】 某燈具廠計劃建設新型臺燈生產線，年生產能力 80,000 只，固定成本 150,000 元，產品銷價每只 8 元，單位變動成本每只 5 元，流轉稅率 4%，計算各種保本點。

解：

盈虧平衡點銷量（BEP_X）= $150,000/[8 \times (1-4\%) - 5]$ = 55,970（只）

盈虧平衡點銷售額（BEP_i）= $150,000 = 640,000 \times 70\%$ = 448,000（元）

盈虧平衡點生產能力利用率（BEP_n）= $[150,000 - (640,000 - 400,000 - 25,600)] \times 100\%$
$$= 70\%$$

四、盈虧平衡點的實際經濟內涵

盈虧平穩點的產銷量或銷售額的大小（在坐標圖上表現為位置的高低），是由固定成本、單價、稅率和單位變動成本等決定的。固定成本越大，盈虧平衡點的產銷量就越大，平衡點的位置就越高；單價扣除單位稅金和單位變動成本後的餘額（貢獻毛益）越大，盈虧平衡點的產銷量就越小，平衡點的位置就越低。從平衡點產銷的大小，即平衡點位置的高低可以判斷項目承受生產或銷售水準變化的能力，即承受風險的能力。

（1）以產銷量表示的盈虧平衡點，其經濟內涵是指項目不發生虧損所必須達到的最低限度的產銷總量。如果項目的平衡點產銷量比較小，說明項目只要達到較低的產銷量就可以保本並盈利，因此，可以承受較大的風險；反之，可以承受的風險就比較小。

（2）以銷售額表示的盈虧平衡點，其經濟內涵是指項目不發生虧損所必須達到的最低銷售收入總額，其數值越小，越能承受較大風險。

（3）以生產能力利用率表示的盈虧平衡點的經濟內涵是指項目不發生虧損所必須達到的最低限度的生產能力利用水準。一個項目的平衡點生產能力利用率越低，說明這個項目承受生產能力利用率變化的能力越強。設計產銷量、銷售額和生產能力利用率超過保本點的部分，稱為安全幅度（MS）。

安全幅度（MS）= 設計產銷量-保本產銷量

安全幅度率（MSR）=（MS÷設計產銷量）×100%

安全幅度和安全幅度率越大，說明項目承受風險的能力越強。安全幅度率判別標準如表 11-1 所示。

表 11-1　安全幅度率判別標準表

安全幅度率	≤ 9%	10% ~ 15%	16% ~ 20%	21% ~ 39%	≥ 40%
判定標準	危險	要注意	較安全	安全	超安全

【例 11-2】 某食品加工項目建成後，正常年可實現銷售收入 6,240 萬元，流轉稅及附加 778.3 萬元，總成本費用為 3,917.2 萬元，其中固定成本 1,054.1 萬元，變動成本 2,863.1 萬元，運行成本為 3,785.3 萬元。根據以上資料試計算該項目盈虧平衡點生產能力利用率、盈虧平衡點銷售收入、安全幅度和安全幅度率，並判斷風險（安全）性。

解：

盈虧平衡點生產能力利用率 = 1,054.1 ÷ (6,240 − 2,863.1 − 778.3) × 100% = 40.6%

盈虧平衡點銷售收入 = 6,240 × 40.6% = 2,533.4（萬元）

安全幅度（MS）= 6,240 − 2,533.4 = 3,706.6（萬元）

安全幅度率（MSR）= 3,706.6 ÷ 6,240 × 100% = 59.4% > 40%

因此，該項目為超安全。

五、非線性盈虧平衡分析

在現實生活中，往往產品成本與產量並不呈比例變化，銷售收入與銷售量也會受市場的影響而不呈線性關係。這就需要進行非線性盈虧平衡分析，非線性盈虧平衡圖如圖 11-2 所示。

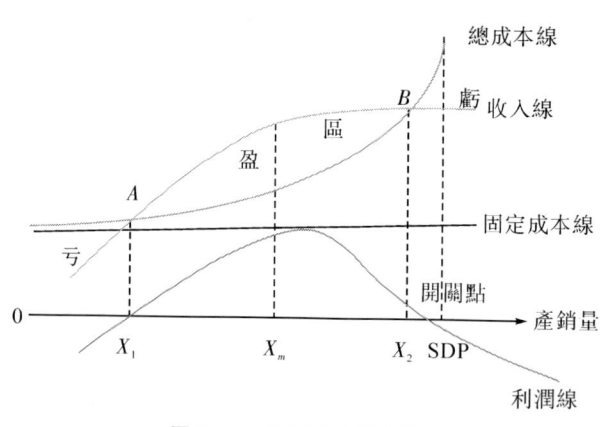

圖 11-2　非線性盈虧平衡圖

當產量、成本和盈利呈非線性關係時，可能出現兩個以上的平衡點（見圖 11-2）。在此情況下，這兩個平衡點統稱為盈利限制點。產量為 X_1 ~ X_2 時項目才能盈利；如果達不到 X_1 點或超過 X_2 點以後，項目就要虧損。當收入等於變動成本時，就達到開關點（SDP）。這時銷售收入只夠補償變動成本，虧損額正好等於固定成本。開關點是表明在產量達到這點後，若繼續提高產量，那麼所造成的虧損就大於停產的虧損。

通常是用兩條一次曲線表示成本函數和銷售收入函數。

總成本函數：
$$C = F + dX + eX^2$$

銷售收入函數：$\quad S = fX + jX^2$

在盈虧平衡點下有：$\quad S - C = 0$

整理得到：$\quad (e-j)X^2 + (d-f)X + F = 0$

$$X = \frac{-(d-f) \pm \sqrt{(d-f)^2 - 4(e-j)F}}{2(e-j)}$$

計算項目利潤最大時的產銷量 X_m：

$$(e-j)X^2 + (d-f)X + F = 0$$

求 X 的偏導數，並令一階導數等於零，有：

$$\frac{d(S-C)}{dx} = 2X(e-j) + (d-f) = 0$$

解得：$\quad X_m = -(d-f)/2(e-j)$

計算安全幅度（MS）：

$$\text{MS}_2 = 設計產量 - X_2$$
$$\text{MS}_1 = 設計產量 - X_1$$

計算安全幅度率（MSR）：

$$\text{MRS}_1 = (\text{MS}_1 \div 設計產量) \times 100\%$$
$$\text{MRS}_2 = (\text{MS}_2 \div 設計產量) \times 100\%$$

【例 11-3】某工廠擬生產小型空氣壓縮機，設計產量為 4,000 臺/年，由同類工廠的歷史數據及市場調研得知，總成本及銷售收入（單位：元）可用下式表示：

$$C = 180,000 + 150X - 0.02X^2$$
$$S = 350X - 0.04X^2$$

試計算盈虧平衡點產量、最大利潤時的產量和安全幅度率。

解：

①盈虧平衡點時：$S - C = 0$

整理有：$0.02X^2 - 200X + 180,000 = 0$

解得：$X_1 = 1,000$（臺）；

$X_2 = 9,000$（臺）

當該廠的產量在 1,000 ~ 9,000 臺時，項目是盈利的；當小於 1,000 或大於 9,000 臺時，項目是虧損的。

②盈利最大時的產銷量：

$X_m = -(d-f)/2 \times (e-j) = -(-200)/2 \times 0.02 = 5,000$（臺）

最大利潤：$M = S - C = 200 \times 5,000 - 0.02 \times 5,000^2 - 180,000 = 320,000$（元）

③安全幅度和安全幅度率：

$\text{MS}_1 = 4,000 - 1,000 = 3,000$（臺）

$\text{MS}_2 = 4,000 - 9,000 = -5,000$（臺）（舍去）

$\text{MSR} = (3,000 \div 4,000) \times 100\% = 75\% > 40\%$（超安全）

第三節　敏感性分析

一、敏感性分析的目標

在影響項目經濟效益的諸多不確定性因素中，有的因素稍有變化即可引起某一經濟效益指標發生很大變化，人們稱其為敏感因素；有的因素雖然變化不小，只能引起某一經濟指標微小的變化，人們稱其為不敏感因素。敏感性分析是指在諸多的不確定性因素中，確定哪些是敏感性因素，哪些是不敏感因素，並計算各敏感性因素在一定範圍內變化時，有關評估指標隨之變動的數量和程度，以判斷項目的風險程度。因此，敏感性分析的總目標就是提高投資項目經濟效益評估的準確性和可靠性。具體內容包括：

（1）通過敏感性分析研究不確定因素的變動對投資項目經濟評估指標的影響程度，即引起評估指標的變化幅度。

（2）通過敏感性分析找出投資項目經濟效益的敏感因素，並進一步分析與之有關的預測或估算數據可能的變化範圍及產生風險的根源。

（3）通過敏感性分析和對不同項目方案中某關鍵因素的敏感性程度的對比，可區別不同項目方案對某關鍵因素的敏感性大小，以選取敏感性小的方案，減少項目的風險性。

（4）通過敏感性分析，我們可找出項目的某些經濟效果指標變化的最好與最壞情況，並通過深入分析和可能採取的某些有效控制措施，選取最現實的項目方案。一般來說，相關因素的不確定性是項目具有風險的根源。但是，各種因素的不確定性給投資項目帶來的風險程度卻是不一樣的，敏感因素的不確定性，給投資帶來的風險更大，故敏感性分析的核心是從諸多的影響因素中，找出敏感因素並設法採取相應的對策和措施對之進行控制，以減少項目的風險。

二、敏感性分析的步驟和方法

（一）確定敏感性分析指標

敏感性分析指標是敏感性分析的具體對象。項目評估中敏感性分析的對象應該是反應項目方案經濟效果的指標。而反應項目方案經濟效果的評估指標有很多個，每一個評估指標又受多種因素的制約。究竟敏感性分析應選擇什麼樣的具體對象，這是進行敏感性分析首先要解決的問題。

從理論上講，費用效益分析中討論的一系列評估經濟效益的指標，都可以作為敏感性分析指標，如內部收益率、投資回收期、淨現值、淨現值率、投資利潤率、投資利稅率、借款償還期、投資收益率以及外淨現值、換匯成本和節匯成本等指標。這些都可作為敏感性分析指標，分析其對產品產量、價格、成本、固定資產投資、建設工期等因素的敏感性。不過各個指標都有特殊的含義，因而所反應的問題也各不相同。

投資回收期和債款償還期是兩個綜合經濟指標，是反應項目財務上投資回收能力

和固定資產投資貸款償還能力的重要指標。對這兩個指標進行敏感分析，能夠瞭解貸款和資金短缺情況下的投資效果。銀行及發放貸款的單位更關心這兩個指標的變化情況和貸款的風險性。這兩個指標的缺點是沒有考慮資金的時間因素，也沒有考慮投資償還期以後項目的盈餘情況。

內部收益率和淨現值都是考慮了資金時間因素的動態評估指標，建議用作敏感性分析，是常用的敏感性分析指標。

在實際中我們不需要對每個經濟評估指標都做敏感性分析，應針對可行性研究的階段、經濟評估的深度和實際需要選擇一種或兩種財務評估或經濟評估指標進行分析就夠了。但無論選用哪種指標，都應與最終的財務評估或經濟評估指標相一致。

（二）敏感性因素的選擇

投資項目的整個經濟壽命期內，可能發生變化的因素很多，主要有產品的產量（生產負荷）、產品價格、主要原材料和動力價格、可變成本、固定資產投資、建設工期和外匯牌價等。實際工作中我們不需要對全部可變因素逐個進行敏感性分析，通常只選擇對項目的經濟評估指標影響較大的變化因素，即敏感因素，進行較深入的敏感性分析。依據項目的類型、規模的不同，敏感因素是不同的。例如，在水電站項目中，基建投資變動的影響很大；在港口碼頭建設項目中，不確定因素可以是吞吐量、泊位占用系數、投資總額變化等。敏感性因素的變化範圍，可根據所選因素的預計變化範圍或項目分析的要求誤差範圍取值，一般項目取值為 ±10% 或 ±20%。

（三）敏感因素的一般性尋找

我們可以利用不同類型項目的不同特點，在開始計算之前對敏感因素做一般性尋找，以縮小計算範圍。進行一般性尋找的方法通常有兩種：直觀分析法和靜態指標試算法。

直觀分析法是根據項目的類型分析其主要敏感因素。對於以進口原料為主的化工項目，原材料為主要投入物，化纖產品為主要產出物，主要供給國內市場，而國內化纖產品價格比較穩定並有下降趨勢，進口原料受國際市場供求關係影響很大，因而原料價格變化將是影響該項目經濟效益的敏感因素；在中外合資並以進口大型設備為骨幹的項目中，固定資產在總投資中占比重較大，這些大型設備價格的變化、建設週期的延長都是影響總投資變化的敏感因素。當然，吞吐量本身也可作為一項經濟考核指標，受裝卸機械化程度、運輸能力、倉庫儲存能力等因素的影響，如有必要我們還須進一步分析。

靜態指標試算法是在一時難於判斷敏感因素的情況下採用，計算各種可能出現的不確定因素的變化對少數一兩個靜態經濟指標的影響，如對投資回收期、投資利潤率的影響，以初選較敏感的因素。

（四）綜合分析後決定方案的取捨

對所找出的敏感因素，即風險因素，做進一步研究並尋找其存在不確定性的根源，並弄清哪些是主觀原因，哪些是客觀原因，以便采取相應的措施加以控制。如果不能有效地控制其不確定性，則此方案不可取，應重新考慮替代方案。我們要保證項目達到規定的標準值並注意留有餘地。投資項目是各式各樣、千差萬別的，不可能有統一的評估方法，我們只能根據項目的特點進行具體分析。

三、敏感性分析的作用和局限性

通過敏感性分析，我們可以確定影響項目方案經濟效益的敏感因素，有利於我們掌握項目建設運作的風險界限，區分哪些因素是敏感的，哪些是不敏感的，並計算出對效益影響程度的定量數值和允許變化的極限，從而做到心中有數。對於那些敏感因素，我們應進一步收集資料，做重點分析研究，並且可以預先採取對策，防止它們的變化給項目經濟效益帶來不利影響。在多方案項目評估中，敏感性分析也為方案優選提供參考依據。

敏感性分析方法易於運用，便於分析，但我們必須注意它的局限性。

首先，敏感性分析通常是對單個因素進行分析，不能妥善處理兩個以上變量同時發生的變化。因此分析人員在應用敏感性分析時，應充分警惕輸入的數據之間可能存在的相互依賴關係，如果它們之間並無依賴關係，就必須在輸入數據時把這種關係反應出來，即採用多因素敏感性分析。

其次，敏感性分析在一定程度上帶有主觀性、猜測性。它無法確定某一不確定因素真正的變化範圍，以及在這一範圍內變化的可能性大小。分析人員為了方便計算，讓每一個不確定因素改變幾個確定的幅度，如 ±5%、±10%、±20%。這些幅度的大小完全是人為的。實際上可能會出現這一種情況：找出的某一敏感因素，在未來可能發生某幅度變動的概率很小，以致完全不必考慮其變化結果；但另一個不敏感因素，可能發生某幅度變動，以致必須考慮其變化對項目經濟效益的影響。這些都表明敏感性分析存在一定的局限性。

對大多數項目來說，敏感性分析能夠合理解決估測數據中所包含的可變因素的影響，我們如果應用得當，並能充分認識其局限性，敏感性分析仍是一種有用的項目風險性分析工具。

第四節　概率分析

敏感性分析能夠說明項目評估指標對各個敏感性因素的敏感程度，但還不能說明各個敏感性因素發生變動的可能性大小，即發生變動的概率，更不能說明在不同概率下對經濟效益指標的影響程度。因此，根據項目的特點和實際需要，有條件時我們還應進行概率分析。項目評估中的概率分析主要是運用概率論的方法研究和計算各種影響經濟效益指標的不確定因素的變化範圍，以及在此範圍內出現的概率、期望值與標準偏差的大小，確定各個不確定因素變化對項目經濟效益的影響程度和項目的風險性。概率分析一般是針對項目淨現值、投資回收期、經濟壽命期等指標進行的，也可以通過模擬法測算項目評估指標（如內部收益率）的概率分佈，為項目的投資決策提供依據。

一、概率分析的步驟與方法

1. 認定一個不確定性因素

在眾多不確定因素中我們先找出一個最不確定的因素，而將其餘的因素設為已知，以簡化分析過程。

2. 估算被認定的不確定因素出現各種可能的概率

概率論認為，隨機事件在大量重複中具有某種統計規律性，並把出現某種隨機事件次數與各種可能出現隨機事件次數總和之比，稱為某種隨機事件的概率，以 P 表示。其數值大於 0 而小於 1，即 $0<P(X)<1$。概率為 0 的事件稱為不可能事件，概率為 1 的事件稱為必然事件。項目風險分析中不確定因素出現各種可能性的概率值是評估人員根據過去的統計資料和自己的經驗進行估計和推算的。

3. 計算期望值（E）

期望值是大量重複試驗時隨機變量取值的平均值，也是最大可能取值，最接近實際值。對於離散型隨機變量的期望值計算公式是

$$E(X) = \sum_{i=1}^{n} X_i P_i = X_1 P_1 + X_2 P_2 + \cdots\cdots + X_n P_n$$

式中：$E(X)$ ——隨機變量 X 的期望值；

X_i ——隨機變量的各種取值；

$P_i = P(X_i)$ ——對應出現 X 的概率。

4. 計算均方差（D）

期望值表示對隨機取值的平均值，僅從一個角度描述了隨機變量的特徵，我們還應考慮隨機變量取值的離散程度和期望值與實際值的偏離程度，這就引出了均方差概念，也稱標準偏差。均方差計算公式為

$$D = \sqrt{\sum_{i=1}^{n} [X_i - E(X)]^2 P_i}$$

式中：E 是期望值為隨機變量的取值，P_i 是概率。

二、概率分析案例

（一）投資回收期期望值計算

【例 11-4】 某建設項目有三種建設方案，A 方案投資額為 80 萬元，概率為 30%；年現金淨收益為 12 萬元，概率為 25%。B 方案投資額為 90 萬元，概率為 40%；年現金淨收益為 15 萬元，概率為 5%。C 方案投資額為 100 萬元，概率為 30%；年現金淨收益為 20 萬元，概率為 25%。根據以上資料計算投資回收期的期望值和相對標準差。

解：

投資額的期望值 = $80 \times 30\% + 90 \times 40\% + 100 \times 30\% = 90$（萬元）

投資額的標準差 = $\sqrt{\sum_{i=1}^{3} [X_i - E(X)]^2 P_i} = 7.75$（萬元）

投資額的相對標準差 = $\pm 7.75/90 = \pm 8.6\%$（萬元）

年現金淨收益的期望值 = $12 \times 25\% + 15 \times 50\% + 20 \times 25\% = 15.5$（萬元）

年淨現金收益的標準差 = $\sqrt{(90-80) \times 30\% + (90-90) \times 40\% + (90-100) \times 30\%}$
$= \pm 7.75$

年現金淨收益的相對標準差 = $\pm 2.87 \div 15.5 = \pm 18.5\%$

投資回收期的期望值 = $90 \div 15.5 = 5.8$（年）

投資回收期的相對標準差 = $\sqrt{(8.6\%)^2 + (18.5\%)^2} = \pm 20\%$

投資回報期的標準差 = 5.8 × (±20%) = ±1.16（年）

以上計算結果說明該項目的投資回收期為 4.6~7（5.8+1.16）年，而最大可能的投資回收期為 5.8 年，相對偏差為 ±20%。

（二）淨現值期望值的計算

運用概率分析的方法可以計算項目淨現值的期望值，以比較不同的投資方案，估計項目的風險和效益。

【例 11-5】 某項目建設期為 2 年，經營期為 12 年，在不確定因素的影響下，其投資的變動、銷售收入和經營成本可能發生如表 11-2~表 11-4 所示。

表 11-2　投資的變動

時間（年）	1		2	
發生的情況	A	B	A	B
概率	0.6	0.4	0.7	0.3
數值（萬元）	1,000	1,300	1,400	1,100

表 11-3　銷售收入

時間（年）	3~14		
發生的情況	A	B	C
概率	0.4	0.4	0.2
數值（萬元）	1,800	2,100	1,650

表 11-4　經營成本

時間（年）	3~14		
發生的情況	A	B	C
概率	0.4	0.3	0.3
數值（萬元）	1,400	1,300	1,600

解：

1. 計算各年淨現金流量的期望值

第 1 年：-1,000×0.6-1,300×0.4=-1,120（萬元）

第 2 年：-1,400×0.7-1,100×0.3=-1,310（萬元）

第 3~14 年：

(1,800×0.4+2,100×0.4+1,650×0.2)-(1,400×0.4+1,300×0.3+1,600×0.3)

=1,890-1,430=460（萬元）

2. 按基準收益 15% 計算淨現值的期望值

$E(NPV) = -1,120 × 0.870 - 1,310 × 0.756 + 460 × 4.099 = -79.22$（萬元）

由期望可以看出，該項目的風險較大，應謹慎決策。

（三）期望值大於等於零的累計概率的計算

【例 11-6】 某木材加工廠項目總投資 2,000 萬元，1 年建成投產。據分析預測，項目在生產期內的年經營利潤分三種情況：100 萬元、300 萬元和 500 萬元，出現的概率分別為 0.2、0.3 和 0.5；項目的經營壽命期有 8 年、10 年、13 年三種可能，其可能性的概率分別為 0.2、0.5 和 0.3。項目折現率為 12%，試對項目淨現值的期望值進行累

計概率分析。

解：
1. 計算項目淨現值的期望值

在年收入為 100 萬元、壽命期 8 年的情況下，事件的概率為：$0.2 \times 0.2 = 0.04$

淨現值 $= -2,000 \times (1+0.12)^{-1} + 100 \times (1+0.12)^{-2} + \cdots + 100 \times (1+0.12)^{-9}$

$\quad\quad\quad = -2,000 \times 0.982,9 + 100 \times 4.435$

$\quad\quad\quad = -1,324.27$（萬元）

加權淨現值 $= -1,324.27 \times 0.04 = -53.69$（萬元）

按上述方法將不同情況分別計算，並把結果列表，淨現值期望值表如表 11-5 所示。

表 11-5　淨現值期望值表

投資（萬元）	年經營利潤（萬元）	概率	經營年限	概率	加權概率	淨現值（萬元）	加權淨現值（萬元）
2,000	100	0.2	8	0.2	0.04	-1,324.27	-53.69
			10	0.5	0.10	-1,281.32	-128.13
			13	0.3	0.06	-1,212.27	-72.74
	300	0.3	8	0.2	0.06	-455.21	-27.31
			10	0.5	0.15	-272.36	-40.85
			13	0.3	0.09	-65.21	-5.87
	500	0.5	8	0.2	0.10	431.85	43.19
			10	0.5	0.25	736.60	184.15
			13	0.3	0.15	1,081.85	162.28
合計					1.00		61.03

計算結果表明，在年經營利潤為 100 萬元和 300 萬元的情況下，該項目都不能達到基準投資收益水準，只有在年經營利潤為 500 萬元的情況下，項目才有真正的淨現值。

2. 計算淨現值期望值的累計概率

我們將表 11-5 列出的加權淨現值和相應的加權概率分別累計相加，即可得到淨現值的期望值大於等於 0 的累計概率，淨現值期望值累計概率如表 11-6 所示。

表 11-6　淨現值期望值累計概率

加權淨現值	概率分佈	累計概率
-128.12	0.10	0.10
-72.74	0.06	0.16
-53.69	0.04	0.20
-40.85	0.15	0.35
-27.31	0.06	0.41
-5.87	0.09	0.50
43.19	0.10	0.60
162.28	0.15	0.75
184.15	0.25	1.00

淨現值大於 0 的累計概率為：1-0.5=0.5。

這一結果中，項目的淨現值期望值為正，說明項目有效益，但淨現值大於 0 的累計概率僅為 0.5，說明風險較大。

3. 畫出淨現值期望值累計概率圖

以加權淨現值為縱坐標，累計概率為橫坐標，繪製淨現值期望值累計概率圖（見圖 11-3）。該圖較為直觀地表明項目獲利的機會大小和可能存在的不確定性。

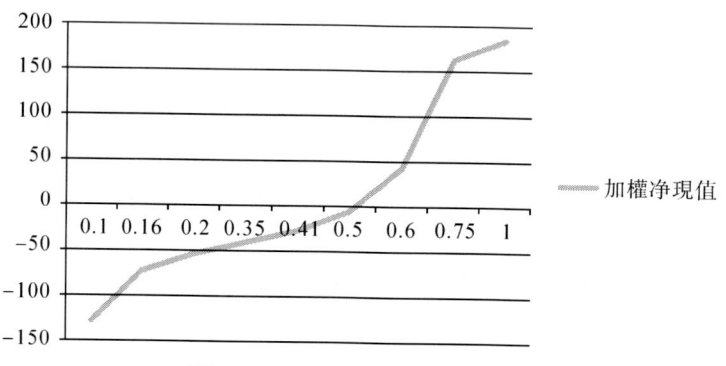

圖 11-3　淨現值期望值累計概率圖

NPV>0，累計概率=0.5，風險較大。

第五節　案例分析

一、案例概述

鄭州市航空港區養老院占地面積 42,000 平方米，項目建設包括居住樓 6 棟、辦公綜合樓 1 棟（包含康復護理中心、門診部、休閒娛樂文化中心、老年棋牌室、洗衣房）、醫療服務樓 3 棟，以及道路、活動場地和園林綠化等。項目整體規劃合理，功能明確。養老院設計養老床位 1,360 床、康復床位 140 床，總計 1,500 張。由於本項目房屋使用壽命較長，所以本項目總體工程計算期按 15 年考慮，其中建設期 2 年，營運期 13 年。項目總投資 36,015.04 萬元，其中自籌資金 11,015.04 萬元，銀行貸款 25,000 萬元（年利率 6%）；營運期間年平均經營成本費用為 6,311.49 萬元，其中固定成本 3,900.77 萬元，可變成本 2,410.72 萬元；營運期年平均營業收入 11,033.37 萬元，銷售稅金及附加 606.84 萬元；期末回收資產 11,753.66 萬元。本項目全部投資財務內部收益率為 11.44%（稅後），動態投資回收期 11.4 年（含建設期）。

二、項目分析

（一）項目單因素敏感性分析

我們首先選擇需要分析篩選的不確定性因素，並設定其變動範圍。在本項目中，建安投資在實際工程中發生變化較小。但是由於金額較高，一旦發生變動，內部收益率將受重大影響。另外，在此方案中，養老院的入住率是根據市場調研預估的，在將

來營運期內很有可能發生變化，營業收入也會隨之變化，而營業收入對內部收益率的大小起著關鍵作用；經營成本在年總成本費用中占比大，並且難以預測其變化的幅度。因此，該項目選用建安投資、經營成本和營業收入作為不確定性因素，以財務內部收益率作為分析指標，參考（公式1），借用 Excel 工具進行敏感性分析。根據養老院建設行業的實際情況，考慮各個變量在實際工程中可能會出現的變化幅度，我們設定不確定性因素的變化率為 ±5% 和 ±10%，分析結果如表 11-7 和圖 11-4 所示。

表 11-7 單因素變化對財務內部收益率的影響

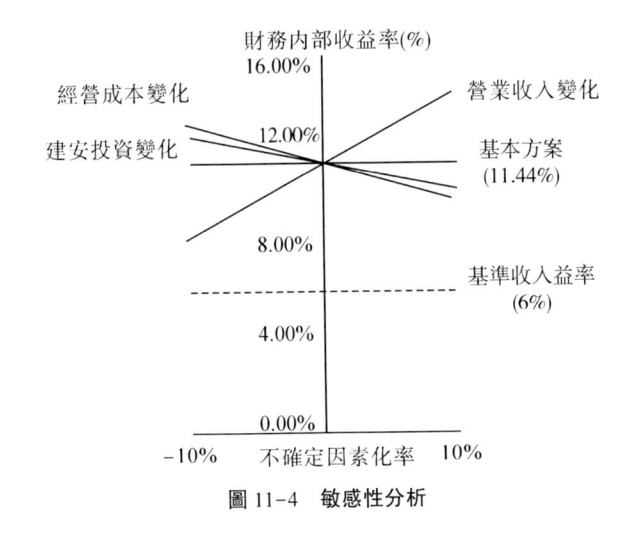

變化率（F）	項目財務內部收益率	經營成本 原值	比較值	建安投資 原值	比較值	營業收入 原值	比較值
-10%	11.44%	13.14%	1.7%	12.56%	1.12%	8.21%	-3.23%
-5%	11.44%	12.26%	0.82%	12.00%	0.56%	9.85%	-1.59%
+5%	11.44%	10.67%	-0.77%	10.86%	-0.58%	12.96%	1.52%
+10%	11.44%	9.96%	-1.48%	10.28%	-1.16%	14.44%	3%

圖 11-4 敏感性分析

$$\sum_{t=1}^{n} (C_I - C_O)_t (1 + IRR)^{-t} = 0 \quad （公式1）$$

其中：IRR 為項目財務內部收益率；C_I 為現金流入，C_O 為現金流出；n 為計算期，包括建設期和營運期。

根據相對測定法判斷敏感因素，其中敏感度系數的計算公式如下：

$$\beta = \frac{\Delta A}{\Delta F} \quad （公式2）$$

其中：β——經濟效果指標 A 對於不確定因素 F 的敏感度系數；

ΔF——不確定因素 F 的變化率；

ΔA——不確定因素 F 發生 ΔF 變化率時，財務內部收益率的相應變化率。

B 值越大，不確定性因素對評價指標的影響越大，即敏感因素。根據以上數據計算結果，採用公式計算方案對各因素的敏感度。

$$建安投資平均敏感度 = \frac{|9.96-13.14| \div 13.14}{20} = 1.21\%$$

$$經營成本平均敏感度 = \frac{|10.28-12.56| \div 12.56}{20} = 0.91\%$$

$$營業收入平均敏感度 = \frac{(14.44-8.21) \div 8.21}{20} = 3.79\%$$

由相對測定法測得建安投資、經營成本、營業收入的平均敏感度為0.91%、1.21%、3.79%。顯然，當建安投資、經營成本、營業收入分別變化時，財務內部收益率對營業收入的變化最為敏感，經營成本次之。由臨界值計算法可以算出，當營業收入下降17.46%，財務內部收益率為6%，表明允許營業收入降低的最大限度為17.46%。

（二）項目多因素變化的敏感性分析

1. 多因素敏感性模型建立

鄭州市航空港區養老院項目建設週期為2年（項目每年年內進行均衡投資），由淨現值相關理論得出，在計算期內該項目可建立數學模型如下：

$$F_{NPV} = -\frac{IF\left(\frac{P}{F}, i, 0.5\right)}{2} - \frac{IF\left(\frac{P}{F}, i, 1.5\right)}{2}$$
$$+ (Q-C) F\left(\frac{P}{A}, i, 13\right) \cdot F\left(\frac{P}{F}, i, 2\right) + I_s F\left(\frac{P}{F}, i, 15\right) \quad （公式3）$$

其中：I為建安投資額，i為基準收益率，Q為年營業收入，C為年經營成本，I_s為期末回收值，$F(P/F, i, n)$為一次支付現值函數，$F(P/A, i, n)$為等額支付現值函數，P為現值，F為終值，A為年值。

令x、y、z分別代表建安投資、年營業收入及年經營成本變化的百分數，將建安投資、年營業收入、年經營成本等參數代入（公式3）式，得到：

$$F_{NPV}(x,y,z) = -33,990.9 \times (1+x) + 86,930.85 \times (1+y) - 49,727.62 \times (1+z) + 4,904.802$$
$$= 8,117.163 - 33,990.9x + 86,930.85y - 49,727.62z \quad （公式4）$$

2. 雙因素敏感性分析

假定在年經營成本不變的情況下，即$z=0$，$F_{NPV} = 8,117.163 - 33,990.9x + 86,930.85y$，取$F_{NPV}=0$的臨界值，使$F_{NPV}=0$，則有

$$y = 0.391x - 0.093 \quad （公式5）$$

根據（公式4）得到雙因素敏感性分析結果，見圖11-5。

即$y=0.391x-0.093$為$F_{NPV}=0$的臨界線，在臨界線上，$F_{NPV}=0$，在臨界線左上方的區域$F_{NPV}>0$，在臨界線左上方的區域$F_{NPV}<0$。在年經營成本不變的情況下，當建安投資和年營業收入同時變化，只要變動範圍始終處於臨界線左上方的區域，就有$F_{NPV}>0$，方案可以被接受。

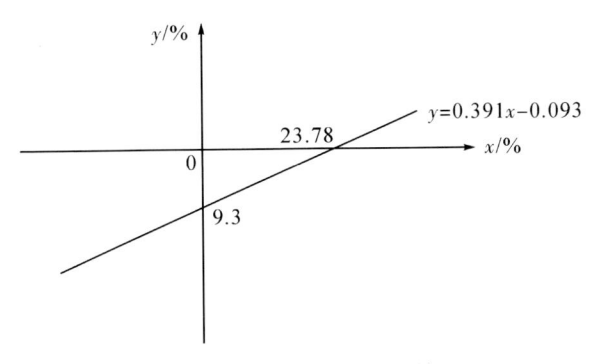

图 11-5 雙因素敏感性分析結果

3. 三因素敏感性分析

令 $F_{NPV}(x, y, z) = 8,117.163 - 33,990.9x + 86,930.85y + 49,727.6z$ 中 $F_{NPV} = 0$，得到 $z = 0.683,54x + 1.748,14y + 0.163,23$ 方程式。在三維中，該方程表示一個平面。由於很難處理三維以上敏感性的表達，為簡化起見，運用降維法進行降維處理，在 $-10\% \leq y \leq 10\%$ 間隔選取 -10%、-5%、5%、10% 四個變動值，將其代入平面方程，得到平行臨界直線組，即：

$z = -0.683,54x + 0.338,05y = 10\%$

$z = -0.683,54x + 0.250,64y = 5\%$

$z = -0.683,54x + 0.075,83y = -5\%$

$z = -0.683,54x - 0.011,58y = -10\%$

三因素敏感性分析結果見圖 11-6。從圖 11-6 可以看出，營業收入增加，臨界線往右上方移動，營業收入下降時，臨界線往左下方移動。在本項目中，營業收入減少 10%，同時建安投資減少 10%，經營成本減少 5%，則經營成本與建安投資的狀態點 A 位於臨界線 $y = -10\%$ 的左下方，方案仍可以被接受；當營業收入減少 5% 時，建安投資

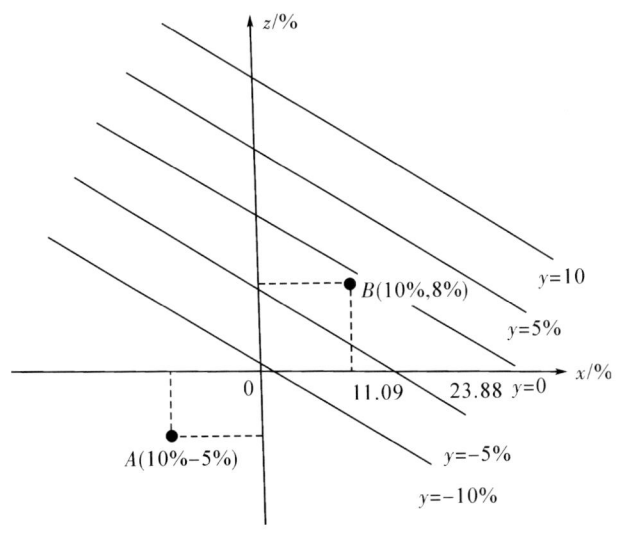

圖 11-6 三因素敏感性分析結果

增加10%，經營成本增加8%，則經營成本與建安投資的狀態點 B 位於臨界線 $y = -5\%$ 的右上方，方案不被接受。所以根據上面三因素敏感性分析圖，可以直觀瞭解營業收入、經營成本、建安投資三種因索同時變動對財務淨現值的影響。

三、結論與措施

通過本項目的多因素變化敏感性分析方法，我們將三個不確定因素的變動對方案經濟效果的影響進行量化並做定量描述，揭示投資效益的變動幅度。通過降維處理，我們將三維因素分析轉化為 4 個雙因素分析，從而得出結論：營業收入對方案的經濟效果影響最大，經營成本次之，建安投資最小。在單因素敏感性分析中，建安投資、經營成本、營業收入變化幅度為 $-10\% \sim 10\%$，財務內部收益率大於基準收益率 6%，說明投資方案可行，並具有較好的抗風險能力。從方案決策角度來講，為了能取得項目利益最大化，投資人應對營業收入、經營成本及建安投資等不確定性因素進行合理的把控，採取有效措施並加以風險防範和重點關注。

（一）提高營業收入

在進行敏感性分析的基礎上，我們得出營業收入為最敏感的因素，因此需要收集影響營業收入的相關原因。一是養老院入住率不足，人工費和取暖費等硬性開支不能得到有效攤薄，導致營運前期甚至更長時間處於營運負荷狀態，不能實現資產的良性循環；二是老人屬高發意外傷害率和突發死亡率較高的人群，一旦因此產生糾紛，訴訟和調解對養老機構都帶來人力和物力上的負擔。因此，項目在穩定建安投資和經營成本的基礎上，營運期間應擴大養老院的宣傳，引進更先進的管理系統，完善醫療護理配套服務，提升服務品質，嚴格控制收費價格；養老機構應參與綜合責任保險，並對入住老人的基本健康預防與體檢提供全面系統的服務，以減免發生意外後養老機構的壓力。

（二）管控經營成本

在進行敏感性分析的基礎上，我們得出經營成本的敏感度次之。影響經營成本的因素有基礎設施費、維修費、水電燃氣費、工資福利及定期培訓等。因此在基礎設施的採購方面供貨商的選擇非常重要，項目要對設備進行定期維護，加強對人員素質的培養，提高管理服務水準，現階段養老服務的高水準人才短缺嚴重制約了養老事業的長遠發展。項目要定期培養專業護理人員，提高老年人的滿意度，同時建立服務反饋系統，為老年人提供便捷的監督、舉報條件，並時刻把握老年人的不同需求，不斷完善經營模式，使得養老機構持續發展。

（三）分析投資環境

在進行項目投資決策前，我們要重點對項目投資環境進行分析。首先要瞭解各種宏觀、微觀環境，養老機構的建設需要大量的人力和物力，養老機構的營運基金在養老事業的發展中發揮至關重要的作用。國家民政部等頒發了《關於加快實現社會福利社會化的意見》，為養老事業提供更多的基金以滿足現階段養老機構建設和完善的步伐。另外，養老院項目在進行建安投資時，除了可以通過多渠道籌集建設資金解決資金瓶頸，還可以向政府相關部門提出申請以減免部分費用，享受政策性補貼，達到降低投資成本的目的。

复习思考题

1. 什麼是投資項目風險？項目風險都有哪些風險形式？
2. 什麼是項目盈虧平衡分析？如何計算線性和非線性盈虧平衡點？
3. 什麼是項目敏感性分析？請簡述敏感性分析的步驟。
4. 概率分析的步驟和方法是什麼？
5. 某項目總投資為2,000萬元，建設期為1年。據分析，該項目在生產期內的年淨現金流量有三種情況，即200萬元、300萬元、400萬元，他們出現的概率分別為0.3、0.3、0.4；項目的經營壽命期有8年、10年、12年三種可能，其發生的概率分別為0.2、0.5和0.3，I_c為10%，試對項目淨現值期望值進行累計概率分析。

第十二章　項目總評估與後評估

項目總評估與後評估是項目投資建設程序中非常重要的工作階段，是對項目投資建設成果及一定時期的生產營運情況進行的總結性評價。在目前有關完善中國投資管理體制的相關內容中，就有關於要在有關投資項目中推行並開展項目後評估的意見與建議，這是因為，項目的後評估工作一方面可以反應項目投資實施的實際效果及完成情況，另一方面也為相關項目的投資決策及管理實踐活動提供經驗教訓，故本書仍然將其作為一個獨立部分內容加以講解。在本章中，首先介紹了與投資項目後評估相關的法律文件，按著分項目總評估、項目後評估兩部分進行闡述，就其定義、特點、內容及作用等進行詳細介紹。

第一節　政策解讀

中央政府投資項目後評價管理辦法
第一章　總　則

第一條　為健全政府投資項目後評價制度，規範項目後評價工作，提高政府投資決策水準和投資效益，加強中央政府投資項目全過程管理，根據《國務院關於投資體制改革的決定》要求，制定本辦法。

第二條　本辦法所稱項目後評價，是指在項目竣工驗收並投入使用或營運一定時間後，運用規範、科學、系統的評價方法與指標，將項目建成後所達到的實際效果與項目的可行性研究報告、初步設計（含概算）文件及其審批文件的主要內容進行對比分析，找出差距及原因，總結經驗教訓、提出相應對策建議，並反饋到項目參與各方，形成良性項目決策機制。

根據需要，可以針對項目建設（或運行）的某一問題進行專題評價，可以對同類的多個項目進行綜合性、政策性、規劃性評價。

第三條　國家發展改革委審批可行性研究報告的中央政府投資項目的後評價工作，

適用本辦法。

國際金融組織和外國政府貸款項目後評價管理辦法另行制定。

第四條 項目後評價應當遵循獨立、客觀、科學、公正的原則，保持順暢的信息溝通和反饋，為建立和完善政府投資監管體系服務。

第五條 國家發展改革委負責項目後評價的組織和管理工作。具體包括：確定後評價項目，督促項目單位按時提交項目自我總結評價報告並進行審查，委託承擔後評價任務的工程諮詢機構，指導和督促有關方面保障後評價工作順利開展和解決後評價中發現的問題，建立後評價信息管理系統和後評價成果反饋機制，推廣通過後評價總結的成功經驗和做法等。

項目行業主管部門負責加強對項目單位的指導、協調、監督，支持承擔項目後評價任務的工程諮詢機構做好相關工作。

項目所在地的省級發展改革部門負責組織協調本地區有關單位配合承擔項目後評價任務的工程諮詢機構做好相關工作。

項目單位負責做好自我總結評價並配合承擔項目後評價任務的工程諮詢機構開展相關工作。

承擔項目後評價任務的工程諮詢機構負責按照要求開展項目後評價並提交後評價報告。

第二章 工作程序

第六條 本辦法第三條第一款規定範圍內的項目，項目單位應在項目竣工驗收並投入使用或營運一年後兩年內，將自我總結評價報告報送國家發展改革委。其中，中央本級項目通過項目行業主管部門報送同時抄送項目所在地省級發展改革部門，其他項目通過省級發展改革部門報送同時抄送項目行業主管部門。

第七條 項目單位可委託具有相應資質的工程諮詢機構編寫自我總結評價報告。項目單位對自我總結評價報告及相關附件的真實性負責。

第八條 項目自我總結評價報告應主要包括以下內容：

（一）項目概況：項目目標、建設內容、投資估算、前期審批情況、資金來源及到位情況、實施進度、批准概算及執行情況等；

（二）項目實施過程總結：前期準備、建設實施、項目運行等；

（三）項目效果評價：技術水準、財務及經濟效益、社會效益、資源利用效率、環境影響、可持續能力等；

（四）項目目標評價：目標實現程度、差距及原因等；

（五）項目總結：評價結論、主要經驗教訓和相關建議。項目自我總結評價報告可參照項目後評價報告編製大綱進行編製。

第九條 項目單位在提交自我總結評價報告時，應同時提供開展項目後評價所需要的以下文件及相關資料清單：

（一）項目審批文件。主要包括項目建議書、可行性研究報告、初步設計和概算、特殊情況下的開工報告、規劃選址和土地預審報告、環境影響評價報告、安全預評價報告、節能評估報告、重大項目社會穩定風險評估報告、洪水影響評價報告、水資源論證報告、水土保持報告、金融機構出具的融資承諾文件等相關的資料，以及相關批

復文件。

（二）項目實施文件。主要包括項目招投標文件、主要合同文本、年度投資計劃、概算調整報告、施工圖設計會審及變更資料、監理報告、竣工驗收報告等相關資料，以及相關的批復文件。

（三）其他資料。主要包括項目結算和竣工財務決算報告及資料，項目運行和生產經營情況，財務報表以及其他相關資料，與項目有關的審計報告、稽察報告和統計資料等。

第十條　項目自我總結評價報告內容不完整或深度達不到相應要求的，項目行業主管部門或省級發展改革部門應當要求項目單位限期補充完善。

第十一條　國家發展改革委根據本辦法第十二條規定，結合項目單位自我總結評價情況，確定需要開展後評價工作的項目，制定項目後評價年度計劃，印送有關項目行業主管部門、省級發展改革部門和項目單位。

第十二條　列入後評價年度計劃的項目主要從以下項目中選擇：

（一）對行業和地區發展、產業結構調整有重大指導和示範意義的項目；

（二）對節約資源、保護生態環境、促進社會發展、維護國家安全有重大影響的項目；

（三）對優化資源配置、調整投資方向、優化重大佈局有重要借鑑作用的項目；

（四）採用新技術、新工藝、新設備、新材料、新型投融資和營運模式，以及其他具有特殊示範意義的項目；

（五）跨地區、跨流域、工期長、投資大、建設條件複雜，以及項目建設過程中發生重大方案調整的項目；

（六）徵地拆遷、移民安置規模較大，可能對貧困地區、貧困人口及其他弱勢群體影響較大的項目，特別是在項目實施過程中發生過社會穩定事件的；

（七）使用中央預算內投資數額較大且比例較高的項目；

（八）重大社會民生項目；

（九）社會輿論普遍關注的項目。

第十三條　國家發展改革委根據項目後評價年度計劃，委託具備相應資質的工程諮詢機構承擔項目後評價任務。

國家發展改革委不得委託參加過同一項目前期、建設實施工作或編寫自我總結評價報告的工程諮詢機構承擔該項目的後評價任務。

第十四條　承擔項目後評價任務的工程諮詢機構，在接受委託後，應組建滿足專業評價要求的工作組，在現場調查、資料收集和社會訪談的基礎上，結合項目自我總結評價報告，對照項目的可行性研究報告、初步設計（概算）文件及其審批文件的相關內容，對項目進行全面系統地分析評價。

第十五條　承擔項目後評價任務的工程諮詢機構，應當按照國家發展改革委的委託要求和投資管理相關規定，根據業內應遵循的評價方法、工作流程、質量保證要求和執業行為規範，獨立開展項目後評價工作，在規定時限內完成項目後評價任務，提出合格的項目後評價報告。

第十六條　國家發展改革委制定項目後評價編製大綱，指導和規範項目後評價報

告的編製工作。

第十七條 項目後評價應採用定性和定量相結合的方法，主要包括：邏輯框架法、調查法、對比法、專家打分法、綜合指標體系評價法、項目成功度評價法。

具體項目的後評價方法應根據項目特點和後評價的要求，選擇一種或多種方法對項目進行綜合評價。

第十八條 項目後評價應按照適用性、可操作性、定性和定量相結合原則，制定規範、科學、系統的評價指標。

承擔項目後評價任務的工程諮詢機構，應根據項目特點和後評價的要求，在充分調查研究的基礎上，確定具體項目後評價指標及方案。

第十九條 工程諮詢機構在開展項目後評價的過程中，應當採取適當方式聽取社會公眾和行業專家的意見，並在後評價報告中設立獨立篇章予以客觀反應。

第三章 成果應用

第二十條 國家發展改革委通過項目後評價工作，認真總結同類項目的經驗教訓，後評價成果應作為規劃制定、項目審批、資金安排、項目管理的重要參考依據。

第二十一條 國家發展改革委應及時將後評價成果提供給相關部門、省級發展改革部門和有關機構參考，加強信息溝通。

第二十二條 對於通過項目後評價發現的問題，有關部門、地方和項目單位應認真分析原因，提出改進意見，並報送國家發展改革委。

第二十三條 國家發展改革委會同有關部門，定期以適當方式匯編後評價成果，大力推廣通過項目後評價總結出來的成功經驗和做法，不斷提高投資決策水準和政府投資效益。

第四章 監督管理

第二十四條 列入後評價年度計劃的項目，項目單位應當根據後評價工作需要，積極配合承擔項目後評價任務的工程諮詢機構開展相關工作，及時、準確、完整地提供開展後評價工作所需要的相關文件和資料。

第二十五條 工程諮詢機構應對項目後評價報告質量及相關結論負責，並承擔對國家秘密、商業秘密等的保密責任。

第二十六條 國家發展改革委委託中國工程諮詢協會，定期對有關工程諮詢機構和人員承擔項目後評價任務的情況進行執業檢查，並將檢查結果作為工程諮詢資質管理及工程諮詢成果質量評定的重要依據。

第二十七條 國家發展改革委委託的項目後評價所需經費由國家發展改革委支付，取費標準按照《建設項目前期工作諮詢收費暫行規定》（計價格〔1999〕1283號）關於編製可行性研究報告的有關規定執行。承擔項目後評價任務的工程諮詢機構及其人員，不得收取項目單位的任何費用。

項目單位編製自我總結評價報告的費用在投資項目不可預見費中列支。

第二十八條 項目單位存在不按時限提交自我總結評價報告，隱匿、虛報瞞報有關情況和數據資料，或者拒不提交資料、阻撓後評價等行為的，根據情節輕重給予通報批評，在一定期限內暫停安排該單位其他項目的中央投資。

第五章 附　則

第二十九條　各地方、各項目行業主管部門可參照本辦法，制定本地區、本部門的政府投資項目後評價辦法和實施細則。

第三十條　本辦法由國家發展改革委負責解釋。

第三十一條　本辦法自發布之日起施行，《中央政府投資項目後評價管理辦法（試行）》（發改投資〔2008〕2959號）同時廢止。

第二節　項目總評估

項目總評估是在項目各局部評估論證的基礎上，對擬建項目進行綜合分析，並做出總體評估決策，形成項目評估論證報告，提出結論性意見和建設性建議的過程。項目總評估應突出全局性、現實性和決策的科學性。通過本節的學習，讀者在弄清楚項目總評估的必要性和具體任務的基礎上，可以著重掌握項目總評估中評估報告的編寫內容及要求等。

一、項目總評估的必要性

（一）是綜合各分項評估結論，全面評價擬建項目的要求

項目評估是個多環節的系統工程，但目的只有一個，即為投資決策服務。一旦完成產品市場、建設條件、技術、效益等評估，分別得出有關的結論之後，我們必須及時把這些成果加以整理匯總，綜合提煉，得出簡括而明確的結論，才能使決策者對擬建項目一目了然，便於及時、正確地做出判斷與決定。

項目評估的內容是非常豐富的，從總體上講，這些內容既有經濟的又有非經濟的，既有宏觀的又有微觀的，既有定量的又有定性的。從項目評估的具體內容來看，包括了建設必要性的評估、市場與規模的評估、建設條件的評估、技術與方案的評估、財務數據的測算、財務效益的評估、項目經濟效益的評估、社會效益的評估和項目風險分析等。這些內容又包含了許多更具體的內容。例如，建設條件評估中就包括了資源、工程與地質、原材料、燃料、動力條件、交通運輸、協作配套建設、環境保護、項目選址等方面的要求。前面我們所做的項目評估，雖然對所有的內容都做了分析，但它們都是分散在各個部分中，而且是相互獨立的，同時許多內容有很強的專業性。從決策的要求來看，這樣的評估論證是很難發揮其原有作用的，因為過於凌亂，且沒有形成相互聯繫的整體性結論，同時專業性過強也使決策者難以理解和接受。因此，作為一份合格的項目評估報告，應當對前面所做的各局部評估內容加以歸納、整理，並提出簡單明瞭的決策結論。

（二）對從整體上形成一個正確的評估結論十分重要

項目建設可以帶來效益，但建設過程需要各方面的投入。項目從建設到投產，其利弊得失涉及生產發展、國力消長、人民生活、社會福利和自然環境等許多方面。有的項目產品有市場，建設有條件，投入少，產出多，對企業、國家、整個社會的效益都好，無疑該項目是可行的；反之，必不可取。實際上，大多數的情況是項目評估中

各局部評估的結論往往不盡一致，甚至在同一部分內容的不同指標之間，其結果也會有很大不同。這些是從不同角度、不同側面評估項目的必然結果，是十分正常的現象。作為項目評估人員，有責任從這些互相矛盾的結論中，找到適合於本項目的正確結論，並加以說明。例如，某一能源建設項目，如果從項目財務角度分析，其內部收益率為6.8%，遠遠低於所規定的10%的財務收益率要求。可是從國民經濟角度評估這個項目，我們發現這個項目的經濟效益是好的，其內部收益率達到了39.2%，遠遠高於規定的10%收益率要求。這是一個由國家投資建設，用以解決國民經濟能源短缺問題的建設項目，其評估自然應當以國民經濟評估為主，所以這個項目完全是值得建設的。有時候各局部評估結論相互矛盾的問題十分突出，在這種情況下我們就需要通過總評估深入分析，統一思想，提出令人信服的意見。

（三）是進行方案優選的要求

當項目只有一種方案時，我們要在可行與不可行中做抉擇；如果有多個方案，我們必須通過比較選擇，挑選最優方案。在實際評估工作中情況往往比較複雜，常常出現甲方案的某些分項評估結果優於乙方案，而乙方案中另一些分項評估結果優於甲方案。以一座水庫大壩為例，其防洪、灌溉、發電、航運等多種效益可以組合成許多方案姑且不論，單就其壩高庫容一方面說，就有高壩、中壩、低壩幾個方案。高壩方面，我們可以充分利用其水資源多發電，但上游淹沒區大，移民多，對生態環境影響大；相反，低壩則淹沒區小，移民少，對生態環境影響較小，但發電少，單位電力成本較高。可見，方案比選不僅存在於單項評估中，到了總評估階段，我們更要放開眼界，從更大範圍、更加長遠的需要方面進行綜合比較分析，真正選擇最優並最為可行的方案。

（四）是對分項評估進行拾遺補缺、補充完善的要求

項目評估的大量工作是在各個分項評估中進行的。分項評估的測算與分析是分散的，各個分項的評估結論有可能出現矛盾。從總體上看，所有分項評估的內容還有不盡完備的地方。最常見的事例是，有的評估人員，只強調項目建設的有利條件，而忽視項目上的不利因素，或者只分析並肯定項目本身建設的必要性及其可獲效益，而對影響項目和取得預期效益的客觀條件估計不足。在這些情況下，我們通過項目的總評估對前面評估過程中難以完全避免的疏漏，及早加以補充、修正，使整個評估趨於完善，這是非常必要的。

總之，將建設項目的各個單項評估結果加以協調、匯總和完善，並對項目做出總的評價，是直接為項目決策提供依據所必不可少的。

（五）可以對項目實施計劃提出一些建設性的建議

一個投資項目從總體上來看是必須建設的，可是種種因素使它不具備充分的建設條件或者不能獲得較理想的經濟效益。在這種情況下通過總評估提出一些合理性意見和建設性建議是十分必要的。例如，某投資項目從國民經濟角度看很有必要建設，但是所需原料國內無法保證供應，因而不太具備建設條件。進口該種原料，會產生生產成本過高問題，而且外匯平衡也有問題。在這種情況下，我們可考慮安排該種原料生產項目的同步建設，從而解決建設條件和經濟效益問題。又如，一些投資項目的國民經濟效益很好，而財務效益不好，為了鼓勵地方和項目單位的積極性，建議在稅收、

貸款利率等方面對項目單位採取優惠政策。有些特大項目的評估可能涉及國民經濟空間佈局、經濟結構等一些重大戰略問題。一些合理建議供決策部門參考，將是總評估的目的所在。

二、項目總評估的內容

項目總評估的內容是由總評估的性質和總評估的要求決定的。不同的項目規模不同、技術特徵不同、建設時間不同，總評估的具體內容也就不同。但是，所有項目的總評估都要按國家政策，對擬建項目技術、經濟條件及投資效益進行全面評價，綜合反應項目狀況，為決策提供依據。因此，項目總評估應包括如下內容：

（一）項目建設的必要性

項目建設的必要與否是決定項目是否上馬的前提條件。項目總評估要著重從以下幾個方面進行分析論證。

1. 項目是否符合國民經濟長遠發展要求

從國民經濟和社會發展長遠要求看，項目總評估要衡量項目建設是否符合國家產業政策要求，是否符合國民經濟長遠發展規劃、行業規劃和地區規劃的要求。

2. 項目是否符合國內國外市場要求

從市場要求角度看，項目總評估要衡量項目的產品是否短缺，是否為升級換代產品，品種、性能、質量、規模是否符合國內外市場需求，有無競爭優勢。

3. 項目是否符合平衡發展的要求

從國家安全、社會穩定及宏觀經濟角度看，項目總評估要衡量項目是否有利於提高國民經濟的技術裝備水平，是否有利於生產力的合理佈局，是否有利於提高綜合國力，是否有利於少數民族地區的發展，是否有利於鞏固國防安全。

（二）項目規模的恰當性

項目規模是項目取得經濟效益的保證。按照獲得經濟效益的程度，項目規模可以分為虧損規模、起始規模、合理規模和經濟規模四類，項目建設應力求經濟規模，要考慮以下幾個方面確定最恰當的建設規模。

1. 產品需求規模

產品需求規模是買方市場的市場規模，項目只有形成一定的市場規模，才能談項目建設的經濟規模問題。

2. 生產建設條件

技術、工藝和原材料等生產建設條件影響經濟規模的大小，因此，項目經濟規模的確定必須予以考慮。

3. 產品自身性質

經濟規律決定不同產品有不同的經濟規模大小，我們要根據產品確定經濟規模。

（三）項目建設與生產條件

項目具備建設與生產條件，是項目順利建成並正常投產的基本保證。評估項目的建設條件，一般要分析以下幾個方面展開。

（1）廠址佈局是否符合客觀規律。

（2）工程地質、水文地質條件是否清楚，是否符合建設要求。

(3) 施工力量、施工技術、施工物資的供應有無保證。
(4) 設備採購能否落實、是否配套。
(5) 是否有環保部門批准的環境保護方案。
(6) 工程設計、施工方案是否切實可行。

項目生產條件根據行業特點各有不同。比如，一般加工企業的建設，我們要著重分析項目建成投產後所需原材料、燃料、動力、供水、供電、供熱和交通運輸條件的落實情況，產品方案和資源利用方案是否合理。礦山資源開發項目，我們首先要分析資源儲量是否清楚，其品位是否有開採價值，其工程、水文地質狀況如何。

(四) 項目是否具有先進、適用、安全、經濟的工藝、技術和設備

項目的工藝技術和設備是項目能否取得預期成效的關鍵。總評估應著重分析投資項目所採用的工藝技術設備是否符合國家的產業政策、技術發展政策和技術進步裝備政策，是否有利於資源的綜合利用，是否有利於提高勞動生產率，是否有利於降低能耗、物耗，是否有利於改進產品的質量，以及是否有必要引進技術，技術與國情是否相符，等等。一個生產項目建成投產後要正常發揮作用，將依存於相關協作項目同步配套的建設與發展。因此，總評估階段我們必須考察關係重大的配套項目是否已有相應安排，能否同步建成。

(五) 項目籌資方案是否合理

在現代經濟生活中，資金的投付是投資發揮其對經濟的啟動功能和持續推動功能的集中體現，也是先決條件。沒有足夠的資金，項目無法實施，項目資金來源不合理，項目的實施也會受到影響。在評估時，一方面，我們必須認真地分析投資估算是否落實，所需投資是否充裕，這些是非常重要的評估事項。另一方面，我們還應考察項目投資來源的合理性和可靠程度，其中，特別要考察項目自有資金是否符合法律、政策的規定，所有來源必須有事實依據。比如，銀行貸款方面，不能只是一種設想，必須有與銀行簽訂的意向書或協議書等書面憑據，以保證項目資金來源的可靠性。

(六) 項目是否有較高的財務效益和國民經濟效益

經濟效益（包括財務效益和國民經濟效益）是項目投資建設的目的。前文各項評估最終都會反應在項目經濟效益評估上，總評估時我們要著重以投資回收期、財務淨現值、預期的財務內部收益率、貸款償還期等指標分析企業的盈利能力，並通過經濟淨現值、經濟內部收益率、投資淨效益率等指標分析國家的有限資源是否得到了合理的配置和充分有效的利用。當企業財務效益與國民經濟效益的評估結果不一致時，我們應以國民經濟效益作為總評估的依據，同時，提出改進意見，盡可能使項目在財務和國民經濟上均有效益。

(七) 項目投資抗風險能力的大小

風險是項目投資決策的重要影響因素。由於項目在未來實施，影響項目投資成本與效益的技術經濟因素多且不確定，對於企業未來技術力量、業務素質和管理人員的經營能力等因素，我們不可能先做出絕對準確的預測；至於影響項目成敗的客觀環境與條件的變化，更非項目業主所能主宰。所有這些情況都具有較大的不確定性，我們難以做出絕對準確的預測。因而，項目的實施面臨很大的風險，於是，項目評估做不確定性分析是必不可少的，項目風險分析是項目總評估的重要組成部分。

（八）提出最終方案選擇的意見及項目決策意見

投資項目評估為項目投資者提供決策依據和選擇方案，特別是在多種技術經濟方案中進行選擇是項目評估的重要內容。總評估要在認真、細緻、切實地比較不同方案的基礎上，分析、判斷、鑒定所選方案是否可行或相對最優，從而提出有關權力部門是否批准項目和給予貸款的意見。

（九）提出項目存在的問題及改進建議

經過綜合分析判斷，我們選擇最後可行的方案或評判項目不可行，無論什麼結果，對項目提出存在的問題及改進意見是有必要的。項目可能存在的問題表現在兩個方面：一是項目規劃、設計、選址等方面的問題，可建議項目建設單位加以改進；二是現行有關制度不合理的問題，可建議有關部門加以修訂。

三、項目評估報告的撰寫要求

項目評估報告是由擔當評估任務的單位及其成員根據評估的目的與要求，在評估工作完成後，向決策部門提供項目主要情況和評估結果的綜合性技術文件。評估報告是項目評估的最終成果，是決策部門進行投資或貸款決策的技術性文件，因而應按規定的內容格式與要求撰寫。一般來說，撰寫評估報告的基本要求有以下幾個方面。

（一）應以事實為依據，真實反應項目狀況

評估報告要真實地反應項目狀況，就要以事實為依據，從以下幾個方面反應項目評估和得出項目評估結論。

1. 如實反應項目的基本情況

評估報告反應的內容必須全面而不誇張，保證資料的真實性、可靠性和充分性是其根本。評估報告要對資料進行「去粗取精，去偽存真」的篩選，進行「由表及裡，由此及彼」的分析，從而具體、生動地反應項目的真實面貌。

2. 如實反應評估工作的過程

評估工作的過程一定程度上反應了項目評估的真實性，所以，項目評估報告應如實反應評估工作的過程，包括評估人員結構、評估活動方式與過程、分歧意見、使用的評估方法等。

3. 如實反應利弊

項目評估既不能站在建設單位的角度，只講項目有利的一面；也不能直接站在投資決策者角度，盡找項目的弊端。而應從更大的範圍客觀地評估項目，既講項目的優點，也講項目的弊端，使評估報告真正體現科學性、公正性和客觀性。

（二）評估報告要進行比較研究

對可行性研究報告與項目評估進行比較是項目評估報告的特點之一，比較研究是項目評估的重點。評估報告應在以下幾個方面反應比較研究的過程和成果。

1. 評估資料來源的比較研究

可行性研究要收集資料，項目評估也要收集資料，只是項目評估是在可行性研究的基礎上進行的。所以，項目評估除了使用可行性研究提供的資料之外，還有其他來源的資料，應比較這些資料，確定影響項目評估與可行性研究不同結論的決定性資料。

2. 數據的比較研究

評估報告是反應評估過程和結論的,因而數據是最具說服力的。評估人員要運用數據說明問題,最好的方式是進行數據的比較。這既說明了可行性研究報告的說服力,又說明了項目評估的深度和可信性。

3. 方案的比較研究

項目評估實際上是方案的比較,因而,比較不同方案的優劣是項目評估的關鍵。對可行性研究報告的方案與項目評估報告方案進行比較,也是得出項目評估結論的依據。

(三) 結論要科學可靠

項目評估人員應該堅持科學、公正的態度,實事求是地評估項目,在此基礎上進行總評估,提出科學的結論。科學的結論,主要表現為評估的結論應該與項目進展的結果保持一個較小的偏差。

(四) 建議要切實可行

項目評估人員提出的建議對項目的發展要有一定的價值,並且在實際中能夠操作,不會流於形式。

(五) 對關鍵問題要重點分析

在進行項目評估時,某些關鍵性內容的正常實施與投產營運具有十分關鍵的作用。對於這些內容,評估人員要特別注意,進行重點分析,並分析其變化對項目的影響程度。

(六) 評估報告要注意層次、態度、邏輯、文字

評估報告是一種論說性應用文體,重在反應情況、說明問題,因此,項目評估報告應做到以下幾點。

(1) 報告的層次應清晰。項目評估報告在敘述情況時,必須條理清楚,簡明扼要,使決策者一目了然;切忌堆砌材料,令人不得要領。

(2) 報告的態度應鮮明。項目結論應明朗,理由應清晰,不可含含糊糊、模棱兩可。

(3) 報告的邏輯要強。報告要有嚴密的內在邏輯,前後分析應有可比性,分析應盡可能保持一致性,特別要防止相互矛盾的說法。

(4) 報告的文字要精練。報告應在文字表達上達意、精練,避免不必要的重複和冗長,從而保持報告的可讀性。

正式的評估報告要由承擔評估任務的單位領導、專家和評估小組成員簽名蓋章後報有關決策部門,並將報告副本連同評估過程收集整理的資料和計算表等一併立卷存檔,供以後參考。

四、中國項目評估報告的格式

(一) 項目評估報告的正文

評估報告正文之前應該有一個提要,簡要說明評估報告的要點,包括企業和項目概況、項目建設必要性、主要建設內容、生產規模、總投資和貸款額、財務效益、經濟效益、項目建議書的批復時間和文號等,以 300~500 字為宜。在提要之後,評估人

員一般應該按照如下順序編寫報告：

（1）企業概況。企業概況包括企業基本情況（在項目所處行業中的地位與信譽、地理環境條件、管理功能、現有主要產品、人員結構）、近三年的經營業績與財務狀況、企業中長期規劃和擬建項目的關係等。

（2）項目概況。項目概況內容包括項目提出的背景、投資建設的必要性、項目基本內容、產品與生產方案、規模、建設性質、前期準備工作已經進行到的階段。

（3）市場環境。市場環境內容包括國內外市場需求與供給的預測、國內現有工廠生產能力的估計、產品競爭能力分析、市場範圍分析、進入國際市場的前景與外銷主要對象國、企業實現預期國際市場份額的策略等。

（4）生產技術與設備。生產技術與設備內容包括產品名稱與種類、工藝流程、技術設備、進口設備價格、進口設備與國內配套設備的協調。

（5）工廠設計。工廠設計內容包括廠址選定、廠房建築設計、環境影響與污染治理。

（6）投入物。投入物內容包括項目主要投入物的名稱、耗用量、價格、來源與供應的保證程度。

（7）人員與培訓。人員與培訓內容包括工人與技術人員的基本構成比例、培訓計劃等。

（8）投資計劃。投資計劃內容包括總投資額與投資構成、投資分年使用計劃、投資總額的來源與籌措。

（9）項目財務數據預測。項目財務數據預測內容包括產品銷售收入、銷售稅金、經營成本的預測，對可行性研究報告中的財務數據進行修正的理由。

（10）財務效益分析。靜態財務效益指標包括投資利潤率、投資利稅率、貸款償還期等，動態財務效益指標包括財務淨現值、財務內部收益率、財務淨現值率等。

（11）經濟效益分析。經濟效益分析是指對項目的國民經濟評價進行分析，計算項目的經濟淨現值等國民經濟指標。

（12）不確定性分析。不確定性分析是指進行盈虧平衡分析、敏感性分析與概率分析，明確項目的主要影響因素，指出項目風險管理應該主要防範的方向。

（13）總結與建議。總結與建議是指提出項目能否批准、能否貸款等意見及對項目正常進行有益的一些建議。

（二）詳細項目評估報告的主要附表

（1）財務數據估算預測表。財務數據估算預測表包括投資成本與來源表、銷售收入與稅金預測表、銷售成本預測表、利潤及利潤分配表、貸款還本付息表等。

（2）項目財務、經濟效益分析表。項目財務、經濟效益分析表包括項目（自有資金、全部投資）現金流量表、經濟現金流量表、敏感性分析表等。

（三）詳細項目評估報告的附圖

詳細項目評估報告的附圖主要包括工廠平面布置圖、項目實施進展計劃圖等。

（四）詳細項目評估報告的附件

詳細項目評估報告的附件主要包括項目建議書批准文件（影印件）、可行性研究報告批准文件（影印件）、與外貿部門簽訂的工貿協議書（影印件）及償還貸款擔保函

（影印件）等。

對於小型項目評估人員可以編製簡要項目評估報告，內容較為簡單，包括項目評估簡表、項目簡要說明與附件。

第三節 項目後評估

一、項目後評估的概念

項目後評估又稱事後評估。它是指在投資項目建成投產並運行一段時間後，對項目立項、準備、決策、實施，直到投產、營運全過程的投資活動進行總結評估，對投資項目取得的經濟效益、社會效益和環境效益進行綜合評估，從而作為判別項目投資目標實現程度的一種方法。

投資項目的後評估通過對整個投資項目建設過程和運行過程各階段工作進行回顧，對項目投資全過程的實際情況與預計情況進行比較研究，衡量和分析實際情況與預測情況發生偏離的程度，說明項目成功或失敗的原因，全面總結投資項目管理的經驗教訓，再反饋到將來的項目中去，供其參考和借鑑，為改善項目管理工作和制訂科學合理的投資計劃及各項規定提供重要的信息依據和改進措施，以達到提高項目投資決策水準、管理水準和提高投資效益的目的。項目後評估既是投資項目建設程序中的一個重要工作階段，又是項目投資管理工作中不可缺少的組成部分和重要一環。

二、項目後評估的特點

項目後評估不同於項目投資決策前的可行性研究和評估（前評估）。由於評估時點的不同，與前評估相比，項目後評估具有如下特點。

（一）現實性

投資項目後評估分析研究的是項目的實際情況，是在項目投產的一定時期內，根據企業的實際經營結果，或根據實際情況重新預測數據，總結的是現實存在的經驗教訓，提出的是實際可行的對策措施。項目後評估的現實性決定了其評估結論的客觀可靠性。項目前評估分析研究的是項目的預測情況，所用的數據都是預測數據。

（二）全面性

項目後評估的內容具有全面性，即不僅要分析項目的投資過程，還要分析其生產經營過程；不僅要分析項目的投資經濟效益，還要分析其社會效益、環境效益等。另外，它還要分析項目經營管理水準和項目發展的後勁和潛力。

（三）反饋性

項目後評估的目的是對現有情況進行總結和回顧，並為有關部門反饋信息，以提高投資項目決策和管理水準，為以後的宏觀決策、微觀決策和項目建設提供依據和借鑑。項目前評估的目的則是為有關部門對項目的投資決策提供依據。

（四）獨立公開性

投資項目的後評估工作主要是以投資運行的監督管理機構或單設的後評估機構或

決策的上一級機構為主,組織主管部門會同計劃、財政、審計、銀行、設計、質量等有關部門進行的,擺脫了項目利益的束縛和局限,可以更為公正地做出評估結論。

(五) 探索性

投資項目後評估要在分析企業現狀的基礎上,及時發現問題,研究問題,以探索企業未來的發展方向和發展趨勢。

(六) 合作性

項目後評估涉及面廣,人員多,難度較大,因此需要各方面組織和有關人員的通力合作。

三、項目後評估的作用

從項目後評估的定義、特點及其與前評估的對比中可以看出,項目的後評估對於提高項目決策的科學化水準、改進項目管理水準、監督項目的正常生產經營、降低投資項目的風險和提高投資效益水準等方面發揮非常重要的作用。具體地說,項目後評估的作用主要表現在以下幾個方面。

(一) 總結投資建設項目管理的經驗教訓,提高項目管理水準

投資項目管理是一項十分複雜的綜合性的工作活動,涉及計劃和主管部門、銀行、物資供應部門、勘察設計部門、施工單位、有關地方行政管理部門等較多單位。項目能否順利完成並取得預期的投資經濟效果,不僅取決於項目自身因素,而且還取決於這些部門能否相互協調、密切合作、保質保量地完成各項任務和工作。項目後評估通過對已建成項目的分析研究和論證,較全面地總結項目管理各個環節的經驗教訓,指導未來項目的管理活動。不僅如此,通過投資項目後評估,評估人員可以針對項目實際效果所反應出來的項目建設全過程(從項目的立項、準備、決策、設計實施和投產經營)各階段存在的問題提出切實可行的、相應的改進措施和建議,可以促使項目營運狀況正常化,使項目盡快實現預期的效益和效果目標,更好地發揮其效益。同時,對於一些因決策失誤,或投產後經營管理不善,或環境變化造成生產、技術或經濟狀況處於困境的項目,也可通過後評估為其找出生存和發展的途徑,這也會對現有投資項目起到一定的監督作用。

(二) 提高項目決策的科學化水準

項目前評估是項目投資決策的依據,前評估所用的預測是否準確,需要後評估來檢驗。建立完善的項目後評估制度和科學的方法體系,一方面可以增強前評估人員的責任感,促使評估人員努力做好前評估工作,提高項目評估的準確性;另一方面可以通過項目後評估的反饋信息,及時糾正項目決策存在的問題,從而提高未來項目決策的科學化水準,並對相同類型或相似的投資項目決策起到參考和示範作用。

(三) 為國家制訂投資計劃、產業政策和技術經濟參數提供重要依據

項目後評估對國家建設項目的投資管理工作起著強化和完善作用,能夠發現宏觀投資管理中存在的某些問題,從而使國家及時地修正某些不適合經濟發展的技術經濟政策,修訂某些已經過時的指標參數。同時,國家還可以根據項目後評估所反饋的信息,合理確定投資規模和投資流向,協調各產業、各部門之間及其內部的各種比例關係。此外,國家還可以充分運用法律、經濟和行政的手段,建立必要的制度和機構,

促進投資管理的良性循環。

(四) 為銀行部門及時調整信貸政策提供重要依據

中國的銀行部門除自身作為投資主體外,還是國家投資資金的供應部門和投資的監管部門,擔負回收國家投資的職責。通過開展項目後評估,及時發現項目建設資金在使用過程中存在的問題,分析貸款項目成功或者失敗的原因,從而為銀行部門調整信貸政策提供依據,並確保投資資金的按期回收。

(五) 對項目自身改進有重要意義,促使項目營運狀態正常化

項目後評估是在營運階段進行的,因而可以分析和研究項目投產初期和達產時期的實際情況,比較實際情況與預測狀況的偏離程度,探索產生偏差的原因,提出切實可行的措施,從而促使項目營運狀態的正常化,提高項目的經濟效益和社會效益。建設項目竣工投產、交付使用後,通過進行項目後評估,評估人員針對項目實際效果反應的從項目的決策、設計、實施到生產經營各個階段存在的問題,提出相應的改進措施的意見,使項目盡快實現預期目標,更好地發揮效益。對於決策失誤或者環境改變致使生產、技術或者經濟等方面處於嚴重困境的項目,通過進行後評估,評估人員可以為其找到生存和發展的途徑,並為主管部門重新制訂或優選方案提供決策的依據。此外,把項目後評估納入基本建設程序,決策者和執行者預先知道自己行為和後果要受到日後的評估和審查,就會意識到責任的重大,將促使決策者和執行者在主觀上認真努力地做好工作。從這一點上說,後評估對項目建設也有監督和檢查作用。

四、項目後評估的必要性

開展項目後評估對項目決策科學化、管理現代化及對提高項目投資效益有著重要作用。其必要性如下:

(一) 建立和完善項目評估體系

目前,中國投資項目的評估工作,主要側重項目前評估,對保證項目決策的正確性及搞好項目前期工作起到了非常重要的作用。但我們只憑前評估,還遠遠不能把項目搞好。一些項目在建設實施和投產後均會發生問題,足以說明僅有前評估還是不夠的,還必須有後評估,以建立和完善項目評估體系。項目評估體系應有前、中、後三個評估,才能對項目實行全過程的控制,保證項目達到預期的效果。

(二) 建立和完善項目工作責任制度

項目投資效益的好壞是項目管理各階段、各環節、各相關單位和部門綜合作用的結果。其中任何一個環節失誤都會給整體帶來損失。後評估、整體控制和審評可以加強各環節的工作聯繫,有利於建立和完善項目工作責任制。

(三) 實現項目運行過程最優控制

從理論角度看,項目後評估是經濟控制論在項目管理上的具體應用,即對項目運行全過程及其實施結果進行跟蹤、反饋、監測、評估和調控,使項目的運行過程處於優化狀態。任何一個項目在決策、實施建設和生產經營過程中,必然受到各種因素的制約,各種因素的不確定性將影響預測數據和實施結果。例如,投入物或產出物價格變化、貸款利率變動、技術進步及市場需求的變化等必然會使項目運行偏離預定目標。我們通過後評估不斷地、及時地反饋和調控信息,就會使項目按預定目標運行,從而

實現最優控制。

（四）適應市場經濟發展需要

中國市場經濟體制的建立及投資體制和金融體制的深化改革，使銀行貸款管理工作由過去側重前評估，向生產領域延伸，隨後加強後評估，重視企業的償還能力，從而保證銀行貸款被及時償還，同時也提高了銀行資金的效益性、安全性和流動性。影響市場經濟變化和因素多而繁，從而影響項目預測數據和實施結果。例如，價格變化、利率浮動、技術進步和市場供需關係的變化等必然會使得預測情況和實際情況產生偏差。因此，只有進行後評估，根據市場的變化預測目標的程度，我們才能調整方案，促進企業生產合理有序進行。

五、項目後評估的程序

根據投資項目的內在規律和項目後評估工作的實踐，以及國家有關的項目後評估工作的法規、文件規定，項目後評估工作應做到如下要求：首先，應從國家的整體利益出發，結合項目的產業和行業特點進行後評估工作。其次，項目後評估工作應科學、全面、細緻、認真地進行。最後，項目後評估報告中既要有定性分析，又要有定量分析，所採用的資料必須完整，依據必須準確，分析必須客觀，方法必須正確，結論必須公正，並具有權威性、適用性和科學性。各個項目的投資額、建設內容、建設規模等不同，其後評估的程序也有所差異，但大致要經過以下幾個步驟。

（一）制訂後評估的計劃

制訂必要的計劃是項目後評估的首要工作。項目後評估的提出單位可以是國家有關部門、銀行，也可以是項目投資者。項目後評估機構應當根據項目的特點，確定項目後評估的具體對象、範圍、目標，據此制訂必要的後評估計劃。項目後評估計劃的主要內容包括組織後評估小組、配備有關人員、安排時間進度、確定後評估的內容和範圍、選擇後評估所採用的方法等。

（二）收集與整理資料

根據制訂的計劃，後評估人員應該制訂詳細的調查提綱，確定調查的對象和調查所採用的方法，收集有關資料。這一階段所要收集的資料如下。

（1）項目建設的有關資料。這方面的資料主要包括項目簡要介紹、可行性研究報告、項目評估報告、工程預算和決算報告、項目竣工驗收報告及有關合同文件等。

（2）項目運行的有關資料。這方面的資料主要有項目投產後的銷售收入情況、生產或者經營情況、利潤狀況、交納稅金的狀況和貸款本息償還狀況等。這類資料可從資產負債表、損益表等有關會計報表中得到。

（3）國家有關經濟政策與規定等資料。這方面的資料主要包括與項目有關的國家宏觀經濟政策、產業政策、金融政策、投資政策、稅收政策及相關規定等。

（4）項目所在行業的有關資料。這方面的資料主要由國內外同行業項目的勞動生產率水準、技術水準、經濟規模與經營狀況等。

（5）有關部門制定的後評估方法。各部門規定的項目後評估的方法包括的內容略有差異，項目後評估人員應該根據委託方的意見選擇後評估的方法。

（6）其他有關資料。根據項目的具體特點與後評估的有關要求，評估人員還要收

集其他有關的資料，如項目的技術資料、設備運行資料等。

(三) 分析論證

在充分佔有資料的基礎之上，項目後評估人員應該根據國家有關部門制定的後評估方法，對項目建設與生產過程進行全面的定量與定性分析論證。

(四) 編製項目後評估報告

項目後評估報告是項目後評估的最終成果。項目後評估人員應當根據國家有關部門制定的後評估報告格式，將分析論證的結果匯總，編製項目後評估報告，並提交給委託單位與被評估單位。項目後評估的報告編製必須堅持客觀、公正和科學的原則。

(五) 行業或地方主管部門對項目後評估報告進行初步審查

這一階段主要由主管部門對項目後評估報告和項目建設的實際情況進行深入考察，結合行業或地方建設反應出來的共性問題和特點、經驗，站在國家的立場，從行業或地方的角度，提出針對項目後評估報告的初步審查意見。主管部門一方面對具體項目的後評估工作進行評價，另一方面也為改進行業部門或地方有關工作做一個簡單的經驗總結。最後由主管部門完成項目後評估審查報告並報送國家計委，再抄送有關部門和單位。

(六) 項目後評估報告的復審階段

國家有關機構組織有關部門，或聘請有關專家學者，對主管部門的項目後評估審查報告和項目單位的項目後評估報告進行復核審查。其要求是要站在國家整體利益的立場上，從微觀與宏觀相結合的角度提出項目後評估復審報告，並報國家相關主管機構和發至有關部門和單位。

上述階段的後評估工作程序，滿足國家重點建設項目後評估工作的廣泛性、全面性和公開性要求，有利於落實評估結論的公正性、科學性和可靠性的原則。

六、項目後評估的內容

(一) 世界銀行貸款項目後評估簡介

在介紹投資項目後評估基本內容之前，本教材有必要先對世界銀行的後評估體系做一個簡單的介紹。在世界各國、各種經濟組織的投資項目後評估工作和體系中，世界銀行的後評估體系無疑是最完善的，其後評估工作也開展得相當成功。中國的投資項目後評估工作是在世界銀行的幫助下逐漸開展的。中國的項目後評估工作主要是從20世紀90年代在國家重點建設項目中開始進行的（由國家計委所屬的重點建設部門主持）。其中，第一部有關投資項目後評估工作的文件是國家計委於1990年1月24日頒布的《關於開展1990年國家重點建設項目後評估工作的通知》。在項目後評估方面，世界銀行及亞洲開發銀行對中國的幫助較多，因此，中國的項目後評估體系與世界銀行的體系有一定程度的相承性。

世界銀行在20世紀70年代初就開始了貸款項目的後評估工作，到現在已經形成一整套完整的評估制度和方法。世界銀行的項目後評估工作一般分兩個階段進行：第一階段是由貸款項目的銀行主管人員在貸款發放完畢後的6~12個月內編製一份「項目完成報告（PCR）」，第二階段是由執行董事會主席指定專職董事負責的「業務評價局」（Operation Evaluation Department，OED，成立於1973年）對項目進行比較全面深刻的

總結評價。其中，第一階段的「項目完成報告」的內容一般應包括以下幾個方面。

（1）項目背景。它是指項目的提出、項目的準備和項目進行的依據、項目目標的範圍和內容等。

（2）項目管理機構的設置、諮詢專家的聘用及其實績。

（3）項目實施的時間進度、實際進度與預測進度的偏差及其產生的原因。

（4）在物資、財務管理等方面存在的問題及其產生的原因，為了解決這些問題或減輕其造成的影響而採取的措施及其實際效果。

（5）對項目做出重大修改的內容及修改的原因。

（6）發放貸款過程中出現的不正常情況及其與貸款條件、貸款協議或貸款程序有何聯繫。

（7）雙方在培訓工作人員過程中可總結的經驗教訓。

（8）違約事件的發生情況及其所採取的措施，如未採取任何措施，要寫明原因。

（9）關於採購、供應商和承包商的情況分析。

（10）財務評估，包括財務收益率、財務成果（包括流動資金分析）、財務實績與財務目標的比較分析。

（11）經濟評價，包括國民經濟效益、社會效益的分析與評價及與預期效益的比較分析。

（12）機構體制方面的實績，包括組織方面的成績、組織管理措施及其經驗教訓。

（13）結論。結論包括項目總評估和可作為類似項目參考和借鑑的經驗教訓。

項目後評估工作人員在審閱「項目完成報告」的基礎上，通過查閱檔案、實地調查等多種評價方法，獨立地對項目進行全面、系統的評估，寫出「項目執行情況審核備忘錄」，連同「項目完成報告」一起提交執行董事會和銀行行長。「項目執行情況審核備忘錄」一般應包括如下幾個方面的內容。

（1）對項目的背景、目標、實施過程和結果做一個簡單描述。

（2）對項目目標完成情況做出評估，重點回答項目目標是否正確合理，目標是否達到，如沒有達到，其原因是什麼。

（3）在項目選定和準備階段預測的不利條件是否被改變。如果沒有，要說明其原因。

（4）列出主要結論、主要經驗教訓和有特殊意義的問題，包括改動建議和補救措施。

（5）說明審核單位在多大程度上接受「項目完成報告」的觀點和結論，並提出審核報告與完成報告的不同之處。

（6）重點闡述「項目完成報告」中未提及或含糊敷衍的有關項目的某些方面存在的問題。

另外，亞洲開發銀行也較早地開展了項目的後評估工作，且在開展項目的後評估工作方面有其獨到的特點（亞洲開發銀行的項目後評估工作主要由其後評估局進行。後評估局簡稱 PED，成立於 1978 年）。在 1997 年，亞洲開發銀行向中國政府提供了技術援助項目——「增強中國後評估能力」（期限為 1997—1998 年，這是由於中國從 20 世紀 80 年代中後期開始，由國家計委開展了對一些國家重點建設項目的後評估工作，

並且總結出中國在「八五」期間進行的重點建設項目中約有20%部分的效益不理想，為此，中國向亞洲開發銀行提出了此技術援助項目），並與中國有關單位（國家計委、國家開發銀行、中國國際工程諮詢公司等）開展了較有成效的後評估研究、培訓工作。世界銀行與亞洲開發銀行的項目後評估工作在某些方面有相似之處，也有不同之處，在此不再詳述。

不同類型的項目及不同時點的項目的後評估，在評估內容和深度上是有差別的。從項目後評估的作用來看，項目後評估就是把項目實施的結果與當初決策的目標進行比較，對項目執行過程進行檢查，重點評估其財務效益、經濟效益，系統總結經驗教訓，以便迅速、有效地反饋到新的決策活動中去。因此，項目後評估的基本內容是從可比性原則出發，注重分析項目決策的評估依據的變化，從結果中揭示原因，找出帶有規律性的東西。項目後評估絕不是對項目前評估指標的重複計算，而必須依據國家經濟和社會發展長期計劃、產業政策、地區發展政策和相關法律、制度，對投資項目的決策正誤程度和項目實施過程中的是非功過進行嚴格的評估。我們可以通過評估總結成功的經驗和失敗的教訓。

（二）中國項目後評估的內容

中國項目後評估體系是在參照世界銀行後評估體系的基礎上，結合中國的實際情況而確定的。就內容而言，不同類型的投資項目，後評估的內容應相應地有所側重。中國的項目後評估一般要著重評估分析以下基本內容。

（1）項目概況，即後評估時國內外市場的供求狀況和項目產品的實際銷售能力，驗證項目前評估時所做的市場需求預測是否正確，包括分析產品銷售量、產品的市場佔有率、產品銷售價格和市場競爭能力等變化情況，並對未來產品銷售做出新的趨勢預測。如果項目的實施結果偏離預測結論太遠，則應提出有針對性的措施和建議。

（2）項目立項決策的後評估。其內容如下：根據國民經濟發展規劃和國家制定的產業政策及區域經濟優勢，結合項目的投資方向、發展規劃、自然環境、生產消耗、產品銷售和項目的實際效益進行比較，檢驗項目建議書、可行性研究報告和項目評估報告的編製是否堅持了實事求是的原則，是否採取了科學的評估方法，是否具有準確的信息資料和可靠的立項依據，是否具備經濟上的合理性、技術上的先進性。

（3）生產建設條件及相關配套的變化。該部分著重分析項目實施過程的建設條件、建成投產後的生產條件及其相關配套設施與當初項目評估決策時主要條件的變動，進行定性定量分析，解剖產生重要差別的原因，並提出診斷建議。

（4）項目技術方案的後評估，即對工程設計方案、項目實施方案的再評估。工程設計方案的後評估的內容包括：項目構成範圍的再評估，項目土建工程量的再評估，技術來源、主要技術工藝及設備選型和工藝流程的再評估，引進技術、設備或與外商合作製造方案的再評估。項目實施方案再評估的內容主要包括：項目施工方式和技術方案的再評估，項目實施進度、成本、質量的再評估等。

（5）項目經濟後評估。它包括項目財務效益後評估和項目國民經濟效益後評估兩個部分。項目財務效益後評估是從企業（項目）角度對項目投產後的實際財務效益的再評估，要根據現行的財務規定及項目建成投產後投放物和產出物的實際價格水準，重點分析實際總投資、產品成本、企業收益率、貸款償還期與當初項目預測的企業效

益的重大變化，解剖原因，做出新的預測。國民經濟效益後評估是從宏觀國民經濟角度出發，對項目投產後的國民經濟效益進行的再評估，重點分析項目的實際成本效益與預測成本效益的差別及原因，包括投資的國民收入分析、直接外匯效益分析、項目的經濟效益分析、社會效益分析和環境效益評估等。從項目運行過程的角度看，中國項目後評估的內容主要包括以下幾個方面：

（1）項目前期工作的後評估。其內容包括項目立項條件再評估、項目決策程序和方法的再評估、項目勘察設計的再評估、項目前期工作管理的再評估等。

（2）項目實施的後評估。項目實施階段主要是指從項目開工到竣工驗收的一段時期。它是項目週期中延續時間較長的一個時期，也是投資資金集中發生和使用的時期，主要包括項目實施管理後評估、項目施工準備工作後評估、項目施工方式及項目施工管理的後評估、項目竣工驗收和試生產後評估、項目生產準備後評估等。具體內容應包括項目變更情況、施工管理、建設資金的供應和使用、建設工期、建設成本、項目工程質量和安全情況、項目竣工驗收、配套項目和輔助設施項目的建設、項目生產能力和單位生產能力投資等的評價，重點應放在對在項目目標實現過程中發生的如超工期、超概算、工程質量差、效益低等原因的查找和說明上。

（3）項目營運的後評估。項目營運階段是項目投資建設階段的延續，是實現項目投資經濟效益和項目投資回收的關鍵時期。它包括從項目竣工投產到項目進行後評估時的一段時期。通過進行項目營運的後評估，我們可以綜合項目的實際投資效益，系統地總結項目投資的經驗教訓，以指導未來項目的投資活動，並可以提出一些補救措施和對策方法，以提高項目營運的實際效果。因此，項目營運的後評估體現了項目後評估的目的，是項目後評估的關鍵部分。其主要包括項目生產經營管理的後評估、項目生產條件後評估、項目達產情況後評估、項目投產對環境影響情況的後評估、項目投產引起的社會效果情況後評估、項目的可持續發展情況後評估、項目資源投入和產出情況後評估、項目經濟後評估等。其中，項目經濟後評估是項目營運後評估的核心。這是因為項目效益的好壞是評估項目成敗的關鍵標誌。項目效益狀況的後評估，主要應評估生產經營和市場情況及產品品種、質量和數量與項目前評估所做的預測是否一致，項目的財務效益、經濟效益與項目前評估所做結論是否一致。此外，我們還應重新提出對項目前景的預測和提出進一步提高項目經濟效益的具體建議和切實可行的措施。另外，對於利用外資的項目，我們還應適當增加對引進技術、設備的使用、消化和吸收情況的後評估。

第四節　案例分析

項目後評估是電力科技項目落實的關鍵，我們要將這種綜合性評估手段應用到電力項目中並發揮重要作用。在推進電力科技項目逐漸完善的前提下，我們需要為項目落實提供準確的數據，提升其創新性。此案例以電力科技項目評估要點為基礎，對項目的落實情況進行分析。

電力事業的運行和發展是現代化企業進步的主要動力，我們要努力實現電力事業

的整體高效運行和進步。在合理性分析過程中,我們要結合項目後評估的實施過程,掌握項目科技類型,不斷推動電力企業的發展。

一、實施電力科技項目後評估的基本流程

根據電力科技項目評估形式的具體要求,在整個落實階段,評估人員要根據具體要求實施,保證其合理性。以下內容為基本流程。

(一)提出評估問題

對電力科技項目進行後評估,評估人員要對已完成的電力科技項目做出相應處理,在實際應用過程中考慮具體應用情況,需將電力科技當成主導內容,將其中的數據作為主要數據,通過這種方式明確電力科技項目實施過程中存在的問題。例如,在運行指導階段,電力輸送系統的檢測直接影響整體效果,在分析項目具體運行過程中,我們需要投入的經濟成本和人才等方面的內容,並且為電力科技項目後評估目標做出一定指導。

(二)進行電力科技系統的準備

從電力科技項目角度出發,在具體落實過程中,相應工作人員要建立一定電力科技項目後評估數據模型,將完善電力項目體系作為基礎性內容,進而形成一種比較準確的分析數據,對電力科技項目人才應用和項目管理等進行落實。此外,工作人員要以數據模型為前提,採用統計預測模式,實現對電力科技項目的合理化處理。依據電力科技項目的整體運行規模,根據層次化數據,評估要凸顯電力科技項目的人才資源應用情況。考慮到項目自檢管理方面的內容,我們需要進一步落實之前的目標具體實施過程,對運行具體方向進行明確,從而明確電力科技項目的具體運行數據結構。

(三)對電力科技項目進行後評估

電力科技項目後評估形式的分析直接影響效果,在實施階段,我們需要以電力科技項目的實施目標作為依據進行落實,同時將項目成效對比作為前提條件。為了實現對於項目處理的合理化評估,我們需要適當擴大應用範圍,獲得相應效益之後,對其做出科學分析。此外,工作人員將項目後評估模型進行邏輯性分析,充分瞭解項目的主要模式,只有做好具體總結工作,才能提升整體運行水準,為科技系統的完善提供參考數據。

(四)電力科技項目後評估報告

科技項目的後評估報告形式對現有系統有一定的影響,在科技項目落實階段,我們需要做好書面總結工作。依據電力項目報告內容及具體要求,在項目實施中,我們要做好過程處理工作,以運行系統處理作為前提,對項目進行綜合性分析後,總結項目實施存在的問題,完善電力科技項目評估。

二、電力科技項目後評估的作用

電力科技項目後評估管理系統在整體管理中起到重要作用,根據項目管理具體要求,在落實過程中要兼顧具體內容,如果沒有按照評估格局實施,則會產生不良影響。其具體作用如下。

（一）電力科技項目後評估保證經濟效益

根據電力科技項目後評估效益及模式，在整個落實階段，我們要突出其重點和關鍵，只有使其滿足項目落實要求，才能促進其整體進步。對電力科技項目進行分析，涉及項目成本管理、項目形式落實等，施工單位需要結合電力科技的施工成本建立完善的經濟運行模式，以系統處理機制作為前提，逐步引導電力科技項目的運行和管理等。這樣才能同步實現經濟效益和社會效益。

（二）電力科技項目後評估對項目進行總結和監督

電力科技項目後評估的實施對整個科技模式有一定的影響，根據項目總結類型，在優化處理中，我們要兼顧不同項目施工因素的具體變化，需要按照協調性處理要求進行，推進電力科技項目結構的合理優化，凸顯項目具體要求。我們要對電力科技項目的運行情況進行總結，促進電力系統的優化完善，形成公開和透明的運行體系。項目後評估在一定程度上對項目進行監督，有助於保證電力科技項目實施的質量，保證電力系統的穩定發展。

（三）發揮組織管理形式最大化作用

根據前期安排及項目後評估機制，在整個組織管理階段，我們要形成完善的組織管理形式，包括前期工作、經費管理及運行和維護等，只有明確具體管理職責，才能突出章程要求。在項目實施階段，運維管理是關鍵，我們要提前瞭解規章制度，只有保證資料符合要求，才能提升經濟效益。

三、結論

項目後評估從項目運行的目標、實施過程及項目資源管理等方面入手，考慮人才分配及整個系統的要求，滿足項目實施質量要求之後，為項目後期工程奠定堅實的基礎，從而提供相應參考。對於項目後評估而言，我們將其應用到電力科技項目的具體運行過程中，後評估起到較為明顯的引導作用。項目後評估能進一步完善電力系統，能夠在一定程度上促使電力實業獲得相對穩定和準確的數據。本案例從電力科技項目後評估保證經濟效益、電力科技項目後評估對項目進行總結和監督、發揮組織管理形式最大化作用方面入手，凸顯項目後評估的具體作用，進而促進電力實業進步。

复习思考題

1. 請簡述項目總評估的必要性和主要內容。
2. 項目評估報告的撰寫要求有哪些？其主要附表包括什麼？
3. 什麼是項目後評估？它的主要內容及作用是什麼？
4. 項目後評估都包括哪些程序？各部分要注意哪些內容？
5. 項目評估與資產評估有什麼區別？

參考文獻

[1] 徐強. 投資項目評估 [M]. 2版. 南京：東南大學出版社，2010.

[2] 王國玉. 投資項目評估學 [M]. 武漢：武漢大學出版社，2000.

[3] 王晉，丁琳. 投資項目評估 [M]. 北京：中國財富出版社，2014.

[4] 簡德三. 投資項目評估 [M]. 3版. 上海：上海財經大學出版社，2016.

[5] 週日惠珍. 投資項目評估 [M]. 5版. 大連：東北財經大學出版社，2013.

[6] 蘇益. 投資項目評估 [M]. 3版. 北京：清華大學出版社，2017.

[7] 王力，鄧雪莉. 投資項目評估 [M]. 3版. 大連：東北財經大學出版社，2018.

[8] 何俊德. 項目評估理論與方法 [M]. 3版. 武漢：華中科技大學出版社，2015.

[9] 宋蕊. 重大投資項目社會穩定風險評估研究與實踐 [M]. 北京：中國電力出版社，2017.

[10] 鄭明貴，郭世釗. 項目融資貸款評估操作實例 [M]. 北京：冶金工業出版社，2013.

[11] 楊秋林. 農業項目投資評估 [M]. 4版. 北京：中國農業出版社，2008.

[12] 於守法. 投資項目可行性研究方法與案例應用手冊 [M]. 北京：地震出版社，2002.

[13] 孫養學. 試論投資項目評估的理論基礎 [J]. 西北農林科技大學學報（自然科學版），1996（6）：94-98.

[14] 李宏. 投資項目評估中的財務分析問題研究 [J]. 中國外資，2014（3）：25-26.

[15] 王晶香，張雪梅. 建設項目財務評價指標：投資回收期淺析 [J]. 建築管理現代化，2004（2）：15-18.

項目投資評估與管理

作　　者：	方磊 著
發 行 人：	黃振庭
出 版 者：	財經錢線文化事業有限公司
發 行 者：	財經錢線文化事業有限公司
E-mail：	sonbookservice@gmail.com
粉 絲 頁：	https://www.facebook.com/sonbookss/
網　　址：	https://sonbook.net/
地　　址：	台北市中正區重慶南路一段六十一號八樓 815 室 Rm. 815, 8F., No.61, Sec. 1, Chongqing S. Rd., Zhongzheng Dist., Taipei City 100, Taiwan (R.O.C)
電　　話：	(02)2370-3310
傳　　真：	(02) 2388-1990
總 經 銷：	紅螞蟻圖書有限公司
地　　址：	台北市內湖區舊宗路二段 121 巷 19 號
電　　話：	02-2795-3656
傳　　真：	02-2795-4100
印　　刷：	京峯彩色印刷有限公司（京峰數位）

國家圖書館出版品預行編目資料

項目投資評估與管理 / 方磊著 . -- 第一版 . -- 臺北市：財經錢線文化，2020.11
　面；　公分
POD 版
ISBN 978-957-680-476-2(平裝)
1. 投資學 2. 投資分析 3. 投資管理
563.5　　109016752

― 版權聲明 ―

本書版權為西南財經大學出版社所有授權崧博出版事業有限公司獨家發行電子書及繁體書繁體字版。若有其他相關權利及授權需求請與本公司聯繫。

定　　價：580 元
發行日期：2020 年 11 月第一版
◎本書以 POD 印製

官網

臉書

提升實力 ONE STEP GO-AHED

會計人員提升成本會計實戰能力

透過 Excel 進行成本結算定序的實用工具

您有看過成本會計理論，卻不知道如何實務應用嗎？
您知道如何依產品製程順序，由低階製程至高階製程採堆疊累加方式計算產品成本？

【成本結算工具軟體】是一套輕巧易學的成本會計實務工具，搭配既有的 Excel 資料表，透過軟體設定的定序工具，使成本結轉由低製程向高製程堆疊累加。《結構順序》由本工具軟體賦予，讓您容易依既定《結轉順序》計算產品成本，輕鬆完成當期檔案編製、產生報表、完成結帳分錄。

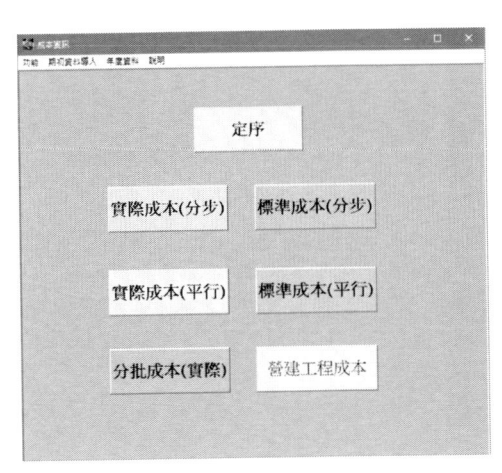

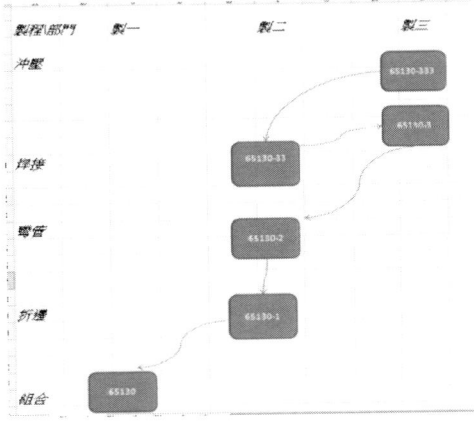

【成本結算工具軟體】試用版免費下載：http://cosd.com.tw/

訂購資訊：

成本資訊企業社 統編 01586521

EL 03-4774236 手機 0975166923 游先生

EMAIL y4081992@gmail.com